諾貝爾文學獎

百年風華

大旗出版

CONTENTS

112th
2019

Peter Handke
彼得 · 漢德克 1942—

奧地利人,小說家、評論家、戲劇電影家。

獲獎理由|富有語言學才能的、有影響力的著作探索了人類經驗的週邊及特異性。

獲獎作品|《冒犯觀眾》、《無欲的悲歌》、四部曲《緩慢的歸鄉》、《偷水果的女孩——行
往內陸之地》等戲劇和小說。

大凡每屆諾貝爾文學獎宣佈獲獎者時，總會引起爭論，而 2019 年將該獎頒給彼得‧漢德克的消息甫一公佈，更是掀起一場軒然大波。西方學界和媒體紛紛發聲批評，如具有廣泛影響的《華盛頓郵報》就聲稱：「這個決定讓該獎回歸充滿爭議和不受歡迎。」

　　「美國筆會」主席、作家珍妮佛‧克萊門特，在諾貝爾文學獎公佈當天，便發表聲明，反對將諾貝爾文學獎頒給「一名不斷對記錄詳盡的戰爭罪行提出質疑的作家（彼得‧漢德克）」，表示「我們反對這一決定」。許多西方知名作家、哲學家、歷史學家，也都支持珍妮佛‧克萊門特的觀點，認為將諾貝爾文學獎授予一個「否認種族滅絕的人」是很可恥的。

　　對此，彼得‧漢德克卻不屑一顧。因為他知道，並不是所有人都討厭自己，很多人對他的作品如數家珍，認為其文學成就早在十年前就應該獲得諾貝爾文學獎。十五年前，他的同胞，奧地利女作家艾爾弗雷德‧耶利內克獲得諾貝爾文學獎時，就說過：「彼得‧漢德克是活著的經典，他比我更有資格獲獎。」

　　獲得諾貝爾文學獎之後，他興奮得一整天粒米未沾，熱情地打開巴黎郊區小鎮寓所的柴扉，興高采烈地接受法新社等西方幾大媒體的採訪。他說，覺得意外，因為西方媒體深深批評自己所謂「政治不正確」，所以他對獲獎感到詫異和震驚，並同時表示瑞典文學院選擇自己是「非常勇敢」的決定。

　　在被問到如何評價另一位諾貝爾文學獎得主時，他說：「她是誰？我不認識她。」這與朵卡荻對他的尊崇大相徑庭。沉浸於喜悅中的他，或許忘記 2014 年自己曾公開呼籲廢除諾貝爾文學獎，說這是文學中的錯誤典範。又過了兩年，彼得‧漢德克來華訪問時，巴布‧狄倫摘得諾貝爾文學桂冠。他對此頗有微詞：「巴布‧狄倫確實很偉大，但他的歌詞，沒有音樂的話，什麼都不是。」接著，他尖刻地批評道：「諾貝爾文學獎評委會這個決定是反對閱讀，甚至是對文學的侮辱。」

　　作家的性格、人生和命運，往往是其文學作品的底色。彼得‧漢德克的正義、自信、偏激、善變、冷漠、傲慢和桀驁不馴的複雜性格，不僅和諧統一於一身，還深深烙印在其作品中。性格即命運，性格同樣是文學。

　　彼得‧漢德克，1942 年出生在奧地利格里芬一個貧寒的鐵路員工之家。他

十九歲考進格拉茨大學，主修法律。他曾想當牧師，命運讓他成了作家。大學時，他開始創作，寫了小說《大黃蜂》（*The Hornets*）。

1966 年，他二十四歲時，以顛覆性的劇作《冒犯觀眾》（*Offending the Audience*）引起轟動和爭議。該劇以反戲劇審美傳統而別開生面。它既無佈景幕布，也無場次，空蕩蕩的舞臺上，只有四個無名無姓的人，毫無由頭地如瘋子般破口謾罵台下的觀眾，直到收場。被罵的觀眾目瞪口呆，又歡喜異常。

《冒犯觀眾》這部戲劇，是漢德克較早被譯介到亞洲的作品。2016 年 10 月，在妻子的鼓勵下，七十四歲的漢德克到中國訪問，因他心中還惦著未完成的小說，此行他有時就有些心神不寧。在上海與讀者見面時，讀者向他提了不少問題，他埋怨讀者總是抓住《冒犯觀眾》的缺陷滔滔不絕，不高興地說：「我是一個具有詩意的作家，但是帶著一些戲劇性傾向。」

1965 年，漢德克完成小說《大黃蜂》，到法蘭克福談出版事宜時，與女演員施瓦茨邂逅。二十三歲，從未談過戀愛的漢德克，用《大黃蜂》和《冒犯觀眾》的稿酬，購屋，置辦傢俱，攜手施瓦茨步入婚姻殿堂。兩人很快就有了女兒阿米娜。但因性格和價值觀不同，六年後，漢德克獲「畢希納文學獎」一個月後，這對才子佳人勞燕分飛。

十七年後，漢德克的劇作《問題遊戲》在維也納皇家劇院公演，他又與演員索菲・賽敏相識，深深地被其美麗的風韻打動，兩人談笑甚歡，相見恨晚。1990 年夏，兩人搬進巴黎近郊新置辦的房子同居。索菲・賽敏懷孕了，欣喜若狂的漢德克與她登記結婚，但沒有舉行婚禮。婚後，兩人舉案齊眉，甜蜜地生活。有時，索菲・賽敏還在他的戲劇裡出演角色。兩人還經常穿情侶裝到世界各地旅遊度假。講到這段婚姻，漢德克幸福地說：「我們兩人，既各自獨立，又相互扶持，這是我們最喜愛的安靜歲月。」

1967 年，彼得・漢德克又以《卡斯帕》（*Kaspar*）重返戲劇舞臺。《卡斯帕》成為德語戲劇中被排演次數最多的劇本，被戲劇界譽為與 1969 年諾貝爾文學獎得主、法國劇作家貝克特的《等待果陀》同等輝煌的劇作。這讓漢德克贏得了「說話劇」與反語言規訓大師的稱號。這一年，他二十五歲。

就在《卡斯帕》首演當天，法國巴黎街頭發生了大學生學潮。於是，歐洲媒體和批評界認為，《卡斯帕》就像為法國巴黎的學生運動寫的一樣。對這種牽強

附會的輿論，彼得・漢德克並不認同。他認為追求現實主義的文學，對現實無能為力。他還堅持文學藝術的獨立性，反對文學作品直接為政治服務。

初登文壇的漢德克，初生牛犢不怕虎，看不慣德語作家的陳詞濫調和寫作的舊規陋習，曾到美國，闖入「四士社」在普林斯頓大學開研討會的現場，當著鈞特・葛拉斯等享譽世界文壇的老前輩，痛斥其作品和理論的陳腐謬誤，舉座皆驚。

1971 年底，彼得・漢德克的斯洛維尼亞出生的母親自殺，他悲痛欲絕，寫下小說《無欲的悲歌》（*A Sorrow Beyond Dreams: A Life Story*），敘述了其母的生與死。所有人類的普遍主題，都可成為文學的主題。漢德克的這部小說，蘊含了一種質詢社會暴力的深刻內容，並試圖在表現社會和人生真實經歷中尋找自我，藉以消解現實生存的困惑。小說在當時的德語世界，產生了廣泛影響，成為 20 世紀 70 年代「新主體性」文學的代表作。後來，漢德克將其同時間創作的同類尋找自我的「新主體性」小說《左撇子女人》（*The Left-Handed Woman*）改編成同名電影，曾獲得坎城電影節最佳影片提名。

1979 年，彼得・漢德克從居住了多年的法國巴黎，回到奧地利的薩爾斯堡，過起了遠離塵囂的離群索居、潛心創作的寂寞生活。他的四部曲《緩慢的歸鄉》就誕生在這一時期，表現了生存縮小和缺失，主體與世界的衝突，以及尋找自我，仍是其敘述核心。

進入 20 世紀 80 年代，深居簡出、陷入一種自我封閉的自我世界之漢德克，卻創作了一批對現實生存深切反思的作品：《鉛筆的故事》、《痛苦的中國人》、《去往第九王國》、《一個作家的下午》、《試論疲倦》、《試論成功的日子》……，這些作品的主調是世界無所適從、價值體系禮崩樂毀、文學敘事陷入困境等。

1995 年底，漢德克有了一次塞爾維亞之旅。當年他在《南德意志報》發表遊記，談他觀察到的和切身體驗到的南斯拉夫解體後的現狀。後來，他的足跡又遍及波士尼亞與赫塞哥維納的斯雷佈雷尼察，他將所見所聞寫進了遊記《冬日之旅之夏日補遺》裡。次年，他又寫了遊記《多瑙河、薩瓦河、摩拉瓦河和德里納河冬日之行或給予塞爾維亞的正義》。該遊記發表「之後的四周，一片死寂，而後罵聲一片」，猶如遊記的題目一樣悠長。因為遊記與西方媒體關於塞爾維亞鋪天蓋地的報導存在極大的觀念反差，甚至針鋒相對。漢德克對西方媒體集體聲勢浩

大的攻擊並不驚訝，更沒有放棄反擊。

　　西方媒體聲勢浩大地聲討米洛塞維奇屠殺人民的暴行，卻對北約派飛機轟炸南斯拉夫，致使成千上萬的無辜百姓失去家園或喪生的事實熟視無睹。這使漢德克非常憤慨，他要發出自己的聲音，他還身體力行地進行抗議，以朗讀形式宣佈自己的觀點。他在 20 世紀末冒著北約的襲擊從塞爾維亞去到科索沃。同年，他將南斯拉夫的境況寫進劇本《獨木舟之行或者關於戰爭電影的戲劇》裡，劇本在維也納皇家劇院首演。同時，他還將自己三十一歲時獲得的德國文壇最高獎項畢希納獎退還給德國，以示抗議。

　　更讓全世界震驚的是，漢德克於 2006 年 3 月 18 日，趕到東歐，堂而皇之地出現在前南聯盟總統米洛塞維奇的葬禮現場，為死者掬一把眼淚。此舉遭到西方媒體更猛烈的攻擊，漢德克落得個「米洛塞維奇政權的同路人」的罪名。

　　對此，漢德克如此回答：「我不知道他們為什麼反對我。我第一個站出來說，我們應該聽聽塞爾維亞的聲音。」「他們（西方媒體）的報導是聽從了一邊倒的政治家的擺佈。」

　　漢德克獲得諾貝爾文學獎之後，對西方媒體說，瑞典文學院做出的這個選擇「非常勇敢」，他感到「就好像我是清白的」，這純屬他個人的揣測和推斷。他獲得諾貝爾文學獎，僅僅是文學層面的，他不屬於任何政黨，絕非政治作家，是他的具有巨大藝術魅力的作品打動了瑞典文學院。

　　在漢德克看來，當下價值體系的崩潰和敘述危機，使文學表現陷入困境。但，事實是他創作了大量優秀的文學作品。漢德克在訪問中國時提到的《偷水果的女孩──行往內陸之地》，是他的第九部長篇小說，2017 年底其德語版發行。漢德克自視甚高，聲稱這是自己的「史詩終篇」。可見，對漢德克來說，自己的文學表現並沒有「陷入困境」。

　　《偷水果的女孩──行往內陸之地》講的是關於行走的故事。一個夏日，小說的敘述者赤腳行走在芳草萋萋的田野裡時，不巧被一隻蜜蜂蜇了腳趾。他認為這是一種啟示，自己該踏上旅程了。他告別了巴黎郊區沙維爾鎮那棟老房子，乘坐火車向皮卡第出發。在火車站，他遇到了本書真正的主角「偷水果的女孩」，與她共同踏上尋親的旅程。途中，女主人公與昔日的同窗不期而遇，同赴從 21 世

紀現代社會跨進叢林的童話世界之旅。他們參加了一次熱鬧的露天博覽會，在會上與小狗、公雞、病貓成為朋友。她穿過茂密的灌木林，在清澈的河流裡游泳嬉戲。她還搭救了一個要尋短見的憂鬱青年和一個送披薩的小夥子。他帶著他們到鎮上的小旅舍過夜，一起看足球賽，冷清的小旅舍因他們而有了些生氣……。

小說沒有驚心動魄、起伏跌宕的故事情節，也沒有人物清晰的命運軌跡，但作家對生活有細緻的觀察和豐富的體驗，他「富有語言學才能」，能帶著讀者「在空白之中萬花筒般地行走」，表達自己對世界、對社會、對人性的哲學思考。正如他自己所說，「我絕不寫跟人雷同的東西」，小說賦予了向另一個邊緣走去的行者「一份凜然的尊嚴」。這是漢德克式的，不可能是別人的。

《偷水果的女孩──行往內陸之地》中提到足球，不禁讓人想起他的早期作品《守門員的焦慮》（ *The Goalkeeper's Fear at the Penalty Kick* ）。守門員名叫約瑟夫·布洛希，他無端被解僱，為生存漫無邊際地在社會上流浪。又是生存問題，讓他與社會格格不入並產生仇恨。在一個小飯店，他遇到一個女接待員，與她發生一夜情，又無端地殺害了她。小說從現實中發現矛盾和衝突，並將之彙集起來，展現生活和人性的豐富性，證明人生有著無法回避的深刻和困惑，這是小說本質。但是，漢德克的小說，以殺人表現主人公與世界的格格不入，就有些極端化，很像他自己的某些極端化。被謀殺的卡斯帕、殺人的約瑟夫·布洛希，頻頻出現在他的作品中，不是為了從人類的暗部去發現光明力量，並給人以力量，僅僅為表現自由且充滿幻想的「我」，在這個對年青人不友善的世界中，選擇以死的方式得到解脫，這與文學的真正理想大格局相去甚遠。所以他的作品只是為我們提供了一種新的天才的文本，而不一定能成為經典。

彼得·漢德克於 2016 年訪華，儘管有些不盡如人意，但他對中國文化的喜愛是眾所周知的。他曾說：「文學不應該用石頭直接堆積起來，也不是雕刻出來，所以不是固體的，而更多應該是水，是空氣。我特別喜歡讀《老子》這本書，還有《莊子》，所以我對裡面關於水的論述是很有感觸的……，我覺得老舍非常有趣，而且非常好，就像一個編年史的作家，就像是一個史學家那樣精確。他在描寫一個個體的編年史，而且在這點上讀他的作品真的是很好。我自己也曾經希望成為這樣一個編年史的作家，但是也許因為我個人身上主觀的色彩太強了……。」

　　從這段話裡，我們知道漢德克對中國文化頗感興趣，但無法與對中國歷史文化有深入瞭解的賽珍珠、托馬斯・特朗斯特羅默、赫爾曼・赫塞、聖-瓊・佩斯等諾貝爾文學獎得主相較。1982 年冬，漢德克讀了《水滸傳》的譯本，對書中的江湖世界缺乏瞭解，只見各色人物打打殺殺，深為書中的不少人死去而痛惜。後來，他到各地的中國飯店吃飯，觀察中國人的行為舉止，醞釀出了一本關於中國的書──《痛苦的中國人》。該書並沒有過多的成見或偏見，講的是對中國人的一些深深的錯覺，更多的是敘述「身在故鄉卻感到格格不入的陌生化生存狀態」。這與當時世界上流行的《醜陋的日本人》等文本並不類同。令漢德克沒想到的是，《痛苦的中國人》引起了一場風波，這成為西方媒體攻訐中國的話題。中國讀者乍讀也感到反感，但細品之後，會發現「文題不符」，內容另有關於社會人生的別樣妙趣。他對老莊和老舍瞭解得也比較膚淺，遠不如他對中國名勝和民俗的瞭解。他到北京遊覽頤和園，對中國皇家園林建築的宏偉典雅十分讚賞，他見遊人如織，吃驚地問：「大家都不上班嗎？」在上海，他主動提出要去花鳥市場逛逛，對裝在高粱篾兒編成的小籠中的蟈蟈饒有興趣，認真地觀賞。

　　相較 2018 年諾貝爾文學獎得主朵卡荻，中國出版界較早關注了彼得・漢德克，先後翻譯出版了他的《冒犯觀眾》、《守門員的焦慮》、《無欲的悲歌》等九部書。漢德克成為諾貝爾文學獎得主之後，一時洛陽紙貴。

　　全世界的讀者都一樣關注世界文學的現狀將走向何方，下位摘取諾貝爾文學獎桂冠的人又會是誰？

Olga Tokarczuk

奧爾嘉・朵卡荻 1962—

波蘭女作家、詩人、心理學家和劇作家。

獲獎理由｜她以具有百科全書式的激情構建的敘事想像力，代表對生活方式多種邊界的跨越。

獲獎作品｜《白天的房子，夜晚的房子》、《航班》、《太古和其他的時間》等。

接到瑞典文學院發出的獲得 2018 年諾貝爾文學獎的通知時，這位第十五位獲得諾貝爾文學獎的女性作家朵卡荻，正駕車行駛在德國境內。她準備前往北萊因威斯特法倫州的比勒費爾德，出席《雅各布之書》德文譯本的發佈和推廣活動。聽到這一消息，她大喜過望。她不得不將車開進休息站，來平復極度激動的心情。一刻鐘後，諾貝爾網站採訪了她，她興奮地說，真不知用什麼話表達自己此刻激動的感受，並對於能和同是來自歐洲中部的彼得‧漢德克同時獲獎（見附記），她感到「非常自豪」。

在被問到中歐的文學創作與其他地方有何區別時，她認為「這是一個宏大的話題」。她表示，目前「中歐的民主問題出現了問題」，此次諾貝爾文學獎「在一定程度上讓我們更加樂觀」。我們有話想要對世界說，我們很活躍，有表達自己的能力，「能夠給世界帶來深刻的啟示」。接著，不少媒體也向她表示祝賀，並開玩笑說：「但願車上可以提供香檳酒。」

奧爾嘉‧朵卡荻，於 1962 年在波蘭西部蘇萊胡夫城呱呱落地。該城在二戰前屬於德國領土，往前追溯，屬於普魯士王國。1945 年德國戰敗，蘇萊胡夫城被劃入波蘭版圖。後來，朵卡荻搬到了西里西亞南部的弗洛茨瓦夫市。朵卡荻的多部小說——《白天的房子，夜晚的房子》、《太古和其他的時間》（*Prawiek i inne czasy*）等——以該市為背景，因此，當得知她榮獲諾貝爾文學獎，政府做出了全城市民與朵卡荻共用獲獎決定——星期天只要帶著一本她的書（包括電子版的），就可免費乘公車。全城因此沉浸在節日般喜氣洋洋的氛圍裡。

1985 年，朵卡荻從華沙大學心理學系畢業，在精神病院工作並兼任一家心理學雜誌的編輯。這一經歷對她後來的創作影響頗深。每天與各色病人打交道，耐心聽他們各種各樣的傾訴，然後認真分析病情，對症治療，積累了豐富的相關素材。

從少年時期起，天才早慧的朵卡荻就喜愛文學，1987 年以詩集《鏡子裡的城市》推開文壇之門，備受波蘭文學界矚目。但真正讓她揚名的是 1993 年出版的小說處女作《古書尋蹤》。

《古書尋蹤》講的是 17 世紀法國幾位學識淵博、心懷理想的男人一次探險的故事。他們組成秘密地下團體，成員之一瑪律吉組織一次由他率領，有啞巴、妓

女等人參加的到西班牙聖山，尋找傳說中被上帝從人類手中奪走的遠古之書的探險旅程。作者以詩性和富含哲理的語言，使小說氣氛神秘，人物怪誕，情節雲譎波詭。小說以精微的筆觸，刻畫人物的生命狀態，試圖透視人類的理想、懷疑、無奈和不安，來表現人類對自身的探究。一切都帶有對理想追尋的色彩，並帶有宇宙和神的維度。

匈牙利在評價這部小說時，說它是一部哲學探險小說，是「對永恆的人類哲學問題的哲學性冥思」。中國有句古話：「假像過大，則與類相遠；逸辭過壯，則與事相違；辯言過理，則與義相失；麗靡過美，則與情相悖。」（晉‧摯虞《文章流別論》）評論家顯然有溢美之嫌。

朵卡荻第二部長篇小說《E.E.》，敘述 20 世紀 20 年代，一個出生在日爾曼—波蘭家庭，名叫艾爾娜‧艾勒茨奈爾的女性的命運。有人說該作隱含了女性主義傾向，有待商榷，但她具有作為精神分析師的深刻的洞察力，以及作家的悲憫情懷和對人性的探究深度，讓我們看到朵卡荻正走向成熟。

1996 年，朵卡荻出版第三部長篇小說《太古和其他的時間》。小說虛構了發生一個在波蘭中部鄉村的故事。小說以守護村子的四位天使長的視角，講述了從 1914 年起，村中雲集的一群稀奇古怪的人物所經歷的半個世紀的痛苦和歡樂的命運變遷，展示了一卷波蘭人的悲壯歷史圖畫。這部獨具神秘色彩的尋根作品，被視為「蒙著一層面紗的寫實」力作。波蘭評論家耶日‧索斯諾夫讚譽道，作者「從真實的歷史碎片中，構架出了一個神話，那是一段包含著秩序的歷史，所有的事件，包括那些悲傷的、邪惡的，都有著自己的理由。作家搭建了一個類似曼陀羅的空間，一種方中有圓、完美豐腴的幾何想像」。波蘭文學界將該小說譽為朵卡荻的神秘主義小說代表作。

第二年，《太古和其他的時間》斬獲 1997 年波蘭「政治護照獎」（文學類）。在接受匈牙利新聞媒體採訪時，朵卡荻說，「說老實話，《太古和其他的時間》是我最成功的一本書」，這本書既是家族故事、民間傳奇，同時也是神話，偏向魔幻。該書被列為高中生的必讀書目，擺進了圖書館。對此，她風趣地說：「從另一個方面來講，不是個好事，因為孩子們討厭必讀書。」從這一年起，她放棄

原來的工作，專心寫作。

1998年，朵卡荻的《白天的房子，夜晚的房子》問世。這是由數十個特寫、隨筆、故事等不同文體、不同風格的短文結集而成的書。書中沒有一條貫穿始終的線索，事件也都不在一個時空，其跨度從古代經中世紀，再到現代。作者遣長鬍子的聖女、倒錯性別的修士、身體裡藏著小鳥的酒徒、化身狼人的教師，在日常世俗生活中，紛紛粉墨登場，將歷史、現實與神話融為一體，承載著人的生存意義。有人認為這是一部文學品種邊緣化的小說。

朵卡荻自己說，她是以青蛙的視角寫作，並非鳥瞰。她觀察世界，慣用微觀視角來揭示隱藏在平淡煙火中的不同凡響的事物。《白天的房子，夜晚的房子》獲得了波蘭權威的文學大獎尼刻獎。

2001年，朵卡荻出版了由十九篇短篇小說組成的集子《一手擊多鼓》，大都是手法詭異、怪誕的心理小說。其作品將人物置於日常生活的特殊境遇中，演繹小人物的善良，揭示人性的複雜。

2008年春，朵卡荻應邀到中國訪問。北京外國語大學為她舉辦了專題講座，她與師生進行了交流。其謙遜、誠摯的風采給人們留下了深刻的印象。

2009年，朵卡荻寫了《讓你的犁頭碾著死人的白骨前進》一書，是一部有偵探、懸疑元素的犯罪驚悚小說，涉及女權主義和動物權益主題。小說講的是獵人們不幸地一個接著一個不明不白地死去，人們懷疑是被人或什麼東西謀殺了。有一個從事占卜，業餘翻譯布萊克作品，又樂於與野獸為伍，脾氣暴躁，有隱士名號的老女人，決定探索獵人非正常死去的秘密。小說神秘恐怖，被評論家稱為「生態與道德驚悚小說」。小說後來被改編為電影《糜骨之壤》，並獲得2017年柏林電影節獎。

2018年，憑藉小說《航班》（*Bieguni*，又譯「雲遊」），朵卡荻又榮獲國際布克文學獎。小說通過一位乘坐飛機旅行的荷蘭解剖家的旅行，以及「他對內心過往的審視，串聯起了從17世紀到現代的一系列故事」（孫若茜語）。小說的主人公與這批雲遊世界的旅客，開啟了任性的時空之旅。有的人途中拋棄患病的孩子，鑽進莫斯科的地鐵，有的人全世界收集虐待動物的證據，他們各有所忙地不停奔走，探索生存之路，以緩解內心的迷茫與緊張，通向內心的自我。作家以一

種缺乏邏輯又無統一情節的方式，以哲學反思、各種碎片化的思想和內心的獨白，呈現了我們這個世界的理智和秩序。

布克文學獎委員會主席麗薩・阿碧娜妮西，十分讚賞《航班》，說「朵卡荻是一位充滿了創作光輝、擁有豐富想像力的作家」，《航班》「有著一種遠離傳統的敘述方式，我們十分喜歡這種敘述──它從狡黠愉悅的惡作劇過渡到真正的情感肌理，作者有著快速創造角色的能力，角色中又包含著有趣的偏離和思考」。此作為朵卡荻贏得諾貝爾文學獎奠定了基礎。

2018 年，是朵卡荻作品獲獎最為豐厚的一年。這一年，她的《雅各布之書》的法譯本，獲得面向世界優秀作家，特別推崇其作品的文化多樣性和語種豐富性的楊・米哈爾斯基文學獎。

《雅各布之書》是一部關於波蘭和猶太人歷史的小說，敘述的是 18 世紀中葉，猶太青年雅各布・弗朗克，在波爾多傳授猶太教的經歷。雅各布傳播異教，在信仰完整統一的地域，必然造成社會對立和分化，接受猶太教者，視雅各布為神明；堅持原天主教、伊斯蘭教的信徒，把雅各布看成異端邪教徒。小說在人們的日常生活中，表現宗教糾紛和矛盾。因此，複雜的社會生活、生存環境，人的衣食住行都得到生動重現。出版社這樣推薦《雅各布之書》：「這本帶有神秘色彩的作品，以史為鑒，重現歷史，又以反思的目光審視現實，解讀和思考那些決定民族命運走向的歷史進程及其細節。作家試圖通過此書探究當今波蘭在整個歐洲的處境。」小說獲得當年尼刻獎的同時，也遭到波蘭民族主義者的批評，因為作品涉及波蘭歷史上的黑暗領域。

有的評論家認為，相較朵卡荻的幾部重要作品，《雅各布之書》不僅在內容上缺乏新意，其富有個性的哲思、神秘主義、碎片化的藝術風格，也未淋漓盡致地貫穿之。這種批評有些片面化。君不見，好的作家，並不只有一種藝術武器，該書以平實雅致的語言，代替了往日華麗的語言鋪張，過去過於注重的文字形式，被自然、隨性的更靈性化的書寫取代，其高雅巧妙的文字遊戲，讓讀者為之傾倒驚歎。

同在 2018 年，朵卡荻又出版了一個新的由小說、散文組成的集子《怪誕故事集》，共有十九個作品。其中的作品，依如集子之名，多為「怪誕」之作。以小

說〈心臟〉為例，主人公曾在中國接受了器官移植手術後，發現看待現實社會的眼光，發生微妙的變化，思考問題的方式也較過往有了差別，便產生有關身份認同的心理障礙。為此，他和妻子一道踏上了前往中國的旅程。另一篇小說，寫一位有錢有勢的莫諾蒂科斯，經常照顧一個賣 T 恤的小攤。只要他買了一件 T 恤，這一品牌的 T 恤便價格飛漲，且領導時尚潮流。借此，小說揭示權力對社會生活的影響，權力讓大眾歸順這樣深刻的意義，令人深思。波蘭文學評論家雅努什・科瓦爾赤克認為，朵卡荻這些以瑞典大洪水時代的烏克蘭、現代社會的瑞士、遙遠的亞洲大陸，以及虛構的人類世界，不同時空為背景的作品，越接近結尾部分，這些故事的文學意趣越濃。《怪誕故事集》獲得了 2019 年度尼刻文學獎提名。

迄今為止，朵卡荻出版了長篇小說、短篇小說集、散文隨筆集總計有十七部之多，被譯成二十九種語種，深受世界讀者歡迎。朵卡荻作品的中譯本，大約始於 21 世紀初，先是《一手擊多鼓》，接著是《古書尋蹤》中的《睜開眼吧，你已經死了》。2010 年其短篇小說〈世界上最醜的女人〉發表在《大家》雜誌上。到了 2017 年，朵卡荻代表作《太古和其他的時間》、《白天的房子，夜晚的房子》首次在中國出版。

到她獲諾貝爾文學獎之前，亞洲讀者很少人瞭解她。在歐洲大陸則不同。其作品曾兩度榮獲波蘭最高文學獎——尼刻文學獎，四次獲得尼刻獎之最受讀者歡迎獎，以及國際布克文學獎，最後榮登諾貝爾文學獎殿堂。2015 年榮獲諾貝爾文學獎的女作家亞歷塞維奇稱其為「輝煌壯麗的作家」，實至名歸。

同時，朵卡荻又是一位女權主義者、素食者，政治投入度較高，市場讀者緣很好的複雜的作家。文學追求相似，但作家各自的寫作又呈現出了強烈的個性色彩。朵卡荻的文學創作很難被歸於什麼流派，她以自己的哲思、神秘主義、碎片化的獨特風格，自成一派。用諾貝爾文學獎的頒獎詞概括，便是「她以具有百科全書式的激情構建的敘事想像力，代表了對生活方式多種邊界的跨越」。

附記｜關於 2018 年諾貝爾文學獎停擺與重啟

　　2018 年，瑞典文學院一名時任女院士之夫涉嫌性侵、性騷擾及洩露諾貝爾文學獎獲獎者姓名等醜聞，致使該院宣佈 2018 年度諾貝爾文學獎不予頒發，以挽回公眾的信任。這在世界上引起了不大不小的風波，一些專家甚至預言，狂飆後的諾貝爾文學獎，從此進入「保守和現代，歷史與未來重複或翻新」的步履艱難謹慎的局面。

　　這種焦慮，有點杞人憂天的味道。眾所周知，諾貝爾文學獎特殊的地位，其公正性、權威性及悠久的歷史，使之已經發展出一個複雜而完備的生態，並成為一把擁有獨特刻度的尺規，來衡量文學和人類社會。諾貝爾文學獎的影響，不僅關乎世界和歷史，也早已滲入了我們的日常生活。

　　當然，醜聞的確帶來了一些震盪，瑞典文學院適時做出必要的調整，七名院士自願或被迫退位。後來，兩名院士重返瑞典文學院。選舉產生了新的院士。歷來由五名院士組成、負責擬定候選作家名單的「諾貝爾文學委員會」，改由四名院士組成。另外補充了一個由五位文學評論家、文化記者、作家和翻譯家組成的專家組，他們擁有擬定名單權，但沒有最後投票權。這樣的調整，有利於評獎的公正性。

　　風波煙消雲散之後，諾貝爾文學獎自信地回歸。2019 年 10 月 10 日，瑞典文學院在古老的斯德哥爾摩瑞典學院大樓宣佈，將 2018 年諾貝爾文學獎授予波蘭女作家奧爾嘉‧朵卡荻，將 2019 年諾貝爾文學獎授予奧地利作家彼得‧漢德克（Peter Handke）。這意味著，這兩位作家不僅擁有了無上的榮耀，還各自收穫了一枚一百七十五克重的金質獎章，一份九百萬瑞典克朗的獎金。這也標誌著，諾貝爾文學獎繼續其輝煌而恒長的旅程。

石黑一雄 1954—

日裔英國作家。

獲獎理由丨憑藉充滿強烈情感的小說，揭示我們幻覺之下的深淵。

獲獎作品丨《遠山淡影》、《浮世畫家》、《長日將盡》等小說。

瑞典文學院 2017 年 10 月 5 日宣佈，該屆諾貝爾文學獎頒給即將六十三歲的日裔英國作家石黑一雄。理由是：「憑藉充滿強烈情感的小說，揭示我們幻覺之下的深淵。」

　　接聽瑞典文學院電話的時候，是下午一點，石黑一雄正在廚房，坐在餐桌前給友人寫郵件。接電話後，他並未在意，以為是假消息。因為他知道，自己在該屆諾獎中並非是熱門人物，博彩公司開出的諾貝爾獎賠率榜上，幾乎見不到自己的名字。確定獲獎消息真實無誤，他又覺得如此高的榮耀砸在頭上有點荒唐。

　　當他平靜下來，回答媒體的採訪時，他說當下仍然有這麼多人關注一個嚴肅文學的獎項，實在令人驚喜。接下來，他饒有興味地談道，繼他最大的偶像巴布・狄倫之後榮獲諾獎，是件多麼奇妙的事情，從十三歲時起，狄倫一直是他的偶像。

　　其實，石黑一雄早已在文學疆域享有盛名。他憑藉七部長篇和一個短篇小說集，已將世界文壇最有影響力的布克獎、惠特布萊德獎、大英帝國勳章、法國政府文學獎和藝術騎士勳章等獎項和榮譽悉數收入囊中。

　　而且，因文學的成就，石黑一雄還獲得了文學之外的榮耀，他的由英國著名畫家愛德華斯創作的一幅肖像，曾被懸掛在英國最負盛名的唐寧街十號。日本天皇訪英倫時，石黑作為文化名人，受邀參加國宴，並與英國政壇「鐵娘子」柴契爾夫人推杯換盞。

　　有個現象值得一提，瑞典文學院乍一公佈石黑一雄獲諾獎，日本 NHK 電視臺特意中斷節目，插播石黑一雄獲獎消息，整個日本洋溢在喜氣之中。五歲就離開日本，已成為英籍作家的石黑一雄，當然不是日本人，但即便如此，冠以「日裔」已足夠日本驕傲。日本的強大，不僅在於經濟，更在於開放包容的文化。

　　值得注意的是，擁有日本和英國雙重文化背景的石黑一雄，一直以「國際主義作家」自稱。他認為，自己雖被稱為「英國文壇移民三雄」，但自己與另兩位魯西迪（Salman Rushdie）、奈波爾（V. S. Naipaul）不同，他們的小說總借用印度文學、宗教、歷史元素，完成對殖民主義的政治、文化批判，而自己是不以移民或民族認同作為小說題材的亞裔作家。不管世人怎樣試圖從他的小說中尋找出日本文化的淵源和神髓，或爬梳出英國文化的蛛絲馬跡，但石黑一雄本人從來不予認同。作為五歲便移民的石黑一雄，既沒有保留對日本故國的鄉愁，也沒有深深

烙印大英文化，如果有，是作為移民在英倫成長中所遭受的冷遇和疏離的境遇。

　　來到英國，石黑一雄一家人總在計畫返回日本生活，但直到今天，他和家人也沒回到日本定居。至於在文學上，他從不認祖歸宗般特意關注日本文學，他唯一喜歡的作家只有村上春樹，因此他的小說很國際化。在英語環境下長大的石黑一雄，在文化上不能脫離英國，但他很少一門心思地專攻英國的莎士比亞、狄更斯、高爾斯華綏，而像讀俄國的杜斯妥也夫斯基、托爾斯泰，讀法國的羅曼·羅蘭一樣，關注的是文學本身。

　　對石黑一雄而言，小說只是一個國際化的文學載體，在日益全球化的當代世界中，他考慮的是，怎樣突破地域的疆界，創作出在任何一個文化背景之下對人們都能產生意義的小說。

　　石黑一雄雄心勃勃地說：

　　這個世界已經變得日益國際化，這是毫無疑問的事實。在過去，對於任何政治、商業、社會變革模式和文藝方面的問題，完全可以進行高水準的討論，而毋庸參照任何國際相關因素。然而，我們現在早已超越了這個歷史階段。如果小說能夠作為一種重要的文學形式進入下一個世紀，那是因為作家們已經成功地把它塑造成為令人信服的國際化文學載體。我的雄心壯志就是要為它做出貢獻。

　　在此我們不討論文學的民族性與「國際化小說」的是與非，這是一複雜的學術命題。筆者介紹石黑一雄的「國際化小說」，在於肯定他的探索精神。

　　讀石黑一雄的小說，就會發現，在他的小說世界中，其主旋律便是「帝國、階級、回憶，以及童真的永遠消失」。描繪出來，就是人一生下來，便就被龐大的社會機器控制，情感被壓抑，甚至連人類的本能愛、性與夢想都被剝奪，文學藝術被權力污染，人性被毀滅，人類也走向滅亡的悲劇圖景。當然，石黑一雄同時又肯定世界還存在愛的力量，人類的罪惡都將得到救贖。記憶與遺忘、歷史與當下、幻想與現實、毀滅與涅盤、絕望和希望交織在一起。這就是瑞典文學院所稱，「憑藉充滿強烈情感的小說，揭示我們幻覺之下的深淵」，還稱石黑一雄是「一位偉大正直的作家」。

石黑一雄，於 1954 年 11 月 8 日出生在日本長崎縣長崎市新中川町一個知識份子家庭。父親石黑鎮雄，是位海洋學家，母親名靜子。1960 年，因父親受雇的南安普頓國家海洋研究所遷至英國薩里郡的吉爾福德，石黑一雄一家遷居英國。他就讀於薩里郡的沃辛縣文法學校。中學畢業後，喜歡音樂的石黑一雄到北美旅遊，同期自己製作一張樣本唱片，發給唱片公司。

　　1974 年，石黑一雄考入肯特大學，四年後畢業時獲英國文學和哲學學士學位。經歷了一年寫作實踐，他又進入東安格利亞大學（或譯東英格蘭大學）深造，布拉德伯里和安吉拉‧卡特成為他的導師。1980 年，石黑一雄以長篇小說《遠山淡影》為畢業論文，獲得創意寫作課程碩士學位。

　　處女作《遠山淡影》於 1982 年出版，該小說講述在英格蘭生活的日本寡婦悅子的故事。第二次世界大戰後，悅子隨第二任丈夫到英國定居，她有兩個女兒。其中完全日本血統那個女兒，因不理解英國文化，選擇自殺。悅子在處理其自殺善後事件時，陷入對日本第二次世界大戰前後的悠長回憶。小說在過去與現在的時空交叉飛躍中，呈現了一幅幅生活畫面。作者很少對這些片段的邏輯聯繫和事件發展做說明。一位評論家認為，《遠山淡影》中，「日本與英國的各種因素，被一張閃爍不定、隱而不見的意象之網籠罩著，被非常堅韌牢固的記憶的絲線牽連在一起。這是對於一位原子彈爆炸之後倖存者噩夢般的回憶，對於內心情緒騷動的極其冷靜含蓄的剖析」。《遠山淡影》沒有完整的故事情節，只有淡淡水墨畫般的意象，語言節制、隱抑、低調，令人印象深刻。《遠山淡影》一出版，石黑一雄便獲溫尼弗雷德‧霍爾比紀念獎，又被文學雜誌《格蘭塔》評為英國最優秀的二十名青年作家之一。

　　1986 年，石黑一雄出版《浮世畫家》。同《遠山淡影》一樣，也是通過一位日本畫家回憶自己二戰從軍的經歷，意在探討日本國民對第二次世界大戰的態度，是「一幅日本民族性的浮世繪」。小說的主人公是很有天賦的畫家小野增二，第二次世界大戰期間接受軍國主義教育，認為發動侵略戰爭是一場保衛國家的聖戰。他以藝術宣揚軍國主義，在政府的推動下，他成了名噪一時的大畫家。然而，戰爭以日本戰敗結束。在美國的操辦下，日本推行「民族化」，人們開始對戰爭進行反思。小野增二在家庭、藝壇和政界的崇高地位蕩然無存，昔日的友人也棄他如敝屣，甚至連自己的愛女也以他的歷史為恥辱。小說中，小野增二陷

入對過往的回憶中，反思自己的過錯和民族的前途。經過痛苦反思，過去的謊言被拆穿，小野增二認識到，原來第二次世界大戰中整個日本民族是在為某種荒誕虛幻的理想獻身，而自己的藝術正是漂浮在這種虛幻的理想之中——「漂浮世界中的畫家」。

關於小說主人公小野增二，學界有多種解讀，有研究者認定他是一個慣於自欺的人，「具有將自己的願望和恐懼移位或投射到他人身上的傾向，從而逃避面對自己的感情」；另有學者指出，小野增二有注重浮名、善於偽裝的虛浮偽善的一面。還有學者認為，小說中的小野增二，使讀者看到了「日本民族性特徵之一：投機性」，並不認同石黑一雄以「國際主義作家」自詡。

《浮世畫家》獲英國及愛爾蘭圖書協會頒發的惠特筆獎和英國著名的布克獎提名。同年，石黑一雄雙喜臨門，與洛娜・麥克杜格爾牽手走進婚姻殿堂。石黑一雄與麥克杜格爾，當年都曾是社會工作者，他們在諾丁山的西倫敦薩仁尼無家可歸者慈善團體的會議上相遇。當時石黑一雄是以住宅安置工作者的身份出席會議的。對這椿婚姻，石黑一雄非常珍惜，給予他文學創作最有力支持者，就是妻子。他說：「我和洛娜的感情是我最珍貴的財富，在我開始寫作之前，我們就認識了。當時，我們都是社會工作者，在倫敦一家慈善組織工作。那時，她把我當成落魄的歌手，憧憬著我們會一起變老，成為老社會工作者。然後我們可憐巴巴的，一起翻看《衛報》的廣告欄，找工作。」婚後，他們帶著女兒娜奧米，居住在倫敦。

1989 年，石黑一雄創作的長篇小說《長日將盡》出版。小說講的是第二次世界大戰在英國發生的故事，以給達林頓爵爺當管家的史蒂文斯之眼，見證了英國貴族的沒落。史蒂文斯忠於職守，將一生的才智和心血，服務於這位爵爺，看著主子在邪惡之路越陷越深的同時，自己放棄獨立思考和對權威盲從，最終自己也墮落，成為邪惡勢力的幫兇。

小說中史蒂文斯並非沒有自我懷疑，並非對達林頓的「事蹟」沒有懷疑，史蒂文斯回憶的不僅僅是人生之旅，也是對二戰時英國的榮光歲月的追憶，更是對自己靈魂的自我反省，力求自我救贖的過程。

《長日將盡》甫一出版，即榮獲當年的布克獎。同年，石黑一雄受日本基金會的邀請，使他離開日本近三十年，得以重回一直在思考和想像的故土。多年來，

都是父母托人從日本購買教育資料，希望兒子能接受日本文化的影響。但在英語教育環境中，他只能保留下跟家人用日語交流的能力。他的日本之行，在日本媒體引起一場轟動。日本對石黑一雄來說，意味著無憂無慮的童年時光，意味著印在腦海裡的故鄉的那些人和事，讓他想起自己與深愛的祖父朝夕相處的美好歲月。他曾感慨地說：「我意識到那是寄託我童年時代唯一的地方，而我再也不能返回那個特別的日本。」日本，對石黑一雄而言，只有記憶，再無鄉愁。

1995 年《無可慰藉》（又譯《無法安慰》）出版，這是石黑一雄的第四部長篇小說，也是最有爭議的作品。小說通過成年之後的主人公的心理活動，力圖重構自己失落了的童年。小說主要講鋼琴大師賴德應邀來到歐洲一座城市演出。抵達之後，自己卻罹患失憶症，仿佛生活在夢境裡。他不認識的城市陌生人，卻仿佛是他童年時打過交道的人，且對他們的身世瞭若指掌。城市請他來，是希望振興該城，希望以他美妙的音樂淨化城裡人的靈魂，拯救已墮落的世界，而且認定他就是引導他們走向光明的領袖。一個失憶的音樂大師的舉止，自然讓人們大失所望，人們陷入漫漫長夜……，賴德並沒有為童年的創傷，找到安慰。

將夢境與現實、過去與現在編織在無意識的狀態裡，於是小說也成了一個冗長的、混亂的噩夢，但這不妨礙石黑一雄獲切爾特納姆文學藝術獎。

2000 年，石黑一雄的第五部長篇小說《我輩孤雛》（又譯《上海孤兒》）問世。該長篇中，石黑一雄把目光轉向中國抗日戰爭前歌舞昇平的上海。英國人克里斯多夫·班斯克九歲時，其父母在上海神秘失蹤，他被送回英國。後來他從劍橋大學畢業，成為一名偵探，為了解開父母失蹤之謎，他重回上海。小說以記憶重尋的方式，追憶克里斯多夫·班斯克童年時代在上海租界生活，然而兒時記憶不再，雙親也不再，這場尋找雙親之旅，構成了一個失落在歷史敘述中的傷感的回憶故事。值得關注的是，小說中的主人公，在一種中西文化交流碰撞的租界殖民性語境中，面臨自我文化身份的喪失，成為文化上的孤兒。這是否是石黑一雄在為自我畫像呢？

2005 年，石黑一雄的第六部長篇小說《別讓我走》出版。小說採用了科幻小說的寫作形式，將焦點設在一個時間、地點模糊的未來，再一次用回憶寫一個有關一座寄宿學校買賣人體器官，探討倫理與人性的脆弱真相的故事。小說再次入圍布克獎最後決選，同時獲世界文學獎獎金最高的「歐洲小說獎」。

　　2015 年，睽違漫長十年之後，石黑一雄又推出自己的第七部長篇小說《被埋葬的記憶》（又譯《被埋葬的巨人》）。小說以英國不列顛人與撒克遜人交戰的年代為背景，講述了一對夫婦尋找兒子的回憶之旅。該羈旅穿越了層層疊疊的秘密，通過堆積的無休止的怨恨，試圖探問人類記憶、情感與愛的深遠博大意義。

　　研究石黑一雄的學者，把寫作《追憶逝水年華》的普魯斯特和石黑一雄，都視為探索「回憶」主題和失去主題的作家。而石黑一雄認為自己是深受普魯斯特影響，最擅長記憶、尋根。其實，石黑一雄式的依賴回憶與普魯斯特那種對往事漫無用心的追憶，有異曲同工之妙，又各有千秋。

　　閱讀石黑一雄的七部長篇，會發現他作品中的主人公，都是一直沉浸在回溯型的敘事結構中，一直喋喋不休、絮絮叨叨地追憶流光逝水般的往昔歲月，並在回憶時，對過往的人和事又都產生新的認識。對於移民作家石黑一雄來講，「回憶的過程蘊含了記憶，並且記憶伴隨著回憶」，它超越了個人回憶層面，還被寄予更深刻的集體記憶層面，民族記憶層面。不過，石黑一雄小說中的人物，既在回憶中追述自己的一生，也在追尋自己存在的文化記憶、身份記憶，以及那些隱藏在背後的歷史記憶。石黑一雄的回憶已進入審美經驗的一個途徑，在回憶中達到心靈的彼岸，在回憶中精神回歸家園。總之，石黑一雄的小說中，對回憶機制的描述，對回憶詩學的繼承，為讀者展開了一個「別樣的深邃而迷人的回憶的世界」。

　　除小說之外，石黑一雄還從事音樂、戲劇、影視劇本的寫作。

Bob Dylan
巴布・狄倫 1941—

美國唱作人、藝術家和詩人。

獲獎理由｜在美國歌曲傳統中創造了新的詩性表達。

獲獎作品｜〈答案在風中飄盪〉、〈時代在變〉及〈像一塊滾石〉（歌曲）。

　　2016 年 10 月 12 日，瑞典文學院公佈了第一百零九屆諾貝爾文學獎授予美國唱作人、詩人，七十五歲的巴布 · 狄倫，又讓入圍的日本作家村上春樹苦等了一年。很少有人預料到這個結果，但沒人對此產生質疑，因為狄倫是近十多年知名度最高，擁有聽眾最多的諾貝爾文學獎得主，有足夠的力量，況且，早在 1996 年和 2006 年，他曾兩度獲得諾貝爾文學獎提名。

　　巴布 · 狄倫是以創作的大量歌曲本身就是流傳甚廣的詩歌，摘得諾貝爾文學獎桂冠的。美國詩壇怪傑「垮掉派」詩人艾倫 · 金斯堡，對狄倫的歌詞極為讚賞，稱他為「最棒的詩人」。他曾特意寫了一封推薦信給瑞典文學院，提名巴布 · 狄倫角逐諾貝爾文學獎，信中說：

　　雖然狄倫作為一個音樂家而聞名，但如果忽略他在文學上的非凡成就，那麼這將是一個巨大的錯誤。事實上，音樂和詩是聯繫著的，狄倫先生的作品異常重要地說明我們恢復了這至關重要的聯繫。

　　狄倫的藝術創作中，以「書」的形態出現的極為罕見，只有一本他歷時三年，苦苦在打字機上，伴以單調的聲音，親手敲出的回憶錄《編年史》，記錄了他人生志得意滿或消沉彷徨的經歷，「讓人驚訝」。狄倫與靠書來傳播自己的思想和美學觀念的作家不同，他是：

　　把詩歌的形式以及關注社會問題的思想融入到音樂當中，他的歌充滿激情地表達了對民權、世界和平、環境保護以及其他嚴重的全球問題的關注。（諾貝爾文學獎評委會的評價）

　　瑞典文學院在當年 11 月 16 日向世界宣佈，他們收到巴布 · 狄倫的信函，因其有其他要事，無法前往斯德哥爾摩領獎，並強調能獲獎相當榮幸。因故缺席頒獎會的人絕非狄倫一人，但失去一個世界級歌手領諾貝爾文學獎，錯過聆聽他可能在金碧輝煌的大廳放聲唱歌的機遇，的確讓人感到遺憾。

　　這位自 1988 年 6 月 7 日，在美國加州巡演，以後每年演出一百場，迄今已在

世界各地巡迴演出近三千場的歌手巴布・狄倫，在亞洲也頗有知名度。七十歲的狄倫於 2011 年 4 月，在臺灣、北京、上海、香港連續登臺演出。在北京工人體育館演出，是春風和暢的 4 月 6 日，成千上萬的歌迷湧進現場，演出氣氛極為火爆。亞洲聽眾是從 1994 年美國電影《阿甘正傳》中知曉狄倫的，那首飄遍全世界的〈答案在風中飄蕩〉（Blowin in the wind）深深地打動了觀眾，而演唱這首由狄倫創作的歌曲的，正是他曾經的戀人——著名女歌手瓊・拜亞。

〈答案在風中飄蕩〉

一個男人要走多少條路
才能被稱為一個男人
一隻白鴿要越過多少海水
才能在沙灘上長眠
炮彈在天上要飛多少次
才能被永遠禁止
答案，我的朋友，在風中飄蕩
答案在風中飄蕩
是啊，一座山要生存多少年
才能被沖向大海
是啊，一些人要生存多少年
才能夠獲得自由
是啊，一個人能轉頭多少次
假裝他只是沒看見
答案，我的朋友，在風中飄蕩
是啊，一個人要抬頭多少次
才能看見天空
是啊，一個人要有多少耳朵
才能聽見人們哭泣
是啊，到底要花費多少生命

他才能知道太多人死亡
答案，我的朋友，在風中飄蕩
答案在風中飄蕩

　　是的，敢於追求自由天性的巴布・狄倫，一生都在「風中飄蕩」，他的歌詞在建構自己的價值標準：崇尚個人自由不可侵犯，提倡追求個性和心靈解放，充滿激情地表達對民權、世界和平、環境保護及其他嚴重的全球問題的關注。正像普立茲文學獎授給他的理由：

對流行音樂和美國文化產生深刻影響，以及歌詞創作中非凡的詩性力量。

　　他的音樂真正的力量，不在是否對社會有深刻的分析，而是巴布・狄倫捕捉到那個時代的集體思緒，道出了人們對時代的困惑和質疑。
　　筆者曾經採訪並為其寫過樂評的中國歌手鄭鈞這樣評價狄倫：「他讓音樂真正變成表達人生觀和態度的一個工具。」
　　中國搖滾之王崔健對狄倫的評語富有哲理且意味深長：

巴布・狄倫越是不代表誰，他的影響越大，那些總是想代表時代的人，越無法獲得持續性的影響，那個時代過去了，他們就過去了。巴布・狄倫很低調，他一直在堅持演出，從他的第一首歌到現在，這中間一脈相承的音樂形式，反而給了我們深遠的影響。

　　狄倫在向世界宣佈：「時代變了，未來屬於我們年輕人！」
　　巴布・狄倫的一生斑斕而燦然。他一直被視為 20 世紀和 21 世紀初美國最重要、最有影響力的民謠歌手，並被認為是 20 世紀 60 年代民權運動的代言人。狄倫的音樂直接或間接影響了同時代和下一代的音樂人。美國最具影響的《時代》雜誌，曾選他為 21 世紀最有影響力的一百人之一。而 2016 年的巴布・狄倫，又成為該屆諾貝爾文學獎的新科狀元，使他的影響又遠遠超過音樂版圖，他已是登上世界最高的文學殿堂的紀念碑式的人物。

巴布・狄倫，於 1941 年 5 月 24 日生於明尼蘇達州德盧斯城，原名羅伯特・艾倫・齊默曼（Robert Allen Zimmerman）。他的祖父母是猶太裔移民，19 世紀末從立陶宛和烏克蘭移民到美國。他六歲時，全家移居希賓。少年時，他即顯音樂天賦，十歲時自學吉他、鋼琴、口琴等樂器。他對美術也有天分。高中時，他就組建了自己的樂隊。其最早的錄音是在 1958 年，於自己家錄製的。

　　狄倫於 1959 年前往明尼蘇達大學就讀，在校期間對民謠產生興趣。20 世紀 50 年代，搖滾音樂在美國流行起來，他與兩個好友組成「金色和絃」搖滾樂隊，他擔任主唱。

　　大學讀了一年，狄倫即退學，留在明尼亞波利斯的民謠圈內演出。

　　1961 年 1 月的一個夜晚，在紐約格林威治村的麥克杜格爾大街上，一個十六七歲的年輕人，走進臨街的一家咖啡館，對正在為生意冷清發愁的老闆羅斯說：「先生，我從西部來，我叫巴布・狄倫，我想唱幾首歌行嗎？」羅斯打量了一下面前的年輕人，他有一張圓圓的臉，身著皺巴的西裝，打著領帶，一隻手拎著背包，另一隻手握著一把吉他，羅斯同意他唱歌。年輕人走上剛剛空下的小舞臺，不緊不慢地從背包取出一個口琴和一個支架，然後一邊給吉他調音，一邊介紹自己：「我一直在各地旅行，現在除了這把吉他和旅行袋，其他一無所有。」他帶有濃重南方口音的話和天生活潑的表情，很快就吸引了所有人的目光。接下來的演唱，雖然有些稚嫩，但還是給聽者留下了深刻印象。有好幾個人願意為他提供住宿。

　　自此，艾倫・齊默曼這個名字就被巴布・狄倫取代。關於改名，眾說紛紜，可靠的是，狄倫一直對自己的身世不滿，平庸的猶太家庭與他一心想成為著名流行歌手的身份，太不相配。曾有人推斷，狄倫因喜歡著名詩人狄倫・湯瑪斯而改名。而成名後的狄倫聞之，找來湯馬斯的詩集，讀後說：「我倆的風格不一樣。」

　　狄倫闖到紐約時，還是少不更事的青年。這裡歌星雲集，幾乎所有美國主流唱片公司的總部都設在這個金融和文化中心。那時，狄倫表面屬於民歌的學究派，但內心有當明星的強烈願望。他在咖啡店努力唱歌，苦練吉他和口琴。不久，他的口琴技藝自成體系，紐約音樂圈子裡誰需要口琴伴奏，都會找他。

　　在樂壇，要想出人頭地，光靠努力是不夠的。上蒼對這個善良的年輕人給予

了眷顧。狄倫到紐約後，舉目無親。當他得知他曾視為偶像的歌星蓋瑟瑞（Woody Guthrie）罹患亨丁頓氏症，雖尚能勉強行走，但生活已不能自理，便常到醫院看望和幫助前輩。接觸久了，蓋瑟瑞喜歡上這個長著娃娃臉的善良的年輕人。他常對人說，「這個孩子會唱歌」。蓋瑟瑞在音樂界影響很大，有他力挺，狄倫的音樂之路充滿了希望。巴布‧狄倫把黑人布魯斯唱得韻味十足，再加上他在明尼蘇達時形成的獨特個人風格，總能讓聽眾大吃一驚，很快就喜歡上他。比如，他演出時總愛戴一頂很搞笑的燈芯絨小帽走上舞臺。然後用卓別林笨拙的動作給吉他調弦，這時他會說幾句看似很隨意，卻是精心準備的笑話，聽眾不覺間就對這個長著娃娃臉的歌手產生興趣，但令全場沒想到的是，他會突然以歷盡滄桑的粗啞的嗓子，唱起格思里的一首老歌，如天外飛仙般讓聽眾驚訝不已。接著，他又會即興用口琴吹上一段純正布魯斯味道的獨奏，聽眾已如醉如癡。可馬上，狄倫又會講一段笑話，或故意輕鬆與台下的人閒聊幾句。聽眾興味正濃時，他卻又開始引吭高歌，讓聽眾一直處於興奮狀態，欲罷不能。就這樣，狄倫在紐約有了大量的「粉絲」。

在紐約，正式演出要辦演出證。狄倫辦證時，「格迪斯民歌城」老闆坡科，帶著他到紐約市的演員工會。辦證人一看巴布‧狄倫的出生證明，便對他說：

「你還不到二十一歲，把你媽叫來！」

狄倫回答：「可我沒媽。」

「沒關係，把你爸找來也行。」

「可我也沒爸。」

辦證人轉身問坡科：「他是誰，一個雜種？」

坡科願出面當狄倫的監護人，演出證辦了下來。

這或許是人們編造的笑話，但狄倫生命中總遇貴人相助，卻是千真萬確的。

有了演出證，狄倫在 1961 年 4 月 11 日的演出頗為成功。但令他沒想到的是，幾家唱片公司卻都將他拒於門外。狄倫只好再到咖啡館演唱。有一天，他的一位在哥倫比亞唱片公司錄音的朋友，缺一位口琴伴奏，請他去吹一段。無巧不成書，美國音樂史上最富傳奇色彩的音樂製作人哈蒙德，正好在狄倫吹口琴的錄音現場。他一聽，便斷定狄倫是一塊璞玉。更富戲劇性的是，此時《紐約時報》有一篇由資深樂評人寫的熱情稱讚狄倫那場演唱會的文章，哈蒙德在尚未聽過狄倫演唱的

情況下，竟與狄倫簽約。就這樣，狄倫成了第一位與主流唱片公司簽約的新生代男民歌手。據說，曾拒絕過狄倫的前衛公司一位雇員，在自己的抽屜裡發現一張自己寫的評價狄倫「此人沒什麼特別之處，沒前途」的字條，為自己的眼拙，喝得酩酊大醉。

　　敘述有些單調乏味，我們可以談談巴布‧狄倫的感情生活，因為這與他的音樂生活關系不淺。

　　少年時不安心讀書的狄倫，愛看電影，電影《阿飛正傳》（*Rebel Without a Cause*）中梳著大背頭的叛逆青年，由明星詹姆斯‧狄恩扮演，一下子迷住了狄倫。為了模仿狄恩在影片中的裝束，他買來黑皮夾克、牛仔褲、高勒皮靴，還求父親給他買了一輛二手哈雷摩托。狄倫便換上這身新行頭，駕著哈雷帶著一個名叫埃科的女孩，在大街上橫衝直撞。十五歲的狄倫在眾人眼中，是個不良的叛逆少年。那也是他的初戀。

　　到了 1963 年 8 月 28 日，巴布‧狄倫在參加著名的大規模民權運動遊行——「進軍華盛頓」的過程中，與被稱為「民謠女皇」的瓊‧拜亞同行。拜亞在這之前，曾邀請狄倫與她一起巡迴演出。這次遊行，美國著名民權領袖馬丁‧路德‧金恩發表了著名的《我有一個夢》的演講。瓊‧拜亞與狄倫演唱了 Only A Pawn In Their Game（《不過是他們遊戲中的棋子》）等歌曲。他倆逐漸成為人們心目中的民權運動的代言人。是年底，甘迺迪總統被刺殺不久，原本就對「民權運動代言人」很反感的狄倫，在國家緊急民權委員會的一個頒獎會上，帶著渾身酒氣，質疑了委員會的作用，從此遠離了民權運動。但是，「進軍華盛頓」遊行之後，瓊‧拜亞和狄倫卻雙雙墜入愛河。但戀情之花僅綻放兩年便凋零了。這中間沒有背叛，也無抱怨。分手十二年之後，瓊‧拜亞為紀念與巴布‧狄倫這段感情，特地譜出一曲《鑽石與鐵銹》，很快成了瓊最富盛名的歌曲。到 1994 年，電影《阿甘正傳》裡，阿甘女友在酒吧中演唱的歌曲，就是巴布‧狄倫的〈答案在風中飄蕩〉，而演唱者，正是瓊‧拜亞。

　　後來，瓊‧拜亞與世界富豪才子約伯斯有過一段戀情，瓊比約伯斯大十四歲。那是一段與名氣和財富無關的充滿浪漫和溫情的戀情。最後二人成為一生的摯友。

　　1965 年 11 月 22 日，剛剛發行專輯《重訪六十一號公路》（*Highway 61*

Revisited）的狄倫，與莎拉 · 勞登結婚，孕育了三個子女後，於 1977 年 6 月 29 日宣佈離異。此前兩年，巴布 · 狄倫與瓊 · 拜亞在「滾雷」巡迴演出，狄倫發行專輯《軌道上的血》，來年又發行專輯《欲望》。離婚後，狄倫投入另一次「滾雷」樂隊巡迴演出。

這段婚姻結束九年之後，1986 年 1 月 31 日，伴唱歌手卡洛琳 · 鄧尼斯為狄倫產下一女，五個月後兩人奉女成婚，至 1992 年 10 月離異。這段六年的婚姻，若狄倫的自傳《編年史》（2001 年出版）不出，鮮為世人所知。

巴布 · 狄倫有句名言：

昔日我曾如此蒼老，如今才是風華正茂。

自 21 世紀以來，作為世界級搖滾、民謠大師，唱片總銷量已超過一億張的狄倫，各種榮譽和獎項翩翩而至：2000 年獲第七十二屆奧斯卡獎最佳原創歌曲獎，2001 年獲第五十九屆全球獎最佳原創歌曲獎、第四十三屆葛萊美最佳當代民謠專輯獎，2002 年入第三十屆葛萊美名人堂，2006 年入第三十四屆葛萊美名人堂、獲第四十八屆葛萊美最佳當代民謠專輯獎，2008 年獲第九十二屆普立茲特別榮譽獎，2016 年獲第一百零九屆諾貝爾文學獎。

這些榮譽「就像夏日的紅玫瑰逐日盛開」（狄倫語錄）。

巴布 · 狄倫是個天才，天才是沒法討論，也難以複製的。

Svetlana Alexandrovna Alexievich

斯維拉娜 · 亞歷珊卓娜 · 亞歷塞維奇 1948—

白俄羅斯女記者、作家。

獲獎理由｜她的複調式書寫,是對我們時代苦難和勇氣的紀念。

獲獎作品｜《車諾比的悲鳴》(非虛構文學)。

　　瑞典文學院新科常務秘書薩拉・丹尼爾斯（Sara Danius）女士，於 2015 年 10 月 8 日下午 1 時宣佈，白俄羅斯斯維拉娜・亞歷塞維奇獲第一百零八屆諾貝爾文學獎，並宣讀評委會的授獎詞：「她的複調式書寫，是對我們時代苦難和勇氣的紀念。」

　　在接受現場媒體採訪時，薩拉・丹尼爾斯評價作家亞歷塞維奇說：「在過去的三四十年裡，她一直在描繪蘇聯時期與蘇聯解體之後的普通人。她所寫的不是單純的歷史，也不是僅僅敘述事件，而是寫下了一部部情感史，為我們描繪了人們的情感世界……，她採訪了成百上千的兒童、男人與女人，在她的著作發表之前，我們對這段歷史瞭解很少，至少很少有這種系統的書寫。在記錄這些事件的同時，她也寫下了一段段情感的歷史，如果你願意，也不妨稱之為『靈魂的歷史』。」

　　在丹尼爾斯女士看來，亞歷塞維奇的作品，她所敘述的事件，只是為挖掘蘇聯人民內心借用的一種方式，表達其情感世界而已。

　　當瑞典文學院通知亞歷塞維奇獲獎消息時，這位衣著樸實，有著一雙灰色眼睛的女作家，正在明斯克極簡陋的公寓裡，像一般家庭主婦那樣，熟練而認真地熨衣裙。聽罷，自是不勝欣喜，正如後來接受瑞典電視臺採訪時所說：「我馬上就想到了很多偉大的人物，比如伊凡・蒲寧、鮑里斯・帕斯捷爾納克。」能和這些人物比肩，自然高興。在被問到那筆可觀的獎金做什麼時，她馬上答道：「我只會做一件事：給我買個自由。」過去生活艱苦，她從事記者職業四處奔波，又因《鋅皮娃娃兵》得罪當局，2000 年被迫離開白俄羅斯，漂泊到義大利、法國、德國和瑞典十二年，經濟拮据，可想而知。現在有了錢，可以自由地專心從事文學創作，豈有不喜之理。

　　亞歷塞維奇獲得此屆諾貝爾文學獎，似早有徵兆，早在此獎公佈之前，亞歷塞維奇就一直穩居英國立博彩公司的賠率榜首，高於同樣呼聲很高的日本作家村上春樹。因此，她金榜題名後，世界文學界並無太大爭議。但以非虛構文學獲獎，出乎世人預料，距諾貝爾文學獎於 1953 年頒給英國首相邱吉爾的紀實回憶錄《第二次世界大戰回憶錄》，已過去整整一個甲子零兩年。非虛構文學獲諾獎的意義，在於很直接地、犀利地、具有真實感地、親歷現場地，報導重大事件的文學，已被納入純文學範疇，體現了文學人的擔當，給文學注入了更多的人文精神，預示

著非虛構文學的可能性。

亞歷塞維奇，於 1948 年 5 月 31 日生於蘇聯烏克蘭的斯坦尼斯拉夫（自 1962 年屬法蘭科夫）。父親為白俄羅斯人，母親是烏克蘭人。父母皆是鄉村教師，後舉家遷居白俄羅斯。亞歷塞維奇中學畢業後，入白俄羅斯國立大學新聞系，期滿畢業，曾到當地幾家報社任記者，後又到雜誌社工作。1975 年，她創作的《我離開了農村》，雖然沒有公開發表，但作品記錄了一些離開鄉土者的獨白，其紀實風格已見端倪。

1984 年，三十九歲的亞歷塞維奇，在蘇聯大型文學期刊《十月》上，發表了以女性的視角審視蘇聯偉大而艱苦的衛國戰爭的非虛構文學《戰爭中沒有女人》（後更名為《我是女兵，我是女人》），受到廣大讀者和評論界的好評。經過戰爭洗禮的著名作家康得拉耶夫高度稱讚了這位名不見經傳的作家的作品：用女性獨特的心靈，以談心式的陳述，揭示了戰爭的殘酷，開掘出戰爭本質的「深深的岩層」。同年 11 月，蘇聯最高蘇維埃主席團，向這位剛剛闖入文壇的女作家頒發了榮譽勳章。

《戰爭中沒有女人》很快被譯成三十五種語言，在十九個國家出版，僅俄文版銷量就超過兩百萬冊。

關於《戰爭中沒有女人》，亞歷塞維奇在 1989 年初隨蘇聯作家代表團訪問中國時，曾講述了寫這篇作品的經過。據她說，整整四年間，她跑遍了兩百多座城市和鄉鎮，採訪過數百名參加過衛國戰爭的女性，翔實地筆錄了她們是怎樣如男兵一樣冒著敵人的炮火硝煙衝鋒陷陣，在冰天雪地背著傷患去療救。戰爭勝利了，而這些如花似玉、溫柔多情的女性，已被血腥的戰爭，異化成冷酷寡情的女人。有一次，亞歷塞維奇偶遇被她寫進《戰爭中沒有女人》的一個女人。女人說，戰爭結束後，她不敢看肉，肉使她想起槍林彈雨中橫飛的人肉。

在亞歷塞維奇看來，非虛構文學的生命就是真實。而為了超越時間，超越人的立場和階級屬性的「真實」，是要付出昂貴代價的，尤其是對一個女人。

1991 年，亞歷塞維奇在俄國《民族友誼》雜誌上，又推出了她的新作《鋅皮娃娃兵》。作為她的代表作之一，這部作品目的不只在揭露阿富汗戰爭時，蘇聯部隊犯下的滔天罪行。她在該書中寫道，她更在意研究物件是「感情的歷程，而

不是戰爭本身的歷程」。

1979 年 12 月，為了控制阿富汗，蘇聯出兵入侵了這個國家，將剛剛當選的奉行民族主義政策的總統阿明（Hafizullah Amin）逮捕，當夜便處決。阿富汗各派遊擊隊聯合起來，共同抵抗蘇聯入侵軍。1989 年，在世界正義的輿論壓力下，蘇聯政府在日內瓦簽署有關協定後，被迫全部撤出阿富汗。十年的入侵，動用了一百五十多萬軍隊，傷亡五萬餘人，耗資近五百億盧布的蘇聯人，極不光彩地結束了這場沒有宣戰的不義戰爭。

《鋅皮娃娃兵》就是以此為背景，描寫參戰的二十歲左右的蘇聯娃娃兵在阿富汗的經歷，以及等待他們回國的父母和妻子的血淚回憶。該作品沒有描述，而是從女性的角度，挖掘其心理活動，讓讀者看到人的靈魂的真景象，從而揭示出造成這場人間悲劇的道德原因。作者的戰爭觀，一目了然：戰爭就是殺人，反對一切戰爭。

《鋅皮娃娃兵》出版之後，在社會上引起極大的反響，相悖的兩極對立的讚譽和詆毀，在世間熱鬧而激烈地對峙著。

1997 年，亞歷塞維奇創作的《車諾比的悲鳴》（又譯《我不知道該說什麼，關於死亡還是愛情：來自車諾比的聲音》）是悼念一場生態災難殉難者的挽歌。

1986 年 4 月 26 日，蘇聯車諾比核電站發生爆炸，造成人類有史以來由高科技失控引發的最嚴重的生態災難。八噸多放射性物質外泄，使歐洲地區遭受核污染的區域達二十萬平方公里。烏克蘭、白俄羅斯和俄羅斯遭核污染土地約十四萬五千平方公里，受災人數為六百五十萬人，核輻射直接導致二十七萬人罹患癌症，其中九萬三千人很快死亡。參加救災的六十萬人中，有七萬人在五年內死亡。

三十二年過去，為該核電站建立的龐大的普里皮亞特早已成為一座毫無人煙的「鬼城」。雖然如今鳥兒飛來了，但基因已改變。燕子身上有白化的羽毛，它們也正常遷徙，但來年春天，它們卻沒能飛回來。美國作家艾倫‧韋斯曼（Alan Weisman）的《沒有我們的世界：如果人類消失，地球將會怎樣？》一書，對這場核洩漏災難有翔實的描述。車諾比這一驚天大災難發生後，蘇聯當局對內外封鎖消息，掩蓋事實。

亞歷塞維奇同父母都生活在被污染區，母親突然雙目失明，鄰居的孩子中，有二百五十多人罹患甲狀腺癌。見此情景，因著記者的職業敏感和作家的良知道

義，她不能對此沉默。她中斷一切，用了整整三年時間，深入災區，採訪倖存者：當地核電廠的工作人員，趕來救援者的妻子，被迫離鄉背井的妻子和母親……，從他們的嘴裡聽到憤怒的聲討、恐懼的敘述，見到堅忍的面容，感到同情和摯愛的情感。

她常常站在聶伯河上游，望著那座已空無人煙的令人恐怖的「死城」普里皮亞特城，想起果戈里《狄康卡近鄉的夜話》一書中對聶伯河的描寫：「風和日麗中的第聶伯河多麼奇妙，它那充沛的江水舒展地、平穩地流過森林，流過山巒，沒有聲息，沒有喧囂……。」

但如今，一片死亡的寂寥和恐怖籠罩著曾經美麗的河水和森林，她在自己的文中寫道：「從災難發生的那一刻，到經歷病痛與死亡掙扎，甚至被迫遠離家園，生活在這片土地上的人們始終無法理解，那個巨大的、冰冷的核電站為何能如死神般掠走人命。而國家，為何一言不發？」

亞歷塞維奇的《車諾比的悲鳴》，揭露這場驚天生態災難，呈現這一人類悲劇，是警示世界，這類災難不要再重演。其間關於死亡還是愛情的主旋律，超越了災難，是人性的讚歌。但蘇聯政府對此十分惱火，將之罵成國家的「叛徒」，最後，像 1974 年驅逐索忍尼辛那樣，將亞歷塞維奇驅逐出境。

迄今，亞歷塞維奇已出版五部非虛構文學作品：《戰爭中沒有女人》、《最後的見證者》、《鋅皮娃娃兵》、《被死神迷住的人》、《車諾比的悲鳴》。此外，她創作過三個劇本、二十多部紀實影片。

亞歷塞維奇的非虛構文學作品，繼承了俄羅斯文學的優秀的現實主義傳統，作品氣勢恢巨集、厚重大氣，又在表現歷史與現實、戰爭與和平、生存與死亡等重大題材時，深刻生動地呈現人性複雜的畫景。她繼承了俄國文學大師直面歷史和用生命寫作的良知和道義擔當。

蘇聯作家帕斯捷爾納克、蕭洛霍夫、索忍尼辛等對於歷史現實的追問所具有的道義力量，也對她深有影響。

亞歷塞維奇作為第十四位獲諾貝爾文學獎的女作家，「她的複調式書寫，是對我們時代苦難和勇氣的紀念」。她不僅僅是用自己的筆書寫大事件歷史，探索蘇聯和其後時代個體的命運，她更關注的是「我們時代的人」。她作品中的人，沒有中心人物，皆是芸芸眾生，正是這些個體的人，構成了她要書寫的那代人的

命運風景。不夠宏大，沒有哲理和寓意，完全是憑真實的講述，她說：

　　我不只是記錄事件和事實的枯燥歷史，而是在寫一部人類情感的歷史。人們在事件程序中所想的，所理解的，所記憶的。他們相信和不相信的，他們經歷的幻覺、希望和恐懼。不管怎樣，在如此眾多的真實細節中，這是不可能憑空想像或發明的……。

　　那種認為亞歷塞維奇的非虛構講述，雖誠實、勇敢，但過於直白、單調、乏味的看法，是一種偏見。她作品的強大的感情力量，充盈著詩意且具審美價值。她說「每個時代都有三件大事：怎樣殺人，怎樣相愛和怎樣死亡」，那「怎樣相愛」，就是砥礪人心的強大的人性力量。

　　亞歷塞維奇的非虛構文學，具有書寫真實的「文獻」價值，又是具有詩意和審美價值的一座刺眼刺心的苦難英勇的紀念碑，其意義遠遠超越文學疆域。

Jean Patrick Modiano

派屈克·莫迪亞諾 1945—

法國小說家。

獲獎理由｜喚起了對最不可捉摸的人類命運的記憶。

獲獎作品｜《八月的星期天》（Dimanches d'août）（小說）。

　　第一百零七屆諾貝爾文學獎的新科狀元，是法國作家派屈克．莫迪亞諾。消息一出，令世界文壇大失所望。世界上那麼多優秀的作家被人寄以厚望，突然這些被人看好的作家，與諾貝爾文學獎再次失之交臂，而世界文學界、媒體猜測的名單上，幾乎無人提到的莫迪亞諾突然金榜題名，成為一匹黑馬，怎能不讓輿論驚詫？但是，瑞典文學院評委會中的埃斯普馬克（Kjell Espmark），一直把「記憶」視為自己重要的文學趣味，並提出「記憶藝術」文學概念，認為莫迪亞諾的文學創作，用記憶藝術引出最難把握的人類命運。莫迪亞諾是通過文學的記憶，讓昔日的那個德國納粹佔領法國時期的法國人為了生存如何掙扎甚至反抗的人世，呼之欲出。埃斯普馬克的意願受到尊重。是的，文學具備記憶功能，文學的記憶是把過去的生活世界呈現出來，曹雪芹的《紅樓夢》和普魯斯特的《追憶逝水年華》，均屬於「記憶」之作。但與之相比，莫迪亞諾是描述性的，純正而鋒利、簡潔而流暢。其結構，不過多揭示人的心理意識層面，而注重對外部環境細節的呈現，讓讀者有身臨其境的現場感，也確實獨具匠心、自成一格。

　　莫迪亞諾在瑞典文學院發表獲獎演說時，對自己的「記憶」小說論道：

　　小說和讀者之間發生的事情，和沖洗照片的過程很相似，就是數位相機時代之前那種沖洗照片的方法。在暗房裡沖洗照片的時候，圖像是一點一點才看得見的。當你讀一部小說的時候，也會產生類似的化學反應。

　　但，問題來了。如果莫迪亞諾一生創作了近四十部作品，都像是用一張底片沖出來的，總是回憶過去的歷史，總是同一風格，總是重複自己，難道不會讓讀者產生審美疲勞，味同嚼蠟嗎？瑞典一位評論家就說：「莫迪亞諾其實是將同一個故事講了一遍又一遍。」其代表了不少讀者和評論家的意見。

　　此屆諾貝爾文學獎結果一出，莫迪亞諾即因此遭到質疑。在 2003 年，筆者所就職的人民文學出版社與中國外國文學學會連袂主辦的「二十一世紀年度最佳外國小說（2003）」評獎活動中，莫迪亞諾的小說《夜半撞車》（Accidentnocturne）獲獎。借此活動之便，筆者認真閱讀了莫迪亞諾的《八月的星期天》（Dimanches d'août）和《多拉．布魯德》（Dora Bruder）等作品之後，想起杜甫的詩〈客至〉中的「舍南舍北皆春水，但見群鷗日日來」。天天見鷗來鷗去，索然無味。

那次評獎活動之後，對莫迪亞諾知之甚少的筆者曾就莫迪亞諾「記憶」重複問題，請教過專家，答案各異，筆者不得要領。第一百零七屆諾貝爾文學獎評獎過程中，瑞典文學院對此也有不同看法。五院士組成的評委會的主席韋斯特拜利耶，還有評委恩格道爾，就此做出的闡述，語多剴切。前者認為莫迪亞諾的作品就如音樂，主題似乎不變，但總是在不斷變奏中流露出新的意韻；後者則將莫迪亞諾的作品比作孿生姐妹，看起來長得像，其實性格可能完全不同。

　　瑞典文學院新聞公報對該屆諾貝爾文學獎得主莫迪亞諾作品做出的闡述，或許更接近真相：

　　莫迪亞諾作品的焦點在於記憶、失憶、身份認同和負疚感。巴黎這個城市經常在文本裡出現，幾乎可以被當作這些作品裡的一個創作參與者。他的故事經常建構在自傳性的基礎上，或建立在第二次世界大戰德國佔領法國時期發生的事件上。他有時候從採訪、報刊文章或者他自己多年來收集的筆記裡抽取創作的資料。他的一部部小說相互之間都有親和性，會出現早期的片段後來擴展為小說的情況，或者同樣的人物在不同的故事裡出現。作者的故里及其歷史經常起到把這些故事連結起來的作用。

　　《八月的星期天》就是莫迪亞諾與「遺忘及失憶症做持續不斷的抗爭」，「撿拾歷史的碎片，只能追尋到斷裂的、稍縱即逝而且幾乎不可捉摸的人類命運的痕跡」（莫迪亞諾的諾貝爾文學獎獲獎演說）的故事。

　　莫迪亞諾在《暗店街》（*Rue des boutiques obscures*）裡寫了一個私家偵探，因故患了失憶症，他要找回自己的身世，有一個重要人物的線索卻失蹤了。

　　第二次世界大戰爆發，德國納粹大肆屠殺猶太人，他們紛紛逃亡，大約十萬猶太難民，逃向中立國瑞士，均被拒絕入境，其中絕大多數猶太人後來慘遭德國納粹殺害。對此，瑞士民眾舉行抗議集合，迫使瑞士政府放寬了難民政策，包括猶太人在內的約三十萬各國難民獲得瑞士臨時或永久的庇護。

　　一個叫居依・羅朗的人，戰時偷越國境求生，因受到極度刺激失憶，被一位好心的私家偵探于特收留，當助理偵探八年。第二次世界大戰後，於特年老退休，居依・羅朗借機走上揭開自己身世之謎的旅程。這並不容易，必須在茫茫人海及

各種資料中找到已經逝去的那段有血肉、有情感的人生。但是,他陷入了迷惑的深淵,那些從別人記憶中,從泛著樟腦氣的雜誌中,或是從模糊的照片中尋找出的人生片段,是自己的人生,還是另一個人的人生呢?

莫迪亞諾以一種「新寓言」派風格寫失憶,是為了抗拒我們這時代的「失憶症」。正如埃斯普馬克所說,「失憶」已成為當代社會的一個普通而重大的問題。「失憶」意味著「忘記」,筆者忘記是哪位偉人說的了:「忘記就意味著背叛。」忘記了德國納粹的奧斯維辛集中營,歷史就會出現新的奧斯威辛集中營。莫迪亞諾的「失憶」文學,有強大的悲憫精神。

派屈克‧莫迪亞諾,於 1945 年 7 月 30 日降生在法國巴黎南郊布洛涅 - 比揚古(Boulogne-Billancourt)的一個富商之家。父親是猶太人,在第二次世界大戰期間猶太人四處逃亡之時,從事走私活動,戰後活躍在金融界。母親是比利時籍演員。一個賺錢,一個演戲,疏於對孩子教育,莫迪亞諾與哥哥呂迪相互照顧,呂迪十歲夭折,莫迪亞諾孤獨地度過童年。

但莫迪亞諾家境富裕,藏書豐富,他自幼喜歡讀書,喜愛文學,十歲無師自通開始寫詩,十五歲又對小說感興趣。1965 年,他中學畢業後入巴黎索邦大學讀書,唯讀一年,因要從事文學創作而輟學。

1968 年,二十三歲的莫迪亞諾發表小說處女作《星形廣場》(La Place de l'Étoile),當年獲得羅歇‧尼米艾獎。次年,他所創作的《夜巡》(La Ronde de nuit)又獲鑽石筆尖獎,三年後發表的小說《環城大道》(Les Boulevards de ceinture)再獲法蘭西學院文學大獎。連發三箭,箭箭中的,可謂出手不凡,為法國文壇所驚歎。

1974 年,莫迪亞諾編劇、路易‧馬盧導演的電影《拉孔布‧呂西安》(Lacombe Lucien)獲奧斯卡金像獎,更讓他名滿法蘭西。1975 年,他的小說《淒涼的別墅》(Villa triste)獲書商獎,1978 年其小說《暗店街》獲龔古爾文學獎。

20 世紀 80 年代後,莫迪亞諾創作了《青春狂想曲》(或譯《一度青春》,Une Jeunesse,1981)、《往事如煙》(1985),還有《八月的星期天》(1986)。如前面所述,這些作品摒棄了早期創作的主題「尋覓自我」,像《八月的星期天》那樣,莫迪亞諾用記憶藝術引出最不可把握的人類命運的宏大主題。20 世紀 90 年代,他依然關注人類現實,創作了《結婚旅行》(1990),寫的是一個遊客在義

大利米蘭的酒店裡，突然得知他認識的一個女人兩天前在這裡自殺，於是回巴黎開始去調查的「懸疑」式故事。而其續篇《多拉·布魯德》敘述者「我」，把市政廳不願意給他查閱杜拉檔案的工作人員稱為「失憶」的保安員。「失憶」成了莫迪亞諾小說的主題。接下來，他創作了《來自遺忘的深處》（1996）和《陌生的女子們》（Des inconnues）（1999）。

法國文學界為褒獎莫迪亞諾的文學創作成就，分別在1984年頒給他彼埃爾·摩納哥基金會獎，在1996年授給他法國國家文學大獎。2010年，法蘭西學會頒發了奇諾·德爾杜卡世界獎，以表彰莫迪亞諾文學創作的終身成就。

除了寫小說，偶爾參與電影劇本創作，莫迪亞諾還創作了多部童話，如《戴眼鏡的女孩》（Catherine Certitude）。

瑞典文學院認為莫迪亞諾的作品「喚起了對最不可捉摸的人類命運的記憶」，所以將這屆諾貝爾文學獎的桂冠戴在莫迪亞諾頭上。但是，誠如莫迪亞諾自己所說：

然而，這也是小說家不可能完成的使命，面對失憶症留下的巨大空白，要讓褪去顏色的詞語重現──這些詞語就像漂浮在海面上的冰山。

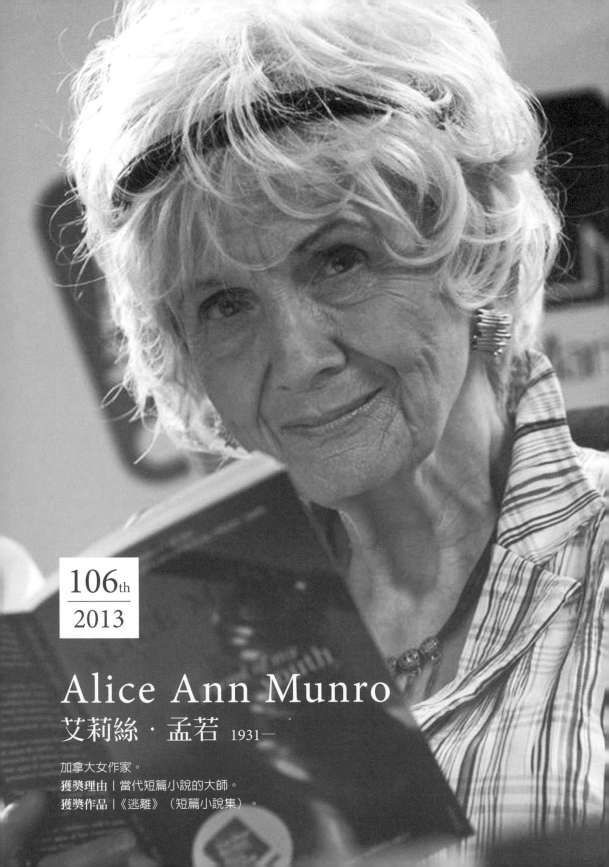

106th
2013

Alice Ann Munro
艾莉絲・孟若 1931—

加拿大女作家。
獲獎理由｜當代短篇小說的大師。
獲獎作品｜《逃離》（短篇小說集）。

2013年諾貝爾文學獎評選結果，順應了文學界的訴求，修正了瑞典文學院的疏忽，在性別上，女性人數增加到十三位，嚴重的性別失衡得到某些匡正，從地域看，也照顧了歐洲、美國之外的地區，具有文化地理的公正性。總之，此次諾貝爾文學獎，有皆大歡喜的意味。

　　最高興的，自然是她的母國加拿大，孟若獲諾貝爾文學獎的消息傳出，加拿大第一大報多倫多的《環球郵報》，就用頭版頭條的新聞和兩整版的專題，對孟若的「歷史性的突破」進行了隆重的專題報導，歐美著名的評論家異口同聲的讚揚，也出現在專題裡。同時，蒙特婁的報紙也以極高規格報導。加拿大廣播公司（CEC）第一台用一小時採訪了孟若。整個加拿大沉浸在喜悅中。

　　孟若是只寫短篇小說的大家，幾乎從未讓讀者和評論家失望過。她的全部作品由一百五十多篇小說組成的十四部短篇小說集構成。孟若短篇小說的精妙，在於她的創作幾乎只專注女性，既擅長發現女性生活中的溫暖明麗之色，又精於洞悉女性人生中的灰暗艱澀的光景。她筆觸深入女性世界，要揭示人性的秘密而不是女性的隱私。她要捍衛的是人性的尊嚴，而不是女性的特權。關注女性，而超越性別，重在表現人性，這是孟若小說最具光彩的特質。

　　這屆諾貝爾文學獎頒給了加拿大短篇小說高手艾莉絲・孟若。這是繼遙遠的1933年，瑞典文學院將諾獎頒給流亡法國的蘇俄作家、短篇小說大師蒲寧之後，時隔八十年，再次頒給短篇小說作家。這應該是對短篇小說這一文學樣式的充分肯定，也是對短篇小說作家的褒獎。短篇小說「幾頁中就容納了一個生命的命運」（韋斯特拜利耶），中文視之為「借一斑而窺全豹」。它不是一幅畫之一角，或是一個片段，它本身就是一幅畫。魯迅在《近代世界短篇小說集・小引》中說：「在巍峨燦爛的巨大的紀念碑底的文學之旁，短篇小說也依然有著存在的充足權利。不但巨細高低，相依為命，也譬如身入大伽藍中，但見全體非常宏麗，眩人眼睛，令觀者心神飛月，而細看一雕欄一畫礎，雖細小，所得卻更為分明，再以此推及全體，感受遂愈加切實。」此論極為透徹，足以糾正那些輕視短篇小說寫作上的困難的人「率爾操觚」的缺點。

　　孟若在接受《紐約時報》訪談時說：「一直希望我能寫長篇小說。我認為，不寫一部長篇小說，就沒有人把你當真正的作家。」包括瑞典文學院，他們在選擇作家時，主要看其長篇而拋繡球。很多評論家強調，孟若的短篇小說經常具有

長篇小說的情感與文學深度，能給讀者長篇一樣的感受和衝擊。對的，「孟若在每篇故事裡，都加入了足夠資訊，但又不減少小說的張力。這些作品經常構建在人們的誤解和幻覺上。她把明顯和秘密的事物融合起來，使讀者的注意力集中在生命的數不盡的變化形式上，她對每個生命中秘密都做出詢問」（韋斯特拜利耶）。所以，孟若只創作短篇，沒有長篇，依然可以成為「當代短篇小說的大師」，曾摘取過歐・亨利小說獎。孟若與俄國的契訶夫、美國的歐・亨利等世界短篇大師一樣，共用「大師」之尊崇。

艾莉絲・孟若開創了諾貝爾文學獎有史以來非常獨特的一次「獲獎演說」，因孟若年事已高，且患心臟病，不能到斯德哥爾摩領獎和發表演說，而是由女兒燕妮・孟若，攜錄有孟若專訪的錄音帶，到諾貝爾演講廳內播放。專訪的錄音帶中，別出心裁地插入了瑞典女演員潘妮拉・奧古斯朗誦的孟若的短篇小說〈信件〉。孟若也朗誦了短篇小說〈帶走〉的片段。

在專訪中，記者問她：「你是否曾想過你自己會得諾貝爾文學獎呢？」

孟若說：「沒有，沒有！我是一個女人啊！不過我知道，有過女人得過了。我喜歡這個榮譽，我喜歡它，但是我沒有那麼想過，因為大多數作家可能會低估他們的作品，特別是作品完成之後，你不會到處去對朋友說，我可能得諾貝爾文學獎。」

孟若是個率真、謙和和真性情的小說大師。

《逃離》（*Runaway*）講述了相互關聯的八個女人逃離生活的故事。二十一歲的已獲古典文學碩士學位的茱麗葉，是位拉丁語女教師，喜歡閱讀，踏實工作，正在寫博士論文。但她的稟性冷漠、重複、漫不經心，不易合群。她的理想似乎並非要成為一名女學者。心中一直糾結於婚姻，如果結婚，那以前十年寒窗所學豈不浪費，倘若不婚，自己會變得孤僻高傲。心情矛盾著，便和只見過一面的導師的外甥有了床笫之歡，後又投到火車上邂逅的漁夫的懷抱。這種逃離並沒有給她帶來解脫和滿足。其實茱麗葉的逃離，不是厭倦這種生活，而是不滿意自己的現狀，於是企圖回到原始狀態的生活，擺脫當下的文明生活。

幾十年逃離之後，茱麗葉的同居男友在海上遇難，並以當地原始習俗火化入葬。她回到原來生活工作的「文明」世界，重新捧起書本，繼續完成那篇未完成的博士論文。

在〈匆匆〉、〈沉寂〉中，茱麗葉走到另一故事裡，其父逃離城市生活，在鄉下做農夫。茱麗葉的女兒也棄她而去，到異地過著富足安逸的生活。

《逃離》中八個女性的逃離故事，風格氣韻極為統一，人物的生活背景、情感、命運也類似。但，與福克納類似的長篇並不相同，孟若的每個短小的故事「容納了一個生命的命運」，每個故事都是一個完整的短篇小說，而福克納將幾個故事連綴起來，才完成一個或幾個生命的命運。

孟若的短篇小說世界，其實是我們都熟悉的世界，讀她的短篇小說，我們仿佛得到身心的沐浴，洗掉自身的污垢。

艾莉絲·孟若，於 1931 年 7 月 10 日出生在加拿大安大略省的一個小鎮，父親是一個農場主，以飼養家禽為業，母親是教師。家境還算殷實，並不顯貴。孟若的小說，幾乎都圍繞著這個小鎮書寫。

孟若從小喜歡讀書，上學的路上「我一般來說就都在編故事」。中學畢業後，十八歲的孟若進西安大略大學讀新聞與英語。在校讀書期間，她當過餐廳服務員、煙草採摘工、圖書館管理員等，在大學時發表第一篇故事〈影子的維度〉。

第二年，孟若因結婚而中斷學業，與丈夫定居在不列顛哥倫比亞省的維多利亞，生下三個女兒，老二生下來不久夭折。夫妻二人還在 1963 年開過孟若圖書公司。

唯讀過兩年大學，孟若應該是當代西方女性嚴肅文學作家中受教育程度最低的一位，值得注意的是，這位迷戀田園生活的草根女作家，其作品卻具有一種高雅的氣質、深沉的美感和迷人的智慧，將短篇小說變成一門高超的藝術。

1968 年，艾莉絲·孟若的第一部短篇小說集《快樂影子之舞》（Dance of the Happy Shades）甫一出版，即受到文壇讚譽，讓這位一直默默無聞的人一舉成名，並贏得當年加拿大最高文學獎——加拿大總督獎。接著於 1971 年，她又出版了短篇小說集《女孩和女人的生活》（Lives of Girls and Women），講述的故事與《快樂影子之舞》相互關聯，又各具特色。

1972 年，孟若的婚姻破裂，她帶著女兒回到安大略，成為西安大略大學駐校作家。四年後，孟若又與一位地理學家結婚，那年她四十五歲。婚後夫妻移居安大略省克林頓鎮外的一個農村，重獲田園生活。孟若相夫教子，伏案寫作。1978

年，孟若又一短篇小說集《你認為你是誰？》（ *Who Do You Think You Are?* ）出版，第二次獲加拿大總督獎。1979 年至 1982 年，孟若先後到澳大利亞、中國、斯堪地那維亞半島遊歷。1980 年，她同時成為不列顛哥倫比亞大學與昆士蘭大學的駐校作家。

孟若後來又出版了《愛神之舟》（1982）、《仇恨、友情、禮貌、愛情、婚姻 》（ *Hateship, Friendship, Courtship, Loveship, Marriage: Stories* ）（2001）、《 逃離》（2004）、《城堡岩石觀景》（2006）和《幸福過度》（ *Too Much Happiness: Stories* ）（2009）等短篇小說集。其中的《城堡岩石觀景》獲加拿大吉勒文學獎，並入選《紐約時報》年度圖書。孟若在獲諾獎前，於 2012 年出版短篇小說集《親愛的生活》（ *Dear Life: Stories* ）。

愛莉絲・孟若一生平淡無奇。有人說讓孟若不平凡的其實就是她的平凡。是的，孟若就是以平凡的學歷、平凡的人生、平凡的寫作，寫平凡人的故事，使她的短篇小說達到了不平凡的高度，她也成為「當代短篇小說的大師」。

孟若主要因短篇小說而得名。孟若的小說藝術因精美清晰和具有心理現實主義、寫實主義風格而受到稱讚……，她的文本經常以日常生活描寫為特色，但也是決定性的事件，有一種頓悟，能夠照亮周圍的故事，讓存在的問題在閃光中呈現。

——摘自瑞典文學院網站

莫言 1955—

中國作家。
獲獎理由｜將魔幻現實主義與民間故事、歷史與當代社會融合一體。
獲獎作品｜《豐乳肥臀》（小說）。

　　自本屆諾貝爾文學獎頒給中國作家莫言，海內外至今仍議論紛紛，特別是在中國，看法不同，褒貶對立。除有些議論純屬政治和道德遊戲，有不同看法，本屬正常。但不可回避的是在熱鬧的議論中，莫言文學研究已成為當下的顯學。

　　2013 年 12 月 8 日，在北京舉行的「莫言：全球視野與本土經驗」學術研討會上，學者紛紛充分肯定了莫言的文學成就。張炯總述了莫言創作的三個向度：一是世界文化的視野；二是中國近現代及當代的歷史變革；三是民族文化精神及民族文學藝術。對莫言鮮活飽滿的藝術感覺和藝術想像，給予了高度讚揚。並提出在多學科、多方法的交叉透視下，莫言的文學道路與文學經驗還應在更廣闊的世界文學的比較中，去深入認識。白燁對莫言獨特藝術風格的形成以及莫言的創作經驗進行了解析，並盛讚了莫言小說的人性深度和持續反思精神、歷史與個人的互動關係、感覺的豐沛性、語言的粗糲性與形式相得益彰，立足本土而超越本土的普世價值與格局。陳曉明認為，莫言是在 20 世紀 80 年代現代派、拉美魔幻寫實主義與本土性三者關係緊張的情況下，找到了屬於自己的道路。樊星將莫言小說中所表現的中國農民的酒神精神與新文學以來的國民性主題聯繫起來，認為莫言小說（《紅高粱》）弘揚了中華民族刻苦耐勞、酷愛自由、富於革命的精神，在這一點上，莫言的貢獻是無可取代的。季紅真認為，莫言小說創作雖受西方和拉美文學的影響，但其敘述方式仍然主要是由中國敘事文學的傳統滋養出來的。正是中國敘事文學傳統，決定了莫言小說居於整體美學風格中心的宗教信仰和宗教情懷。李掖平指出，莫言雖然講的是中國的鄉土故事，但他在民間鄉土文化的薰陶和現代意識影響下，形成了一種獨立、自由的個性化精神，同時也具有一般意義上現代性精神的光輝和神采（詳情可見《「莫言：全球視野與本土經驗」學術研討會綜述》）。

　　莫言的大哥管謨賢曾說：莫言獲得諾貝爾文學獎，並不說明莫言是中國最好的作家。文學不是體育，孰是最好，實難斷定。但正像學者包明德所說，莫言獲諾貝爾文學獎，總是好事。莫言靠自己文學作品的主體精神、文學的尊嚴和文學的品格，走向了世界，助推了文學自由、審美、強壯的品格張揚。在中國當代文學從窒悶、壓抑中走出來的歷程中，莫言是當代文學創作走向成熟的標誌性代表。他的獲獎提振了中國文學的自信，提升了文學的熱情、閱讀的熱情，有利於營造更溫潤的土壤、更寬鬆的氛圍，實現了國人的百年夢想。文化學者張頤武將莫言

的文學作品視為「中國製造」，表現出純文學作為全球高雅文學產品的一部分，已不再是政治性的，這是當代文學裡天翻地覆的變化。中國的新文學，已成為全球文化生產的主要部分。莫言成功地將本土經驗與現代派技法融合，證明西方現代主義在中國的真正本土化已經完成。中國現代主義（文學）現在登堂入室，已成為全球現代主義不可或缺的一部分。

瑞典文學院看中莫言，是因為他的小說包含著容易為世界所接受的關乎人類共同命題的內容及人類性所包含的理想與民間意義，誠如瑞典文學院給莫言的頒獎詞：

將魔幻寫實主義與民間故事、歷史與當代社會融合一體。

瑞典文學院院士、諾貝爾文學獎評委會現任主席韋斯特拜利耶，在為莫言頒獎的典禮上，這樣介紹莫言：

莫言是一個詩人，一個能撕下那些典型人物宣傳廣告，而把一個單獨生命體從無名的人群中提升起來的詩人。他能用譏笑和嘲諷來抨擊歷史及其弄虛作假，也鞭笞社會的不幸和政治的虛偽。他用嬉笑怒罵的筆調，講說不加掩飾的聲色犬馬，揭示人類本質中最黑暗的種種側面，好像有意無意，找到的圖像卻有強烈的象徵力量。

諾貝爾文學獎終審評委馬悅然點評莫言說：「莫言非常會講故事，太會講故事了。我喜歡莫言，就是因為他非常會講故事。」

由此可見，瑞典文學院有自己的獨特眼光，讀出了莫言小說的精彩、意義和價值。而那些平時不讀書或沒讀懂莫言的人，說些怪話，沒什麼奇怪，但單純從意識形態或個人好惡不鄭重地寫文章批評其小說的弊端，不嚴肅地、不講道理來咒罵嘲弄莫言的作品，就實在無趣了。

其實，莫言的作品早就被世界文壇關注，其作品被多種語言翻譯，被世界閱讀，其獨特的審美價值在世界已產生影響。如 1994 年諾貝爾文學獎得主，日本的大江健三郎，2002 年專程到中國採訪過莫言後表示：「如果繼我之後還有亞洲作

家獲得諾貝爾文學獎的話，我看好莫言。」

十年後，大江健三郎的預言變成事實。

莫言的哥哥管謨賢雖不是小說家和評論家，卻深諳莫言的小說，他認為莫言的長篇小說創作品質，不如中、短篇小說，城市題材小說又不如農村題材小說，真是切中肯綮，一針見血。而瑞典文學院，似更注重莫言的長篇，比如韋斯特拜利耶稱《豐乳肥臀》是「莫言最奇特的長篇小說」。下面簡介《豐乳肥臀》的故事。

豐乳肥臀的上官魯氏，生養哺育了八個女兒：老大、老二是魯氏與她親姑父的私生女；老三是魯氏與賣鴨的外鄉人的私生女；老四是魯氏與江湖郎中的私生女；老五、老六、老七、老八，分別是與光棍漢、和尚、敗兵強姦、瑞典洋牧師的私生女。

在生下八個女兒之後，魯氏終於與瑞典洋牧師生下男嬰金童。

魯氏的私生女兒，命運各不相同。老大原許配給沙月亮，在新中國成立後，被迫嫁給殘疾軍人，受盡性虐待，後與鳥兒韓相愛而被處決；老二嫁給抗日別動隊司令，中彈身亡；老三嫁人後神經錯亂，在懸崖練習飛翔墜入深谷摔死；老四為救全家，淪落風塵，當了妓女，在「文化大革命」中被殘酷批鬥，全身傷口潰爛而死；老五嫁給爆破大隊政委，在「文化大革命」中自盡；老六嫁給美國飛行員，婚後次日被俘，後與丈夫同歸於盡；老七被賣給白俄女人，在反右運動中暴食而亡；老八為盲女，大饑饉時期，不願拖累母親，投河自盡。

中外混血「雜種」金童在姐姐們付出巨大的犧牲下，在母親的溺愛中，窩囊地苟活著，三十歲時因殺人姦屍，被判十五年徒刑。出獄後，極孝順的金童瘋瘋癲癲地與魯氏的幾個外孫，不死不活地陪母親魯氏走完最後一程，並親手將母親掩埋，入土為安。但不久，政府來人逼金童將母親挖出來。被逼無奈，他背著從土裡挖出的老母屍體，跳入沼澤裡⋯⋯。

這是一部謳歌勇敢強悍，生命力旺盛，養育了兒女，承載了人生苦難，無私隱忍的偉大母親的史詩性作品。小說通過豐乳肥臀的上官魯氏子女構成的龐大家族的不同命運及其與各種社會勢力的糾纏，既展示了人性的美麗與醜惡、女性的樸素與屈辱、時代對人的異化，又呈現了 20 世紀從抗日戰爭一直到改革開放以後宏闊的歷史畫卷。

小說的基本審美範疇是塑造人物，即所謂「除了細節的真實之外，再現典型

環境中的典型性格」。莫言一直遵循「把好人當壞人寫，把壞人當好人寫，把自己當罪人寫」這一基本創作觀念，所以《豐乳肥臀》才呈現了一批性格鮮活的人物群體。

莫言「把人當作人來寫」，實際上是秉承了文學是人學，是人道主義的基本命題。「意味著他超越性的觀念，引導著他的文學創作的基本原則，站在超階級、超政治、超善惡的立場，站在全人類的立場，把人作為自己描寫的終極性的目的。」（王達敏《〈蛙〉的懺悔意識與倫理悖論》）《豐乳肥臀》裡的上官魯氏，她不斷地生育，孩子來自不同的父親，因為丈夫沒有生育能力，作為女性的上官魯氏，她要獲得起碼的做人的權利、做女人的尊嚴，衝破民間倫理的道德原則，忍辱負重與各種男人苟合。可以說，莫言的人道主義這一基本命題貫穿了《豐乳肥臀》。

汪曾祺認為：「莫言的長篇小說《豐乳肥臀》是一部嚴肅的、誠摯的、富有象徵意義的作品，對中國的百年歷史具有很高的概括性。這是莫言小說的突破，也是對中國當代文學的一次突破。」

瑞典文學院的韋斯特拜利耶，從另一角度評價《豐乳肥臀》：

「在莫言最奇特的長篇小說《豐乳肥臀》中，婦女視角控制全域，而他用尖銳諷刺的細節，描繪了中國 20 世紀 60 年代前後的『大躍進』及大饑荒。這裡嘲笑了那種革命的偽科學，用兔子的精子給綿羊做人工授精，而懷疑這種做法的就成了右派，發配流放……。」

「在莫言作品裡，栩栩如生地，一個消失了的農民世界在我們的眼前升起展開，你能感覺到它的鮮活味道，即使是最腥臭的氣息，雖然殘酷無情讓你驚駭，但是兩邊又排列著快樂的犧牲品……，你感到整個人類的生活都能在他筆尖下呈現。」

《豐乳肥臀》的故事情景華麗炫目，細節引人入勝，意象絢爛，想像奇特，語言飽滿澎湃，誠如美國《出版者週刊》對《豐乳肥臀》的讚譽：「莫言的這部小說是一次感官的盛宴。」

莫言也鍾愛這部小說，他曾說過：「你可以不看我所有的小說，但你如果要瞭解我，應該看我的《豐乳肥臀》。」

已經成為顯學的莫言研究，在爭論不休、褒貶對立的當下，如何拓展莫言研

究的學術空間，少些政治攻訐，營造一種和諧的學術研究氛圍，似乎很有必要。

　　莫言，本名管謨業，1955 年 2 月 17 日出生在山東高密東北鄉一個農民家庭，其成分是富裕中農。小學五年級時，他因「文化大革命」爆發而輟學，後在農村勞動十年。家中貧困，他卻喜歡讀書，古今中外，有書即讀，手中無書時就看《新華字典》，孤獨和饑餓成為其童年最深刻的記憶。

　　高密東北鄉包容著中國的傳說和歷史，其傳統文化以民間故事形態廣為流傳。這塊土地人傑地靈，民族的尚武精神、血性和野性，流蕩在鄉人血脈之中，深深影響了從這裡走出去的作家莫言的文學創作。

　　1976 年，莫言參加中國人民解放軍，歷任班長、保密員、圖務管理員、教員等職。其間，有條件閱讀大量文學書籍，所管一千多冊各類圖書，無不細讀。其中有不少哲學和歷史書，像黑格爾的《邏輯學》、馬克思的《資本論》，皆認真研讀。

　　1979 年，莫言與同鄉杜勤蘭結婚，感情篤深。1981 年，莫言雙喜臨門，一喜短篇小說處女作《春夜雨霏霏》在保定《蓮池》雜態上發表，另一喜是愛情的結晶女兒管笑笑出生。

　　1982 年，莫言的短篇小說〈醜兵〉、〈為了孩子〉先後發表在《蓮池》雜誌上。同年又有喜事光顧，莫言被提為正排級幹部。次年，莫言調往延慶總參三部五局宣傳科，任理論幹部。

　　1984 年秋，著名軍旅作家、長篇小說《我們播種愛情》的作者徐懷中，因欣賞莫言的小說《民間音樂》，破格給他參加考試的機會，讓莫言順利考入自己任主任的解放軍藝術學院文學系。這年春天，莫言的短篇小說〈島上的風〉、〈雨中的河〉相繼在河北的大型文學期刊《長城》上發表。

　　真正讓莫言在文壇嶄露頭角的中篇小說《透明的紅蘿蔔》，於 1985 年春發表在《中國作家》雜誌上。甫一發表，反響強烈，《中國作家》專門在新僑飯店舉行作品研討會，京城著名作家、評論家出席並熱烈發言，充分肯定這篇莫言寫自己童年寂寞、荒涼、無人理睬的痛苦經歷的小說。筆者也受邀參加該會，印象頗為深刻。

　　1986 年，在文壇小有名氣的莫言，從解放軍藝術學院文學系畢業。同年，《人

民文學》雜誌發表了莫言的中篇小說《紅高粱》，在文壇引起轟動。後來，莫言又寫了與《紅高粱》有共同背景、氛圍和連續性的幾個中篇，1987年，彙集成《紅高粱家族》，由解放軍文藝出版社出版，極為暢銷。該系列小說中，「莫言把尋找民族的文化之根的歷史沉思改變為生命強力的自由發洩，歷史、自然與人性被一種野性的生活狀態膠合在一起」（《中華文學通史》），有一股原始野性的生命強力流蕩於其中，既具有家族史的意味，又富有中國小說很少見的審父意識。《紅高粱》中，「我爺爺」余占鼇，十六歲殺死與母親通姦的和尚，流浪後成為土匪，民族危難時刻，他由土匪轉向抗日英雄。作者賦野性品格以正面意義，顯示出原始生命力和愛國血性才是中華民族最強悍的力量，才是中華民族的生命之根。作品顛覆了魯迅阿Q的所謂「國民性」。

1987年，莫言的中篇小說《歡樂》發表在《人民文學》。次年，他又出版長篇小說《天堂蒜薹之歌》。美國著名漢學家葛浩文讀後，極為震驚，開始翻譯莫言小說，將其作品推向世界。

1988年秋，莫言參加中國作協委託北京師範大學辦的研究生班，其間發表諷刺長篇小說《酒國》。1989年，其小說《白狗鞦韆架》獲臺灣《聯合報》小說獎。1991年，莫言從北師大魯院創作研究生班畢業，獲文學碩士學位。

這之後幾年，莫言英譯本小說集《爆炸》在美國出版，引起熱烈反響，《紐約時報》評論道：「通過《紅高粱》這部小說，莫言把高密東北鄉安放在世界文學的版圖上。」幾年後，莫言的短篇小說集《師傅越來越幽默》又在美國出版，《時代週刊》驚呼：「莫言是諾貝爾文學獎的遺珠。」

1995年，莫言的長篇小說《豐乳肥臀》出版。同年秋，《莫言文集》在作家出版社出版，是年冬，該小說獲《大家》雜誌首屆「大家·紅河文學獎」，獎金人民幣十萬元。

2005年，莫言發表於2001年的長篇小說《檀香刑》全票入圍茅盾文學獎初選，但最終遭淘汰。《檀香刑》以德國強行修建膠濟鐵路，遭到當地農民拼死抵抗為背景，展示中國人民轟轟烈烈的反抗殖民主義霸權的鬥爭圖景。小說在張揚民間英雄勃勃的生命力與行俠仗義、不畏生死的英雄氣概的同時，還通過孫丙這一人物，深刻地反映了19世紀末20世紀初中國社會尖銳的社會矛盾、東西方文化歷史的糾結和衝突，以及人性的矛盾複雜、人類靈魂渴望永生的追求，具有超時代、

超國界的藝術魅力（武漢大學李曉燕語）。同年，《檀香刑》獲義大利尼諾國際
文學獎。其評委會贊曰：「語言激情澎湃，具有無限豐富的想像空間。」

　　2011 年，莫言的長篇小說《蛙》獲茅盾文學獎。《蛙》是寫懺悔的小說。小
說的主人公姑姑（據莫言說是其姑姑），是一個根正苗紅的貧下中農，經歷不凡，
醫術高超，妙手回春，乃高密東北鄉的神醫，但在計劃生育的國策中，卻扮演了
奪去兩千八百個嬰兒性命的「惡魔」。姑姑進入桑榆之年，在良心的感召和夢魘
的驚恐之中，經常懺悔，以求自我精神的救贖。

　　姑姑由神醫變成惡魔的跌宕起伏的人生，站在「革命」主場，又被「革命」
扭曲人性，善惡集於一身，攜帶了大量的歷史資訊。她的懺悔既是良心發現，人
性的覺醒，又是負罪贖罪而靈魂復活，與往昔告別的過程。其思想主要來自中國
民間倫理中由神秘文化提供的因果報應倫理觀念、善的人性力量。可惜的是，
《蛙》中姑姑的懺悔，更多的是受人性善和現實倫理引導，缺乏人性新生和靈魂
復活的精神力量，這是否與中國的哲學、文學的人道主義先天不足有關？

　　莫言已創作了十部長篇小說，一百多部中短篇小說，共計五百多萬字。作品
涉及各種社會形態，塑造了形態各異的眾多鮮活人物形象，借此冷靜地思考人性、
獸性與奴性的關係，拷問故鄉土地、拷問自己的靈魂。如同莫言自己所說，認識
人類之惡、自我之醜，認識不可克服的弱點和病態各異的悲慘命運，這才構成他
要追求的真正的悲憫，對人性解剖後的深厚悲憫，這才是偉大小說要接近的偉大
目標。

　　莫言的表述，與諾貝爾文學獎評委會現任主席韋斯特拜利耶在給莫言頒獎的
典禮上的致辭，大相徑庭：莫言「他向我們展示一個沒有真理，沒有理性和沒有
同情的世界，也是一個人類失去理智、孤立無援和荒誕不經的世界」。

　　僅僅是因為眼光不同，可以得出不同結論，做出不同的解釋嗎？筆者大為不
解，不得不問。

　　莫言一直被人誤讀。著名詩人、評論家邵燕祥感慨地說，「莫言因一個長
篇書名『豐乳肥臀』而遭圍攻，竟有同行上書建議開除其軍籍」（《北京晚報》
2018 年 5 月 24 日）。

　　列寧曾寫過《一本很有才氣的書》一文，給我們以深刻的啟示。

　　一個反對十月革命的白衛軍，寫了一本小說集《插在革命背上的十二把刀

子》。列寧看完這本對十月革命及布爾什維克充滿仇恨，「憤恨得幾乎要發瘋的白衛分子」的小說集後，寫了這篇評論。他肯定這是「很有才氣的書」。他說，這本書對革命懷有「切齒的仇恨」，「有的地方寫得非常糟」，但「有的地方寫得非常好」，「精彩到驚人的程度」，「真是妙透了」，「極有才氣」。

列寧從他認為極反動的書裡，發現「親身經歷過、思考過和感受過」的生活真實，採取了科學的分析態度，採用了歷史的、美學的方法，他是正確的，應受到尊重。

我們很需要列寧這樣的胸懷和文化自信。

104th / 2011

Tomas Gösta Tranströmer

托馬斯・特朗斯特羅默 1931—2015

瑞典詩人。

獲獎理由 | 他用凝練、透徹的意象，為我們提供了通向現實的新途徑。

獲獎作品 | 〈穿越森林〉（詩）。

這屆諾貝爾文學獎宣佈授予瑞典八十歲高齡的詩人托馬斯‧特朗斯特羅默，沒有多少人感到意外，尤其在瑞典，托馬斯已家喻戶曉。托馬斯的文學成就主要是詩歌，他卻只是一個業餘詩人，並不靠寫詩為職業謀生。他在大學主修心理學，畢業後當過青少年管教所的心理醫生，後又任政府勞工管理部門的心理學專家。他的職業對他寫詩很有影響。如果說心理學從醫學視角透視人的心靈世界，那麼他的詩歌，即用語言創造圖像，將讀者引進一個審美的意境，打動人們的心靈。

　　在瑞典，不同年齡、不同階層的人都喜讀托馬斯的詩。與托馬斯同拜一師學詩藝的，後任諾貝爾文學獎評委會主席的埃斯普馬克，在頒獎儀式上，這樣評價托馬斯，如果說托馬斯的詩歌長處是圖像，「我認為這只是一半真相。另一半真相是日常生活中的視野，是通透的人生體驗，而那些意象是鑲嵌於其中的」。埃斯普馬克還說，托馬斯的詩「已經具有越來越大的開放性，已經從他的瑞典地理版圖擴展到閃耀的螺旋星座紐約，到了人群熙熙攘攘的上海，他們的跑步讓我們沉默的地球旋轉。他的詩中並不少見世界政治的閃光。同時，謙遜的圖像也更加清晰：『我畢業於遺忘的大學，而且兩袖空空，像衣繩上的襯衣。』以這種輕鬆的權威性語氣，特朗斯特羅默道出了我們中許多人的心聲。他在年輕時就說過，我們每個人『都是一扇半開的門，而通向屬於人人的房間』。那是我們大家最後的歸宿——這個房間容納所有的瞬間，此刻也容納了我們全體」。

　　托馬斯的詩，在亞洲早有譯本。2001 年，中國出版了托馬斯的全集。托馬斯也受邀再次訪問中國，到雲南旅遊。其間，中國的詩人眾星捧月般圍在七十歲的托馬斯的周圍，並把自己的詩集贈給老詩人。老人把這些詩集帶回瑞典，四處請人翻譯，意在將中國的詩歌推向世界。老人喜歡中國文化，欣賞中國書法，家裡掛著朋友贈送的書法條幅。老人也喜飲中國白酒。中國客人拜訪，多以茅臺、五糧液相贈，後來與中國友人把酒言歡時，已靠輪椅活動的老詩人，還不忘熟練地彈奏鋼琴助興。

　　托馬斯名滿天下，卻一直惡盈而好謙，下面的詩句，便讓我們看到他個人生命的謙卑態度：

　　我有很低的岸，只要死亡上漲兩分來，就能把我淹沒。

托馬斯的詩打動了瑞典文學院，其中以〈穿越森林〉品位最高：

一個名叫雅伯的沼澤，
是夏日時光的地窖。
那裡光酸化為老年，
和帶有貧民窟滋味的飲料。
虛弱的巨人抱在一起，
為了不使自己跌倒。
斷折的白樺挺立著，
像一個腐爛的信條。
我走出森林的底部，
光在樹幹間出現。
雨飄向我的屋頂，
我是收集印象的檐溝。
森林邊空氣濕潤──
哦，轉過身去的大松樹。
它把臉深深地埋進地裡，
暢飲雨水的影子。

　　這是一首非常簡潔的寫景詩，全詩展開了一個極富想像的天空，以眾多圖像拼接組合成超現實的隱喻，成為內涵豐富的意象，將雅伯的沼澤變成盛夏時光的「地窖」，給讀者帶來無限的暇想和心靈的愉悅。這「地窖」道出了我們的心聲，這「一扇半開的門裡」，容納了所有的瞬間，容納了我們每個人，並成為我們共同的歸宿。
　　托馬斯的詩將讀者引入一種審美的意境，如同一股清風，吹進瑞典乃至歐洲的詩壇。

　　托馬斯・特朗斯特羅姆，於 1931 年 4 月 15 日生於斯德哥爾摩。父親是記者，母親是教師，其家算是書香門第。父母離異後，他隨母親生活。托馬斯在斯德哥

爾摩南拉丁學校讀書時，這裡就有一個青年文學團體。這個團體裡聚著一群包括托馬斯在內的文學青年。後來成為瑞典文學院諾貝爾文學獎評委會前主席的埃斯普馬克，現任的主席韋斯特拜利耶，都曾是這個圈子裡的文學青年。托馬斯還師從圖爾謝，學習寫詩。這段經歷，對托馬斯成為詩人起到奠基作用。

中學畢業後，托馬斯想成為自然科學家或考古學家，後還是到斯德哥爾摩大學修心理學。為謀生，他到少年罪犯管教所任心理醫生，後又到政府勞工管理部門任心理學專家。

1954 年，托馬斯出版第一本詩集《詩十七首》。第一首詩的首句，便有獨特的意象：「醒來是第一次空中跳傘／擺脫那窒息人的渦流……。」詩集甫一出版，轟動瑞典詩壇，使他一舉成名，文學史家揚·斯坦奎斯特驚呼：「一鳴驚人和絕無僅有！」

後來，心理醫生、富有名氣的詩人托馬斯，有幸結識美國詩人羅伯特·布萊，二人相互欣賞，互相翻譯對方詩作，各將對方的詩收入自己的詩集。

1958 年，托馬斯出版詩集《途中的秘密》，1962 年出版《半完成的天空》，1970 年出版《看見黑暗》，1989 年出版《為死者和生者》等十二部詩集。

1980 年，托馬斯曾罹患腦出血，一度語言功能受損，後有所恢復。

1996 年，坐在輪椅上的六十五歲的托馬斯，發表《悲傷吊籃》，其詩已爐火純青，個性鮮明。他被譽為「歐洲詩壇最傑出的象徵主義和超現實主義大詩人」。

除了寫詩，托馬斯還於 1958 年和 1966 年分別出版兩部有關自己遊歷西班牙、巴爾幹半島、非洲和美國的書。

2015 年，托馬斯再度中風，逝世在他那位於龍馬島上的夏季別墅「藍房子」裡。瑞典最大的報紙《瑞典日報》以頭條報導了這一令瑞典人悲痛的噩耗，標題是「一個人民熱愛的詩人去世了」。

每當人們去「藍房子」弔祭詩人托馬斯，總會想起他的詩〈某人死後〉中的詩句：「……但是感覺影子比身體更加真實。」

仿佛，老人還在小口啜著酒液，微笑著，眯著眼凝望大廳懸掛的藝術作品……。

Mario Vargas Llosa

馬利歐・巴爾加斯・尤薩 1936—

擁有秘魯與西班牙雙重國籍的作家。

獲獎理由｜對權力結構進行了細緻的描繪,對個人的抵抗、反抗和失敗給予犀利的敘述。

獲獎作品｜《城市與狗》（*La ciudad y los perros*）（小說）。

尤薩是位對政治充滿熱情的作家。正如他聲稱：「小說需要涉及政治，這是讓小說變得尖銳而有力的重要武器之一。」尤薩對政治的關心，絕不只限於寫小說，他對政治的熱衷由來已久。早在上大學時，他就參加過秘魯共產黨組織的共產主義學習小組，學習馬克思、恩格斯、列寧等人的經典著作。為了掩護自己，尤薩在秘魯共產黨內化名阿爾貝托。有趣的是，他寫的《城市與狗》（*La ciudad y los perros*）中的「詩人」，也叫阿爾貝托，印證了阿爾貝托就是尤薩。參加過共產黨的諾貝爾文學獎得主不少，像葡萄牙的薩拉馬戈、德國的葛拉斯、奧地利的耶利內克等，但以這樣的身份聲勢浩大地參加總統競選者，怕只有尤薩。

　　在 20 世紀 80 年代初，秘魯總統曾邀請那時名聲已隆的尤薩擔任總理或駐英大使，尤薩斷然拒絕。並非尤薩潔身自好，不願入仕為官，而是其對權力有更高的覬覦。1987 年，尤薩決心參政，回到秘魯，組建「自由運動組織」，主張全面開放自由市場經濟。1989 年，尤薩高調和阿爾韋托·藤森角逐任期五年的總統寶位便是證明。天不從人願，尤薩以得票過少而名落孫山。有人說「競選總統的事，應該是尤薩人生中最昏頭的一次衝動」，此言差矣，那是他主動參政的一次壯舉。從大學時代就參加共產主義學習小組，直到壯年參加總統競選，怎能說是「衝動」？一位有政治夢想的人，為實現夢想而奮鬥，怎能以「昏頭」譏笑之？

　　競選總統落敗，對尤薩打擊很大。事後，曾有年輕學者在拜訪他時，提及此事，尤薩不勝感慨地說：「你很年輕，我受的打擊比你多！」可見他對競選失敗一直耿耿於懷。

　　不應嘲諷尤薩競選總統本身，但說實話，受尼采哲學影響，他視一切閃光的東西為醜陋，否定崇高、神聖，連維也納和巴黎都市的文化之美都不屑一顧，甚至將米蘭·昆德拉、約翰·史坦貝克這些文學大師貶得糞土不如。尤薩從政的確讓人浮想聯翩。政治和權力上的奮鬥，未能讓尤薩如願當上總統，但文學成就讓他登上文學的聖殿。

　　尤薩參政雖未獲得政治權力，但對權力鬥爭深有體會和研究，為他的小說創作提供了豐富的關於權力鬥爭的材料和生活場景。所以，瑞典文學院對他的作品有獨到的評價：「對權力結構進行了細緻的描繪。」如對權力結構沒有深刻的瞭解與參與，何來有「細緻的描繪」？而略薩小說的真價值，瑞典文學院也看得清楚，即「對個人的抵抗、反抗和失敗給予了犀利的敘述」。

　　1963 年，二十七歲的尤薩創作的第一部長篇小說《城市與狗》就是揭示在黑暗專制權力統治下，底層百姓艱難痛苦生活的真實社會圖景。該小說是尤薩根據自己少年時在軍校的親身經歷寫成，故事圍繞著軍校的軍官和學生展開。「城市」喻秘魯社會，「狗」暗指軍校學員。

　　在軍校，新生入校，要遭受非人的「洗禮」，然後他們結成「圈子」，相互依賴生存。過慣上流社會豪華生活的阿爾貝托，到軍校必須與來自底層的學員混居在一個宿舍裡。看上去學校管理嚴格有序，一派肅穆平和，但實際上是高年級欺辱低年級學員，學員們吃喝嫖賭，打架鬥毆，考試作弊。阿爾貝托是一個不卑不亢，不欺負弱者，不參與各種墮落行為的理想主義者。

　　學員里卡多出身貧寒，為了改變命運來到軍校，卻遭受欺負，被人視為「奴隸」，他曾向阿爾貝托坦露心聲，「不想永遠在這種壓抑的環境中生活」。阿爾貝托很同情他，並告誡他，要在這裡生存，「必須像個男子漢，手裡要有拳頭，明白嗎？要麼你吃人，要麼讓人家吃掉」。

　　在考試前夕，軍校發生試卷被偷的驚天動地的大事，於是軍校展開調查，嚴禁學員離校外出。里卡多為了與校外女友幽會，告發了偷試卷者卡瓦，卡瓦被軍校開除。

　　卡瓦的同夥「美洲豹」，開始瘋狂報復里卡多，策劃在實彈衝鋒演練時，射殺了里卡多，里卡多的好友阿爾貝托，秉持正義，向軍校檢舉了「美洲豹」。結果讓阿爾貝托大失所望，校方忌憚「美洲豹」的勢力，掩蓋真相，欲以里卡多「自殺」了結此案。阿爾貝托堅持嚴懲「美洲豹」，不肯讓步。軍校阻撓他，逼迫他就範。受牽連的教員甘博亞中尉也因支持阿爾貝托而調離軍校。就這樣，原本真相清楚的殺人案，被軍校掩蓋過去。

　　學員畢業後，開始新的生活，具有諷刺意味的是，殺人犯「美洲豹」居然娶了「奴隸」里卡多的心上人，過上了逍遙自在的日子。

　　《城市與狗》出版之後，迅速受到國內外讀者的歡迎，很快被譯成二十多種文字，在世界風行。但發行不久，即受到秘魯當局的注意，接著下令查禁、銷毀。一所軍校的廣場居然焚燒了一千多本《城市與狗》，直到 20 世紀 80 年代，該書才被解禁。

　　尤薩的小說，深受哲學家作家沙特的影響，將其「文學介入社會」的思想和

沙特小說那種「充滿自由氣息和探求真理精神」，還有他的「存在主義」藝術手法，引入小說實踐。正是尤薩繼承了沙特敘事策略，使得《城市與狗》的敘事變化多端。作者以第一人稱視角敘述故事，將對話、獨白、夢境融為一體，手法綽約多姿，令人眼花繚亂，美不勝收，因此獲得「結構寫實主義大師」的美譽。

尤薩很傲慢，瞧不起一些大師，但他在獲得諾貝爾文學獎的演說《獻給閱讀與虛構的禮讚》中，還是承認：「有些作家給了我一些啟發，一些作家讓我獲益良多……，讓我既對人性深藏的英雄的種子肅然起敬，又在人性的野蠻與兇殘面前恐懼戰慄。」

你可以不喜歡某些作家，但切莫鄙視他們的作品。

尤薩，於 1936 年 3 月 28 日出生在秘魯阿雷基帕市一個富裕的家庭。尤薩出生前數月，父母即離異。他跟隨母親與外祖父一家，移居到玻利維亞的科恰班巴，度過童年。外祖父擁有一片棉花種植園，尤薩生活無憂無慮。

十年後，尤薩又與母親重返秘魯，第一次看到生父。父母破鏡重圓，全家到首府利馬定居。十一歲時，尤薩進天主教中學拉薩葉學校讀書，十四歲時被父親送進一座軍事學校就讀。他在軍校完成舞臺劇本《印加王的逃遁》，初顯文學天賦，後從軍校退學，到一國立中學完成中學學業。

1953 年，尤薩入國立聖瑪律科斯大學修文學和法律，同時供職兩家報社。十九歲時，娶大他十歲的舅媽之妹胡莉婭為妻。

1957 年，尤薩發表短篇小說《領袖》（*Los jefes*）和《祖父》，陸續出版由六個短篇小說合成的集子。次年，他獲聖馬爾科斯大學語言學學位，並獲獎學金，赴西班牙馬德里大學深造。

1963 年，尤薩根據少年在軍校讀書的經歷，出版了第一部長篇小說《城市與狗》，讓他聲名大噪。1964 年，尤薩與姨媽協議離婚，結束了這段婚姻，一年後尤薩又迎娶了表妹，後育有兩子一女。

1965 年，新婚的尤薩出版了一部長篇小說《綠房子》（*La casa verde*），兩年後獲得首屆拉丁美洲的羅慕洛·加列戈斯國際小說獎。加布列·賈西亞·馬奎斯是五年後以《百年孤寂》獲此獎。尤薩雙喜臨門，風光無限。

1971 年，尤薩因研究馬奎斯的論文《賈西亞·馬奎斯：神者的歷史》（*García*

Márquez: historia de un deicidio）獲西班牙馬德里大學文學哲學博士學位。此文對馬奎斯獲獎起到推薦作用。

1973 年，尤薩出版長篇小說《潘達雷昂上尉與勞軍女郎》（*Pantaleón y las visitadoras*），後改編成電影。四年後，他又出版長篇小說《胡莉婭姨媽與作家》（*La tía Julia y el escribidor*）。小說甫一出版，立刻引起社會轟動。尤薩以他與姨媽的婚姻為題材，他和姨媽都成為小說主角，將他們日常生活的私密、瑣事，事無巨細地和盤托出，毫無羞恥之心。這徹底把前妻激怒了，她以牙還牙地寫了《作家與胡莉婭姨媽》一書，反唇相譏，揭其老底，令尤薩也顏面掃地。姨媽出了惡氣，尤薩卻氣急之下，收回早先贈給她的《城市與狗》豐厚的版稅，令姨媽損失慘重。

作家不嚴肅對待文學和人生，其影響會超越文學，使其陷入尷尬境地。尤薩為此付出的代價是沉重的。他競選總統的失敗，與此絕對大有干係，選民怎能把票投給一個不著調的候選人呢？

從政之旅，太過坎坷，但他在文化界，卻炙手可熱。尤薩從 1977 年始，先後到英國劍橋大學、倫敦大學，美國哥倫比亞大學、哈佛大學等執掌教鞭，各地的文學研究機構也請他講學、研究。

1981 年，尤薩出版長篇小說《世界末日之戰》（*La guerra del fin del mundo*），同年發表劇本《塔克納小姐》（*La señorita de Tacna. Pieza en dos actos*），1982 年創作喜劇《凱蒂與河馬》（*Kathie y el hipopótamo. Comedia en dos actos*），曾到各地演出。2004 年，尤薩在牛津大學執教，將部分講義整理結集成論著《不可能的誘惑》（*La tentación de lo imposible*）出版。

2010 年，尤薩因 1963 年出版的《城市與狗》獲得諾貝爾文學獎。讓人歎惋的是，《城市與狗》之後，這麼多年，尤薩沒有拿出更好的作品。

Herta Müller

赫塔·米勒 1953—

羅馬尼亞裔德國女作家。

獲獎理由｜以詩歌的凝練和散文的率真，描寫了一無所有、無所寄託者的境況。

獲獎作品｜《呼吸鞦韆》（*Atemschaukel*）（小說）。

　　不管瑞典文學院怎樣表示，諾貝爾文學獎只關注文學意義，但是文學的意義經常超越文學本身，而具有文化的、社會的甚至政治意義。諾貝爾文學獎豈能漂白其文化政治意義。這一屆諾貝爾文學獎花落赫塔・米勒，就具有不尋常的意義。就在這年諾獎頒發一個月後，歐洲各大城市都舉辦了紀念柏林牆推倒二十周年活動。二十年前，1989 年，蘇聯及東歐社會主義國家解體，阻隔東西德政治制度的柏林牆應聲倒塌。這是世界歷史發生的重大變化。米勒曾經的母國羅馬尼亞的領導人齊奧塞斯庫夫婦喪生民眾槍下。米勒是 1987 年與丈夫逃離羅馬尼亞，流亡到西德，並獲德國國籍的。

　　不前不後，瑞典文學院偏偏在這個對西方具有時代意義和紀念意義的歷史節點，將諾貝爾文學獎的桂冠拋給拒絕遺忘，一輩子都「回憶我那些在齊奧塞斯庫政權下被殺害的羅馬尼亞朋友，把他們寫入記憶是我的責任」（米勒語）的叛逃者米勒，難道僅僅是個巧合？

　　2009 年，那個早就背叛了馬克思主義的龐大政治集團垮塌之後，米勒沒有像蘇聯作家索忍尼辛那樣，經受種種迫害，然後被驅逐出境的苦難。但是有一點是相同的，他們都是因為作品中張揚人道主義精神而獲得了諾貝爾文學獎。

　　公正地講，瑞典文學院看中帕斯捷爾納克（《齊瓦哥醫生》）、索忍尼辛（《古拉格群島》），又相中米勒，與他們拒絕遺忘有極大關係。他們的作品成為讀者瞭解那個時代、那段歷史的形象資料，比如米勒的長篇小說《呼吸鞦韆》。

　　《呼吸鞦韆》是具有紀實性的「一次驚心動魄的記憶之旅」。小說以德國詩人奧斯卡・帕斯提奧（Oskar Pastior）的命運為模型，結合母親的流亡經歷，呈現了一群德裔羅馬尼亞人被流放到蘇聯的悲慘命運的圖景。

　　1945 年夏，第二次世界大戰結束。原本無憂無慮的十七歲德裔青年雷奧，正享受同性間的肉欲歡愉，卻在一夜之間與戰敗的德國一起跌入被逮捕、追殺的恐懼之中。他與八萬羅馬尼亞德籍公民，被押送到蘇聯的勞動營。對此，雷奧反而視為一次解脫，輕鬆上路。

　　然而，令雷奧始料不及的是，此後整整五年，他一直在沒有希望，沒有愛，也沒有尊嚴，極度孤獨、疲憊、恐懼、饑餓的勞動營裡苦度時光。

　　更讓雷奧沒想到的是，他好不容易熬過苦役生活，回到家中，卻發現那裡已沒有自己的位置。家人把他當成恥辱，無情冷漠地疏遠他，國家、社會更把他視

為囚徒而歧視、仇恨他，雷奧就這樣孤獨地生存著。

有不少人把《呼吸鞦韆》視為充滿政治色彩的小說，而忽略了米勒在小說中，對那些勞動營中的各色人等豐盈而複雜的人性的探索和呈現。小說塑造了這些人物的美醜靈魂和揭示出眾生相的命運，並利用「呼吸鞦韆」、「饑餓天使」等大量象徵和隱喻，「描寫了一無所有、無所寄託者的境況」（諾獎頒獎詞）。抑或說，正是米勒「以詩歌的凝練和散文的率真」，描繪出人類價值悲劇性地在勞動營中毀滅，引起人們對人性的同情和悲憫。

縱觀米勒的小說創作，她不擅長那種追求宏大的歷史敘述，也不追求英雄傳奇，更不想模仿後現代主義和魔幻想象。其小說中的主人公，多是社會中的芸芸眾生。她寫的是這些小人物的日常生活，寫的是一群「被出賣者」、「被剝奪者」、「無家可歸者」。我們常在卡夫卡、杜斯妥也夫斯基的作品中見到那些倒楣的小人物。米勒的這種繼承是很明顯的，她小說中的近現代批判現實主義似乎更濃郁，對人性的肯定也更堅定。很明顯，米勒試圖用自己的創作，為那些小人物建造自己的家園。

赫塔・米勒，於 1953 年 8 月 17 日出生在羅馬尼亞蒂米什縣尼特基多夫小鎮一個農民的家庭。其父母是那裡講德語的少數民族。其父在希特勒執政時，加入納粹黨衛軍，第二次世界大戰時為其效力。戰爭以德國失敗告終，蘇軍佔領羅馬尼亞後，大量羅馬尼亞講德語的人被流放到蘇聯。米勒的母親就被流放到當今烏克蘭境內的勞動集中營，勞動了五年，才重返故園。

1973 年，二十歲的米勒到蒂米什瓦拉一所大學學習羅馬尼亞和德國文學。讀書期間，米勒加入了一個講德語的，由青年作家組織的巴納特行動小組，秘密反對羅馬尼亞領導人希奧塞古的統治。

大學畢業後，米勒到一家工廠當翻譯，還當過幼稚園老師，因拒絕和秘密員警合作而失業。1982 年，米勒出版了第一部短篇小說集《低地》（ Niederungen ），反映的是羅馬尼亞一個講德語的村莊的艱難生活。小說出版不久，即被當局審查。兩年後，《低地》在西德發表，竟受到德國讀者的熱烈歡迎。這之後，米勒用羅馬尼亞語寫了《暴虐的探戈》（ Drückender Tango ）一書。鑒於米勒的作品對當局多有批評，常受員警騷擾。她宣佈退出羅馬尼亞作家協會後，於 1987 年離開羅馬

尼亞，移民到西德。

到德國之後，米勒潛心創作，迄今已出版二十二部作品：《心獸》（*Herztier*）、《今天我不願面對自己》（*Heute wär ich mir lieber nicht begegnet*）、《狐狸那時已是獵人》（*Der Fuchs war damals schon der Jäger*）、《呼吸鞦韆》、《人是世上的大野雞》（*Der Mensch ist ein großer Fasan auf der Welt*）、《低地》、《一顆熱土豆是一張溫暖的床》（*Eine warme Kartoffel ist ein warmes Bett*）、《鏡中惡魔》（*Der Teufel sitzt im Spiegel*）、《國王鞠躬，國王殺人》（*Der König verneigt sich und tötet*）、《托著摩卡杯的蒼白男人》（*Die blassen Herren mit den Mokkatassen*）等。

作為一個嚴肅的作家，米勒的作品一直受到全世界讀者的持久關注。世界文學界也給過她太多的讚譽，讓她獲得克萊斯特獎、卡夫卡獎、歐盟文學獎及在世界文學界素有影響的都柏林文學獎。

因其名聲，她常受邀參加世界性文學活動。2008 年，米勒受邀到瑞典哥德堡書展上發表演說，瑞典文學院一眾知名院士皆前往聆聽。

果然，次年，米勒榮獲諾貝爾文學獎。

101th
————
2008

Jean-Marie Gustave Le Clézio
讓 - 馬里・古斯塔夫・勒克萊齊奧 1940—

法國和模里西斯雙重國籍作家。
獲獎理由｜新起點、詩歌冒險和感官迷幻類文學的作家，是在現代文明之外對於人性的探索者。
獲獎作品｜《戰爭》（小說）。

　　這不是純粹的巧合：美國 2007 年有一期《時代》雜誌封面，醒目地印著「法國文化的死亡」，但轉年，法國、模里西斯雙重國籍作家讓 - 馬里・古斯塔夫・勒克萊齊奧就偏偏摘下諾貝爾文學獎桂冠。傲慢的美國人不服，《華盛頓郵報》的編輯約翰森發文說：「讓・勒克萊齊奧在我們這裡默默無聞，我從來沒有讀過他的東西，也不知道他對世界文學有什麼意義。」而瑞典文學院院士、評委會五評委之一弗羅斯騰松，「從二十歲開始就喜歡讀『讓・勒克萊齊奧的作品』，而且其博士論文也要寫他。」受其推薦，恩格道爾也多年關注勒克萊齊奧。有了他們的力挺，再加上學院元老院士埃斯普馬克也勉力提攜，認定勒克萊齊奧「是在現代文明之外對於人性的探索者」，其獲獎似順理成章。

　　瑞典文學院將諾貝爾文學獎頒給讓・勒克萊齊奧，是否是對《時代》雜誌之「法國文化的死亡」的回敬，不得而知，但極有諷刺味道。

　　得到勒克萊齊奧獲獎的消息後，世界文壇並無太大爭議，法國一片歡騰，總統和文化部長立即發公告，發賀信。世人認為此屆諾獎皆大歡喜，但且慢，瑞典文學院公佈獲獎消息當天，勒克萊齊奧在新聞記者招待會上語出驚人：「我的母國是模里西斯！」在當天晚上瑞典國家廣播電臺製作的諾獎特別節目上，勒克萊齊奧再次明確地表達自己是模里西斯人，令世人譁然。

　　事實是，勒克萊齊奧擁有法國和模里西斯雙重國籍，瑞典文學院只公佈：「2008 年的諾貝爾文學獎頒給法國作家讓 - 馬里・古斯塔夫・勒克萊齊奧……。」是瑞典文學院有些疏忽，還是暴露出其歐洲中心主義的立場，尚無定論。但勒克萊齊奧強調自己是模里西斯人，卻可以理解。因為作為作家，勒克萊齊奧既認同法國文化，也認同模里西斯文化，同時，涉及作者的文化立場，兩種文化觀察世界的不同視角，特別是關乎他想走出文明世界，探求文明之外世界的人性的文學實踐。他早在 1985 年出版的自傳體小說《尋寶者》（ Le Chercheur d'or ）中，明確表示自己是模里西斯作家。如今獲得殊榮，應該讓模里西斯也分享這一榮耀。

　　瑞典文學院對此不公開做出解釋，只是在後來的頒獎和宴會上，既請了法國大使，也同時邀請模里西斯總領事出席，風波平息。

　　勒克萊齊奧，是位不斷四處漂泊的世界流浪者，一生都在羈旅之中，總是面臨「新起點」。他在旅途中不僅穿越遼闊的地理空間，還沉浸於歷史的古老文明海洋中，見到與歐洲不同的另類文明的存在，看到另類族群的生活形態，漸漸地

疏離於西方主流文明，甚至對其產生質疑。《戰爭》就隱含著對現代文明的批判。

《戰爭》中的戰爭，不是通常刀兵相見、血肉橫飛的武裝鬥爭，在這裡僅僅是個隱喻。

小說在極其模糊的背景下講的是一個年輕的 B 小姐，辭去了報社記者工作，離開了丈夫亨利，像一個幽靈般遊蕩在一個物質之都。X 先生是一個先知、預言家式的人物，是對戰爭有著清晰認識的堅定戰士。B 小姐每天都要與城市裡的聲、光、語言、思想交戰，但戰爭中，她作為弱者，只能逃竄。X 則喜歡樹木、草坪、石子、女人的頭髮、動物的眼睛、落在屋頂瓦上的潺潺雨聲。他開著摩托車，追逐人們精神世界的恐慌和困惑。B 小姐與 X 邂逅，並肩出發，共同作戰，最後 X 道破了這場戰爭的真相。

小說實際上是營造了一種氛圍和感覺，揭示出現代生活的真相。於是，我們也了然勒克萊齊奧獨特的以社會邊緣人的角度觀察和描述感官接觸到的現代生活面貌的藝術特色，也清楚了為什麼瑞典文學院的頒獎詞說他的小說是「感官迷幻類文學」。

勒克萊齊奧在表述自己的文學觀時說：「西方文學已經變得過於死板，過分強調城市性和科技性，妨礙其他表現形式的發表，例如缺少地方特色和情感特色的發展。理性掩蓋了人類不可知部分，而正是這種看法促使我轉向其他文明。」

《戰爭》就是「轉向其他文明」的嘗試。瑞典文學院欣賞這種嘗試，但「轉向其他文明」，不該以全盤否定主流文明為代價，回到非此即彼的二元論，哲學上是謬誤的，文學上也毫無價值。

讓‧勒克萊齊奧，於 1940 年 4 月 13 日在法國南部的尼斯降生。其祖上來自模里西斯，那裡有家族之根。其母親是法國人，父親是久居模里西斯的英國人，曾在軍隊當軍醫，二戰期間在駐奈及利亞的英軍中服役，戰後留在那裡。1948 年，勒克萊齊奧隨母親到奈及利亞與父親團聚。據傳，八歲的他在輪船上開始寫作。他與母親在奈及利亞度過兩年後，又回到尼斯，兩年的非洲生活給他留下深刻的印象，甚至影響了他的一生。他後來寫的長篇小說《非洲人》，就是回憶父親在非洲生活的故事。在非洲，他瞭解到與歐洲不同的另類文明的存在，而非洲對勒克萊齊奧的文學是認可的。他說：「如果沒有非洲，我真不知道自己會成為什麼

樣子。」他獲諾獎時，堅稱自己也是「模里西斯」人，道理即在這裡。

回到尼斯後，勒克萊齊奧在英國和法國的大學學語言學和文學，1964 年在普羅旺斯艾克斯大學獲文學碩士學位。在這所大學，他受到從這裡走出的學長、曾獲諾獎的卡繆的影響。勒克萊齊奧出版於 1963 年的第一部長篇小說《訴訟筆錄》，就受到卡繆存在主義的影響，甚至讓人聯想到卡繆《異鄉人》的某些情節。《訴訟筆錄》兼有當時法國盛行的新小說派的風格，甫一出版，一年內竟售出十萬多冊，並獲熱那多文學獎。筆者有幸一睹尊顏。

1967 年，勒克萊齊奧出版呼籲世人關注環保問題的小說《泰拉阿馬達》。後來出版的《飛行之書》（1969）、《戰爭》（1970）、《巨人》（1975）等小說，也都涉及環保問題。

到了 20 世紀 70 年代初，勒克萊齊奧居住在墨西哥和中美洲，他常常遠離大都會，深入印第安人的生活中，尋找新的精神。前面說過，他是一個漂泊者，流浪於世界各地。講到流浪，介紹一下他的婚姻。他二十歲早早地與一位漂亮的波蘭女子結婚，育有一女。但夫人不願過居無定所的日子，兩人離婚。1975 年，三十五歲的他在巴拿馬漂泊中與一摩洛哥女子邂逅並結婚，二人都熱衷漂泊，感情甚篤。

1980 年，勒克萊齊奧出版了小說《沙漠》（又譯《荒漠》，Désert），廣受好評，獲法蘭西學院獎。

1990 年以後，勒克萊齊奧又浪跡到美國新墨西哥州的阿布奎基和模里西斯，然後轉回尼斯。法國《讀者》雜誌曾發起一項調查，勒克萊齊奧被推為在世的法國最重要的法語作家。

1998 年，勒克萊齊奧到中國訪問。2007 年 1 月 28 日，筆者就職的人民文學出版社頒發「二十一世紀年度最佳外國小說獎 · 2006 年度」。勒克萊齊奧獲獎，並親自到北京領獎。筆者有幸一睹尊顏。

六十七歲的法國和模里西斯雙重國籍作家勒克萊齊奧，衣冠楚楚，笑得極為燦爛。

2008 年，勒克萊齊奧又獲諾貝爾文學獎，更是風度翩翩。

Doris May Lessing

多麗絲·萊辛 1919—2013

英國女作家。

獲獎理由｜她用懷疑、熱情、構想的力量來審視一個分裂的文明，其作品如同一部女性經驗的
　　　　　史詩。

獲獎作品｜《金色筆記》（*The Golden Notebook*）（小說）。

　　2007 年 10 月 11 日星期四下午 1 時，瑞典文學院準時公佈，八十八歲的英國女作家多麗絲・萊辛，獲得該屆諾貝爾文學獎。得到此消息，特別是聽到瑞典文學院那句「一部女性經驗的史詩」時，萊辛驚訝並高興地叫道：「老天爺！他們真的這麼寫嗎？」

　　驚訝的不止萊辛本人，還有關注萊辛的那些人。20 世紀 80 年代，萊辛作為女性主義文學的代表人物，獲諾貝爾文學獎的呼聲曾很高，連瑞典文學院也常將其列為預測得獎名單。2004 年諾貝爾文學獎獲得者、奧地利女作家耶利內克被問到萊辛時甚至說：「我以為萊辛早已得過（諾貝爾文學獎）了。」

　　登上文壇三十年後，萊辛已至米壽高齡，人老珠黃，幾乎無人問津之時，瑞典文學院才將桂冠戴在面如蒼山的萊辛頭上，怎不令人驚訝！瑞典文學院常務秘書恩格道爾對此說了句東方成語——瓜熟才能蒂落——有些決定需要時間才能成熟。當然有人反唇相譏：這是熟到快爛了的果子！

　　萊辛驚訝之後，對一位瑞典的記者說了句粗魯話：「他媽的！我已經把歐洲所有的文學獎都得過了！」這一年 10 月初，諾貝爾文學獎公佈前一周，余華夫婦到瑞典訪問，到芬蘭活動時，瑞典文學院的院士馬悅然和夫人陳文芬同行。不管萊辛怎麼表達她對諾獎的態度，作家無不是嚮往這個文學聖殿的。

　　萊辛對瑞典記者那句粗口，是否是對瑞典文學院常常表現的高傲的男權主義的一種不滿，不敢貿然揣測，但萊辛的給她帶來莫大榮譽的小說《金色筆記》（*The Golden Notebook*），則是「一部先鋒作品，是 20 世紀審視男女關係的巔峰之作」，其中便有對男權主義的批判。

　　《金色筆記》，以一篇〈自由女性〉的小說開篇，穿插了幾本主人公安娜的筆記，構成了安娜的人生故事。該故事以安娜的黑、紅、黃、藍、金五種筆記，講述了她自己人生中各個階段的人生狀態。

　　安娜是三十出頭的有女兒而無丈夫的女作家，憑書籍的版稅收入，過上擁有房產的獨立自主的生活。不受經濟、家務所累，安娜對社會生活常常表現出一種超然態度，她不拿薪水，以自由知識份子身份積極地參加共產黨部的工作，討論理想，甚至殖民主義和種族主義問題。但她雖無生計之憂，卻無法擺脫精神上的緊張和焦慮。她又是那種不願宅在家裡做個賢妻良母的婦女。她渴望愛情，渴望能有個溫柔的男性臂彎，供她枕靠。她有過尋覓，得到的都是清一色的有婦之夫。

這種獨特的「女性體驗」，讓她不得不時刻自我觀察和反省。作為作家，萊辛試圖描寫出更普遍、更深刻的人性。

經濟和精神上獨立的安娜，不僅在兩性婚姻上有煩惱，女兒的叛逆也讓她感到困惑不安。女兒沒因有作家母親感到自豪，反因母親的行為而感到討厭，她以反其道而抗爭，上寄宿學校，擺脫母親的影響，要做一個傳統正常的女人。

安娜的朋友莫莉，其兒子繼承了她激進和批判的精神，也繼承了她對生活惶恐和疑惑的衣缽。他憤世嫉俗，又極端絕望，甚至企圖以自殺逃避這一切，最後導致雙目失明。莫莉面臨著與安娜同樣的困惑和不安。她們關注世界，關注政治和自身的理想，卻深深陷入社會的精神和重重矛盾之中，不能自拔。

安娜曾求助一位綽號「大媽」的心理醫生，向其傾訴內心的各種憂慮、各式夢境，希望得到醫生的心理疏導，走出心理困境。令安娜失望的是，醫生只告訴她這是人格分裂的症狀，拿不出任何靈丹妙藥醫治。

失望的安娜只能自我療治，將內心世界和生活經歷分成五個部分，各記錄在不同的筆記本上，以探尋最真實的自我。

最終，「自由女性」安娜沒能找到自我得意的生活方式。小說結尾，安娜和莫莉總算想到一個權宜的妥協做法：莫莉準備和一個有錢的生意人結婚，兒子可繼承這個繼父的財富，做一些有益的事情；安娜則準備到夜校，為少年犯講課，並且決定參加工黨。

對這一決定，安娜和莫莉心裡有數，自然懷著譏諷、懷疑的態度。

《金色筆記》用懷疑、熱情、構想的力量，來審視一個分裂的文明社會，全景式地呈現了現代女性面臨著重重考驗和困惑的生活和精神圖景，真的可稱「一部女性經驗的史詩」（瑞典文學院評語）。

多麗絲‧萊辛，於 1919 年 10 月 22 日誕生於伊朗，原姓泰勒。五歲時，多麗絲‧萊辛與父母遷到南羅德西亞（今辛巴威）一家農場生活。富有神話傳說的美麗土地，成了萊辛的幻想家園。因家境貧寒，十六歲時，她就從事社會底層的保姆、接線員、速記員等工作，資助家庭。

清貧的生活並沒影響好學的萊辛閱讀狄更斯、司湯達、托爾斯泰、杜斯妥耶夫斯基等文學大師的作品。暢遊在文學廣闊的海洋裡，萊辛受到文學的薰陶和滋

養，並與文學結伴終生。

　　二十歲時，萊辛和青年法蘭克・韋斯頓結婚，這樁婚姻維持了四年，以留下一對兒女宣告結束，時逢第二次世界大戰，萊辛對政治產生濃厚興趣。

　　1945 年，第二次世界大戰硝煙熄滅，萊辛又與德國共產黨人戈特弗里德・萊辛走進婚姻殿堂，可惜，這段婚姻又僅僅維持了四年，留下兒子彼德。

　　1949 年，萊辛攜幼子彼德移居英國，抵達英倫時，一貧如洗，除了僅有的一隻裝一部小說草稿的皮箱。次年，她終於迎來好運，那部手稿《野草在唱歌》（The Grass is Singing）出版，萊辛一舉成名。小說《野草在唱歌》以殖民主義壓迫、種族矛盾尖銳的非洲為背景，敘述一個黑人男僕殺死家境困難、心態失衡的白人女主人的故事。文壇開始關注這位女作家。

　　接著，萊辛乘勢耗費十七年陸續出版了五部曲《暴力的孩子們》（The Children of Violence Series），它們是《瑪莎・奎斯特》（Martha Quest，1952）、《良緣》（A Proper Marriage，1954）、《風暴的餘波》（A Ripple from the Storm，1958）、《被陸地圍住的》（Landlocked，1965）及最後一部《四門之城》（The Four-Gated City，1969）。五部曲展示了一位在羅德西亞長大的白人青年女性的一生。我們如果沒有忘記萊辛童年在羅德西亞度過，當會發現《暴力的孩子們》中的女主角，即便不是作者自己，也有萊辛的影子。

　　1962 年，《金色筆記》出版，讓她躋身世界級文學大家行列。

　　萊辛寫過兩卷回憶錄，記錄她從童年到 20 世紀 50 年代的生活，亦即由羅德西亞那個充滿幻想的孩提時代，寫到已在文壇揚名立萬的女作家這段漫長的人生經歷。有趣的是，第三部回憶錄，萊辛卻是以小說的形式完成的，取書名為「最甜蜜的夢」，其中有了太多的「構想」，借佛蘭西斯與前夫約翰尼的故事，探討「婦女如何在 60 年代轉錯方向」的問題。萊辛的作品沒有理順這一命題，卻對 60 年代女性的行為方式，投了反對票：「我不喜歡 60 年代，我不喜歡女性那時的所說所為，比如像她們吹噓和多少男人睡過覺。」值得注意的是，她對世界觀頗有探求，特別是 20 世紀 60 年代後，萊辛在作品中除對重大社會問題關注外，對當代心理學及伊斯蘭神秘主義思想興趣很濃，比如 1971 年出版的《簡述地獄之行》（Briefing for a Descent into Hell）和 1974 年出版的《倖存者回憶錄》（Memoirs of a Survivor），前者寫關於個人精神失落，後者討論人類文明前途，多了些形而上的

色彩。

　　萊辛是多變的作家，常常嘗試新花樣，她曾推出過所謂「太空小說」《南船座中的老人星：檔案》，又寫什麼探索理性與自我領域的「內在空間」小說，後又受伊斯蘭「蘇菲派」的影響，嘗試寫科幻小說。為此，誕生了《希卡斯塔》（ *Shikasta* ，1979）、《第三、四、五區域間的聯姻》（ *The Marriages Between Zones Three, Four and Five* ，1980）、《天狼星實驗》（ *The Sirian Experiments* ，1981）及《八號行星代表的產生》（ *The Making of the Representative for Planet 8* ，1982）等探索小說。論者說，這些小說寫出了作家對人類歷史和命運的思考與憂慮。

　　萊辛文學創作不僅多產，而且多樣。除小說外，她還創作了詩歌、散文、劇本等。

　　作為第十一位獲諾貝爾文學獎的女作家，萊辛是獲獎中年齡最長者，這讓人想起杜甫《九日》詩中那句「苦遭白髮不相放，羞見黃花無數新」。

　　2013 年 11 月 17 日，萊辛在倫敦家中去世，享年九十四歲。

Ferit Orhan Pamuk

費里特·奧罕·帕慕克 1952—

土耳其作家。

獲獎理由｜在對故鄉城市悲愴靈魂的追蹤中，發現了文化衝突與融合的新象徵。

獲獎作品｜《我的名字叫紅》（*Benim Adım Kırmızı*）（小說）。

2006 年 10 月 12 日，又是星期四下午 1 時，瑞典文學院宣佈本屆諾貝爾文學獎授予土耳其作家奧罕‧帕慕克。聚集在大廳的各國媒體一片歡呼，接著整個世界文學界也紛紛叫好。終於，連續幾屆爭吵、質疑的諾獎，有了眾望所歸、皆大歡喜的結局。

　　對帕慕克來說，既獲殊榮，又得解放。富有正義良知的帕慕克，其作品力求真實、公正，即使對自己熱愛的故土，他也從不護短，如對歷史上屠殺庫德族和亞美尼亞的真相，也勇於揭露。有關當局搬出土耳其法律，以「有辱國格」罪名起訴他，雖在國際社會的抗議和歐盟國家的干預下，土耳其法庭被迫宣佈撤銷了「有辱國格」案，但對帕慕克仍然虎視眈眈，特別是土耳其民族主義極端分子一直放言追殺他。好了，諾貝爾文學獎一公佈，土耳其一派歡騰，文化部長也感到莫大榮光，帕慕克已被視為民族英雄。

　　五十歲出頭的帕慕克獲獎，具有如下重要意義：改變了諾貝爾文學獎獲獎多是花甲之年當道的年齡格局，也讓亞洲大陸重要的突厥語系作家第一次獲得該獎，突破了以歐美語言主導的局限；同時又如德國作家卡琳‧克拉克所說，帕慕克不畏被帶上法庭，被投入監獄，敢於表現歷史真相，是「有如此品格和勇氣的作家」。儘管瑞典文學院只關心一個作家的作品好壞，並不把作家的政治觀點和私德作為評獎的標準，但有「品格和勇氣的作家」獲獎，遵循「公序良俗」的世俗價值，也是文學的重要精神。

　　至於對他文學的評價，可用瑞典文學院常務秘書恩格道爾在諾貝爾文學獎頒獎典禮上的發言表述。這當然是瑞典文學院對帕慕克文學的評價，他說：

　　你把故鄉這座城市轉變為一個不可替代的文學領地，可以和杜斯妥耶夫斯基的彼得堡、喬伊斯的都柏林或者普魯斯特的巴黎相比較——一個來自世界各個角落的讀者都能體驗另一種生活的地方，這種生活像他們自己的生活一樣可信，充滿了奇異的感覺，而他們可以立刻感覺到這和自己的生活一樣奇異。

　　是的，帕慕克寫的是自己的民族、自己的城市、自己的歷史，「在對故鄉城市悲愴靈魂的追蹤中，發現了文化衝突與融合的新象徵」（瑞典文學院給帕慕克之頒獎詞）。帕慕克表達了他關於不同文明間，完全可以和平相處、共存共榮的

哲學思想。

帕慕克的諾貝爾文學獎演講詞題為「我父親的手提箱」，其中有一句意味深長的話：

我寫作是因為我從來不能感到快樂，而我寫作是為了感到快樂。

2003 年，帕慕克出版了長篇小說《我的名字叫紅》（ Benim Adım Kırmızı ），果然給他帶來快樂，他不僅獲得了巨大聲響，還獲都柏林文學獎、法國文藝獎和義大利格林扎納・卡佛文學獎，最後又登上文學獎的最高殿堂。

《我的名字叫紅》是寫 16 世紀末發生在伊斯坦堡的纏綿愛情與恐怖仇殺的故事。

青年黑，回到闊別十二年的故里伊斯坦堡，投奔姨父家。當年與黑青梅竹馬的表妹謝庫瑞，在與丈夫失去聯繫的情況下，帶著兩個孩子與其父生活在一起。舊時的戀人重逢，兩人的愛情之火也重燃起來。然而，一樁謀殺案卻接踵而來。事情是這樣的。國王蘇丹為頌揚自己的功德和帝國的繁榮富強，便命黑的姨父製作一本相關的書籍。受命之後，他請來才華橫溢的畫家高雅，與他合作一本有十幅插圖的裝幀精美的圖書。黑也參與其中，負責姨父手繪本的編寫。然而該書尚未完成，先是細密畫家高雅死於謀殺，接著黑的姨父也在家中被害。於是所有參與其事的人都受到懷疑，人人自危，且不相信任何人。

黑與表妹謝庫瑞情急之下結了婚，黑擔起養家糊口的重任。但謝庫瑞並不與黑圓房，提出找到殺父仇人之後，才能開始婚姻生活。

蘇丹下令宮廷畫師奧斯曼和黑必須在三天內破案。二人在皇家寶庫閱覽歷代細密畫的經典之作，逐一拜訪每位細密畫高手。奧斯曼在皇家寶庫中飽覽繪畫珍品，最後心滿意足地刺瞎了自己的雙眼，並準確地判斷出兇手是誰。

黑得到奧斯曼的資訊，又走訪三位畫師，走向真正的兇手，但為時已晚，早就有準備的兇手，輕易從黑手中奪下匕首，刺向黑。這時突然又殺出了謝庫瑞的追求者，與兇手撞個正著，誤以為是黑的同夥而將其重創。

真相大白，殺死畫師高雅和黑的姨父的兇手，竟是對藝術極端虔誠、畫技高超的藝術家橄欖。他崇拜奧斯曼大師，接受其藝術繪畫理念，而且堅信自己會成

為細密畫的魁首而流芳百世。但他發現黑的姨父，除了繼承細密畫的傳統，還向法蘭克畫派學習，繪畫已超過自己，於是失控去殺人。

黑被兇手刺傷，回到家裡，妻子謝庫瑞兌現了承諾，兩人過起幸福的夫妻生活。

歲月如流水，他們的小兒子終於長大成人，竟成了作家。這個叫奧爾罕的作家，將父母的傳奇寫進小說裡。

《我的名字叫紅》，看似是在津津樂地道講一個愛情和謀殺的故事。連帕慕克自己也宣稱小說「在描述她（伊斯坦堡）的街道，她的橋樑，她的人民，她的狗，她的房舍，她的清真寺，她的噴泉，她的奇怪的英雄人物，她的店鋪，她的著名人士，她的暗點，她的白天和黑夜，使它們都成為我的一部分，使我擁有這一切」（《我父親的手提箱》）。他創造了這個世界，一個關於自己民族、關於自己歷史的真實的世界。其間，蘊含著深廣的宗教和文化，創造了一個多元化的和平世界。

在帕慕克獲諾貝爾文學獎時寫的新書《伊斯坦堡：一座城市的記憶》（ stanbul: Hatıralar ve ehir）中，他深有感觸地寫道：「伊斯坦堡的命運就是我的命運：我依附於這個城市，只因他造就了今天的我。」伊斯坦堡是土耳其歷代龐大帝國的首府，不同文明曾在這裡碰撞，無數次戰爭在這裡爆發，這裡有歷史傷痛，又有燦爛的文化，帕慕克把文學之根紮到這裡，無異尋到了一座文學寶庫。伊斯蘭與基督教文明不僅塑造了伊斯坦布爾的精神靈魂，也造就了帕慕克的文學輝煌。對作家來講，文化比血統重要。

1952 年 6 月 7 日，奧罕·帕慕克出生在伊斯坦堡一個殷實的西化家庭。父親是一個建築商，喜歡文學，熱衷寫作。帕慕克在《我父親的手提箱》中說「我父親有一個很好的書房——共有一千五百多冊書籍」，這對一個求知欲很強的孩子來說綽綽有餘。他從小接受美國人開辦的私立學校的英語教育，高中時開始練習寫作，後父母婚變，他隨母親生活。二十三歲時，他放棄大學建築系，轉而從事文學創作。

帕慕克的第一部小說《傑夫代特先生與他的兒子們》，出版於 1979 年，那年他二十七歲。該小說獲得《土耳其日報》小說首獎，奧爾罕·凱馬爾小說獎也頒

給了他。一出手，即受關注，對帕慕克是一種激勵。

1985 年，帕慕克出版了歷史小說《白色城堡》，引起世界文壇廣泛關注。《紐約時報》立刻做出反應，其書評驚呼曰：「一位新星正在東方誕生 —— 土耳其作家奧罕・帕慕克。」

20 世紀 90 年代後，帕慕克的作品開始轉向社會問題，對民主、人權表態發聲，這勢必涉及對土耳其當局進行批評，引起當局的不滿，發展成為「國家公敵」，以致要動用司法，捆住他的手。

2003 年，他的《我的名字叫紅》發表，改變了帕慕克的命運。他已被世界文壇公認是當代優秀的小說家之一，獲世界重要文學獎 —— 都柏林文學獎，還獲法國文學獎和義大利格林扎 ・卡佛文學獎。

後來，帕慕克以自己的文學創作成果，拿獎拿到手軟，如歐洲發現獎、美國獨立小說獎、德國書業和平獎等。2005 年，他的小說《伊斯坦堡》問世後，即獲當年諾貝爾文學獎提名。因瑞典文學院內部爭議不休，竟使諾貝爾文學獎十年以來首次推遲一周才公佈獲獎者名單。即便此屆帕慕克名落孫山，但 2006 年，他還是實至名歸地摘得此獎。

獲獎之後的帕慕克，陷入「死亡之吻」的百慕達，即大凡獲得諾貝爾文學獎的作家，除極少數外，大都再也寫不出稱得上大師級的作品，真正的文學生命就此與作家割席斷袍。對此，庫切（J. M. Coetzee，2003 年諾貝爾文學獎得主）曾經深有感慨地說：「我吃驚地看到，文學名望會帶來如此之多的怪誕副產品。你展現的本來不過是文學寫作才能，但人們會突然要求你到處去演講，去談你對天下大事的看法。」庫切跳出了「死亡之吻」，獲諾貝爾文學獎之後，佳作連篇。但正值壯年的帕慕克陷進「死亡之吻」，從此再也拿不出像樣的東西。地位、榮譽同樣異化人。2007 年，奧罕・帕慕克作為該屆評委會出席坎城電影節，滿面春風地走在猩紅的地毯上，接受人們的歡呼。

文學世界是公平的，帕慕克憑藉其作品，被稱為「當代歐洲最核心的三位文學家之一」。

Harold Pinter
哈洛 · 品特 1930—2008

英國劇作家。

獲獎理由｜他的戲劇發現了在日常廢話掩蓋下的驚心動魄之處，並強行打開了壓抑者關
閉的房間。

獲獎作品｜《看守者》（*The Caretaker*）（劇本）。

　　莎士比亞在他的名劇《哈姆雷特》中有句名言：「人生就是戲劇，世界就是一座大舞臺。」其實瑞典文學院諾貝爾文學獎之評選，何嘗不是一座舞臺，每每上演一齣關於誰獲獎的戲劇呢？每一齣總是異彩紛呈，結局總是冷門迭出，讓人難以預料。

　　依據常理，英語作家僅僅進入 21 世紀前五年，就有奈波爾和庫切，其中猶太人有卡爾特斯和耶利內克獲諾貝爾文學獎了，這一年，總該輪到非英語作家、非猶太人了吧？非也，諾獎桂冠偏偏戴在猶太英國人哈洛‧品特的頭上。

　　經瑞典媒體公佈的調查結果，沒人知道品特其人，「無人讀過其作品，也沒有一家瑞典出版社出版過其劇本」。這個「戲劇性的意外」，讓瑞典文學院的公正性再次遭到質疑。但聽聽瑞典文學院的相關解釋也便釋然：最好的作家並不存在，「真正的作家是特立獨行的——他們各有自己的目標、標準和價值，所以評獎有一實用的準則」（摘自瑞典文學院院士拉什‧于倫斯坦《記憶，僅僅是記憶》）。其言是否有說服力，不論。但品特的確是個「特立獨行」的戲劇家，得知獲獎消息後，他說：「我非常非常感動，這是我從沒料想過的事情。」他因剛剛跌了一跤，沒有到斯德哥爾摩領獎，但獲獎後記者採訪攝影，登到世界各大報上。

　　他錄製的獲獎演講詞，題為「藝術：真實的政治」，在諾獎頒獎大廳播放：「在真與不真之間沒有嚴格區別，在真實與虛假之間也沒有。一件事情，不一定非真即假，它可能又真又假。」在講了他的真與假的藝術觀念之後，他自然不會忘記，在此刻嘲諷譴責美國總統布希和英國首相布萊爾發動的攻打伊拉克的戰爭：

　　你們要殺多少人，才夠資格被稱為大規模殺人犯和戰爭罪犯？

　　在諾貝爾文學獎頒獎大廳，品特硬要將其變成政治舞臺，如此高調批評美英政要，太富戲劇性了！

　　品特獲獎本身也有戲劇性。眾所周知，品特戲劇創作最活躍最出彩的時期，是在二十世紀五六十年代，像獲諾貝爾文學獎的《看守者》（The Caretaker，1960），就誕生在其戲劇創作的黃金時期，作為當時的最佳劇本，贏得過晚會標準戲劇獎和報紙同業公會的專欄獎。其晚些時候的兩幕劇《歸家》（The

Homecoming），獲百老匯劇評家獎。近四十年過去，品特的戲劇已成明日黃花，但在他宣佈封筆的 2005 年，突然被宣佈獲諾貝爾文學大獎，成了該獎的一匹老黑馬，讓世人瞠目結舌，實在富有戲劇性。

但是，看看品特的劇本，比如《看守者》，你會認為瑞典文學院選擇品特，並不離譜。

三幕劇《看守者》，以二戰後期英國社會現實的普通人生為背景。劇情是這樣的。

米克，是一個成功商人，為懶惰而無所事事的哥哥阿斯頓買了一幢被閒置的破房子，該房子只有一間能住，還漏雨。阿斯頓見貧困潦倒、一身壞毛病的老流浪漢大衛斯無家可歸，出於同情，讓他與自己同住。第二天，阿斯頓抱怨大衛斯晚上說夢話，影響他睡眠，不誠實的老頭兒硬說是隔壁之所為。他還趁阿斯頓外出之機，在屋裡亂翻，看有無值錢的東西，當他發現一個皮箱，正準備打開時，米克推門進屋，抓了個正著，將欲行竊的大衛斯按倒在地，但他死不承認偷竊。

米克哥哥太懶，就讓大衛斯替他看守房子，其實米克見大衛斯人品不端，想借此引誘他現出本相。果然，流浪漢說了阿斯頓很多壞話。

阿斯頓一直很信任老流浪漢，向他訴說自己接受電療的往事。忘恩負義的大衛斯卻一直打各種主意，想成為房子的主人。果然有一天，阿斯頓受不了他的壞毛病，提出讓他另找居所，他卻反客為主，用刀子頂著阿斯頓的肚子，想把他趕出房子。早就識破大衛斯的米克，推門進來，怒不可遏地指責他存心不良，恩將仇報。大衛斯見狀，就擺一副可憐相，乞求哥兒倆讓他繼續留下來，但還是被趕走了，大衛斯失去了改變生活的機會。

西方劇評家，比如《荒誕派戲劇》的作者馬丁·艾斯林，把品特的戲劇歸類為「荒誕派戲劇」。這很值得懷疑，荒誕戲劇往往把讀者、觀眾由生活現象引向抽象的哲學思辨，成為「形而上的痛苦」。而品特的戲劇恰恰是把人引向市場生活現實，回到形而下的世俗世界，有「現實主義」精神支撐。當然，品特的戲劇受到貝克特、卡夫卡「荒誕派戲劇」的影響是很明顯的。《看守者》是二戰後英國倫敦生活的寫照。就在一間漏雨的房子裡，大衛斯由於自己的過失，失去了居住和改變命運的機會。「房子」被賦予了象徵意義，代表荒誕世界上所能把握的僅有一點兒東西。品特對此這麼說：「兩個人待在一間屋子裡──我大部分時間

都跟屋子裡的兩個人打交道。幕啟，意味著提出一個包含許多可能性的問題。」《看守者》所表現的是兩個人因隔絕而產生的矛盾，讓人看到世界的荒誕性，同時，該劇強大的悲憫力量，讓觀眾對生活重新深思。

應該感謝品特，他用戲劇「強行打開了壓抑者關閉的房間」（瑞典文學院評語），他無力也無意讓被困在房間裡的人解救出來，而只讓你看看真實的人類困境。

品特已經駕鶴仙去，人類仍舊沒有走出打開的房間。他的戲劇讓人類清醒。

1930 年 10 月 10 日，哈洛・品特出生於倫敦哈克尼一個猶太人之家。九年後的第二次世界大戰的陰影，籠罩著他的青少年時代。特別是九歲時倫敦上空的尖聲防空警報，讓他刻骨銘心。二戰經歷影響了他後來的文學創作。1948 年，品特到英國皇家藝術學院學習了一段時間，兩年後開始以藝名大衛・巴倫登臺演出，並從事文學創作，還出版過詩集。他一直關注荒誕派戲劇，與愛爾蘭戲劇家貝克特成了忘年交。

1957 年，品特創作了第一個劇本《房間》（*The Room*），表現日常生活背後的荒誕。之後的《送菜升降機》（1957）、《生日晚會》（*The Birthday Party*，1958）、《看守者》（1960）、《侏儒》（*The Dwarfs*，1961）、《搜集證據》（*The Collection*，1962）、《茶會》（*Tea Party*，1964）、《歸家》（1965）、《今日之昔》（*Old Times*，1971）和《無人之境》（*No Man's Land*，1975）等，很多劇本都如《看守者》一樣，故事都發生在一間房裡，這是現代劇的一種典型空間，也是古典悲劇三一律結構的現代形式。房間，是私人性質的個人空間，有了它，可以遮風擋雨，品特告訴你，這是不可能的，在這個世界上，無人安全。

20 世紀 70 年代後期，品特從編劇、演員成為國立皇家劇院的副導演。他的戲劇創作，趨向於短小精悍，荒誕風格褪色，政治色彩漸濃。這與品特的政治傾向有關。他是位崇尚人權的作家，反對戰爭。北約空襲塞爾維亞，品特公開發表聲明抗議。英國追隨美國出兵伊拉克，他與各界名流聯名彈劾首相。

2003 年，品特以詩集《戰爭》（*War*）抗議美英發動伊拉克戰爭，次年獲威爾弗雷德・歐文獎。2005 年，品特宣佈終止自己的戲劇創作生涯，而恰恰在這一年 10 月，長達四十年鮮有劇作出爐，漸被人們淡忘的品特，竟然榮獲諾貝爾文學

獎。並無「荒誕的戲劇」的味道，品特的戲劇成就曾是那麼輝煌，單看所獲獎項便讓人炫目：奧地利文學獎、莎士比亞獎、歐洲文學大獎、皮蘭德婁獎、大衛·科恩大不列顛文學獎、勞倫斯·奧利佛獎，以及莫里哀終身成就獎等。

　　品特因罹患癌症，於 2008 年 12 月 24 日被聖誕老人接到天國去了。他除了給人們留下一筆豐厚的文學遺產，還給人們留下一幀絕妙的人生寫照。那是一張他獲得諾貝爾文學獎後，登在世界各大報紙頭條的照片：腦門上還貼著一塊藥膏！他一生跌了不少跤，得獎前又摔了一跤。

Elfriede Jelinek
艾爾弗雷德・耶利內克 1946—

奧地利女小說家、戲劇家。

獲獎理由｜因為她的小說和戲劇有音樂般的韻律，她的作品以非凡的充滿激情的語言揭示了社
會上的陳腐現象及其禁錮力的荒誕不經。

獲獎作品｜《鋼琴教師》（小說）。

瑞典文學院總是聲稱：他們只是關心一個作家的作品好壞，並不把作家的政治觀點和私生活作為評獎的標準。馬悅然教授一言以蔽之：「我們只評判作品。」但，何其難也，這屆獲獎的耶利內克再次將政治與文學的吊詭遊戲，擺在了他們面前，世界輿論大嘩，沸反盈天，令其苦不堪言。

　　在西方，特別是西方的右派看來，耶利內克曾是奧地利共產黨黨員，不僅鋒芒畢露，針砭時弊，還挑戰主流文化，被稱為「紅色女巫」。其作品更是以極露骨的自然主義色情，讓讀者感到羞愧。

　　耶利內克在 20 世紀 60 年代，還以激進「左派」的政治身份參加奧地利舉行的大選，結果這位被右翼政府宣佈為「國家公敵」的年輕的耶利內克落選了，令她十分沮喪和悲哀，她以拒絕自己的戲劇在奧地利公演，不接見任何媒體的方式表達了自己的憤怒。

　　我們必須弄清，耶利內克當時所處的，是奧地利帶有納粹傾向的極右翼政黨非常囂張的時代。右翼政治有過納粹的罪惡歷史，曾參與過納粹統治時期對猶太人的殺戮。同時，奧地利與德國不一樣，不僅沒有對二戰的納粹罪惡歷史和反動思想進行深刻的反省和批判，反而文過飾非，為納粹招魂。比如，在耶利內克競選時，他們打出的標語是「你要文化，還是要耶利內克」，露骨地打出祭奠納粹文化之旗。

　　一個柔弱的女作家，敢於站出來，挑戰這個有納粹靈魂的右翼政權，需要怎樣的膽魄和勇氣。至於耶利內克的文學作品之優劣高下，不能由文學之外的東西來做結論，以是否寫性來判斷文學作品更是荒誕不經。《金瓶梅》、《查特萊夫人的情人》，都被無端咒罵過，但歷史證明它們都是文學經典。不論耶利內克描寫過什麼，只要她能揭示人性的真相，揭示社會生活本相，並不妨礙她成為優秀的文學家。

　　當然，瑞典文學院面對奧地利右翼政府的盤詰「你要文化，還是要耶利內克」，最後選擇了耶利內克，當然是因她的文學，這需要正義和睿智。

　　將諾貝爾文學獎頒給耶利內克，自然令奧地利右翼政府大失顏面。在他們看來，此屆諾貝爾文學獎，政治意義大於文學意義，只能以沉默掩蓋難堪。

　　耶利內克得知獲諾獎消息，出了一口惡氣，她表示：此次諾獎不是捧給奧地利的花束，而是向右翼政客搧去的一記響亮耳光。

　　耶利內克沒有出席瑞典文學院為她準備的盛大頒獎會，也沒有在金色大廳發表她感慨良多的獲獎感言。她只將事先錄製好的錄影帶交到頒獎大會，那裡有她題為「邊線旁注」的演講，是一篇討論寫作與人生關係的富有哲理的文筆優雅的散文。

　　播放她演講的同時，世界各地媒體關於耶利內克作品對政治偏激和對性愛熱衷毫無美感的批評，正傳得沸沸揚揚⋯⋯。

　　是的，關於諾貝爾文學獎頒給耶利內克，是否實至名歸，迄今一直眾說紛紜。

　　重讀耶利內克的《鋼琴教師》，或許能讓我們更加深入地瞭解她的文學。

　　已經四十歲的女鋼琴教師埃里卡・科胡特，像「母親羊水裡的一條魚」，「琥珀中的一隻小昆蟲」，從小到大一直被母親形影不離地看管，心理年齡仍是個孩子。母親在結婚二十年後才生下了埃里卡，為將女兒培育成鋼琴家，她承擔了一切家務，對女兒照顧得無微不至，不僅每晚為她準備涼開水和水果，而且一直與女兒同床而臥。

　　像嬰兒一樣被嚴格看管的埃里卡像個傀儡，一直被母親操控，很少接觸社會生活，從小到大，沒有朋友，既未受到別人的愛，又沒愛過別人。但隨著年齡的增長，欲望被長期壓抑，她表面不動聲色，內心卻波濤洶湧，於是以自殘自虐的變態方式釋放壓抑的欲望。

　　後來，一個年輕英俊的學生瓦爾特闖進了她的生活，一切有了轉機，兩人彼此吸引、相愛，但又被各自的性格牽絆。埃里卡把瓦爾特視為拯救自己的希望，不僅以書信向他坦露自己變態骯髒的內心世界，還讓他觀看自己收藏的性施虐刑具。她這樣做，原本是向瓦爾特發出求救信號，是愛的表露，但還是嚇壞了瓦爾特，他退縮了。

　　在埃里卡主動承認自己的過失後，情況又發生轉機，瓦爾特重燃愛情之火。埃里卡對瓦爾特的愛不能不打上變態的解脫心靈壓抑的深深烙印。瓦爾特認為埃里卡在愚弄他的年幼無知，心靈深受打擊。於是他來到埃里卡家中，為了滿足她變態的性欲，鞭笞了埃里卡，甚至強姦了她。

　　受到非人折磨之後，埃里卡從廚房拿了把鋒利的刀，藏在身上，走出家門。在人群中，她發現了與一位女郎勾肩搭背、笑顏逐開的瓦爾特。她平靜地走過去，站在瓦爾特面前，取出尖刀，同樣平靜地刺向自己的肩膀，鮮血如注地流出來，

她平靜地目送瓦爾特的身影消失。

　　埃里卡是一個人格分裂者，是甘願受性奴役和性虐待的變態者，難道僅僅是由於母親賦予她的那種嚴苛的愛嗎？

　　因《鋼琴教師》毫髮畢現地呈現血腥的、暴力的、殘忍的、露骨的性愛描寫，即視其為變態女性心理小說，似過於簡單。耶利內克《鋼琴教師》的成就，在於她筆下的性愛，力求直抵人性本身，揭示人性真相，揭示社會的本來面目。

　　在耶利內克筆下，沒有一個女性在性過程中是被動的角色或是男性的肉慾和壓迫的物件，這實際上是現代西方家庭權力結構，男權女權相對平等的社會權力的縮影。17世紀初，中國明代後期萬曆年間的第一部文人獨創的以家庭生活為題材的長篇小說《金瓶梅》，有大量的性描寫，魯迅在《中國小說史略》中也說「每敘床笫之事」。殊不知，《金瓶梅》寫「床笫之事」，表現出當時中國社會女性意識的覺醒、家庭權力結構的變化。所謂「大量的淫穢描寫，既使其喪失美學價值，並為後起的淫穢小說開了不良的先例」（人民文學出版社版《中國文學史》）之謬論，可以休矣。與世界文學相比，我們應多些見識和自信。

　　1946年10月20日，艾爾弗雷德・耶利內克降生於奧地利米爾茨楚施拉格市一個有捷克與猶太血統的家庭裡。家境殷實，父親是化學家，母親出身維也納名門望族。耶利內克從小受音樂薰陶，自幼學習鋼琴，後入維也納音樂學院，專修作曲。其豐厚的音樂素養，賦予她後來的文學創作與眾不同的風格。後來她又到維也納大學學習戲劇和藝術史。在校期間，她熱衷學生運動，對政治頗有興趣。

　　1967年，耶利內克發表《莉薩的影子》，三年後又推出諷刺小說《我們都是騙子，寶貝！》。這時的作品，既對社會不公提出批評，也挑戰主流文化，充滿叛逆精神。

　　二十世紀七八十年代，耶利內克出版了《女情人們》、《美妙時光》和《鋼琴教師》等三部長篇小說，讓她登上歐洲文壇，征服德語系讀者。影響最大的《鋼琴教師》被麥可・漢內克拍成電影，轟動一時。

　　20世紀90年代，耶利內克已聞名天下，1998年獲德語文學最高獎希納文學獎，四年後又獲海涅獎、柏林戲劇獎。

　　備受爭議的耶利內克於2004年榮獲諾貝爾文學獎，又在爭議中站到了世界文

學之巔。更令人震驚的是，她宣佈不到瑞典斯德哥爾摩領獎。她對此的解釋，一是身體健康原因，二是心理原因，「不是高興，而是絕望」。她的如下聲明，讓我們看到這位在文學中毫不畏懼強權、抗拒大眾的極富個性的女作家內心的謙卑和溫暖，她說：

　　我從來沒有想過能獲得諾貝爾獎，或許，這一獎項是應該頒發給另外一位奧地利作家彼傑爾 · 漢德克的。

John Maxwell Coetzee

約翰 · 麥斯維爾 · 庫切 1940—

又譯柯慈,南非作家。

獲獎理由 | 精准地刻畫了眾多假面具下的人性本質。

獲獎作品 | 《屈辱》(又譯《恥辱》)(*Disgrace*)(小說)。

　　本屆諾貝爾文學獎公佈得也較早，說明瑞典文學院意見一致。世界文學界得知南非作家約翰・麥斯維爾・庫切「獨佔花魁」，沒有像前幾屆那樣大驚小怪。曾兩次獲英語文學界公認的布克獎的庫切，雖算不上世界最好的作家，也稱得上非常好的了。況且，瑞典文學院並不在意將諾獎一定頒給所謂的世界第一的作家。這裡不是體育競賽，按資料決定一切。

　　庫切獲諾貝爾文學獎算是眾望所歸了。但他對獲不獲獎並不十分在意，他一生悲觀、孤僻、低調，不重名利，更看重自己的作品。兩次摘得布克獎桂冠，他都沒有去湊熱鬧，沒有接受鮮花和美酒。他決定到瑞典領獎，算是破例，這個面子他若不給，就真有點自絕於世界之嫌了。儘管他十多年從無笑容，能步入最高文學殿堂，確實也令他欣慰。

　　庫切的作品總要創造一個新的世界，用新的文學技巧形象地表現這個世界，而這個世界裡，城市現代工業文明與農業自然田園文明間充滿了衝突和對立，人性也在這種對立中沉淪。說白了，庫切對現存的工業文明總是持懷疑和批判的態度，對人生也抱有悲觀態度。但是，庫切的這種悲觀，卻跨越了狹隘民族、種族的障礙與偏見，直抵人性的最深處，飽含博大憂患意識和對芸芸眾生的人文關懷與悲憫。庫切作品的悲劇意識和美學意義，也正在於此。

　　長篇小說《屈辱》創作於 1999 年，是庫切從內容到寓意都十分豐富的重要作品，體現了庫切從懷疑主義視角出發，對歷史、殖民主義、現代文明的懷疑和批判，特別是對人性的深摯關切和追問。在藝術手法上，庫切運用後現代主義，放棄卡夫卡把人置於自己的寓言裡來表現的套路，把自己的寓言放進鮮活的人生裡，打破簡單地用是與非、好與壞、對與錯二重對立的束縛，來表現世界和人性。

　　《屈辱》的故事如下。

　　開普敦大學發生一件醜聞，弄得沸沸揚揚。文學與傳播學魯睿教授被學生梅蘭妮勾引，二人有了床笫之歡。為此，魯睿私自改動梅蘭妮的曠課記錄和成績。原本梅蘭妮並未參加考試，魯睿還是給她記了七十分。第一次發生性關係後，他體會到前所未有的激情，並對她動了真情。只是梅蘭妮男友的出現，讓一切都發生了改變。

　　校方為挽回聲譽，要魯睿公開悔過，遭到拒絕。魯睿離開學校，到邊遠的鄉下，與獨自謀生的女兒露西一起生活。因多年離散，父女之間難以和睦相處，再

加上讓大學教授難以接受的事情時有發生，如不得不與他看不起的人打交道，到護狗所去打工等，讓魯睿很難適應。

但是，發生了一件事，改變了魯睿的生活。一天，女兒露西遭到三個黑人的搶劫和輪奸，施暴者中竟然還有個乳臭未乾的孩子，魯睿在保護女兒中還受了傷。

受蹂躪的露西，沒有責備三個暴徒，也未訴諸法律。她覺得過去白人在這裡做過那麼多壞事，罪孽深重，現在輪到他們了，他們有權這麼做。

魯睿很不理解露西為什麼這做，露西回答說：「你不是想知道我為什麼沒有向員警告發這件事嗎？我告訴你，只是你從此不許再提它。原因就是，發生在我身上的事情，完全屬於個人隱私。換個時代，換個地方，人們可能認為這是件與公眾有關的事，可是眼下，在這裡，這不是。這是我的私事，是我一個人的事，這就是南非。」在那個時代的南非，因種族問題產生了不同的道德標準，是非和正邪已經混淆。所以露西選擇把被強姦當成純粹的個人隱私。露西也沒有逃避，留了下來，把財產也捐出來。她甚至放棄尊嚴，做了強姦她的黑人鄰居的情婦，以換取對她的保護。面對未來的南非，不計較過去。

強姦案不了了之後，魯睿想將這一切創作成歌劇《拜倫在義大利》。後來露西懷了孕，魯睿要寫的歌劇，始終在他腦海裡盤旋。

他從鄉下回到開普敦，聽說已當了演員的梅蘭妮排的戲已經上演時，忍不住去劇場觀看，卻被冤家對頭梅蘭妮的男友發現，斥道：「你這類人，一邊待著去！」

曾經的殖民主義者闖到南非後，當了這裡的主人，壓榨奴役著本土黑人，如今乾坤扭轉，殖民者及其後代白人「淪落」為必須付出尊嚴和身體為代價，在黑人的庇護下苟活。儘管對此庫切寫得很適度，但給人留下太多的思索。

約翰・麥斯維爾・庫切，於 1940 年 2 月 9 日在南非開普敦一個律師家庭降生。父親是荷蘭裔南非律師，母親是小學教師。後來父親丟了職位，全家搬到鄉下生活，那裡成了少年庫切的天堂。農場裡人少，也沒外來人，他不習慣與外人交往，對集體也有距離感，庫切的孤僻性格的形成與此有關。

1956 年，十六歲的庫切就進了開普敦大學，二十歲以英語文學學士學位和數學學士學位畢業，便去了倫敦放逐自我，闖蕩世界。為了生計，他當過電腦軟體程式師。

　　1963 年，庫切與朱博結婚。兩年後，庫切受聘到美國德克薩斯大學當助教兼研究人員，並在那裡以寫關於貝克特的博士論文獲得文學博士學位。1970 年，庫切到紐約州立大學布法羅分校任講師。天不遂人願，因得不到綠卡，庫切被迫回到南非，在母校開普敦大學任英語系教師。

　　一直在文學之路上跋涉的庫切，終於在 1974 年出版了第一部小說集《昏暗的國度》（*Dusk lands*），由〈越南課題〉和〈雅各布・庫切紀事〉兩個中篇組成。前者講述一個美國心理學家在越戰中的經歷和對其人生的影響，後者描寫一個 18 世紀荷蘭殖民者與黑人發生衝突，屠殺一個部落的前前後後的故事。

　　1977 年，庫切的長篇小說《來自國家的心臟》（*In the Heart of the Country*）出版，敘述的是一位荷蘭裔南非老姑娘瑪格達與鰥居老父，在種族隔離的農場過著與世隔絕生活的故事。父親與黑人工頭的妻子偷情，瑪格達認為父親此行徑是對白人和自己的背叛，親手殺了老父。孰料，瑪格達被這個工頭強姦，自家的農場也落到工頭手裡。

　　1980 年，庫切新出版的長篇小說《等待野蠻人》（*Waiting for the Barbarians*），讓他一步登上世界文壇。小說的名字，取自希臘詩人卡瓦菲寫於 1904 年的一首詩的題目。小說講述了一個小鎮的行政長官如何與當地「野蠻人」友好相處，在同情和救助「野蠻人」時，愛上了他們之中的盲女，而被定為叛國罪的故事。這是一則關於文明世界裡的居民往往是真正的「野蠻人」的寓言。

　　1983 年，長篇小說《麥可・K 的生命與時代》（*Life and Times of Michael K*）問世。這是庫切的又一部成名之作，可視為卡夫卡式風格、貝克特式語言之當代《魯濱遜漂流記》。小說寫邁麥可・K，在南非種族歧視日益激化的背景下，帶著老母，到杳無人煙的內陸去生活，備受磨難的故事。

　　1986 年，小說《敵人》（*Foe*）發表，這是庫切根據笛福小說《魯濱遜漂流記》改寫的，講的是現代文明與鄉村自然文明的對立關係。1990 年，庫切出版《鐵器時代》（*Age of Iron*），小說寫卡倫太太目睹員警殺人，還殺了她的黑人女僕，她沒有參加公開的抗議活動，而是「要從我自己心裡發出聲音」。

　　1994 年，庫切出版瞭解讀俄國作家杜斯妥耶夫斯基人生和作品的長篇小說《彼得堡的文豪》（*The Master of Petersburg*）。五年後出版反映南非種族矛盾、土地、犯罪等社會問題的長篇小說《屈辱》，不僅引起熱議，也為他贏得了諾貝

爾文學獎。

20 世紀 90 年代末，庫切還發表了《少年時》（*Boyhood: Scenes from Provincial Life*，1997）、《動物的生活》等小說。

2002 年，拒絕各方盛邀，六十二歲的庫切移居澳大利亞，在阿德萊德大學執教，同時還兼美國芝加哥大學客座教授。更重要的是，庫切一改諸多名作家在成名或晚年忙於四處演講，參加各種社會活動，從而創作力衰退的現象，不為聲名所累，潛心創作，夕陽之年，竟然佳作連連。2002 年後，他出版了小說《青春》（*Youth*，2002）、《伊莉莎白‧卡斯特洛》（*Elizabeth Costello: Eight Lessons*，2003），後者是演說與小說混雜，討論人和動物關係、主人和僕人關係的作品。2005 年，庫切又出版小說《慢條斯理的男人》（*Slow Man*），小說中虛構的文學教授考斯泰羅，就老人的行為，與另一人物對話，做出評價和糾正。小說甫一面世，即再度獲布克獎提名。2007 年，他的小說《荒年日記》（*Diary of a Bad Year*）出版，即獲好評，英文版書衣上的評語是：該書「是出自我們這個時代最偉大作家和最深刻思想家之一之手的當代傑作。它討論的是全世界民主國家無數人民的深深不安」。《荒年日記》與《慢條斯理的男人》一樣都屬於「後設小說」，其藝術特點是以討論的方式寫小說，並明顯帶有濃厚的自傳色彩。是的，這是庫切獨特的藝術風格。

此外，庫切還寫過不少散文隨筆集，如《白人寫作》（1988）、《雙重視角：散文和訪談集》（1992）及《陌生的海岸：1986—1999 散文選》等。

庫切的文學，繼承了杜斯妥耶夫斯基、卡夫卡、貝克特的現代主義傳統，他是一位既流連於社會生活之中，又能跳出來從外面看風景的作家。

Kertész Imre
因惹・卡爾特斯 1929—2016

匈牙利作家（匈牙利語人名置於姓氏前後）。

獲獎理由｜表彰他對脆弱的個人在對抗強大的野蠻強權時痛苦經歷的深刻刻畫以及他獨特的自傳體文學風格。

獲獎作品｜《非關命運》（*Sorstalansag*）（小說）。

與上屆諾貝爾文學獎得主、殖民文化嫁接出的果實——恃才傲物、人品頑劣的印度裔英國作家奈波爾不同，本屆諾獎獲得者、匈牙利的卡爾特斯，卻是一位十五歲就被送進德國納粹奧斯維辛集中營，僥倖從毒氣殺人室、焚屍爐和堆積如山的屍骨中爬出，後來拿起筆，為歷史出庭做證，充滿道義和勇氣，寫出「見證的文學」的嚴肅作家。瑞典文學院發現卡爾特斯的「見證的文學」，以「脆弱的個人在對抗強大的野蠻強權」，特將諾獎頒給這位小語種作家。

　　消息一公佈，再一次讓世界文壇震驚：這個人是誰？根據瑞典報紙的認真調查，受訪者幾乎都未讀過卡爾特斯的書，也不知曉他的名字。即使對英、美等國文化界來說，知其名者也寥寥無幾，讀過其書者，更是少得可憐。

　　在世界文壇對這位默默無聞的作家卡爾特斯紛紛發表質疑之聲時，瑞典文學院常務秘書恩格道爾在回答記者提問時，自信地表示：

　　他給我們展示了一個新的位置……，這是一個激進的不可動搖的位置。他和什麼文化和社會都不妥協，甚至和生活也不妥協。在某種意義上，他的書，就是他和生活簽訂的契約。

　　請注意恩格道爾「一個新的位置」的提法：卡爾特斯把自己放在了做歷史的證人而不是做法官的「位置」。是的，讀卡爾特斯關於奧斯維辛集中營的作品，會發現作者的「位置」，的確非常獨特，他對納粹集中營的慘絕人寰的生活做了非常具體的客觀描寫，有的細節讓人驚駭恐懼，但作家從不站出來對地獄生活控訴批評，甚至連是非判斷、愛憎感情都鮮見，卻深深地打動了讀者的靈魂，令人戰慄難忘，令人咀嚼思考。而卡爾特斯也意味深長地強調，「我是奧斯維辛的仲介，奧斯維辛通過我說話」。

　　其實，關於恩格道爾提出的卡爾特斯「一個新的位置」即「見證的文學」論，並不是他個人的創論。在 2001 年，諾貝爾獎百年之際，瑞典文學院舉辦過一個關於「見證的文學」的研討會。很少人注意到，在當時世界文壇名不見經傳的匈牙利的卡爾特斯受瑞典文學院之邀出席了此會，並做了重要的發言。對此，似乎所有捕捉諾獎資訊的人，都忽略了瑞典文學院這一重要信號。毫無疑問，瑞典文學院在那時，就認定卡爾特斯本人和他的文學作品是「見證的文學」的範例。去年

還是醜小鴨的卡爾特斯，轉年即順理成章地變成了白天鵝。確切地講，是瑞典文學院推崇的「見證的文學」的勝利，而作為這一文學主張的「範例」卡爾特斯，是個幸運兒。

「見證的文學」的「範例」，應該是卡爾特斯1973年出版的長篇小說《非關命運》（*Sorstalansag*）。該小說為作者自1958年起花費十三年完成的「命運三部曲」之第一卷，該書稿曾遭出版社退稿。出版後，並無太大的社會反響，更沒有引起匈牙利文壇的關注。直到2001年，卡爾特斯參加瑞典文學院關於「見證的文學」研討會前，才受到瑞典文學院的青睞。《非關命運》以一個十五歲的孩子，既是受難者又是「局外人」，既是個人位置又超越個人位置的極獨特的視角，描寫德國法西斯奧斯維辛集中營種種慘絕人寰的暴行和殺戮。

小說故事並不複雜，卻驚心動魄。1944年，十五歲的猶太少年柯弗·朱爾吉的父親被納粹關進集中營。兩個月後，為生計去打工的柯弗也被抓到奧斯維辛集中營。當時有人告訴他，你必須說自己十六歲，納粹把你當成勞動者，才能保住性命，若報十五歲，就會被送進毒氣室。保住性命之後，柯弗被轉到布痕瓦爾德集中營，再次轉到蔡茨集中營，然後重回布痕瓦爾德集中營。集中營裡的生活殘酷而單調，讓他百無聊賴。而常態是恐怖一步步逼近他，等他適應後，新的恐懼再度襲來。當然適應了恐懼、痛苦、無聊之後，也有歡愉和幸福。比如，集中營裡正統的猶太人歧視他、排擠他，特別是惡劣的生活和繁重的勞役，使他的身體嚴重透支。他只能放棄抗爭，等待死神時，並沒人把他送進焚屍爐，集中營醫院裡的醫生和護士卻對他進行救治和照料。這令少年柯弗百思不得其解，卻感到溫暖和幸福。每天面臨死亡的柯弗，在見到每一縷陽光的時候，在每個燦爛太陽的早晨，每天能有飯吃，偶爾回憶起曾經有過的家裡的溫馨生活時，總能感到有「快樂」和「幸福」。

小說結尾處，有這樣一段話：

在我的人生道路上，有幸福潛伏著，就像你不可逃避的陷阱那樣。就是在那裡，有毒氣的煙囪旁，在痛苦與痛苦之間的間隙裡，也依然會有某種類似幸福的東西。雖然對我來說，也許正是這種經歷才是最值得我紀念的，但所有的人總是要問我的不幸，問我的恐懼。所以啊，下一次，當他們再問我的時候，我必須向

他們講一講集中營的幸福。只要他們來問我。只要我還沒有忘記。

少年柯弗終於倖存下來，回到他朝思暮想的家鄉。但等待他的不是美好的新生活，而是必須屈從外部強加給他的命運，讓他留戀納粹集中營，生出「我想在這個美麗的集中營裡多活一陣子」的感慨。他發現陌生的現實生活與自己竟然存在一條難以逾越的鴻溝。對此，走出地獄集中營的少年朱爾吉，不得不再次走進新的「集中營」，開始「無形的命運」。

《非關命運》記錄了卡爾特斯個人在歷史中刻骨銘心的親身經歷和深切的真實感受。他拒絕了像某些文學家那樣以意識形態來敘述歷史，從而歪曲歷史。這種「見證的文學」和敘述方法，讓文學作品更具有震撼人心的力量。

卡爾特斯的文學創作的確沒有多麼重大的突破，題材不夠豐富，數量也不多，且沒有一部登上暢銷排行榜，但從納粹集中營到後來發生的震驚世界的匈牙利事件，卡爾特斯都以文學發了聲，並取得了不俗的成就。瑞典文學院對其評價是：

表彰他對脆弱的個人在對抗強大的野蠻強權時痛苦經歷的深刻刻畫以及他獨特的自傳體文學風格。

因惹·卡爾特斯，於 1929 年 11 月 9 日降生於匈牙利布達佩斯一個有猶太血統卻不信猶太教的家庭。父親是木材商人，母親是位職員。長期在匈牙利生活，猶太文化已被匈牙利文化取代。

1944 年，匈牙利被納粹德國佔領。卡爾特斯的父親被投入集中營，十五歲的卡爾特斯也像七千多名匈牙利猶太人一樣，被納粹抓走，投入奧斯維辛集中營，受納粹奴役，又被正統猶太人歧視，苦不堪言。1945 年 5 月，盟軍佔領匈牙利。7 月，被監禁一年，目睹納粹種種暴行和殺掠的卡爾特斯，僥倖存活，重返布達佩斯，地獄般的集中營經歷成了他後來一生文學創作的寶貴資源。

卡爾特斯回家後，刻苦求學，基本完成學業，於 1948 年當了光明報社的記者。卡爾特斯畢竟文化積累有限，不久被報社辭退，當了兩年工人後，又應徵入伍，兩年後復員，靠寫作和翻譯糊口度日，寫作多是音樂劇和舞臺劇，似乎沒受什麼影響，翻譯也多是德語哲學家的作品，如尼采、佛洛伊德、霍夫曼史塔等人的作

品，受到文學的滋養和影響。

　　從 1958 年始，卡爾特斯開啟了小說創作的漫長之旅，花了十三年，終於完成他的鴻篇巨制「命運三部曲」，上面介紹的《非關命運》，是「命運三部曲」第一卷，也是一開始不被人看好，後來影響最大的開卷之作。1988 年，第二卷《慘敗》（*A kudarc*）出版。1990 年，第三卷《給未出生孩子的祈禱》（*Kaddis a meg nem született gyermekért*）出版。前者表現當時閉塞的社會狀態和人們遭到種種打擊的命運，後者寫一個作家終日籠罩在親身經歷的集中營暴行和屠殺的陰影之中，怕生了孩子重蹈自己的經歷和覆轍，不要孩子的故事。「命運三部曲」都有自傳色彩。1991 年，卡爾特斯發表的中篇小說《英國旗》（*Az angol lobogó*），從故事背景看，可認定是《非關命運》續集。

　　除了上述小說之外，卡爾特斯還出版過日記體隨想錄《船夫日記》（*Gályanapló*，1992），是一本記錄其 1961 年至 1991 年對文學、藝術和人生社會的思考，反映三十年間其思想靈魂歷程的真實圖景。1997 年出版的隨筆集《另外的我：變革記事》（*Valaki más: a változás krónikája*），則是《船夫日記》的姊妹篇。

　　晚年時期，卡爾特斯的主要創作為隨筆散文和雜文，有《思維的沉寂──行刑隊再次上膛之時》（*A gondolatnyi csend, amíg a kivégzőosztag újratölt*，1998）、《流亡的語言》（*A száműzött nyelv*，2001）和《清算》（*Felszámolás*，2003）。

　　在洶湧澎湃的商品經濟大潮的衝擊下，嚴肅文學的生存越來越艱難，如果沒有瑞典文學院這個伯樂，沒有其人文精神的關懷，像小語種的匈牙利的卡爾特斯這樣「醜小鴨」式的作家，還會變成「白天鵝」出現在文學的聖殿嗎？

　　2016 年 3 月 31 日，卡爾特斯在布達佩斯逝世，享年八十六歲。

V. S. Naipaul

維·蘇·奈波爾 1932—2018

印度裔英國作家。

獲獎理由｜其著作將極具洞察力的敘述與不為世俗左右的探索融為一體，是驅策我們從扭曲的
歷史中探尋真實的動力。

獲獎作品｜《大河灣》（*A Bend in the River*）（小說）。

按照東方人的傳統觀念，知識份子必須德才兼備，甚至更強調其思想和人品。中國宋代蘇轍在《盛南仲知衡州》詩中曰：「進退天下士大夫，不惟其才惟其行。」歐陽修也在《文正範公神道碑銘序》中說：「天下興學取士，先德行不專文辭。」但西方的觀念特別是瑞典文學院與我們有所不同，他們能坦然面對作家的不端品行、卑鄙人格。在評選諾貝爾文學獎時，只關心一個作家的作品好壞，並不把作家的政治觀點和私生活作為評獎的標準。因此，第九十四屆諾貝爾文學獎的桂冠戴在內心陰暗、狂妄自大、氣量狹小、私德卑劣的印度裔英國作家維・蘇・奈波爾頭上，就沒什麼好奇怪的了。

奈波爾極狂妄地貶損嘲笑他的前輩作家，罵毛姆的作品「部分是大眾的垃圾，部分是皇室的垃圾」，妄斷狄更斯作品「死於自我模仿」，將喬伊斯的《尤利西斯》貶得一錢不值。他幾乎鄙視所有的英國經典文學作家，對當代作家也肆意品頭論足，尤其對第三世界文化、黑人文化、伊斯蘭文化說三道四，輕蔑仇視。

至於奈波爾的私德，看看他自己的傳記《世間之路》（A Way in the World）便可了然，其自曝的種種醜行，讓人瞠目。與他深交三十年的美國作家索羅，忍無可忍與他斷交。

但是，如果我們僅憑奈波爾的不端人品，將之視為文壇小丑、不良文人，就大錯而特錯了。僅從《世間之路》看，他敢於自揭醜陋的人生，自剖自己卑鄙的靈魂，那不是炫耀，而是自我否定。這需要何等的勇氣。而且，放縱欲望的同時，他在努力尋求自己靈魂的家園，他一生有過多次的漫遊世界，可視為他的文化和精神的「苦旅」。1962 年和 1988 年，他曾兩度回到他祖先的故土印度，足跡幾乎踏遍全境，採訪了上層和民間，接觸社會各個階層，瞭解歷史、政治、經濟、文化。雖說瑞典文學院認定他是一個「文學的世界主義者」，但祖宗的文化和精神的基因是浸透到他骨血裡的。兩次訪印，可視為奈波爾的尋求精神家園之旅。他還考察過美洲、非洲、亞洲等許多國家和地區，多元文化的衝突和交融，為他的文學創作提供了精神的乳汁和文學的營養。說奈波爾「從一個白人的眼光來觀察印度」有些片面，說他是「沒有先祖之國的流浪漢」，「他的精神家園就在他自己身上，就是他的個人」，似也沒有依據。

奈波爾的文化背景獨特而又複雜，視「真實」為最高美學標準，他總能將冷峻的筆觸伸向社會的黑暗、不公，特別是塑造了大量鮮活真實、耐人尋味的人物

形象，讓讀者過目不忘，他有多部作品登上暢銷書排行榜，也讓文學界對他刮目相看：1958 年獲萊斯紀念獎，1961 年獲毛姆文學獎，1964 年獲霍桑獎，1971 年再奪布克獎。20 世紀末，文學界便頻頻把他列入諾獎的有力競爭者。21 世紀伊始，他摘得諾貝爾文學獎桂冠，也算實至名歸。

1979 年出版的長篇小說《大河灣》（*A Bend in the River*），是奈波爾的一部傑作，與他的《遊擊隊員》（*Guerrillas*，1971）和《抵達之謎》（*The Enigma of Arrival*，1987）等長篇一樣，帶有濃郁的自傳色彩。奈波爾筆法之巧妙，在於把歷史紀實與文學虛構相結合，表現西方的殖民主義給世界帶來的動盪不安，以及人民對殖民者的壓迫、奴役的反抗，同時還寫出本土文化與殖民文化的衝突，移民群體意識與主流文化的矛盾。正如瑞典文學院畫龍點睛地指出，奈波爾的作品讓我們看到「扭曲的歷史」。

當然，我們並不認同奈波爾小說的結論：殖民者統治下的當地本土文明，只有在西方文明關照下才能得以保存。

《大河灣》講的是一個印度裔青年薩利姆，跋涉萬里，不懼艱險，深入非洲內陸一個叫河灣的地方，所目睹的擺脫殖民統治後的種種怪現象及形形色色的小人物命運的故事。薩利姆來到非洲，安身在河灣，距先祖從南亞遷徙到非洲海岸，已經過去兩三百年了。這裡遭受過殖民主義者明火執仗的殘酷血腥的佔領、掠奪和統治，也經歷了壯烈的反抗鬥爭，結束了殖民統治。薩利姆在河灣結交了各階層形形色色的人物：白人、黑人、官員、商人、神父、不安於現狀者、革命者、作家、白人的寵信等。小說正是通過這些人物呈現了結束殖民統治後，該地區出現的種種怪現象。

《河灣》表達了奈波爾個人在文化認同方面的思考和追求。而瑞典文學院贊同該小說既批評了西方殖民主義給殖民地人民帶來的災難和屈辱，又憂患結束殖民統治之後，當地舊有的文化傳統太過落後，甚至對現代文明有破壞性，認為「擴張的西方文明中，其實包含了人類現代化的合理因素」的理念。

1932 年 8 月 17 日，西印度群島千里達一個印度裔家庭裡，降生一個男嬰，他就是維・蘇・奈波爾。據奈波爾自稱，其祖先乃印度北部一個婆羅門家族，為印度四大種姓中地位最高者，後來沒落。19 世紀英國開發西印度群島，其祖先從印

度北部移民西印度群島的千里達，靠在甘蔗園打工維持生計。沒落貴族重視教育，到奈波爾父輩，已是有社會地位的記者，在《衛報》供職。父親對文學非常感興趣，常給孩子朗讀文學作品。後舉家遷到首府西班牙港。

奈波爾從小所受的教育，即殖民地宗主國的英語文化教育，而非印度文化教育。無論在家，還是在女王中學讀書，他所讀的，都是莎士比亞、狄更斯等英國作家的經典作品。

1950 年，奈波爾憑自己優異的成績，幸運地獲得政府獎學金，十八歲的他到英國倫敦，入牛津大學讀當代英國文學系。在這座世界名校，他受到極好的教育，為他後來成為作家打下堅實的文化基礎。在繁華的倫敦，牛津大學的高才生奈波爾只是一個面容黝黑的下等公民，受到白人的歧視，像特立獨行的辜鴻銘一樣，奈波爾養成了乖張的性格。但他是幸運的，牛津大學畢業後，曾任英國廣播公司《加勒比之聲》節目編輯，後又到倫敦《新政治家》雜誌社任評論員。1955 年，幸運又降臨到頭上，他與大學同窗派佩崔夏‧海爾結成秦晉之好，但因奈波爾一直對女性缺乏尊重，其妻飽受他的冷酷無情。結婚後，奈波爾定居英國，邊工作，邊創作。

1957 年，奈波爾的第一篇小說《神秘的推拿師》（ *The Mystic Masseur* ）發表。小說寫的是千里達各色人等的生存狀態及對自己童年生活的追憶，筆調輕鬆詼諧。1958 年，奈波爾出版《艾薇拉投票記》（ *The Suffrage of Elvira* ），講的是讓人啼笑皆非的對西方民主盲目追求的故事，獲得萊斯紀念獎。1959 年，奈波爾出版短篇小說集《米格爾大街》（ *Miguel Street* ），這些短篇小說有自傳色彩，皆是由一個想出人頭地的少年敘述展開的，將二十世紀三四十年代西班牙港形形色色、栩栩如生的小人物推上社會舞臺，展示出少年眼中的土著人市俗社會的斑斕場景，文筆洗練幽默。《米格爾大街》於 1961 年獲得頗有影響力的毛姆文學獎。

真正讓奈波爾在英國文壇出頭，成為大師級作家的，是 1961 年出版的自傳體喜劇長篇小說《畢斯華斯先生的房子》（ *A House for Mr. Biswas* ）。小說講的是一個印度移民之子畢斯華斯，夢想擁有一棟自己的房子、一個幸福的家園及在異域文化中尋求自我與地位的故事。小說裡出現了奈波爾及其父親的雙重身影，實際上是寫自己如何躋身英語世界，獲得身份和榮譽的經歷。

這之後，奈波爾又出版長篇小說《史東先生與他的騎士夥伴》（ *Mr. Stone and the Knights Companion* ），也是描寫一個在英國的青年移民的個人發展史。小說

獲 1964 年的霍桑獎。接著在 1967 年，他又創作長篇小說《模仿者》（*The Mimic Men*）。1971 年，奈波爾的中短篇小說集《在自由的國度》（*In a Free State*）問世，獲 1971 年的布克獎。1979 年，給奈波爾帶來無限榮耀的長篇小說《大河灣》誕生。1987 年，奈波爾又出版《抵達之謎》。

為了尋根，尋求精神家園，二十世紀六七十年代，奈波爾開始世界之旅，足跡踏遍美國、加拿大、印度、巴基斯坦、伊朗、馬來西亞、印尼等國，遂有大量遊記和隨筆陸續發表，如《重訪加勒比》（*The Middle Passage: Impressions of Five Societies - British, French and Dutch in the West Indies and South America*，1962）、《幽黯國度》（*An Area of Darkness*，1964）。後來，他又出版了《印度：受了傷的文明》（*India: A Wounded Civilization*，1977）、《在信徒的國度：伊斯蘭世界之旅》（*Among the Believers: An Islamic Journey*，1981）、《信仰之外》（*Beyond Belief: Islamic Excursions among the Converted Peoples*，1988）和《印度：百萬叛變的今天》（*India: A Million Mutinies Now*，1990）等書。

1996 年，其妻子佩崔夏・海爾去世，奈波爾又與娜迪拉・奈波爾結合，時年六十四歲。

2000 年，奈波爾出版《父與子的信》（*Between Father and Son: Family Letters*）。次年出版《浮生》（*Half a Life*），10 月獲諾貝爾文學獎。

高行健 1940—

法籍華裔戲劇家、小說家。

獲獎理由｜因為其作品的普遍價值，刻骨銘心的洞察力和語言的豐富機智，為中文小說藝術和
戲劇開闢了新的道路。

獲獎作品｜《靈山》（小說）。

高行健，1940 年生於江西贛縣，祖籍江蘇泰州。抗戰時期隨父母遷居至江西躲避戰火，內戰結束後，又舉家搬遷到南京。中學時，高行健就讀南京市第十中學，第十中學前身為教會學校，因而在校內接觸到許多翻譯的外國文學，又師從畫家鄆宗贏先生，學習美術，就此拓展了他的文學以及藝術底子。1957 年，高中畢業的他，原本想依循興趣報考中央美術學院，最後接受母親建議，考入北京外語大學法文系，畢業後從事翻譯工作。1970 年，高行健被下放到農村勞動，下鄉期間曾於安徽省寧國縣港口學校任教，後加入中國共產黨。1975 年，高行健結束下鄉，返回北京，因自身法文專業，任職《中國建設》雜誌社法文組組長。1979年，擔任中國作家協會對外聯絡委員會工作的他，陪同巴金等中國作家拜訪巴黎，作為全程翻譯，回國後，高行健發表了《巴金在巴黎》。同年，發表中篇小說《寒夜的星辰》。

　　1980 年後，高行健於北京人民藝術劇院擔任編劇，與劉會遠共同創作的劇作《絕對信號》，在北京人民藝術劇院首演，但其後他所創作的《車站》、《彼岸》等戲劇皆被禁演。

　　1985 年，是高行健人生轉向的一年，他與雕塑家尹光中於北京舉辦泥塑繪畫展，作品很快被海內外關注，更應邀前往德國、法國、英國、奧地利、丹麥訪問，並在德國柏林舉辦個人畫展，大獲成功，畫作更賣出四萬馬克鉅額。

　　隨後，高行健應邀赴德國從事繪畫工作，隔年定居巴黎，成為法國「具像批評派沙龍」成員，更連續三年參加該沙龍在巴黎大皇宮美術館的年展。

　　1992 年，高行健榮獲法國政府頒發的「法蘭西藝術與文學勳章」。1997 年高行健正式入籍法國，成為法國公民。

　　高行健在美術繪畫上，成就驚人，但沒有因此放棄寫作，畫作所得讓他得以維生，並且以畫養文，獲得更自由的發展。

　　新千禧年伊始，瑞典學院將第九十三屆諾貝爾文學獎頒給小說《靈山》、《一個人的聖經》等著作的作者高行健，成為首位獲得諾貝爾文學獎的中文作家，一石激起千層浪。

　　欣喜與批評隨之而來，還有人因此寫信給瑞典學院遞交抗議信，指責瑞典學院給高行健發獎背棄了諾貝爾理想。

　　瑞典學院給高行健的評價是：

因為其作品的普遍價值，刻骨銘心的洞察力和語言的豐富機智，為中文小說藝術和戲劇開闢了新的道路。

面對來自家鄉中國的否定以及國外對於作品的質疑，高行健在頒獎時發表了《文學的理由》得獎演說，在此節錄：

文學之超越意識形態、超越國界，也超越民族意識，如同個人的存在原本超越這樣或那樣的主義，人的生存狀態總也大於對生存的論說與思辨。文學是對人的生存困境的普遍關照，沒有禁忌。對文學的限定總來自文學之外，政治的、社會的、倫理的、習俗的，都企圖把文學裁剪到各種框架裡，好作為一種裝飾。

然而，文學既非權力的點綴，也非社會時尚的某種風雅，自有其價值判斷，也即審美。同人的情感息息相關的審美是文學作品唯一不可免除的判斷。誠然，這種判斷也因人而異，也因為人的情感總出自不同的個人。然而，這種主觀的審美判斷又確有普遍可以認同的標準，人們通過文學薰陶而形成的鑑賞力，從閱讀中重新體會到作者注入的詩意與美，崇高與可笑，悲憫與怪誕，幽默與嘲諷，凡此種種。

高行健得獎作品之一《靈山》，耗時七年創作。

《靈山》故事從香港回歸寫起，主人公與一位德國猶太女孩邂逅，勾起對大陸生活的回憶。回憶綿長，從童年開始經歷各種政治運動，成年後又浪跡西方世界。小說具有強烈現代意識。書中的主人公「他」與「你」為同一人物，前者在大陸的回憶與後者在西方見聞互為對照，是一個沒有母國沒有信仰的世界遊民的內心自白與宣言。小說將現實與記憶、生存與歷史、意識與書寫融為一體，完成對文化淵源，精神與自我的探求。

高行健至今著有長篇小說《靈山》、《一個人的聖經》，短篇小說集《給我老爺買魚竿》，中篇小說集《有只鴿子叫紅唇兒》等。

劇作十八種，如《車站》、《絕對信號》等分別收集在《高行健戲劇集》、《山海經傳》、《高行健喜劇六種》、《週末四重奏》等書中。評論著作有《現代小

說技巧初探》、《對一種現代喜劇的追求》、《沒有主義》和《論寫作》等。

他的作品已被譯成法、德、英、美、意等十多種文字出版，他的戲劇也在十多個國家地區一再上演。高行健還是位畫家，出版畫冊《高行健水墨作品》、《墨趣》和《墨與光》等。分別在歐洲、亞洲、美洲等許多國家舉辦過水墨畫數十次個人展。

2010年接受BBC中文網採訪時，高行健開玩笑地如此說：「第一生在中國，第二生在法國，諾貝爾獎獲獎以後，我生了一場大病，也可以說是大難不死，又有一生，我自己開玩笑說真是三生有幸。」高行健坦言，他沒有想回中國的打算，也沒有落葉歸根的想法。他認為自己現在是世界公民，在哪裡生存就在哪裡生根，無處不可以生根。

屬於他的爭議與榮耀，都將會繼續。

＊ 本文內容取自：BBC報導、高行健生平紀錄與《文學的聖殿——諾貝爾文學獎解讀》（世紀出版集團）。

Günter Wilhelm Grass

鈞特 · 威廉 · 葛拉斯 1927—2015

德國作家。
獲獎理由｜其嬉戲之中蘊含悲劇色彩的寓言描摹出了人類淡忘的歷史面目。
獲獎作品｜《鐵皮鼓》（*Die blechtrommel*）（小說）。

世事真是難料。瑞典文學院總是在每年 10 月第一個週四公佈諾貝爾文學獎，結果該屆竟提前一個星期就宣佈了。原本瑞典文學院並不總給世界著名文學大師頒獎，此前三屆又將諾獎皆頒給歐洲作家，故沒想到此次仍頒給歐洲的鈞特‧葛拉斯。更讓世人沒想到的是，一向被世人當成德國乃至整個歐洲知識份子社會良心、正義化身乃至聖人的鈞特‧葛拉斯，於獲諾獎之後 6 年，竟自曝醜聞，承認他年輕時曾是納粹黨衛軍，世界文壇掀起軒然大波。他曾公開聲稱自己信奉社會民主主義，與西方主流話語高唱反調，常常有驚世駭俗的「不同政見」，不斷批評歐盟和美國出兵干涉波黑、轟炸科索沃，反對美、英對伊拉克動武。在慶祝第二次世界大戰勝利五十周年之際，歐洲報紙連載了他和日本作家大江健三郎之間的關於共同深刻檢討兩國戰爭罪責的通信〈我的日本，我的德國〉。葛拉斯義正詞嚴地要求每個德國人反省自己。這位一直扮演審判別人的道德法官角色的葛拉斯，那時對自己曾經的罪行諱莫如深，儘管後來他坦誠交代自己的罪過，但其靈魂反差之大，還是讓人吃驚和憤怒。

　　但是，正是這個人，創作了堪稱 20 世紀世界文學經典，內涵遠比博士論文、歷史著作豐富的作品《鐵皮鼓》（*Die blechtrommel*）。它的人文關懷、它的想像力和把握歷史的天才，整個世界文壇，無人否認，也無權否認。

　　這部經典，描述了第二次世界大戰後劇烈變遷的社會圖景。該小說是以主人公奧斯卡的第一人稱口吻講述的。故事從其父輩的年代一直講到 1951 年自己三十歲生日那天，為讀者形象地呈現了 20 世紀前半葉整個德國納粹主義時代的歷史畫卷，還原了黑色歷史，並為其塗上詼諧和幽默的色彩。

　　奧斯卡三歲生日時，母親阿格奈斯送給他一個禮物——一面鐵皮玩具鼓。奧斯卡總想停留在孩童時代，為此多次自殘，最後摔成一個長不大的侏儒，身高不足一米。但他智商極高，且有一種以尖銳歌聲唱碎玻璃的特異功能。

　　奧斯卡的外祖父是一個縱火犯，被官府追捕時，鑽進一位女士的寬裙底下，撿了一條命，該女士成了奧斯卡的外婆，生下他的母親阿格奈斯。阿格奈斯長大後嫁給了馬采爾，但她深愛表哥布朗斯基，並懷上了奧斯卡。

　　奧斯卡父母開了一間日用雜貨店。奧斯卡常到這條商業街玩耍。因品行不端，他被學校開除，只好請麵包房太太教點文化知識。其母阿格奈斯因與表哥私通而良心不安，猛食毒魚自戕。父親便雇十七歲的瑪麗亞幫助打理商店。十六歲的奧

斯卡在性欲驅使下，與瑪麗亞有了床幃之事，後來發現父親也與她勾搭成奸。瑪麗亞懷孕後，奧斯卡勸她墮胎，不允，後生下奧斯卡的骨肉庫爾特，成了奧斯卡「弟弟」。

第二次世界大戰爆發後，奧斯卡之父馬采爾當了納粹衝鋒隊小隊長。而生父布朗斯基卻因參加抵抗法西斯的戰鬥，被納粹處死。奧斯卡參加前線劇團，到巴黎演出，與舊女友羅斯維塔相遇，同居。盟軍登陸諾曼第，敲響納粹喪鐘之時，女友中彈殞命。奧斯卡回到家鄉，正逢兒子庫爾特三歲生日。他也學母親送一鐵皮玩具鼓給他，不料兒子對此不感興趣，他悻悻地將此鼓掛在耶穌雕像上。

蘇軍很快攻佔奧斯卡家鄉，父親馬采爾被蘇軍槍殺。葬禮上，他將鐵皮鼓扔到父親的身上。他想讓自己長高，卻成了胸凸背駝的矮子。戰後，整個德國經濟凋敝，物資匱乏，瑪麗亞和庫爾特為了生計，加入了黑市交易隊伍。奧斯卡先靠刻碑糊口，後因自身的特型而成為模特兒。到了1949年，基督教民主聯盟的阿登納當了總理，世道發生變化。奧斯卡以裸體坐在近一米八身高的名模裸體上之造型，被畫家畫成《四九年聖母》，而成了「聖嬰」，名聲遠播。但他的感情生活並不順遂，向瑪麗亞求婚遭拒，單戀一個護士無疾而終。他組成三人爵士樂隊，以宣洩壓抑的情感，一個演出公司老闆，一個善於政治上投機的侏儒貝布拉，將其捧成鼓手明星，以謀政治利益。貝布拉死後，將巨額遺產留給了奧斯卡，使他一步登天，成了富翁。

一天，富翁奧斯卡牽著名犬散步，拾到一截帶著戒指的無名指。從此奧斯卡開始對其供奉朝拜，懺悔自己的靈魂，認為自己是一個殺人犯，並主動到警局投案自首，說些不著邊際的話，被疑為精神病患者，送進精神療養院。

直到奧斯卡三十歲生日那天，這樁案子才真相大白。原來，奧斯卡裝瘋賣傻，投案自首，是他和朋友故意製造的一場鬧劇。

奧斯卡無罪釋放，獲得自由，重新走入這個早就讓他厭倦的富足生活裡，這個侏儒還會鬧出什麼花樣呢？

奧斯卡是個虛構人物，看似不是個現實社會中的典型人物。他只是作者藉以表達自己思想和觀念的超常的吊詭人物，目的是再創造人們試圖忘記的那段歷史世界。作者所呈現的那段集體性的罪惡和瘋狂，包括集體的無意識的歷史，實際上是深刻反映了納粹統治下德國人的一種普遍精神現實的歷史。瑞典文學院曾在

新聞公報中讚揚葛拉斯「挖掘過去比大多數人都挖掘得更深，是為我們鑽研和說明 20 世紀歷史的名副其實的偉大作家之一」。

人類的本性是適應、屈從於環境的壓力，這是人類共有的精神現象。從這個意義上，把葛拉斯視為第二次世界大戰後勇敢地檢討本民族歷史的作家，當之無愧。用葛拉斯自己的話說，他是「一個在人們厭倦理性的時代來晚了的啟蒙使徒」。

鈞特·威廉·葛拉斯，於 1927 年 10 月 16 日出生在德國的但澤（今波蘭格但斯克市）。父親是一個小商人，母親是波蘭人。中學還沒畢業的葛拉斯，十七歲就被征入伍，上了歐洲前線。第二次世界大戰結束前，葛拉斯負傷住院，在美軍攻佔醫院時被俘，關進美軍戰俘營，因其隱瞞參加過納粹黨衛軍，1945 年 5 月獲釋。

回到德國後，葛拉斯做過農工、礦工、石匠，到 1948 年二十一歲時進入杜塞道夫藝術學院，學習版畫和雕刻藝術。次年至 1956 年，他轉至柏林造型藝術學院，得到卡爾·哈通大師指導，後又熱衷畢卡索畫派，專門到巴黎學畫，受到西方流行的超現實主義詩歌和戲劇影響，並由此轉向文學創作，在司徒加特加入「四七社」。

1955 年，葛拉斯之詩〈睡夢中的百合〉，獲司徒加特電臺詩歌賽一等獎。次年，他又出版詩集《風信旗的優點》。1960 年，他出版詩集《三角軌道》。1967 年，其《盤問》詩集又問世。此時的詩作，「左」傾政治色彩較濃，藝術上明顯受表現主義和超現實主義影響，但聯想豐富，情感奔放。這時，他對戲劇創作也熱情高漲，創作了《還有十分鐘到達布法羅》（1954）、《洪水》（1957）、《叔叔，叔叔》（1958）、《惡廚師》（1961）、《平民試驗起義》（1966，又譯《賤民再次造反》）和《在此之前》（1969）等。其中《平民試驗起義》，以 1953 年 6 月 17 日蘇聯管轄的東柏林人民起義為背景，表現這一歷史事件。其戲劇多受布萊希特「辯證戲劇」影響，具有荒誕色彩。

真正最活躍的，是他的小說創作。其「但澤三部曲」包括長篇《鐵皮鼓》（1959）、中篇《貓與鼠》（1961）和長篇《狗年月》（1963），各自獨立成篇，故事人物也無關聯，但故事發生時間、地點卻相同。最本質的是三篇小說都是表現納粹時期德國人的過錯，即描寫集體性的罪惡與瘋狂，包括集體無意識，深刻

反映了納粹政權統治下德國人的一種普遍精神現象。《鐵皮鼓》最為精彩。《貓與鼠》寫納粹勢力以傳統英雄崇拜，毒害年輕人，使之成為其鷹犬，最終走上滅亡。《狗年月》則描寫一對發小，因受當時反動的血統論毒害，成為仇敵，最後同歸於盡，為法西斯殉葬。「但澤三部曲」完成了一幅希特勒上臺前至第二次世界大戰後德國歷史和德國人精神的廣闊畫卷。

1969 年，葛拉斯出版長篇小說《所需之地》，描寫德國左派 1968 年的造反運動。

進入 20 世紀 70 年代，葛拉斯又推出長篇小說《蝸牛日記》（1972），描寫自己 1969 年的政治競選活動。所謂「蝸牛」，比喻德國民主進程的緩慢。1977 年，他又有長篇小說《比目魚》問世。小說通過一條會說話的比目魚與漁夫的奇特故事，來寫人類文明發展的重要問題。兩年後，他又出版了關於 1947 年建立德國作家團體「四七社」的長篇紀實小說《特爾格特的會議》。

二十世紀八九十年代，葛拉斯出版了長篇小說《雌老鼠》（1986），悲觀地預言未來的環境災難，極具前瞻性。他還創作了小說《伸出你的舌頭》（1989）、《蟾蜍的叫聲》（1992）、《遼闊的大地》（1995）以及長篇小說《我的世紀》（1999）。

葛拉斯一生，詩歌、戲劇、小說、散文、論文著作甚豐，僅從涉及的體裁、數量和文體種類上看，也遠遠超過大多數諾獎作家。

葛拉斯獲諾貝爾文學獎，正逢世紀之交，他的《我的百年》一書正好出版，這是一部從 20 世紀即諾獎開始頒獎寫到他獲獎的百年歷史回眸的作品。每年寫一章，既是個人的歷史，又是人類歷史。每個人都名垂史冊。

葛拉斯還是個畫家，他早在 1955 年便在司徒加特美術館舉辦過個人畫展，更值得一提的是，1979 年，葛拉斯曾訪問過中國，德國駐華大使館為他舉辦了畫展。當時，他的文學作品尚未大量在中國出版，筆者參觀其畫展時，心靈沒有絲毫悸動，與後來讀其文學作品的感受大相徑庭。

斯人於 2015 年 4 月 13 日在盧貝克去世，身後留下的關於其人品爭議，至今尚未消弭。

José Saramago

喬賽‧薩拉馬戈 1922—2010

葡萄牙記者、作家。

獲獎理由｜由於他那極富想像力、同情心和頗有反諷意味的作品，我們得以反復重溫那一段難
以捉摸的歷史。

獲獎作品｜《修道院紀事》（*Memorial Do Convento*）（小說）。

　　諾貝爾文學獎是世界上至高無上的獎項，影響巨大，引起全世界的關注。每年 10 月第一個星期四下午 1 時多，是諾獎公佈時刻，在這之前，各種有關該獎花落誰家的猜測紛紛揚揚。比如 1997 年，人們預測喬賽・薩拉馬戈最有希望，結果諾獎桂冠由達里奧・霍摘走。這次薩拉馬戈的呼聲很高。但就在諾獎公佈之前，正在參加法蘭克福書展的薩拉馬戈，不聽出版商讓他少安毋躁、在此靜候的勸告，執意到機場打道回府。他把行李辦了托運，偏偏機場的廣播裡傳出他獲諾獎的消息，出版商請他無論如何都要回到書展，那裡已為他準備了一個盛大的記者招待會，香檳酒和玫瑰花正等待著他。聽罷，這位七十六歲高齡的老人對這期待已久卻不期而至的榮耀，還是有些吃驚。

　　他知道，瑞典文學院將此殊榮頒給第一位葡萄牙作家，不僅是自己的榮耀，也是葡萄牙國家和文學的榮耀，還是世界兩億多葡萄牙語人的榮耀。在發表獲獎感言時，薩拉馬戈對此做了充分的表達。此刻，葡萄牙舉國狂歡，葡萄牙語世界也是興高采烈，連在政治上與其對立的總統和總理也都將他當成一位民族英雄來祝賀。

　　巴西報紙感慨良多地寫道：「好不容易等了六百年，葡萄牙語終於得到了公正對待。」

　　為薩拉馬戈帶來如許榮耀的是他發表於 1982 年的長篇小說《修道院紀事》（*Memorial Do Convento*）。

　　這部小說以 1730 年建在里斯本的著名大修道院為背景，通過兩個虛構的人物巴達薩和布莉穆達，將建造修道院和製作「大鳥」兩個工程扭結在一起，描寫人的理性和感情的衝突及人對不朽榮耀的追求，征服世界的欲望和幻想。

　　18 世紀初，沒有子嗣的葡萄牙國王若望五世，向大主教許下諾言，倘若能讓他生兒育女，他不惜斥鉅資修建瑪弗拉修道院。天遂人願，國王真的有了兒子。為了還願，他不顧國庫虧空，修造了規模比設想大了幾倍的瑪弗拉修道院。

　　神父羅倫索，是一個夢想飛上天的飛行器設計者，有個助手叫巴爾塔薩爾，在戰爭中失去了左手。他離開軍隊回家的路上，目睹各地民不聊生的悲慘景象，對國王十分憤怒。後來，巴達薩與有特異功能的女人布莉穆達邂逅，產生愛情。神父羅倫索幫助二人舉行了婚禮，並邀二人幫助他製造飛行器。

　　製造飛行器在宗教裁判所看來，是非法的，於是派員將神父羅倫索抓去審訊。

布莉穆達利用特異神功，助神父飛上天。扶搖天上，俯視大地，人世間種種災難罪惡，盡收眼底。神父不知所終，巴達薩繼續修造飛行器，終於有一天，不小心觸動機關，布翼飛行器竟帶著他飛上了天。

布莉穆達不顧千辛萬苦，千里尋找丈夫。結果她看到了讓她肝腸寸斷的一幕：宗教裁判所正在處死幾個「罪犯」，巴達薩正在其中。

巴達薩的肉體被焚成灰燼，但其靈魂與布莉穆達緊密融合在一起。

《修道院紀事》通過魔幻寫實主義藝術手法以及巴洛克式的奇幻瑰麗風格，充分展現作者的豐富想像能力，歌頌人類意志無堅不摧，揭露專制獨裁政體對人的意志的殘害。更深刻的是，小說暗示專制獨裁壓制下，雖然自由意志爆發出驚人的創造力，但這種創造力在特定條件下，會異化為專制意志的奴隸和幫兇。他的小說「說教而不乏同情，理性而充滿想像」。

和上屆（1997）的義大利劇作家達里奧・霍相類似，薩拉馬戈一直是個有爭議的激進的左派政治作家。獲得諾獎後，他在接受記者採訪時，毫不忌諱地宣稱：「不要忘記，我是一個共產主義者，我是為人民大眾寫作的。」葡共主席卡瓦拉斯得知其獲諾獎時，說這是我們黨大喜的日子。1989 年，蘇聯、東歐社會主義國家解體。但薩拉馬戈堅持自己的信仰，不隨波逐流，讓人肅然起敬。其實，在哲學上，薩拉馬戈是個悲劇主義者，在行動上，他又是一個憤世嫉俗的行動派。他曾率國際作家代表團訪問巴勒斯坦的領袖阿拉法特，公開批評以色列，他以各種形式挑戰國家機器，挑戰教會，挑戰傳統道德。

總之，薩拉馬戈是個有良知的進步作家。

喬賽・薩拉馬戈，降生在葡萄牙南部阿濟尼亞加鎮一個貧苦的農家，時間是 1922 年 11 月 16 日。後來，他隨全家喬遷至首都墨爾本。薩拉馬戈十七歲時因經濟困難，從中學輟學，走上社會自謀生計，當過工人、繪畫員等，直到 1960 年才在科爾出版社謀得編輯一職，後又到新聞日報社任副社長。

1947 年，薩拉馬戈發表第一篇小說《罪孽之地》。十九年後，他有詩集《可能的詩歌》出版，過四年又有詩集《或許是歡樂》出版。兩部詩集，歌頌愛情、大海，表達對人生的熱愛和追求，間或批評社會不公。但詩歌對薩拉馬戈而言，只是對文學創作的一種摸索和嘗試，他的目標是小說。1975 年，他的長篇詩體小

說《一九九三》出版，似是由詩過渡到小說的實驗，充滿寓言式的神秘、想像、荒誕。

1976 年，薩拉馬戈成為職業作家，住在西班牙加利群島美麗的蘭索羅特島。在島上，他又出版了長篇小說《繪圖與書法指南》（1977）、短篇小說集《幾乎是物體》（1978）和《五種感覺俱全的作詩法》（1979）。接著，他的第三部長篇小說《從地上站起來》（1980）問世。可以說，《繪圖與書法指南》和《從地上站起來》是薩拉馬戈文學生命的真正開始。前者敘述一個人怎麼成為藝術家及旅遊葡萄牙的感受，後者通過一家祖孫三代人的命運，既表現了他們的勤奮勇敢和真摯的愛情、對勞動生活的熱愛，又表現了勞動者悲慘的生活以及他們的覺醒與抗爭。後者堪稱葡萄牙一個家族的編年史，一部葡萄牙勞動人民鬥爭的史詩。

瑞典文學院評論這兩篇作品時，認為都有明顯的自傳性成分，為研究者提供了作者本人的生活和思想的寶貴資料。相較而言，對歷史反思和對社會不公抨擊熔為一爐的《從地上站起來》，思想分量更重，藝術水準更成熟，實為作者小說創作道路上里程碑式的作品。

1984 年，薩拉馬戈創作了長篇小說《里卡多‧雷伊斯死亡之年》。里卡多‧雷伊斯是葡萄牙著名詩人帕索瓦詩中想像出的人物。薩拉馬戈將這一虛構的雷伊斯放到現實生活中，描寫他從巴西回到葡國，與兩個姑娘生死之戀的故事，明顯帶有人類末日寓言色彩。

兩年後，薩拉馬戈又推出長篇小說《石筏》，講述了伊比利斯半島突然與歐洲大陸板塊分離，漂向北美新大陸，喪失家園的葡萄牙人驚慌絕望的故事。這是一部具有黑色幽默的警世寓言作品。

1989 年，薩拉馬戈的長篇小說《里斯本圍城記》出版，描寫某出版社一名校對員故意大刪大改一部關於葡萄牙建國史的書稿，以此與該社女主編調情。又講述葡萄牙開國元勳阿封索‧亨利克斯，怎樣在耶穌和「十字軍」的支持下，把穆斯林驅趕出境的故事。小說將莊與諧、嚴肅與輕鬆兩個層面的故事扭結在一起，其風格獨特、新鮮。

20 世紀 90 年代以後，薩拉馬戈創作仍活躍，先後出版《耶穌基督眼中的福音書》（1992）、《失明症漫畫》（1995）、《所有的名字》（1997）和揭露某國右翼政府殘暴統治的《透明》（2004）。

薩拉馬戈對戲劇創作也有所涉獵，如《夜晚》（1974）、《我用這本書來做什麼？》（1980）和《法蘭西斯科・德・阿西斯的第二次生命》（1987），皆表現平平。此外，他還將曾在各報刊發表的隨筆、文學評論和時政評論，結集為《這個世界和另外的世界》（1971）、《旅行者的行李》（1973）、《〈里斯本日報〉曾這樣認為》（1974）、《劄記》（1976）等出版。

　　薩拉馬戈於 2010 年 6 月 18 日，在旅居二十四年的西班牙家中逝世。

090th
———
1997

Dario Fo

達里奧 · 霍 1926—2016

義大利劇作家。

獲獎理由｜其在鞭笞權威，褒揚被蹂躪者可貴的人格品質方面所取得的成就堪與中世紀《弄臣》
一書相媲美。

獲獎作品｜《一個無政府主義者的意外死亡》（*Morte accidentale di un anarchico*）（戲劇）。

把第九十屆諾貝爾文學獎的桂冠，戴在義大利即興喜劇作家達里奧·霍的頭上，瑞典文學院表現出超人的智慧和勇氣。達里奧·霍是繼承義大利中世紀戲劇的劇作家，其戲劇如《弄臣》，主角多是受欺凌和鄙視的丑角，但他們並不伺候權貴，不同於在宮廷裡效忠於朝廷的「弄臣」。丑角代表著下層民眾的聲音，藐視權威，嘲弄權貴，有著自己的尊嚴。「丑角」與一般戲劇中的丑角之不同，在於達里奧·霍賦予丑角人文主義精神的尊嚴。達里奧·霍的即興喜劇，有法國雨果《九三年》的精神，即使革命是絕對正確的，但是在絕對正確的革命之上，還有正確的人道主義。達里奧·霍的劇作力求超越政治，突破意識形態的局限，「鞭笞權威，褒揚被蹂躪者可貴的人格品質」，維護人的「尊嚴」。

　　當然，達里奧·霍的即興喜劇，在歐洲文學界通常被視為引車賣漿者之流的通俗的藝術形式，與莎士比亞式的悲劇相比，自然是下里巴人式的低級藝術。因此，乍一公佈達里奧·福獲獎，在世界文學界引起頗大的爭議。

　　達里奧·霍是在羅馬完成一個電視節目，駕車回家時，見到一個記者開著車，打著他獲獎的大字標語，向他傳遞獲諾獎消息時方知此事。他的驚喜和意外的感覺，在他到瑞典領獎時發表的演說中，充分地表達出來：

　　親愛的瑞典文學院院士們，讓我們承認吧，這次你們是否做過頭了？我的意思是，瞧你們，先給一個黑人發獎，然後給一個猶太人發獎，現在你們又給一個小丑發獎，給什麼獎？他們在那波利斯的人說：瘋了嗎？我們是否都失去理智，失去了感覺？

　　談到他的演講，可謂別出心裁。這位七十一歲的老者，既不拿講稿照本宣科，也不像別人那樣一臉莊重嚴肅，而是拿著一逕漫畫，如同喜劇角色做即興演說。其出色的「丑角」表現，讓全場哄堂大笑。他在此間接告訴世人，能讓人大笑是喜劇的藝術魅力使然，別輕視喜劇的力量。他在演說中，提議給以不拘一格的氣魄將諾獎頒給喜劇的瑞典文學院，頒發「勇氣獎」。

　　通常，達里奧·霍在政治上，給人左派的印象，其政治表現讓人懷疑他是共產黨人。這當然是一種誤解，或因為他的妻子拉梅曾經是很活躍的共產黨員而做出的推測。「據說他也反對蘇共和意共的修正主義，而憧憬嚮往中國的無產階級

文化大革命」，還曾於 1970 年「特地去訪問中國」。回到義大利後的 1974 年，他創作了《絕不付帳》（ *Non si paga! non si paga!* ），就是藐視權威、鼓勵窮人造反的劇作。該劇鼓動哄搶超市的食品，拒不付款。這與達里奧・霍的一貫憎恨富人，反對社會不平和貧富差距的意識一脈相承。但是，這與馬克思的無產階級革命論並不是一回事。與其激進的主張不相和諧的是，他的戲劇中對窮人，對被侮辱、被損害者的深切的同情，反映出他的人道主義精神，讓我們看到俄國列夫・托爾斯泰和杜斯妥耶夫斯基的人道、人性的神韻。

　　達里奧・霍是個進步的戲劇家和優秀的演員，根本不是什麼革命家。他的作品超越政治和意識形態局限，維護人的尊嚴，與諾貝爾先生的理想主義是一致的。

　　1970 年，達里奧・霍創作了他的代表作之一《一個無政府主義者的意外死亡》（ *Morte accidentale di un anarchico* ）。

　　1969 年，羅馬發生噴泉廣場慘案及一系列爆炸事件，義大利當局和媒體都把事件歸結為恐怖分子所為。在調查中，一個因此被捕的叫邱凡尼・品奈里的人，從十五層樓跳下自殺身亡，這使此案疑雲密佈。

　　《一個無政府主義者的意外死亡》以此案為背景，利用喜劇揭露了當局濫抓無辜，施暴逼供，將其致死，卻謊報恐怖分子畏罪自殺的黑幕。作品刻畫了一個「瘋子」，其才華出眾，能遊刃有餘地應付各種環境和人物，他搖身一變，偽裝成了羅馬高等法院的首席顧問，來複審品奈里案件，以各種手段將警官玩弄於股掌之中，甚至又冒名頂替警局科技處上尉馬卡托尼奧・皮齊尼，巧妙地將該事件剝筍般層層揭開，使其水落石出，露出真相。作品揭露司法部門道貌岸然，言之鑿鑿背後卻是顛倒是非，捏造陷害左翼人士的醜惡行徑。

　　這麼嚴肅的事件，在達里奧・霍的筆下，由「瘋子」出場，演出了一場滑稽可笑的鬧劇，讓觀眾在愉悅的觀賞中看到低賤卑微者的正義和智慧、高貴為官者的愚蠢和醜陋，從而進一步瞭解社會的不公和黑暗。

　　特別需要提及的，是達里奧・霍的喜劇藝術特色。他在戲劇中大量運用即興式的、看似隨意的表演，以及運用幽默、雙關、反諷、自嘲、暗喻的語言來表現戲劇衝突雙方、短兵相接的正與邪，在喜劇中完成作者對社會不公的嘲諷和批判。

　　瑞典文學院曾以新聞公報的形式，對《一個無政府主義的意外死亡》這齣戲做出極高的評價：

該劇主角逐漸成為哈姆雷特那樣的人物，裝瘋賣傻，但使得官員們的謊言昭然若揭。

　　該劇上演之後，曾轟動歐美。那時，義大利社會腐敗，濫用權力，黑社會猖獗，這位敢於挑戰權勢的戲劇家達里奧‧霍及其家人自然免不了受到迫害，受到恐嚇、威脅、毆打，他的相濡以沫的妻子福蘭卡‧拉梅甚至遭到右翼暴徒的輪奸，但他們並沒有在黑暗勢力面前退縮，反而成為義大利的一支正義力量。

　　達里奧‧霍，於 1926 年出生於義大利北部的桑賈諾市。中學畢業後，他曾到米蘭布萊拉美術學院就讀，後又到工學院學習建築。二十六歲時，他因喜愛戲劇而從藝，那時電視尚不普及，他在廣播劇《可憐的小矮人》中擔任一角色。他還到娛樂場所演出文藝節目。那時他已經嘗試創作戲劇，寫一些歌舞類小品，已具喜劇色彩。

　　1954 年，達里奧‧霍出版了《一針見血》，這是他的第一部劇作。該劇對假模假勢的說教和假大空式的英雄主義，盡情嘲諷鞭笞，頗受好評。就在這一年，二十八歲的他和著名戲劇演員福蘭卡‧拉梅相愛、結婚，在她的傾力幫助下，取得成就和獲得榮耀。1959 年，夫妻成立自己的劇團。丈夫集編劇、導演、演員、舞美於一身，而妻子則領銜女主演。達里奧‧霍創作了《天使長不玩撞球》（1959），極盡諷刺官員惡習。其作品《他有兩支長著白眼睛和黑眼睛的手槍》（1960）則揭露官府和黑勢力是一丘之貉，《總是魔鬼的不是》（1965）則鞭笞不良富人。

　　1969 年，達里奧‧霍創作了《喜劇的神秘》（又譯《滑稽神秘劇》），可與次年創作的《一個無政府主義者的意外死亡》相媲美。《喜劇的神秘》借用了蘇聯詩人馬雅可夫斯基創作的劇本《喜劇的神秘》之名。該劇因對《聖經》冷嘲熱諷，受到梵蒂岡抗議。其實，該劇取材於中世紀民間傳說，達里奧‧霍借古諷今，抨擊時政，嘲諷社會道德墮落、良知淪喪等不正之風。作品一經搬上舞臺，再有達里奧‧霍的出神入化、入木三分的表演，在社會上廣受好評。特別是義大利電視臺播放演出錄影，幾乎轟動義大利。

　　進入 20 世紀 70 年代，達里奧‧霍又創作了《突擊隊員》（1972），支持巴

勒斯坦人的解放鬥爭。其作品《砰，砰，誰來了？警察》（1973）揭露當局暴力醜行，《范範尼案件》（1975）矛頭直指政界黑暗。

到 20 世紀 80 年代，達里奧・霍又創作了《喇叭、小號和口哨》（1981）、《伊莉莎白塔》（1984）、《阿爾內基諾》（1986）和《教皇與女巫》（1989）等劇作。《喇叭、小號和口哨》對政界和財界頭面人物，進行了酣暢淋漓的揶揄、挖苦、諷刺。

晚年，達里奧・霍仍有創作激情。1992 年，他創作了《約翰、巴丹和美洲發現》和《有乳房的魔鬼》。後者於 1997 年 8 月在墨西哥上演。

不要輕視達里奧・霍的喜劇，它充分反映出對一種文化價值的理解和詮釋。在達里奧・霍的喜劇裡，最為閃亮的是有一種人的「尊嚴」意識。正如文藝批評家斯圖爾・阿連所說：「對於阿佛烈・諾貝爾來說，設立各獎項的基本目的是要給人類帶來好處，而文學的成就就是實現維護人的尊嚴的重要手段。」

魯迅說，喜劇就是把無價值的東西揭示給人看。似並不準確，從達里奧・福的喜劇看，喜劇並不總是批判無價值的東西，好的喜劇也能肯定正面的、有意義的價值。從這個意義上講，戲劇家達里奧・霍自稱「人民的遊吟詩人」，準確無誤。

2016 年 10 月 13 日，達里奧・霍因患嚴重的呼吸系統疾病逝世，享年九十歲。

Wis awa Szymborska
維斯拉瓦 · 辛波絲卡 1923—2012

波蘭女詩人。

獲獎理由｜由於其在詩歌藝術中精闢精妙的反諷，挖掘出了人類一點一
滴的現實生活背後歷史更迭與生物演化的深意。

獲獎作品｜〈一見鍾情〉（詩歌）。

　　有人曾斷言，美國詩人布羅茨基（1987 年獲諾貝爾文學獎，1996 年逝世）去世，標誌著那個偉大的詩歌時代告一段落。但事實是，就在布羅茨基去世那年，波蘭女詩人辛波絲卡赫然登上世界最高文學殿堂，與詩人布羅茨基、帕斯、沃爾科特、希尼比肩而立。詩歌之火，依然熊熊燃燒。

　　辛波絲卡得知摘得諾貝爾文學桂冠之際，正悠閒而愜意地在海濱度假，聞之，並無驚喜，卻很緊張。在她的意識裡，諾貝爾文學獎是個極遙遠而抽象的榮耀，突來的幸運讓她不知所措，很有點像她的詩作。

　　〈一見鍾情〉一詩云：

他們彼此深信
是瞬間迸發的熱情讓他們相遇。
這樣的確定是美麗的，
但變化無常更加美麗。
他們素未謀面，所以他們確定
彼此並無瓜葛。
但是，自街道、樓梯、大堂，傳來的話語——
他們也許擦肩而過，一百萬次了吧？
我想問他們是否記得——
在旋轉門見面那一剎？
或者在人群中喃喃道出的「對不起」？
或是在電話的另一端道出的「打錯了」？
但是，我早已知道答案。
是的，他們並不記得。
他們會很驚異
原來緣分已經戲弄他們多年。
時機尚未成熟
變成他們的命運，
緣分將他們推近，驅離，
阻擋他們的去路，

忍住笑聲，

然後，閃到一旁。

有一些跡象和信號存在，

即使他們無法解讀。

也許在三年前

或者就在上個星期二

有某片葉子飄舞於肩與肩之間？

有東西掉了又撿起來？

天曉得，也許是那個消失於童年灌木叢中的球？

還有事前已被觸摸層層覆蓋的門把和門鈴，

檢查完畢並排放置的手提箱。

有一晚，也許同樣的夢，

到了早晨變得模糊。

每個開始

畢竟都只是續篇，

而充滿情節的書本

總是從一半開始看起。

　　這首詩以旁觀者的身份，寫出相愛者之間相遇時的微妙情感，並推測他們擦肩而過的種種景況，道出了「一見鍾情」的無法言說機遇和緣分。

　　「一見鍾情」是純粹的情感碰撞的獨特情感，一個旁觀者未置於情境之中，只能靠臆測來表現這一複雜的情感，似有難以承受之重、難以表現之重。有論者說，該詩講述一種「被忽略的人生哲理」似不著邊際，「一見鍾情」就是情感的說不清道不明的特殊反映，與人生哲理何干？人類的生命因緣際會，沒人說得清楚，辛波絲卡的努力也是徒勞的。

　　辛波絲卡的〈一見鍾情〉，能以細膩的觀察、日常生活的生動細節的描寫、精確語言的表述，寫出生命因緣際會的外在表現，以此來反映人生的一種美好、奇異的情感景觀，已經相當精彩了。說什麼「揭示人生真諦」，不僅有溢美之嫌，甚或是風馬牛不與相干了。

　　辛波絲卡獲諾貝爾文學獎，並非靠一兩首詩歌打動瑞典文學院，主要依靠諸多詩作，以「精闢精妙的反諷」，挖掘出了「人類一點一滴的現實生活背後」極為複雜的人性景觀。

　　1923 年，維斯拉瓦・辛波絲卡出生於波蘭科尼克一個平民家庭。她很小就喜歡讀書，五歲時開始學寫兒童詩，八歲時隨家移居克拉科夫市。

　　1945 年，辛波絲卡考入克拉科夫市亞捷隆大學，專修社會學和波蘭文學，讀三年級時，因家裡經濟拮据，不得不放棄學業。在大學期間，她在波蘭一家報紙發表第一首詩〈我追尋文學〉。1948 年，波蘭由共產黨執政，對文學提出從蘇聯照搬的為政治服務的文藝政策。這與辛波絲卡所贊同的過去的政治格局有所相悖，於是她放棄出版第一部詩集。經過四年的適應，她不得不修正自己的文藝觀並修改了詩的主題和風格，於 1952 年才出版第一部詩集《存在與理由》（*Dlatego żyjemy*）。

　　1953 年，辛波絲卡到克拉科夫《文學生活》週刊任詩歌編輯兼撰寫專欄文章。次年，她的第二本詩集《自問集》（*Pytania zadawane sobie*）出版。又三年，詩集《呼喚雪人》（*Wołanie do Yeti*）出版。從該詩集可以看出辛波絲卡的詩歌與官方鼓吹的文藝為政治服務的方針大相徑庭，完全按照自己的意願，發出不同聲音。1962年出版的《鹽》（*Sól*），在思想和藝術上，她似已形成自己的風格。到了 1967 年，她的詩又開始思索人在宇宙的處境的主題，如詩集《一百個笑聲》（*Sto wierszy - sto pociech*），便是用自由體表達這種思索並標誌其詩走向成熟的詩作。

　　1970 年，四十七歲的辛波絲卡出版自編的自己的詩歌總集。奇怪的是，該總集並未收入《存在與理由》詩集中的任何一首。大概是因為這本詩集是委曲求全，按官方旨意寫的吧。沒有收入《存在與理由》，其總集從思想到藝術確實顯得統一和諧，是詩人完全拋棄官方鼓吹政治，對生活和藝術的充滿自我的表達。

　　1986 年，其二十二首詩集成的《橋上的人們》（*Ludzie na moście*）甫一發表，即引起詩壇震動。較之她已展現大師風範的詩集《只因為恩典》（*Wszelki wypadek*，1972）和《巨大的數目》（*Wielka liczba*，1976），無論是意蘊，還是氣象，顯然更上一層樓。

　　辛波絲卡是個為藝術而藝術的純粹詩人，她的詩完全遵循著個人自由思想情

感的召喚，巧妙地規避與詩無關的政治，隨心所欲而又小心翼翼地低吟淺唱。但辛波絲卡並沒有只為愛情而歌，從《呼喚雪人》，我們會發現，詩人已經觸及人與自然、人與社會、人與歷史、人與生存的廣闊而博大、世俗而哲學的問題。

辛波絲卡一生只創作了一百八十首詩，數目的確不算豐盈，但她每一首詩都是以其敏銳的觀察和精練的語言完成的。她通過日常生活揭示「現實生活背後歷史更迭與生物演化的深意」的凝練之作，都有神韻和靈魂。

詩人辛波絲卡因為罹患肺癌，於 2012 年 2 月 1 日在克拉科夫逝世，享年八十八歲。

Seamus Heaney

謝默斯 · 希尼 1939—2013

愛爾蘭詩人。

獲獎理由｜因其作品洋溢著抒情之美，包含著深邃的倫理，揭示出日常生活和現實歷史的奇跡。

獲獎作品｜〈雨的禮物〉（詩篇）。

文學源於生活，但文學又具有超越生活的力量。那是因為生活逝去之後，卻可在文學中獲得永生。愛爾蘭詩人希尼的詩，正是因為在「揭示出日常生活和現實歷史的奇跡」同時，賦予了「抒情之美」，把審美價值留在了詩歌裡，也就留在了人世間。

　　愛爾蘭是個島國，有碧綠的大海、蔚藍的天空，洋溢著盎然的詩意，孕育了獨特的愛爾蘭文學傳統，滋養了大量的作家和詩人。自 1923 年詩人葉慈獲諾貝爾文學獎之後，愛爾蘭人又有 1925 年戲劇大師蕭伯納、1932 年美國劇作家歐尼爾和 1969 年劇作家貝克特獲諾獎，二十六年之後，繼承葉慈民族精神、努力挖掘民族歷史和文化資源的詩人希尼再獲諾獎殊榮。正是他們奠基了具有愛爾蘭民族精神和文化傳統的愛爾蘭文學。

　　希尼的詩歌是一首描繪愛爾蘭歷史和現實史詩性的詩篇，也是一曲歌頌家園的戀歌。希尼的詩不僅飄逸華麗，更具有深厚的內涵，正如他自己所說：「我對技巧的定義是它不僅取決於詩人的語言方式、韻律設計及辭章結構，同時也取決於詩人的生活態度，取決於詩人的自我現實。」

　　〈雨的禮物〉（選自詩集《在外過冬》）一詩云：

平靜的哺乳動物，
沾著稻草的腳踩入泥裡。
開始用他的皮膚，
感知天氣……。

雨水是活的長鼻，
舔過石階，將其掀翻。
涉過人生之水，
他探測著深淺，
探測深淺。

一朵沾有泥水的花，
在他的倒影裡開放，

像一個缺口搖晃時，
灑濺到池盆裡血紅的痕跡……。

　　一個習以為常的雨景，一落到詩人的手中，通過惟妙惟肖的細節、充滿靈性的感悟，竟變得意象繽紛，極具審美價值，讓讀者產生強烈的心靈共鳴，其蘊含的哲理，耐人尋味。
　　〈挖掘〉（選自《一個自然主義者的死亡》詩集，萬之譯）一詩云：

我的手指和我的拇指之間
放著這粗短的筆，順手得像支槍。
當鐵鍬深入礫石累累的土壤
我的窗下有清楚刺耳的聲響：
我父親，在挖土。我向下望

看到他繃緊的臀部在花床中
彎下去，伸上來，二十年如一日
有節奏地起伏著穿過土豆壟，
他曾經在那裡挖掘。

粗大靴子貼在鍬沿上，鍬柄
頂著膝蓋內彎來回有力晃動，
他把鐵刃深埋連根掀起成堆，
鋪撒開新鮮土豆讓我們撿拾，
喜愛我們手中它們涼爽堅硬。

千真萬確，這老頭會使鐵鍬
就像他那老頭子一樣靈巧。

我爺爺一天裡挖出的泥炭

比圖納泥沼任何人都多。
有一次我去給他送瓶牛奶，
用紙松松塞住瓶口，他直起腰
把它喝掉，馬上埋頭又挖
整齊地截短切開，掀起土塊
撩過肩後，向下再向下挖掘
為了好泥炭，挖掘。

土豆地的冷氣息、潮濕泥炭的
吱嘎踩踏和拍打聲，鍬刃切過
活根的清脆聲響在我頭中蘇醒。
但我沒有鐵鍬跟隨他們那樣的人。

我的手指和我的拇指之間
放著這短粗的筆。
我要用它挖掘。

　　詩人自己認為這首詩，是他詩歌創作的「胚胎」，為他「開掘了人生經驗的礦脈」。他又試圖告訴世界，詩與生活是兩個完全不同的世界，詩人的價值就是用詩表達自己的生活和生命價值。這首〈挖掘〉表達的是，詩歌如同在田裡挖土豆一樣，詩挖掘歷史、生活和文學之美。正如瑞典文學院網站所評：「希尼詩歌揭示出的是一種深刻的經驗──可說之物的整體和可證之物的整體之間的鴻溝，也是語言限制和我們生活之世界邊界之間的鴻溝。對希尼來說，『詩歌』就是測量這一鴻溝的手段──如果不是搭座橋樑讓他們溝通的話。」此論有點形而上的味道，倒是點出希尼詩歌的核心思想。希尼，是位尋根者，他既尋自然之根，又尋傳統之根，他還回到英語文學的源頭尋找語言之根。

　　希尼的鄉土詩歌，切莫拿來與鄉土文學相比，有人說他的詩鄉而土，他的詩超越了鄉土和城市的差別。這是他對文學的貢獻。把詩那麼清晰地分鄉土和城市，有點絕對，好詩不僅鄉而不「土」，也該城而不「市」，最要緊的是，希尼在鄉

與市的交匯中，呈現「人性」深處的風景。希尼的詩，是一束理性之光（有人說是帶紋理的光線），照亮世界，並拉近人與人的距離。可惜的是，正是希尼詩中那種別樣的鄉土氣息，讓他沒有足夠的影響。

　　謝默斯・希尼，於 1939 年 4 月 13 日生於北愛爾蘭德里郡的一個鄉村，其家庭篤信天主教。六歲時，希尼進阿納霍瑞什小學，接受正規英國語言和文化教育，也受到根深蒂固的本民族傳統文化的薰陶。十二歲時，希尼到城裡讀寄宿中學，對詩歌產生濃厚的興趣，並嘗試詩歌創作，後考入貝爾法斯特女王大學文學院。

　　1961 年大學畢業後，希尼先後到中學及聖約瑟夫教育學院任教，同時進行詩歌創作。1965 年，希尼的詩歌《詩十一首》正式發表。次年，就教於母校貝爾法斯特女王大學期間，希尼出版了一本重要詩集《一個自然主義者之死》。詩人回憶了逝去的童年的種種歡樂，父輩的濃濃親情，鄉間濃郁的泥沼和馬廄乾草的氣息。老鐵匠的打鐵聲，夕陽中水塘漂浮的紅藻，揮鍬挖泥炭父親的身影撲面而來，那是詩人對故鄉深深的追憶。當他從一身泥漿的充滿童心的「自然主義者」，走進車水馬龍的繁華都市，儘量變成衣著體面的紳士，原來那「自然主義者」死亡了。詩人想用充滿泥土氣息的詩學理想重獲新生，成為「自然主義者」。1969 年，其第二本詩集《通向黑暗之門》問世。三年後，其第三本詩集《在外過冬》出版。休整了三年之後，希尼出版詩集《北方》，從 1976 年到 1982 年，希尼在都柏林卡瑞斯福學院執教。之後，在世界學術界、文學界聲譽日隆的希尼又應邀到美國哈佛大學、英國牛津大學等各校教授英語文學。希尼執教大學期間，出版了不少文學作品，有詩集《野外工作》（1979）、《斯威尼的重構》（1983）、《苦路島》（1984）、《山楂燈》（1987）、《幻視》（1991）和《酒精水準儀》（1996）等。

　　希尼除寫詩外，在文學理論方面，也有建樹，出版過四本文論集：《先入之見：1968—1978 論文選》（1980）、《舌頭的統治》（1988）、《寫作之處》（1989）和《詩的療效》（1995）。此外，希尼還出版過劇本《在特洛伊的治療》（1990）、譯著《迷途的斯威尼》（1983）．

　　2013 年 8 月 30 日，這位根植於愛爾蘭的土地，作品具有抒情美和倫理深度，「揭示出日常生活和現實歷史的奇跡」的愛爾蘭詩人，在獲諾貝爾文學獎八年之後，與世長辭。

大江健三郎 1935—

日本小說家。

獲獎理由｜通過詩意的想像力，創造出一個把現實與神話緊密凝縮在一起的想像世界，描繪現代的芸芸眾生相，給人們帶來了衝擊。

獲獎作品｜《個人的體驗》、《萬延元年的足球隊》（小說）。

　　第八十七屆諾貝爾文學獎公佈後，瑞典記者用電話採訪了獲獎者大江健三郎。他激動地說：「我一次又一次狠狠地掐我的胳膊，我想證實自己不是在做夢。」其興奮、喜悅溢於言表。獲諾獎不僅會得到世界文壇的承認，佔據世界各大報刊的頭條，聲名遠播，其作品也會擺進各地書店，巨額獎金和滾滾而來的版稅也讓人羨慕不迭。這令來自日本愛媛縣偏僻山村的五十九歲的大江健三郎驚喜激動，是再自然不過的。

　　大江健三郎不是得志便猖狂的那類作家，他為人和藹可親，頭腦清醒，對中國文學一直心懷敬意。早在 1992 年，他到斯德哥爾摩大學演講，談到中國文學時，他對魯迅、莫言和寫《老井》的作者鄭義極為推崇。鄭義的小說《遠村》、《老井》曾發表在筆者供職的《當代》雜誌。《老井》由筆者薦給吳天明，拍成同名電影，大獲成功。大江健三郎獲獎後，做例行的獲獎演說時，也不忘提到莫言和鄭義，特別是在 2002 年春節，大江健三郎到中國採訪莫言時說：「如果繼我之後還有亞洲作家獲得諾貝爾文學獎的話，我看好莫言。」十年後，莫言獲該獎，預言變成現實。

　　大江健三郎在 20 世紀 90 年代初獲諾貝爾文學獎，與那時有關「世界文學」的熱烈討論有關。特別是薩伊德的「東方主義」理論正風靡全球，對「西方文化霸權」提出嚴厲的批評。瑞典文學院已注意到東西方文化之間的落差與衝突，認為這種文化不平衡、不合理，應該逐步扭轉。他們選中哥倫比亞的馬奎斯、西印度群島的沃爾科特就出自這種考慮，事實也證明，馬奎斯引起了「拉美魔幻寫實主義文學」的文學浪潮，沃爾科特刮起了「加勒比旋風」，他們的做法是正確的。

　　此次將諾獎頒給大江健三郎，無疑是給扭轉東西文化不平衡，再添把薪火。在某種意義上說，大江健三郎獲諾獎，是順應「世界文學」潮流之產物。如果把大江健三郎與 1986 年獲諾獎的同胞川端康成做個比較，僅從他們在斯德哥爾摩發表的獲獎感言上看，便可看出他們的差異。川端康成以日語做題為「日本、美和我本身」的演講，強調了民族國家、文學之美和作家之間，構成了自在的共同互屬關係，日本作家就要表現日本的獨特文學之美，它和國際文學環境沒什麼關係，其強烈的民族性顯而易見。大江健三郎用英語發表題為「我在曖昧的日本」的演說，表示當代日本傳統文化和西方現代文化兩極對立，日本文學在世界文學格局內處於一種尷尬、模棱兩可、曖昧的處境，表達文學走向「民族國際主義」的憂慮。

他說：「我所謂的日本的模棱兩可，是貫穿了整個現代時期的慢性疾病，日本經濟繁榮也沒有能擺脫這種疾病，而伴隨著的是世界經濟結構的光照下出現的各種潛在危險。」

大江健三郎對「潛在危險」有清醒認識，他們這一代有良知的日本作家，大都對 20 世紀日本侵略的罪惡做過深刻的反醒。大江健三郎對日本政府國家領導人及其同僚參拜靖國神社、日本軍國主義復辟持堅決反對態度。在文化上，他也堅決反對國粹主義，他主張犯有戰爭罪惡的日本，只有尋求和世界文化的交流，反省歷史，才能被世界包括受害的中國人民原諒。對大江健三郎的這種態度，批評家弗雷德里克·詹姆遜這樣評價：「大江健三郎是日本最尖銳的社會批評者，從來不認同官方和傳統的形象。他和日本其他作家都不一樣，最無日本傳統的陳腐的民族主義氣息，在某種意義上，他既是日本的，同時也是最美國化的小說家，是開放外向的，是不受拘束的。」

回到大江健三郎的獲獎作品上來。《個人的體驗》是 1964 年出版的，描寫日本二戰慘敗之後生長起來的青年一代的生活命運，揭示他們在擔當社會責任過程的精神狀態和心靈歷程。

小說的主人公，是一個叫鳥的二十七歲青年，在學校任英語教師。今天，妻子正面臨難產，由其母在醫院陪護。鳥在歸家途中遭流氓襲擊，打電話後得知妻子尚未生產，與岳母約好晚 8 點再聯繫。鳥兩年前結婚，放棄讀研究生，一次酗酒，四周後才酒醒。今天他帶傷回到家裡，倒頭就進入夢鄉，變成一隻大鳥在非洲上空翱翔。電話鈴將他拉回現實。鳥趕緊冒雨到了醫院，妻子沒事，生下的孩子天生腦疝，最好的結果是成為植物人，鳥的世界崩潰了，跪地痛哭。

孩子轉到另一家醫院，腦袋托著沉重的腫瘤，卻健壯地活著。面對這一「怪物」，他想立刻逃離，卻又覺得太自私可恥，絕望中他暗示醫生拖延手術，讓孩子自然死亡。然後，鳥逃到前女友火見子處，想在溫柔之鄉忘掉煩惱，等待他策劃的陰謀得以現實。

但他還是得到醫生電話，被告知醫院的副院長、腦瘤專家親自為孩子手術。手術結果誰都無法預料，極有可能的是，鳥將一生伴著植物人孩子苦度光陰。最後，他拒絕了做手術的建議，將病兒抱回家。鳥和火見子二人策劃，將病兒假墮胎醫生之手埋掉。

　　淒風苦雨中，病兒的啼哭改變了一切。鳥聽到孩子的哭聲，天良發現，父愛和責任被喚醒，立刻將孩子抱回醫院，接受手術。孩子的手術很成功，到了冬季，孩子已痊癒，鳥悲喜交集，他想起朋友送給他的一本詞典扉頁上的題詞「希望」二字，最終承擔起作為父親的人生責任。

　　正如小說中所寫：「一個人深入他個人體驗的黑洞，終將能走到看到人類普遍真實的出口，痛苦的人終將得到痛苦之後的果實。」《個人的體驗》最終完成了作品內在的邏輯，包含了作家所賦予的人性邏輯。

　　從藝術上看，《個人的體驗》運用了「意識與無意識相結合的心理體驗」之意識流藝術手法，大江健三郎自己說：「是通過寫作來驅趕內心中的惡魔，在自己創造出的想像世界裡挖掘個人的體驗，並因此而成功地描繪出人類所共通的東西。」所謂「共通的東西」，便是人類只有不斷戰勝不幸，奮勇前進，才能永遠生存下去。

　　美國作家亨利・米勒評價大江健三郎的小說時說：「大江雖然是地道的日本作家。但是通過對於人物的希望和困惑的描寫與控制，我以為他達到了杜斯妥耶夫斯基的水準。」鑒於大江健三郎的小說超越了民族主義的心態展示戰後日本人的現代生活，且具有善世性意義，歐盟於 1989 年授予他猶羅帕利文學獎。

　　大江健三郎，於 1935 年 1 月 31 日生於日本四島愛媛縣偏僻山區的大瀬村（今內子町）一個農民家庭。大江在三歲時，父親去世。他在美麗的大自然環境中成長，深受民間文化薰陶。他在大瀬讀完小學和初中後，1950 年入縣立內子高中就讀，後轉縣立松山東高等學校學習。早就喜愛文學的大江，在高中編輯學生文藝雜誌《掌上》。1956 年，他考入東京大學文科法文系，開始大量閱讀世界當代著名作家的作品，像卡繆、沙特、福克納等人的作品，無不涉獵。他因學法文，對法國文學尤有深入研究，又因成績優秀，獲獎學金。

　　大學期間，大江開始在報刊發表文學作品，正式發表的第一部作品是劇本《天歎》，是為同學演出而作。接下來發表小說《火山》（1955）、《奇妙的工作》（1957），還創作劇本《死人無口》（1956）、《野獸之聲》（1956）。1957 年發表的小說《死者的奢華》，被推薦為芥川獎候選作品，1968 年諾獎獲得者川端康成看到此作，稱讚作者有「異常的才能」。學生大江開始在文壇嶄露頭角。接著，

大江又發表短篇小說《飼育》、《人羊》、《先看後跳》、《出其不意的啞巴》和《感化的少年》等作品。這些大學時代發表的作品,大多是表現在封閉現實社會尋求自我的生存危機,傾注著年輕的大江的社會責任感。《飼育》獲第三十九屆芥川獎。

1959 年,大江以論文《論沙特小說的形象》從大學畢業,開始專門從事文學創作,同年發表《我們的時代》、《我們的性世界》。前者受西方存在主義哲學和佛洛德心理學影響,試圖從性意識的角度觀察人生,構築文學世界。後者寫一個靠中年妓女為生的大學生的荒誕生活。1960 年,大江還完成了一部表現日本青年一代怨天尤人、矛盾惶惑精神狀態的長篇小說《遲到的青年》。這些作品甫一問世,即受到種種批評。1960 年 2 月,二十五歲的大江,與同學的妹妹伊丹由加理結婚,伊丹由加理的父親乃日本著名電影導演伊丹萬作。新婚第二年,大江以日本社會黨魁淺沼稻次郎遭右翼分子刺殺為題材,創作《政治少年之死》,遭到右派勢力威脅,被迫出國旅遊,便有了在巴黎採訪沙特之舉。

新婚三年,妻子生下先天畸形,頭上長一肉瘤的孩子,從此大江陷入困境。他的小說《個人的體驗》,就是根據自己的生活經歷寫成的,生活真實與藝術真實極為和諧,甚至是大江生活的翻版。小說表現了現代人的孤獨,更表達了大江關於人類之死的哲學思考。

大江是強者,完成了靈魂的自我救贖之後,繼續投入文學創作。大江在二十世紀六七十年代的作品,多以殘疾人和核問題為題材,宣傳人道主義精神,如《日常生活的冒險》(1964)、隨筆《廣島劄記》(1967)、《萬延元年的足球隊》(1967)、《核時代森林隱遁者》(1968)、《洪水湧上我的心頭》(1973)、《擺脫危機的調查》(1976)、《同時代遊戲》(1979)等。

《萬延元年的足球隊》是一部長篇小說,寫的是兄弟二人回到山村故居尋根,卻發現這裡仍處於百年前的萬延元年農民起義歷史生活當中,暴動、自殺、通姦、畸形孩子誕生等圖景及維新精神和二戰後精神交相輝映於其間。該小說先連載於《群像》雜誌,出版後獲第三屆穀崎潤一郎獎。《洪水湧上我的心頭》借用《聖經》關於洪水的傳說,表現在工業公害和核武器的威脅下,人類面臨滅絕的深淵,獲野間文學獎。

隨著社會閱歷的加深,大江健三郎對社會問題和事件逐漸更加關注,並對此

發聲，他參與日作家要求蘇聯當局釋放索忍尼辛的簽名運動，對日本作家三島由紀夫剖腹自殺也發表意見。為抗議韓國政府 1975 年鎮壓詩人金芝何，大江也參加相關活動。

20 世紀 90 年代，大江出版長篇三部曲《熊熊燃燒的綠樹》（1993）。該小說以大江之子大江光為主人公，大江敘述他由先天智能障礙兒童成長為自主的作曲家的勵志故事，獲義大利蒙特婁文學獎。大江於 1999 年又發表長篇小說《空翻》。大江的短篇小說也極為出色，出版過短篇小說集《傾聽雨樹的人們》（1982）、《新人啊，醒來吧》（1983）、《我真正年輕的時候》（1992）。有時，大江寫散文隨筆，出版過集子《嚴肅地走鋼絲》（1966）和《沖繩劄記》（1969）。大江還出版了文學評論集《小說方法》（1978）和《為了新的文學》（1988）。

大江健三郎的文學成就有目共睹，連與其在政治上相對立的三島由紀夫，都這樣評價他的對手：「大江健三郎把戰後的日本文學提到了一個新的高度。」

Toni Morrison
托尼 · 莫里森 1931—2019

美國女作家。

獲獎理由｜其作品想像力豐富，富有詩意，顯示了美國現代生活的重要方面。

獲獎作品｜《所羅門之歌》（*Song of Solomon*）（小說）、《寵兒》（*Beloved*）（小說）。

　　這一屆諾貝爾文學獎，六十二歲的美國黑人女作家托尼・莫里森獨佔花魁，又爆一大冷門。人們原本預測，1992 年黑人詩人沃爾科特繼 1991 年南非黑人作家戈迪默獲諾獎之後，第八十六屆諾獎不會連續三次將這一繡球投給黑人作家，會另擇其他語種的文壇高手。所以當瑞典文學院常務秘書阿連（Sture Allén）宣佈這一結果時，在場的人都面面相覷，一位記者愕然：「什麼？莫里森？一連給了兩個黑人，我簡直不能相信！」這裡沒有種族歧視，有的是懷疑這樣選擇是否妥當。專家們認為，莫里森充其量只能算個通俗小說家，作品只有六部，發行量也有限，只不過涉及黑人生活，而且有當下流行的女性主義文學獨特視角，能滿足大眾閱讀趣味，占了先機。《瑞典日報》的彼得・路德森尖銳地批評瑞典文學院選擇莫里森是政治原因：「瑞典文學院今年在政治上當然是百分之百的正確，但是，文學呢？」

　　總之，輿論對瑞典文學院多有批評。瑞典文學院閒庭信步地做了回答，他們看中的正是莫里森的文學才華，其小說具有豐富的想像力，語言是詩性的，敘述獨特而幽默，在展示美國黑人的現代生活同時，表達了作家對於人類的關注和同情。而這一闡述，恰恰與諾獎的宗旨「文學服務於人類文明」相一致，在歐美以白人為中心的文學資源優秀素質不斷被激發的同時，沃爾科特和莫里森等創作的黑人文學，又給這一主流文學注入新血液，世界文學由此形成多元化格局。

　　關於稱莫里森「只能算個通俗小說家」，原本就是個偽命題。且不說，進入後現代社會中，所謂嚴肅文學和通俗文學之間的界限，已變得模糊不清。君不見，通俗與高雅常常位置互換。以中國的《詩經》、話本、小說、宋詞、元曲包括《紅樓夢》為例，原本是通俗的「引車賣漿者流」的讀物，現在卻成了雅之經典。對莫里森來說，她只是創造了嚴肅文學在商業化社會進入通俗領域的一個成功範例而已。她不是靠低級趣味迎合世俗讀者的那類作家，她是靠自己的智慧和藝術技巧，靠想像和詩意受到廣大讀者歡迎的。世界文學界包括中國文學界，的確有一些自命不凡的所謂嚴肅作家，聲稱「告別讀者」，其膽大妄為早已成為文壇笑柄。

　　寫於 1977 年的《所羅門之歌》（Song of Solomon），是評論界公認的莫里森代表作之一。該年即獲全美圖書獎。該小說敘述一個黑人青年奶人（Milkman Dead）尋找自我的過程和這個黑人家庭三代百年歷史生活命運的景況，暗示黑人必須恢復本民族傳統精神古樸風範，才能不受西方白人的蔑視和欺凌，自尊地生活。

20世紀30年代，北卡羅來納州一家慈善醫院，黑人麥肯·戴德的妻子福斯特，生下一個男嬰，取名「奶人」。他們已有莉娜和科林西安絲兩個女兒。麥肯的妹妹派拉特，開了個小酒館，和女兒麗巴及外孫女哈格爾在一起生活。奶人出生，派拉特盡心照顧她這個侄子。麥肯卻死活看不上他的妹妹派拉特。

　　奶人從小到大，一直喜歡和哈格爾在一起，這令麥肯很生氣。三十一歲的奶人在耶誕節前夜與相識十二年的哈格爾分手，氣瘋了的哈格爾要殺了奶人，幾次沒有得手。當時，當地有個黑人團體叫「七日」，由七個黑人結成，是一個專門報復白人的團體。他們用最殘酷的手段報復白人，奶人質疑「七日」的行為。

　　奶人的父親麥肯不喜歡妹妹派拉特，事出有因。奶人三十二歲時，要外出闖天下，父親告訴他，派拉特當年偷了他們共有的一袋金子，讓奶人去再偷回來。奶人去姑姑家，偷出來的卻是一袋白骨。警方得知消息，將奶人逮捕。這時姑姑說，那白骨是她丈夫的。奶人得以走出警局。

　　奶人決心到賓夕法尼亞州，尋找父親和姑姑遺失的那袋金子。當他找到那個山洞，除了亂飛的蝙蝠，什麼都沒發現。後來他又尋著線索來到維吉尼亞州的沙理瑪，竟然發現了自己的家族史，知道了姑姑袋子裡的白骨不是她丈夫的，而是自己爺爺的，還知道自己是「會飛的所羅門」的家族的傳人。於是，他回到家鄉，將這一切告訴了父親和姑姑。

　　當他帶著姑姑去沙理瑪安葬屍骨時，那個曾經引誘他的哈格爾，向他開了槍，不幸擊中派拉特。他答應姑姑，會好好照顧表妹麗巴，然後，他撲過去……。

　　《所羅門之歌》借用了以色列開創猶太王朝的大衛之子、以色列最偉大的國王所羅門的歷史故事。《聖經》曰，所羅門夜裡做夢，夢見了上帝，上帝說：「所羅門，你需要什麼？你可以說出來，我一定賜給你。」他說：「求你賜給我智慧。」於是，所羅門成了最有智慧的帝王。小說以此暗喻黑人民族是一個有智慧的民族，它應與一切民族一樣共用世界。

　　《所羅門之歌》是一部有著濃郁黑人色彩的小說，為讀者吟唱了一首有著黑人神話傳說的歌曲，朗誦了一首黑人意象、精神的詩歌，描繪了一軸黑人風土風情風俗的圖畫，寫出了黑人的歷史，呈現了黑人的社會生活和豐富的精神世界。

　　《寵兒》（Beloved）也是莫里森的代表作之一。有人說：「不讀莫里森的《寵兒》就無法理解美國文學。」雖有溢美之嫌，但《寵兒》的確體現了「想像力和

詩意」。《寵兒》講述了女黑奴賽特為了避免自己的嬰兒被奴隸主奴役和蹂躪，親手殺死自己的孩子，逃亡重建自己作為自由人的生活，但總被自己殺死的嬰兒陰魂糾纏的故事。《寵兒》沒有直接敘述奴隸制本身如何殘酷、缺乏人道的故事，而是通過描寫奴隸制度廢除後，遺留給黑人難以平復的心靈和精神創傷，來譴責奴隸制度的罪惡。正是因此，在 2006 年，美國《紐約時報》組成一百二十五位文學界專家，評選二十五年來全美最佳小說時，莫里森的《寵兒》名列榜首。

　　托尼・莫里森，本名克洛艾・沃福德，於 1931 年 2 月 18 日出生在美國俄亥俄州鋼鐵小城羅倫。其父母原為農民，由南方遷移至此，靠父親做零工養家糊口，莫里森十二歲便利用課餘時間打工補貼家用。考入華盛頓專供黑人讀書的霍德大學就讀，取得學士學位後，她又進康奈爾大學研究院攻讀文學，重點研究福克納和伍爾芙。1955 年，她以文學碩士受聘於德克薩斯南方大學，教英文，後回到母校霍德大學任教，其間與建築師哈樂德・莫里森結婚生子。1964 年離婚後，她獨自撫養兩個孩子。次年，她赴西里丘斯，為蘭登書屋編輯教學課本，1968 年調紐約總部任高級編輯。

　　1970 年，她以托尼・莫里森這一筆名，在各報刊發表作品，其第一部長篇小說《深藍的眼睛》（The Bluest Eye）出版。小說敘述一個十一歲的黑人女孩兒渴望有一對像白人女孩兒那樣湛藍的眼睛，為此女孩兒心靈備受折磨，幻想中自己真的有了藍眼睛時，她已經瘋了。小說以此控訴種族歧視對黑人精神的戕害。

　　後來，莫里森又到耶魯大學等高校執教，業餘時間堅持文學創作，陸續出版《秀拉》（Sula，1973）、《所羅門之歌》（1977）、《柏油孩子》（Tar Baby，1981）、《寵兒》（1987）、《爵士樂》（Jazz，1992）、《天堂》（Paradise，1998）、《愛》（2003）等長篇小說。莫里森這些作品，表達了她的黑人必須自我救贖，實現自己的生命價值，找回尊嚴的獨立自我的理念。用她自己的話表述：

　　作家應該探求更深邃的人生哲理。我的小說的主題，主要是我們為什麼和怎樣學著認真美好地生活。

　　除小說之外，莫里森還出版詩集、劇本和散文集。

Derek Walcott
德里克·沃爾科特 1930—2017

西印度群島聖露西亞詩人兼劇作家。

獲獎理由｜他的作品具有巨大的啓發性和廣闊的歷史視野，是其獻身多種文化的結果。

獲獎作品｜《仲夏》（*Midsummer*）（詩集）、《奧麥羅》（*Omeros*）（詩集）。

　　1992 年 10 月 8 日下午 1 時，瑞典文學院電話通知正在美國哈佛大學任教的沃爾科特，他獲得了第八十五屆諾貝爾文學獎。此時正是當地清晨 7 時，沃爾科特教授正準備做早飯。事先毫無預兆，他一下子愣住了，吃驚而率直地問道：「為什麼是我？還有很多別的作家應該得獎。」於是沃爾科特的「為什麼是我」被登載到瑞典的報紙上。的確，瑞典記者在街上詢問了一百個行人，沒有一個人在此前聽說過沃爾科特的名字。人們可以懷疑沃爾科特作品的水準，但沒人不讚賞他的自謙人格。

　　多年來，瑞典文學院沒有一直站在一個文化中心的位置來評判其他文化的作品，其對歐美文化之外第三世界國家文學的重視，有目共睹。20 世紀 80 年代，「拉美魔幻寫實主義文學」在世界風行，就是瑞典文學院於 1982 年將諾獎頒給哥倫比亞的馬奎斯引起的，從此，歐美為主的諾獎格局漸漸打破。事實證明，這次諾獎頒獎之後，世界文學又一次掀起「加勒比海文學旋風」。

　　沃爾科特的出現，是在世界文化形式多元化的狀態下催生的。他的作品，不僅有多元文化的橫向座標，還有「歷史眼光」的縱向座標。他的史詩《奧麥羅》（Omeros），就是借鑒繼承希臘荷馬史詩、但丁《神曲》和莎士比亞戲劇風格的古老傳統，又把加勒比海新文明連接起來，跨越千年、獨具神韻的代表作之一。

　　《奧麥羅》寫於 1990 年，長達三百頁，分六十四章。長詩描寫了一個叫阿基里斯的漁民，駕馭小船離開西印度群島，在海上漫長漂流，經過美國東海岸和歐洲英倫三島最後到達西非的故事。氣勢宏大，意象瑰麗，將加勒比海原始神話傳說、非洲文化遺跡、希臘神話和荷馬史詩融為一體，既展示了加勒比海的美麗風光和文化風情，又描繪了這一地區廣闊的生活圖景。具有史詩品格的《奧麥羅》，反映了加勒比海人民在向人類文明邁進過程中所遇到的挑戰和不屈的精神。該詩被稱為「加勒比的莊嚴史詩」，是「新愛琴海傳統」。沃爾科特由此贏得「當代荷馬」的稱號。

　　《仲夏》（Midsummer）寫於 1986 年，節選一部分：

仲夏打著貓的哈欠在我身旁伸著懶腰。
唇片上沾滿灰塵的樹木，
在它的熔爐裡漸漸融化的轎車，

炎熱使那流浪狗踉蹌而行。
議會大廈被重新漆成了玫瑰色，
而環繞伍德廣場的圍欄仍是正在鏽去的血的顏色。
卡薩羅薩達，阿根廷的心境，
在陽臺上淺吟低唱……。
在拜爾蒙，憂傷的裁縫們盯著破舊的縫紉機，
將六月和七月緊密無隙地縫合在一起。
人們等待仲夏的閃電就像全副武裝的哨兵，
在倦怠中等待來福槍震耳的槍聲。
而我那顆被它的灰塵、它的平淡，
它的流放所填滿恐懼的心，
被黃昏時分迷蒙著光輝的山巒，
甚至被臭氣熏天的港口上空
那盞警燈放大。
整個夜晚，一場革命的吠叫鬼哭狼嚎。
月亮像一顆丟失的紐扣。
碼頭上黃色的光芒粉墨登場。
在街上，昏暗的窗戶下，碗碟碰得叮噹作響。
夜晚是友善的，未來卻像太陽一樣兇狠毒辣。
我能夠理解博爾赫斯對布宜諾賽勒斯盲目的愛：
一個人怎樣去感受它手中膨脹的城市的街道……。

　　《仲夏》如同一幅油畫，勾勒出一種繁複的意象，表達詩人恬淡傷感的生命之思和對外部世界的迷蒙和憂患心境。

　　縱觀沃爾科特的詩歌創作，我們會發現，詩人在史詩中將加勒比當代社會發展思潮與傳統歷史、文化藝術和諧統一，將歐洲文化、非洲文化及加勒比文化水乳交融，創造了本土文學的神話。憑此，他當之無愧地成為世界級詩人。已獲諾獎的詩人布羅茨基，撰文介紹沃爾科特時，從他的詩集《星星蘋果王國》（*The Star-Apple Kingdom*）中引用了四句詩，那正是詩人的寫照：

我只是個熱愛大海的紅色黑人，
我接受過良好的殖民文化教育，
我身具荷蘭、黑人和英國的骨血，
我是無名之輩，或是整個國家。

　　德里克・沃爾科特，於 1930 年 1 月 23 日出生於西印度群島中聖露西亞島的
卡斯翠。祖母和外祖母都是黑人，祖父是荷蘭人，外祖父是英國人。他身上流著
多民族的血液和文化基因，豐富著他的個性。他出生那一年，他的父親，詩人兼
畫家沃克里・沃爾科特不幸英年早逝。母親是一個學校校長，又是業餘戲劇家。
他從小就接受嚴格的教育，其家豐富的藏書讓他受到歐洲文學的薰陶。

　　沃爾科特先後就讀於聖瑪麗學院和牙買加的西印度大學，其間子承父業，
也學習繪畫。1944 年，他開始寫詩，發表在當地報刊。他十六歲時迷戀戲劇，
一口氣寫了五個劇本，十八歲時出版第一部詩集《詩二十五首》（25 Poems，
1948），從此開始其文學生涯。1949 年，他出版了詩集《給青年人的墓誌銘：詩
章十二》。

　　1953 年，沃爾科特遷居到千里達，在《千里達衛報》工作，後又到當地劇
院當導演，還當過教師，教英文和法文。職業有變化，創作卻從未停止，他出
版了詩集《在一個綠色的夜晚》（In a Green Night，1962）、《詩選》（Selected
Poems，1964）、《海難餘生及其他詩作》（The Castaway and Other Poems，1965）等，
在詩壇已小有名氣。

　　20 世紀 70 年代，沃爾科特大部分時間在美國紐約大學、耶魯大學等校執教鞭，
發表詩集有《海葡萄》（Sea Grapes，1976）、《星星蘋果王國》（1979）、《幸
運的旅行者》（The Fortunate Traveller，1984）、《仲夏》（1986）、《1948—1984
詩選》（Collected Poems 1948-1984，1986）、《阿肯色的誓約》（The Arkansas
Testament，1987）、《恩賜》（The Bounty，1997），以及自傳體長詩《另一種生
活》（Another Life，1973）、敘事詩《奧麥羅》（1990）和回憶錄長詩《浪子》（The
Prodigal，2004）等。〈另一種生活〉寫的是詩人對一位俄羅斯女孩的思念：

在那頭髮裡我可以穿越俄羅斯麥地，
你的手臂是成熟墜落的梨，
因為你，實際上，已變成另一故鄉……。

　　從這些長詩，我們可以看到，詩人對於西印度群島本土文化的認同感明顯加強，歐洲文化傳統已正融匯加勒比文化，使沃爾科特的詩作「形成多元化而具有歷史感的創作風格」。

　　沃爾科特的詩膾炙人口，戲劇也令人矚目。他是詩人，又是戲劇家。他獲諾獎時，已發表五部劇本，到晚年已創作了二十多部劇作。它們是歷史劇《多芬海域》（1954），以及《提金和他的兄弟們》（1958）、《猴山上的夢》（1971）、《沙維爾小丑》（1974）、《噢，巴比倫！》（1976）、《休戰紀念日》（1978）、《默劇》（1978）等。1985年，他發表史詩劇《鑼鼓與色彩》。這些劇作大多以加勒比島國社會為背景，展示了土著文化與殖民文化和現代文明的碰撞、衝突，表現加勒比人的「文化認同」的困境。

　　《猴山上的夢》講的是一個燒炭老人幻想坐上皇帝寶座的故事，展示加勒比人和殖民主義者之間，在政治、文化領域相互鬥爭又彼此依存的歷史發展過程，寓意極為豐富。《鑼鼓與色彩》通過對探險家哥倫布、征服者雷利、反抗者圖聖和殉難者戈登四位歷史人物的描寫，來探索歷史。

　　沃爾科特獲諾貝爾文學獎時，恰好瑞典皇家劇院正演出他的戲劇《最後的狂歡節》。這一巧合，讓劇院院長像自己獲諾獎般高興。

　　沃爾科特除了獲諾貝爾文學獎外，還曾獲得過英國的國際作家獎、史密斯文學獎，以及美國的麥克亞瑟基金等獎項。

　　2017年3月17日，沃爾科特在聖露西亞的家中去世。如今，他對文學發出的聲音依然擲地有聲：

　　我以為，現在的一種令人憂慮的傾向是人們越來越強調橫向座標的意義，把自己定位在左邊，定位在東方，定位在一個平面上，而忘記了自己在豎直座標中的位置，忘記了時間和歷史的位置，忘記了高和深度，這是使人迷失個人和民族座標的重要原因。

Nadine Gordimer
納丁・戈迪默 1923—2014

南非女作家。

獲獎理由｜以強烈而直接的筆觸，描寫周圍的人際與社會關係，其史詩般壯麗的作品，對人類大有裨益。

獲獎作品｜《七月的人民》（*July's People*）（小說）。

20 世紀末，非洲文壇真是光彩奪目。從奈及利亞的渥雷・索因卡、埃及的納吉布・馬哈福茲，到納丁・戈迪默，1986 年至 1991 年，非洲居然有三位作家詩人站到諾貝爾文學獎的殿堂之上。

　　戈迪默獲諾獎，並不讓人吃驚，其實她早就以文學上的卓越成就被世界文壇關注。她先後獲得過史密斯文學獎、南非英語科學院湯瑪斯・普瑞格爾獎、英國布克獎、法國埃格爾文學獎、美國現代語言學會獎、班奈特獎、義大利普萊米歐・馬拉帕斯獎和德國內莉・薩克斯獎等，她的作品幾乎覆蓋歐美等地。

　　其作品《七月的人民》（*July's People*）受到瑞典文學院的青睞，不無道理。因為它反映的是種族歧視和種族共融、和睦相處的人類重大命題，充滿了理想主義色彩和人道主義精神，與諾獎宗旨相契。

　　《七月的人民》講的是南非爆發黑人革命，戰火摧毀城市，白人白領夫婦斯邁爾斯和妻子莫琳，帶著三個孩子，跟隨黑人僕人七月，逃到七月的故鄉發生的故事。出身富貴之家的莫琳，到了鄉下，不得不靠原來的僕人七月，苦度缺衣少食的日子，這身份互換的關係，讓莫琳痛苦萬分。

　　莫琳難以融入黑人文化，更難以接受貧窮生活，她曾被黑人婦女團結和睦的勞動吸引，高興地參與其中，但僕人七月認為她是主人，不該下地勞作，在家享受僕人的勞動收穫天經地義，這反而使她茫然不知所措。她不知道如何面對現狀和怎樣迎接未來。最後，莫琳想結束這一切，她拋棄丈夫和孩子，跑向一架不知是屬於白人還是黑人的直升飛機，把自己的命運交給未知……。

　　小說帶著濃郁的政治性，但並非圖解政治。小說中有濃墨重彩的一筆，便是描寫孩子。白人、黑人的鬥爭社會環境和百姓生活發生著巨大變化，但這群天真無邪的孩子，卻是變故中唯一不變的群體，成人為了各自的目的舞刀弄槍，殊死搏鬥，孩子卻依然快樂地玩耍，無憂無慮地嬉戲，忘情地擺弄玩具，縱情地釋放他們純真的天性。孩子的世界與外部的相互殘殺形成了鮮明的對照，這是戈迪默在告訴世人，人類只有放下固有的政治、觀念、私欲，像孩子一樣清白純真，這個世界才能種族和睦共融，共用和平。戈迪默是用文學表達這一觀念的，她對和平不遺餘力地呼籲，贏得諾貝爾文學獎對她的崇高評價，「對人類大有裨益」。

　　納丁・戈迪默，於 1923 年 11 月 20 日降生在南非約翰尼斯堡附近小鎮的一個

猶太人之家。父親來自立陶宛，母親來自倫敦。戈迪默先在一所修道院學校就讀，後考入威特沃特斯蘭德大學。受母親影響，她自小就喜歡閱讀文學作品，九歲時嘗試寫作，十五歲時發表小說《昨天再來》。

1948 年，戈迪默出版短篇小說集《面對面》。次年，二十六歲的她與牙醫結婚，育有一女，三年後婚姻破裂。1952 年，她出版短篇小說集《毒蛇的柔和聲音》，翌年出版首部長篇小說《虛妄年代》（The Lying Days），受到文壇關注，從此走上專業的文學創作之路。一年後，她嫁給富商萊茵霍爾德‧凱西爾，後得子雨果，創作也始豐收，先後出版長篇小說《陌生人的世界》（A World of Strangers，1958）、《愛的時節》（Occasion for Loving，1963）、《資產階級世界的末日》（Late Bourgeois World，1966）和《貴客》（A Guest of Honour，1970）等。這些作品表現人與人之間的相互友愛，富有人道主義色彩。

自 20 世紀 70 年代始，戈迪默從輕歌淺唱溫暖美好的人間情感，轉向對南非嚴峻現實生活的描寫，筆墨沉重地表現種族隔離釀成的惡果，表達了對白人殖民主義當局種族歧視的不滿和抨擊。這類小說成了戈迪默小說的主流，有《生態保護者》（The Conservationist，1974）、《博格的女兒》（Burger's Daughter，1979）、《朱利的子民》（1981）、《大自然的變動》（Sport of Nature，1987）、《我兒子的故事》（My Son's Story，1990）、《無人伴我》（None accompany Me，1994）和《護家之槍》（1998）等。

在寫大量長篇小說的同時，戈迪默的短篇小說也有較高水準。內容上與長篇形成掎角之勢，藝術上似更精巧、細膩、嫻熟、深邃，有《六英尺土地》（1956）、《不是為了出版》（1965）、《短篇小說集》（1975）、《士兵的擁抱》（1980）、《跳躍》（1991）、《掠奪》（2003）等多篇。

縱觀戈迪默的小說創作，其藝術上擅長對生活細節的描寫及對人物心理細緻入微的刻畫。晚年，受歐美現代主義思潮的影響，她把「預言現實主義」駕馭得得心應手，在過去、現在和將來的時空裡，營造了一個個帶有預言警示的故事。

小說是戈迪默文學創作的主項，他的文學評論也多有創見。其 1973 年出版的文學評論集《黑人解釋者》和 1995 年出版的文學評論集《寫作與存在》，對文學理論有獨特闡述。1988 年，其出版的隨筆《基本姿態》，也匠心獨運、意蘊深遠。

除了文學創作，戈迪默還熱衷於教學工作，先後在美國名校哈佛大學、普林

斯頓大學和哥倫比亞大學執教鞭，播撒文學種子。她還曾任世界作家心儀的國際筆會之副主席，聲望很高。

2014 年 7 月 13 日，九十三歲的戈迪默逝世。南非總理朱瑪很惋惜地說：「南非失去了一位愛國者，失去了一位著名的作家，也失去了一位爭取平等和自由的振臂疾呼者。」

Octavio Paz Lozano

奧克塔維奧 · 帕斯 1914—1998

墨西哥詩人。

獲獎理由｜他的作品充滿激情，視野開闊，滲透著感悟的智慧並體現了完美的人道主義。

獲獎作品｜〈太陽石〉（長詩）。

西班牙作家卡米洛・荷西・塞拉於 1989 年獲諾獎，在世界文壇引起過一番爭論。其爭論的內容是：為什麼比塞拉聲望更高的尤薩、帕斯等沒獲諾獎，偏要頒給塞拉呢？好了，第八十三屆諾貝爾文學獎把桂冠戴在帕斯頭上時，墨西哥詩界並不高興，這些同胞沒有感到榮耀，反而對瑞典文學院頗有非議，有人甚至否認帕斯是墨西哥人，說他常年居住海外，對國內事務並不感興趣。

　　這或許正是帕斯的獨特處，「他從來都不是一個民族的詩人，而是屬於世界詩歌的世界詩人」（瑞典人之語）。因此，在他獲獎後，墨西哥詩界並不高興之際，西班牙語文學世界卻歡呼雀躍，很多拉美地區的國家首腦聯絡發出祝賀，將這視為拉美地區的榮譽。

　　帕斯並不理會這些非議，在他看來，國籍並不重要，重要的是詩歌。他思考的是他的詩歌能否進入不同的文化領域，或者相反，不同的文化是否能進入他的詩歌。帕斯在 1974 年有過這樣的詩句：「看這個世界，就是拼寫了這個世界。」其實，帕斯既關注歐美的主流文化，也對東方文化如日本的俳句、中國古典詩詞和印度詩有深刻的研究和借鑒，但他更關注墨西哥本土文化及拉丁美洲包括古老的瑪雅文化，那是浸透在他自己骨髓血液裡的文化之根。他對本土文化崇敬執迷，他創作於 1957 年，被瑞典文學院高度認可的長詩〈太陽石〉中的太陽石，就是墨西哥出土的代表本土文化的古代阿茲特克人的巨大日曆石碑。

　　長詩〈太陽石〉對應太陽石日曆的五百八十四天，共五百八十四行，將讀者帶入「對於死亡、時間、愛情和現實問題的思考」（瑞典文學院新聞稿語），不是帶你進入歷史、尋根文學，而是帶你到廣闊的世界和宇宙。全詩沒有一個句號，最後一句不是句號而是冒號，表明未來是沒有窮盡的：

　　晶瑩之柳，清水之楊，
　　高大噴泉，風如拱廊，
　　根深大樹，依然靜舞，
　　河道流轉，浩浩湯湯，
　　重複迴旋，完成圓環，
　　永恆不斷來臨：

太陽石碑重二十四噸，高三百五十八米，上刻阿茲特克神話中的太陽神，巍峨雄健，莊重威嚴。〈太陽石〉配得上這座神碑。詩歌融匯古今，馳騁天地，將歷史、現實、神話、想像融為一體，讚美古老的瑪雅文化，描繪世界萬物和人類命運，抒發美好理想。〈太陽石〉有史詩的氣魄、抒情詩的意蘊、政治詩的恢宏、哲理詩的神韻、田園詩的風采，用諾貝爾文學獎的評語概括，便是「作品充滿激情，視野開闊，滲透著感悟的智慧並體現了完美的人道主義」。

　　奧克塔維奧・帕斯，於 1914 年 3 月 31 日出生於墨西哥城郊米斯庫克鎮一個高貴的書香門第。祖父是著名的墨西哥作家，本土文學的先驅之一。父親是著名的政治記者，專做當地印第安人維權律師，1911 年墨西哥民族革命的中堅人物，曾代表墨西哥出任駐美國大使。母親是西班牙移民。帕斯從小受文學修養深厚的家庭薰陶，藏書豐富的書房也為他提供了豐富的文化營養。而且，他從五歲就接受英法式教育。帕斯十五歲入墨西哥大學哲學文學系，並開始寫詩。其詩受西班牙和法國超現實主義風格的影響。

　　1931 年，帕斯與一批年輕詩人共創詩歌雜誌《欄杆》，兩年後又創辦《墨西哥谷地手冊》和《詩歌車間》文學期刊。這些期刊，多介紹西班牙語系著名詩人的作品，同時介紹歐洲文學態勢和成就。這一年，他出版了自己的第一部詩集《野生的月亮》。

　　1936 年，西班牙內戰爆發。次年，帕斯參加西班牙舉行的第二屆全世界反法西斯大會，結識了參會的聶魯達、奧登等詩人，那時他才二十三歲。1937 年，帕斯在尤卡坦半島創辦了一所中學，讓當地的農民子女有學可上。在這裡辦學期間，他遇見了偉大古老的瑪雅文化，深入探尋，於 1941 年出版詩集《在石與花之間》。

　　1937 年至 1939 年間，帕斯出版了《在你清晰的影子下》、《在世界的邊緣》和《復活之夜》三部詩集。

　　第二次世界大戰結束後，帕斯子承父業，也進入外交界，曾到法國、瑞士、日本、印度任外交官。在日本、印度就職時，他對東方文化非常感興趣。他曾研究過中國的「孔孟」、「老莊」等哲學，甚至一度對中國文化特別是中國古典詩歌頗為癡迷，並曾用英語試譯唐代詩人王維、李白、杜甫，宋代詩人蘇軾的詩章。回國後，他集中精力、專心致志地從事文學創作，曾創建「詩歌朗誦」活動，有

力地推動了墨西哥的詩歌戲劇活動。20 世紀 50 年代，他出版詩集《假釋的自由》（*Libertad bajo palabra*，1958），其中收長詩〈太陽石〉、〈狂暴的季節〉等。

　　20 世紀 60 年代伊始，帕斯重返外交界，先後任駐法、印大使。1968 年 10 月 2 日，墨西哥城發生當局槍殺學生慘案，帕斯毅然辭去墨西哥駐印度大使職務，表示強烈抗議。那年，墨西哥正處於舉辦奧運會前夕，國內政治形勢惡化，社會腐敗，學生於 10 月 2 日上街遊行示威，其口號是：「我們不要奧運，我們要革命！」政府下令，槍殺數百名學生。這黑暗血腥的一幕，被後來的作家珀尼亞托斯卡寫進小說《特拉特洛克之夜》。帕斯辭職之舉，成為瑞典文學院稱讚其「完美的人道主義」的一個注腳。

　　1962 年，帕斯出版詩集《火種》，1969 年，出版詩集《東山坡》。二十世紀七八十年代，他還有《回歸》（1976）、《向下生長的樹》（1987）等詩集問世，1989 年有自選詩集《帕斯最佳作品集》出版。

　　除了寫詩，帕斯在詩論和文學評論方面也有建樹，像《弓與琴》、《深思熟慮》等著作，在拉丁美洲和西班牙語系中有較大影響。此外，他的散文造詣頗高，出名的有《孤獨的迷宮》、《拾遺補缺》等。

　　帕斯一生收穫太多的褒獎：1963 年獲比利時國際大獎，1981 年獲西班牙賽凡提斯文學獎，1990 年獲諾貝爾文學獎。

　　1998 年 4 月 19 日，帕斯去世。他獲諾貝爾文學獎後，在為他舉行的歡樂而隆重的宴會上講的話，振聾發聵，如今仍在迴響：

　　不論我們選擇什麼形式的社會和政治組織國家，最迫切、最要緊的問題是環境的生存，保護自然就是保護人類。

　　這是另一種形式的〈太陽石〉。

Camilo José Cela
卡米洛 · 荷西 · 塞拉 1916—2002

西班牙作家。

獲獎理由| 他的作品內容豐富,情節生動而富有詩意。帶著濃郁情感的豐富精簡的描寫,對人類弱點達到的令人難以企及的想像力。

獲獎作品|《杜瓦特家族》(*La Familia De Pascual Duarte*)(小說)。

瑞典文學院宣佈第八十二屆諾貝爾文學獎頒給塞拉時，立刻使世界文壇掀起軒然大波，並引起一番熱鬧的爭論。因為，該年諾貝爾文學獎候選人太多，個個都是出類拔萃、享有盛名的作家，這中間就有尤薩、帕斯、富恩特斯、格林、葛拉斯、昆德拉和歐茨等，而並不顯赫的塞拉居然脫穎而出，力壓群雄，獨佔鰲頭，令人感到莫名。

　　但時間證明，將諾獎桂冠授予塞拉，未必是最佳選擇，但也不是錯誤的決定。像帕斯、葛拉斯等人後來也都獲諾獎。塞拉在西班牙文學史上，是繼賽凡提斯、加爾多斯之後最負盛名的作家。他的文學成就，在於他不僅繼承了西班牙古老而優秀的文學傳統，而且開拓創新，使沉寂幾個世紀的西班牙文學因他而再度輝煌，強勢重返世界文壇。

　　塞拉在西班牙，早就在文學領域揚名立萬，1975 年被選為西班牙皇家學院院士，1983 年榮獲西班牙國家文學獎，四年後再獲西班牙阿斯圖裡亞斯女親王文學獎。1989 年他以《杜瓦特家族》（*La Familia De Pascual Duarte*）榮膺諾獎似是水到渠成。

　　小說《杜瓦特家族》以杜瓦特一家的悲劇，揭示 20 世紀初西班牙廣闊的社會圖景及人的精神狀態，堪為西班牙農村社會現實的縮影。

　　杜瓦特一家，家境貧寒、愚昧。戶主杜瓦特年輕時因走私犯罪被判入獄，出獄後意志消沉，酗酒消愁，不斷施家暴，發洩心中怨氣。全家忍無可忍，將他關進壁櫥，讓他受折磨而死。他的沒受過教育的悍妻，以暴抗暴回擊丈夫，對子女也少母愛。他們五個孩子中的兒子帕斯庫亞爾，在這樣得不到父愛母慈的家庭環境中成長，性格也被扭曲，他要與坎坷的命運抗爭，屢鬥屢敗。

　　帕斯庫亞爾好不容易結婚成家，度蜜月時騎馬遊玩，踢傷路人，掃興回家。在舉行的宴會上，又因口角，他與別人拔刀相向，不歡而散。後喜添貴子，孰料不幸夭折。為排遣喪子之痛，他到外地闖蕩，卻與人發生糾紛，在搏鬥中殺死對方，被判刑二十八年。

　　在獄中，帕斯庫亞爾洗心革面，以減輕自己的罪惡感，自我救贖。他熬到刑滿釋放，重獲自由，回到家裡，卻與母親發生爭執，失手殺死老母，悵然地被推向絞刑架。「先生，我並不是壞人」，小說正是以他在獄中的回憶錄的形式展開的，這是為他自己命運感到不公的申訴。

　　小說中，帕斯庫亞爾本性不壞，甚至很善良，是複雜的社會使他的性格「異變」成冷酷、兇殘，這是對西班牙二十世紀二三十年代嚴酷社會現狀最深刻的揭示和尖銳的批判。在藝術上，塞拉曾受自然主義影響，但小說的基調是批判現實主義的。

　　1916 年 5 月 11 日，一個男嬰呱呱墜地於西班牙伊裡亞弗拉維亞小城中，他就是卡米洛‧荷西‧塞拉。父親是海關官員，母親為英國和義大利混血，家境殷實。1925 年，全家移居馬德里。受過很好的家庭教育、喜愛文學的塞拉，在馬德里讀完中學，又進入馬德里大學讀哲學、醫學、法律和文學。

　　大學期間，塞拉開始文學創作，十九歲時出版詩集《踏著白日猶豫的光芒》。1936 年，西班牙爆發內戰，塞拉離開大學從軍。三年後內戰結束，塞拉退役返回馬德里時，家庭經濟不允許他繼續完成大學學業。為了生計，他走向社會，當過職員、畫工、客串演員、鬥牛士、柔道教練等，有豐富的社會實踐和人生經歷，不僅讓他認識了社會，也為他後來的文學創作提供了大量的素材。

　　1942 年，二十四歲的塞拉小試牛刀，一出手便寫出讓西班牙文壇震驚的《杜瓦特家族》，小說被譽為僅次於《唐吉訶德》的西班牙文學里程碑。四十二年後的 1982 年，小說入選西班牙語最佳十部小說之一。

　　一舉成名之後，塞拉的創作出現井噴勢頭，相繼出版了《憩閣療養院》（1943）和《小癩子新傳》（1944）兩部長篇。前者描寫肺病患者悲觀絕望的生活，後者則諷刺西班牙病態的社會生活，作品以現實生活為題材，思考社會生活。此外，他還出版了短篇小說集《飄過的那幾朵雲》（1945）及詩集《修道院與語言》（1945）、《阿爾卡里亞之歌》（1948）。1945 年，塞拉還出版了遊記《阿爾卡里亞之旅》，顯示他文學多面手的才華。

　　進入 20 世紀 50 年代，塞拉花費五個春秋精心創作的長篇巨著《蜂巢》（*La colmena*），於 1951 年出版。這部小說別開生面，來自社會各階層的走卒販夫、芸芸眾生，像工人、小販、職員、員警、更夫、妓女、醫師等，紛紛出入小小咖啡館。如同中國的老舍之《茶館》，各種人物紛紛亮相，在這小舞臺上，展示西班牙內戰期間萬花筒般的生活景象。各色人等活像「人類的蜂房」中的工蜂，不分主次尊卑，忙碌而騷動地進進出出，其人生命運色彩繽紛。《蜂巢》甫一問世，大獲

好評，甚至被視為「一部開創了西班牙小說新年代的偉大作品」。

1953年，塞拉出版《考德威爾太太和兒子談心》，講的是一個悲痛欲絕、精神錯亂的母親給死於海灘的兒子寫信的故事，暗喻內戰給人民帶來的傷痛。兩年後，他出版《金髮姑娘》，接著又有反西班牙內戰的《聖卡米洛》（1969）、《尋找陰暗面的職業》（1977）及描寫山村家族衝突的《為亡靈彈奏瑪祖卡》（*Mazurca para dos muertos*，1983）問世。

到了20世紀90年代，七十多歲的塞拉仍老驥伏櫪，創作了《聖安德列斯的十字架》（1994）和《黃楊木》（1999）等。

塞拉的短篇小說和遊記散文也舉足輕重，除了上面提到的短篇小說集《飄過的那幾朵雲》外，還有《關於發明的爭執》（1953）、《風磨》（1955）和《十一個有關足球的故事》（1963）等。遊記散文有《阿爾卡裡亞之旅》（1945）、《漫遊卡斯蒂利亞》（1955）、《猶太人、摩爾人和基督徒》（1956）、《庇里牛斯山脈萊裡達地區之行》（1965）等，膾炙人口。塞拉也嘗試過戲劇寫作，出版了《牧草車或鍘刀發明人》（1969），只是沒多大影響。

2002年，被譽為「西班牙文學寶庫」的塞拉逝世。有的文學史家認為，塞拉的離去，意味著「最後一位偉大的西班牙作家的消失」。

Naguib Mahfouz
納吉布·馬哈福茲 1911—2006

埃及作家。

獲獎理由｜他通過大量刻畫入微的作品——洞察一切的現實主義，喚起人們樹立雄心——成全
了全人類所欣賞的阿拉伯語言藝術。

獲獎作品｜《平民史詩》（小說）。

剛剛過去兩年，非洲作家又摘得諾貝爾文學獎桂冠。他們都是靠非洲民族文化的魅力獲此殊榮。讀馬哈福茲的小說，如同看到一部當代阿拉伯小說發展史，即從歷史小說轉向反映現實社會生活，再轉到通過書寫本民族獨特的歷史生活，探求人類命運的前途。無論是奈及利亞的渥雷·索因卡，還是馬哈福茲，在藝術手法上，皆吸收現代主義融匯民族文學傳統，形成濃郁的非洲、阿拉伯風格。其作品又都充滿愛國主義精神。

　　窮其一生，馬哈福茲創作了長、中、短篇小說五十多部，其中有三十多部被改編成電影，足見其作品已成為埃及獨特的文化風景線。最有影響的是長篇小說《平民史詩》。

　　《平民史詩》寫於 1977 年，敘述的是平民納基一家的十三代家族史。

　　自納基祖先阿舒爾建立家庭開始，這家就是處於社會底層的平民，擁擠在一個不寬敞的窮街區裡。他們自食其力，身兼街區小頭目，竭力維持窮街的社會公正、公序良俗，受到平民的敬重，人送名號「阿舒爾·納基」（納基，得救的人）。

　　阿舒爾的兒子舍姆蘇·丁，子繼父業，其稟性正直真誠，讓街道生活安居美滿。但到了舍姆蘇·丁的兒子曼蘇爾長大成人，繼承父業，娶了富商之女做第二任妻子後，在金錢的誘惑下，不再自食其力，而是貪污稅金，後半身不遂，死於窮困潦倒。他的兩個兒子也不成器，街道走向蕭條貧窮。平民間的鬥爭，也圍繞納基一家展開。恢復阿舒爾精神，並非易事，道路曲折。到薩馬哈時，因其與頭目爭奪一女人，而遭人陷害，不得不出逃，在外地隱姓埋名，娶妻生子，後被仇人發現，他再次潛逃。等獲自由回到妻子那裡，妻子早已委身一個偵探，怒不可遏的薩馬哈將偵探殺死，再度逃亡。

　　薩馬哈留下三個兒子，瓦希德重掌街區頭目，但很不爭氣，自甘墮落。二兒子拉馬納為爭奪家產，設計殺死親兄弟古萊。古萊的妻子看清這一切，從小便給兒子灌輸復仇惡念，幫助兒子分家另過，但詭計多端的叔叔拉馬納慫恿侄子挑戰爺爺薩馬哈的權威。他陰謀敗露，被爺爺囚禁。破落的拉馬納絕望中殺死自己的祖母，被判無期徒刑，而荒淫無度的瓦希德因心臟病而壽終正寢。

　　經過漫長的歲月淘洗，街區的平民逐漸覺醒，並開始展開鬥爭，可惜被納基家族的小薩馬哈利用，建立了暴虐的統治。隨著饑荒的蔓延，樂善好施的小薩馬哈的弟弟法特哈·巴布，舉起反抗大旗，劫富濟貧，順應民意，推翻了哥哥小薩

馬哈的暴政，成為新的街區頭目，雖不久被自己手下人謀害，但街區平民抗爭的火種並沒有熄滅。

最後，經過鬥爭，納基家族十三代傳人繼承了祖先的傳統，成為受街區歡迎的頭目。

十三代平民家族的奮鬥歷史，應該是一個民族的傳奇歷史，一部跌宕壯闊的埃及平民史詩。《平民史詩》沒有具體歷史背景，也無具體地點。故事仿佛發生在一個與世隔絕的永恆的時空裡。但是它並不是仙境、地獄，而分明是一個現實社會的真實縮影。那裡出現的一切，都是人類社會共同所面臨的問題。到處都彌漫著濃郁的市井煙火氣。其塑造的人物形象，也非神非鬼，雖帶神秘奇異色彩，卻栩栩如生。

吉納布・馬哈福茲，於 1911 年 12 月 11 日降生在開羅一個商富家庭。他童年受到很好的教育，十九歲考入埃及大學文學院，讀哲學專業。他就讀期間，博覽群書，自學法、德等語言，畢業後繼續深造，1936 年留埃及大學任教，邊執教鞭邊搞文學創作。

小說《瘋語》是他的第一部作品，發表於 1938 年。一年後，他離校到埃及宗教基金部工作，後又在文化部藝術局、電影公司等部門工作，後任職文化部顧問。

20 世紀 30 年代至 40 年代中期，馬哈福茲創作了不少歷史小說，像《命運的嘲弄》（1939）、《拉多比斯》（1943）和《底比斯之戰》（1944）等作品。第二次世界大戰後，其小說題材已向都市生活方面轉化，他發表了不少抨擊現實社會弊端的小說，比如《新開羅》（1945）、《米格達胡同》（1947）、《海市蜃樓》（1948）及《始與末》（1949）等。

在馬哈福茲創作的生涯中，20 世紀 50 年代後期創作的「家族小說」，由《宮間街》（1956）、《思宮街》（1956）和《甘露街》（1957）組成的三部曲，是他創作走向成熟的標誌。這部三「街」曲，著力敘述開羅一個商人阿卜杜・賈瓦德一家三代人的命運，呈現 20 世紀上半葉埃及社會生活宏闊的圖畫。該小說因其現實主義批判精神和強烈的藝術力量，堪稱阿拉伯乃至非洲現實主義文學的里程碑。馬哈福茲不僅贏得「阿拉伯當代小說的旗手」的崇高稱號，還奠定了其在阿拉伯乃至非洲文壇的泰斗地位。這部「家族小說」，也是他後來創作《平民史詩》，

步入諾貝爾文學殿堂的一次演練。

　　進入 20 世紀 60 年代，埃及結束法魯克封建王朝統治多年後，馬哈福茲經過深入觀察，注意到社會出現貧富不均等社會弊端和不公。為了揭露這些問題，他相繼出版了《小偷與狗》（1961）、《鵪鶉與秋天》（1962）、《道路》（1964）、《乞丐》（1964）、《尼羅河上的絮語》（1964）、《聲名狼藉的家》（1965）、《米拉瑪爾公寓》（1967）和《我們街區的孩子們》（1959—1969）等社會小說，表達了小說家對社會矛盾和精神危機的思考。

　　20 世紀 70 年代，精力充沛、精神飽滿的馬哈福茲，更多地對民族文化傳統和小說的民族形式進行探索。相繼出版了《傘下》（1971）、《卡爾納克咖啡館》（1974）、《尊敬的閣下》（1975）。於 1977 年出版了使他登峰造極的《平民史詩》，他的「家族」小說由此走向了世界。

　　20 世紀 80 年代，馬哈福茲的精神完全回歸到埃及的傳統文化海洋之中，根據傳統的瑪卡梅體，創作了《愛的時代》（1981），又根據《一千零一夜》的故事和人物，改寫成《千夜之夜》（1982），而《伊本‧法圖瑪遊記》則是運用了阿拉伯遊記形式寫成，《王座前》也如是。

　　2006 年，九十五歲的馬哈福茲逝世。老人給埃及留下了一筆豐厚的充滿了十足理想主義阿拉伯風味的文學遺產。

Joseph Brodsky
約瑟夫·布羅茨基 1940—1996

美國詩人。

獲獎理由｜他的作品超越時空限制，無論在文學上或是敏感問題方面都充分顯出他廣闊的思想
及濃郁的詩意。

獲獎作品｜〈約翰·多恩和其他詩集的輓歌〉（*Elegy to John Donne and Other Poems*）（詩歌）。

布羅茨基的詩歌思想敏銳，詩意強烈，其人品也自尊高貴，性格獨立。1991
年，諾貝爾文學獎頒獎九十周年紀念活動隆重舉行，瑞典國王卡爾‧古斯塔夫
十六世蒞臨慶典活動。世界名流趨之若鶩。慶典特為受邀的歷屆諾獎得主及國際
知名作家、詩人包括詩人北島等舉行盛大音樂會。當國王古斯塔夫十六世率王后、
公主、王子走進大廳時，來賓紛紛起立致敬，只有儀錶堂堂的布羅茨基和夫人紋
絲不動地坐在那裡，異常顯眼，那年他五十一歲，是諾獎得主中最年輕的詩人。

　　1964 年，列寧格勒（今聖彼德堡）還是冰天雪地的嚴冬二月，已顯示詩歌非
凡天賦的二十四歲的布羅茨基，被抓到監獄裡。在法庭上，「權力與精神之間，
完全沒有溝通可言」（湯瑪斯‧曼語），下面的對話便是證明：

　　法官：你從事什麼職業？
　　布羅茨基：我寫詩。我以為⋯⋯。
　　法官：別跟我來什麼「我以為」。站直了！別靠牆！看著法官，老老實實回
答問題！說，你有固定職業嗎？
　　布羅茨基：我想，寫詩可以算是固定的職業。
　　法官：我要一個明確的回答。
　　布羅茨基：我寫詩歌。我想這些詩會出版。我以為⋯⋯。
　　法官：我們對你的「以為」不感興趣。回答問題，為什麼你不工作？
　　布羅茨基：我工作，我寫詩歌。
　　法官：你為你的國家做了些什麼？
　　布羅茨基：我寫詩歌，那就是我的工作⋯⋯，我相信我寫的對人民是有用的，
不僅現在有用，將來也有用。
　　法官：誰決定你是個詩人？一個人只有通過大學的學習，得到大學文學專業
的畢業文憑才能成為詩人。
　　布羅茨基：我不信，我不信可以通過上學當詩人。
　　法官：你這些話根據何在？
　　布羅茨基：我相信我的根據來自上帝。

　　審問之後，布羅茨基以「社會寄生蟲」罪名，被判勞動教養五年。這一判

決遭到世界的抗議，連國內的女詩人阿赫瑪托娃都為其打抱不平。布羅茨基服刑二十一個月後被釋放，1972 年遭驅逐出境。

1965 年，美國出版了他的第一部俄文版詩集《短詩和敘事詩》（*Verses and Poems*），其中有一首長詩〈約翰・多恩和其他詩集的輓歌〉（Elegy to John Donne and Other Poems），讓布羅茨基名揚海內外。

約翰・多恩是英國 17 世紀著名玄學詩人。多恩的詩，表達了他的內心世界充滿矛盾和痛苦，他既相信永恆的天國，又難以忘情世俗世界，其詩痛苦的感情、生動的意象和極富思辨色彩的玄思妙想對世界詩壇有很大影響。布羅茨基的這首長詩，就是將其視為永生的詩魂，而加以頂禮膜拜的。該長詩肅穆莊嚴，又哀婉動人，在夢幻般的境界中營造出崇高的氛圍。全詩有兩百多行，其間關於「睡眠」就有五十多個相關的詞語，表現多恩並未離去，只是熟睡而已：

> 約翰・多恩熟睡了，周圍的一切睡了。
> 睡了，牆壁、地板、畫像、床鋪，
> 睡了，桌子、地毯、門閂、門鉤……。
> 樓梯的臺階，門。夜無處不在。
> 無處不在的夜：在角落、在眼睛、在床鋪
> 在紙張間，在桌上，在欲吐的話語，
> 在話語的措辭，在木柴，在火鉗，
> 在冰冷壁爐中的煤塊，在每一件東西裡……。
> 在門口的掃帚，在拖鞋。一切在熟睡……。
> 黑色的地獄之火安息了，還有榮耀的天堂……。

看上去，像是喋喋不休地嘮叨，但在布羅茨基看來，詩歌就是世界本身。讀這首詩時，詩人沉睡了，詩沉睡了，世界沉睡了，上帝沉睡了，讀者卻一直清醒。布羅茨基說過：「很多事物可以分享，比如一張床、一片麵包、某些罪名、一個情婦，但絕非一首詩。」詩，本身就是一種不服從，就是拒絕被支配和奴役。

我們可以再欣賞布羅茨基的〈一首歌〉：

多希望你在這兒，親愛的，

多麼希望你在這兒。

我希望你坐在沙發上我坐近你。

這手帕可能是你的，

眼睛可能是我的。

在下頜打轉。

當然，它也可能是恰恰相反。

　　這詩，如詩人那雙眼，透著情感、智慧和真誠，透著善良而又深沉，與〈約翰‧多恩和其他詩集的輓歌〉的風格完全不同，這是一首充滿溫情的詩。

　　約瑟夫‧布羅茨基，於 1940 年 5 月 24 日在蘇聯列寧格勒一個猶太人家中出生。1955 年，他對學校正規教育不滿，自動退學，十五歲即步入社會。為謀生，他當過工人、雜役，在工廠、醫院太平間輾轉。他甚至隨地質勘探隊到荒無人煙的地方探礦。漂泊不定，四處打工，歷盡人世滄桑，使他深入地接觸社會，為後來的文學創作提供了堅定的基礎。從小就鍾情文學的布羅茨基，即使精疲力竭，也從不忘堅持閱讀，俄羅斯作家的經典著作及歐洲優秀文學作品，他無不涉獵。為了方便閱讀和翻譯，他還自學英文、波蘭文。他有時還抽空寫詩。他寫詩可追溯到十五歲，一直沒間斷過，只是因他的詩不合時宜，在國內只有幾首短詩和譯詩，刊載在「地下刊物」上。

　　幸運的是，他後來與蘇聯著名女詩人阿赫瑪托娃相識，並結為摯友，得到她的指導和幫助，他的詩歌創作突飛猛進。1964 年，布羅茨基以莫須有的罪名被判刑，在阿赫瑪托娃仗義執言的鼎力幫助下，提前獲自由後，他曾在莫斯科一家出版社工作。次年，他的詩集《短詩和敘事詩》在美出版，引起蘇聯當局不滿，加之他一貫不與當局合作，不懈地給予批評，1972 年，已在國際上頗有影響的布羅茨基被當局驅逐出境。他取道維也納，轉赴美國，先後在密西根大學、紐約大學等高校執教，同時繼續他的文學創作。1977 年，布羅茨基獲美國國籍。當年，他出版俄文詩集《一個美麗紀元的結束》。1982 年，他又出版《羅馬哀歌》。他的詩還被譯成英文版詩集《約瑟夫‧布羅茨基詩選》（1973）、《言辭片段》（1977）。

布羅茨基逝世後還出版了詩集《等等》（1996）。

布羅茨基「以思想敏捷和詩意強烈為特色的包羅萬象的寫作」，贏得了諾貝爾文學獎。他的寫作題材涉及文學、歷史、哲學、倫理、政治、宗教、神話和社會現實等各個領域。同時，他的詩作是高度形象、音樂感和激情的凝聚，有思想光彩，有藝術魅力。

布羅茨基這樣評價自己：

一個相當保持私人性的人，一個終生偏愛私人狀態而不願擔當任何社會重要角色的人，一個在這種偏愛方面走得相當遠——至少遠到離開家鄉的人，一個寧做民主制度下一事無成的徹底失敗者，也不在暴政下或當烈士或當人上之人的人……。

這個人，於 1996 年 1 月 28 日，因心臟病突發在紐約去世。

Wole Soyinka
渥雷・索因卡 1934—

奈及利亞劇作家、詩人、小說家、評論家。

獲獎理由｜他以廣博的文化視野創作了富有詩意的關於人生的戲劇。

獲獎作品｜《雄獅與寶石》（*Lion and the Jewel*）、《死亡與國王的馬伕》（*Death and King's Horseman*）（戲劇）。

　　瑞典文學院，終於將目光投向非洲，將諾貝爾文學獎頒給奈及利亞人渥雷・索因卡，這塊古老、廣袤而神秘土地所孕育的文學，才給世界文學帶來新鮮的氣象。

　　1934 年 7 月 13 日，索因卡在非洲中部的奈及利亞西部阿貝奧庫塔降生。他的家族屬於約魯巴族。其父是當地小學的校長，頗有聲望和地位。索因卡從小就受約魯巴傳統文化薰陶滋養，對他後來研究約魯巴神話並從中發掘一種悲劇理論大有幫助，更為他的小說、詩歌和創作提供了靈感和素材。但可惜的是，像許多亞洲、非洲、拉美國家的作家一樣，他們在本地中學接受教育之後，多到歐洲去接受高等教育或深造，過度汲取外來元素，丟掉本土文學的傳統，使其創作的作品非驢非馬。

　　索因卡從伊巴丹大學畢業後，於 1954 年到英國利茲大學深造。與生俱來的約魯巴古老文化傳統，受到全新而有更大誘惑力的歐洲現代文化挑戰，索因卡饒有興味地選擇了後者。特別是他對歐洲文學尤其是戲劇，產生了強烈的興趣。1957 年大學畢業後，他留在倫敦，在皇家劇院從事戲劇工作，同時創作劇本。到 1960 年，他發表了《新發明》、《雄獅與寶石》（*Lion and the Jewel*）、《沼澤地居民》（*The Swamp Dwellers*）和《傑羅教士的磨難》（*The Trials of Brother Jero*）等幾部格調詼諧活潑、頗富諷刺意味的喜劇著作。可以說，索因卡這幾部劇作具有明顯歐化的痕跡。

　　1960 年，二十六歲的索因卡意氣風發地回到奈及利亞，創立了業餘劇團「1960 年假面具」和專業劇團「奧里森」，以上演西非作家的劇本為主，有時也排演自己的劇作。這段時間，他創作了劇本《森林之舞》（*A Dance of Forests*，1960）、《強大的種族》（*The Strong Breed*，1964）、《孔其的收穫》（1965）和《路》（*The Road*，1965）等。

　　20 世紀 60 年代末，奈及利亞發生內戰，索因卡因反對內戰而被軍方政府逮捕，下獄兩年。1970 年獲釋後，他先後流亡到歐洲和迦納，六年後歸國，受邀到母校伊巴丹大學戲劇學院和伊費大學執教，間或赴英國任劍橋大學、耶魯大學和美國康奈爾大學客座教授。

　　20 世紀 70 年代，索因卡的戲劇創作仍受歐洲現代主義戲劇影響，內容主要以揭示奈及利亞和非洲社會現實為主，藝術風格變得隱晦和荒誕，主要作品有《瘋

子與專家》（*Madmen and Specialists*，1971）、《死亡與國王的馬伕》（*Death and King's Horseman*，1975）和《文堯西歌劇》（1977）等。

《死亡與國王的馬伕》講述了一個圍繞非洲創世神話「人祭」事件展開的悲劇故事。索因卡大膽地將「人祭」這一富有爭議的非洲傳統神話題材，引入自己的劇本，引起世界對非洲文化廣泛而深切的關注，讓非洲文化堂而皇之地踏進世界文化殿堂，功德無量，應該受到尊敬。

《死亡與國王的馬伕》劇情梗概如下。國王死了，按約魯巴族的傳統，國王的侍從首領必須在神聖的葬禮中自殺，陪國王的靈魂升到天堂。但侍從首領艾勒辛面對死亡，選擇了退縮。其長子歐朗弟從歐洲回來，打算送赴死的父親艾勒辛最後一程，父親退縮，讓歐朗弟看到父親對塵世的留戀。

殖民地的行政長官原來就想廢除「人祭」這一野蠻儀式，於是順水推舟，乘機將躊躇的艾勒辛囚禁起來。約魯巴子民、從英國趕回來的醫學院學生歐朗弟，勇敢地子承父職，在國王葬禮儀式中自殺，陪伴國王走向神聖的去往天國的通道。獄中苟活的艾勒辛聞之，羞愧難當地結束了自己的生命。

該劇借「人祭」這一古老儀式，表達了自己關於非洲社會和人類社會的悲劇性觀點，暗喻人性、人的堅強意志、人的擔當道義對於民族發展的重要意義。

1986 年，是索因卡最為榮耀的一年，他先被選入全美文學藝術院，後又榮獲諾貝爾文學獎。

索因卡多才多藝，除了戲劇之外，還出版過長篇小說《闡釋者》（*The Interpreters*，1965）、《失序的季節》（*Season of Anomy*，1973），還有自傳體散文《阿凱——童年記事》（*Ake : The Years of Childhood*，1982），出版過詩集《曼德拉的土地及其他詩作》（*Mandela's Earth and Other Poems*，1967）、《獄中詩抄》（*Poems from Prison*，1969）、《墓穴裡的梭》（1972），敘事詩《歐岡·阿比比曼》（*Ogun Abibiman*，1976）。他還有文學評論集《神話、文學和非洲世界》（*Myth,Literature and African World*）及紀實文學《一個大陸敞開的膿瘡——奈及利亞危機的個人敘述》（*Open Sore of Continent A Personal Narrative of the Nigeria Crisis*，1996）等作品。

Claude Simon

克勞德‧西蒙 1913—2005

法國小說家。

獲獎理由｜由於他善於把詩人和畫家的豐富想像與深刻的時間意識融為一體，對人類的生存狀
況進行的深入描寫。

獲獎作品｜《弗蘭德公路》（又譯《走向法蘭特爾之路》）（小說）。

西蒙是繼 1964 年尚－保羅・沙特獲獎之後，歷經二十一年，再度獲諾貝爾文學獎的法國小說家。這個名不見經傳的西蒙獲獎，不僅讓法國文學界一片混亂，也讓世界文壇感到震驚。諾獎得主辛格聞之，不無嘲笑地發問：「誰呀，這是男的還是女的？」

　　這與他的小說被認為不入流，且艱澀難懂，一直很不暢銷有關，也與他生性沉默寡言，不善交際，長期住在庇里牛斯山區的葡萄園裡，深居簡出，不接受採訪，始終與巴黎文壇保持距離不無干係。他自己在《盲人奧里翁》自序中說：「我除了每走一步路，每說一句話所開出的境界外，並不知道其他的境界為何。」

　　小說沒銷量，生活無著落，必須靠伯父留給他的葡萄園收入養活自己。但有趣的是，巴黎一家很有影響的右翼報紙，想入非非，稱西蒙與蘇聯的克格勃有關係。

　　與外界的紛紛猜測相悖的是，這個躲進小樓成一統的西蒙，卻非常關心當代的社會問題。他年輕時為了自己的立場，前往西班牙參與反法西斯內戰。1983 年，七十高齡的西蒙還與熱愛和平的文學藝術家聯名寫信，向世界表達對「大國軍備競賽」的擔憂和對和平的渴望。

　　西蒙因 1960 年出版的長篇小說《弗蘭德公路》而獲第七十八屆諾貝爾文學獎。該小說是根據作者親歷的第二次世界大戰期間，在法國北部，接近比利時的弗蘭德地區，法軍被納粹德軍擊潰，倉皇逃竄的真實故事寫成的。其梗概如下。戰後，喬治和堂嫂即隊長雷謝克的妻子幽會，二人如膠似漆時，喬治腦中突然掠過法軍潰敗的往事。擔任騎兵隊長的堂兄雷謝克，率部隊在弗蘭德，遭到德軍伏擊而全軍覆沒。喬治認為堂兄知道德軍設了陷阱，故意衝鋒自殺的，因為堂兄一直為自己的妻子紅杏出牆、不守婦道而痛不欲生。喬治還斷斷續續回憶自己被俘後在集中營的生活，逃亡的險境，以及歷經無數女人後，又回到他深愛的堂嫂身邊的永難磨滅的樁樁往事。但喬治思維飄忽不定，想像光怪陸離，總理不出頭緒，最後也沒能找到堂兄死亡的真相。儘管不少人感到這部小說文字冗長，情節與意識支離破碎，補敘和聯想又多與主旨脫節，但戰爭對大自然的破壞，對人與人之間關係的扭曲，卻可實實在在感受到。我們不能否定小說表達了對社會問題和對個人生存、人際關係的種種深刻思考，以及努力向我們展示了二十世紀三四十年代歐洲廣闊的社會圖景的事實。瑞典文學院認定《弗蘭德公路》是「對人類的生

存狀況進行的深入描寫」，歐洲《衛報》也說，「在西蒙的小說裡，戰爭成了一種與人類普遍境況極其吻合的隱喻，是社會秩序瓦解於殺伐的混亂之中的形式和禮儀」，皆切中肯綮。

　　克洛德‧西蒙，於 1913 年 10 月 10 日出生在法屬殖民地馬達加斯加首府安塔那利佛。四歲時，其父在第一次世界大戰中陣亡，母親帶他回到法國佩皮尼昂鎮。西蒙十一歲時，母親也病逝，他由祖母撫養，後被製造葡萄酒的伯父收養。他曾就讀巴黎名校斯塔尼斯拉斯中學。他原有機會去海軍學校學習，但他放棄了別人求之不得的好機會，投奔法國立體派畫家安德烈‧洛特 - 加龍省，向其學繪畫，後短期進牛津大學和劍橋大學修哲學和數學。

　　1936 年，西班牙發生內戰，西蒙到巴賽隆納支持政府，參軍與叛軍激戰。殘酷的戰爭經歷給二十三歲的西蒙留下深刻印象，後皆寫入小說之中。

　　1939 年，第二次世界大戰的烽火燃起，西蒙應徵入騎兵團作戰。在戰爭結束前的 1945 年春，在著名的牟茲河戰役中，他不幸頭部受傷而被德軍俘虜，關進德國集中營。他設法逃出後，回法國參加地下抵抗運動。其成名作《弗蘭德公路》（1960）、《歷史》（1967）和《魯‧巴拉斯》（1969）等便是以牟茲河戰役為題材的。戰爭結束後，西蒙一直居住在伯父贈給他的位於庇里牛斯山的葡萄種植園，邊勞動邊創作。

　　西蒙以小說《老千》（1945），宣告他正式步入文學創作生涯，但未引起文壇注意。接著在 1947 年和 1952 年，他又出版第二部作品《鋼絲繩》和第三部小說《格里弗》，仍受到冷落。到了 20 世紀 50 年代，他發表了《春之祭》（1954）、《風》（1957）和《草》（1958）等小說，開始有了反傳統的現代派傾向，終於引起文壇的關注。

　　進入 20 世紀 60 年代，西蒙以《弗蘭德公路》強勢進入法國文壇，一炮而名天下。接下來，西蒙出版的《豪華旅館》（1962）、《歷史》（1967）、《魯‧巴拉斯》（1969）等長篇小說，文體改變，色彩斑斕，已具有自己獨特的藝術風格，標誌著他的創作已走向成熟。西蒙到了 20 世紀 70 年代後仍保持精力旺盛、文思如泉的好狀態，文學創作出現井噴態勢，進入了自己的創作高峰時期，出版了《盲人奧里翁》（1970）、《導體》（1971）、《三折畫》（1973）、《事物的教訓》

（1975）、《農事詩》（1981）、《洋槐樹》（1989），還有回憶錄式小說《植物園》（1998）和《有軌電車》（2001）等。接近暮年的西蒙，將小說玩到出神入化的境界，開始「文字的歷險」，抑或說他對小說的形式和文字進行大膽有益的探索。正如小說理論家讓‧里加杜所指出的，晚年西蒙的小說不再是人生冒險經歷的敘述，而是文字與形式的探索冒險。

以西蒙 1981 年創作的《農事詩》為例，小說寫了不同時期的三個人物：一位是法國大革命時期的將軍，一位是西班牙內戰時期的英國青年，一位是二戰時期的法國騎兵。西蒙將他們放在同一時空，在田園牧歌式、色彩斑斕的環境中，詩畫結合、光影交錯地將三個人物相互勾連起來，突出他們的經歷和命運的相似性，這成為蘊含深邃哲理的新小說派的樣本。

西蒙學過繪畫，一直追求文字和畫面融為一體，富有詩性的小說模式。他曾說：「寫作如同畫家作畫，就像畫家在作畫過程中，這裡添上一筆，那裡抹上一層色彩，會產生新的效果一樣。」無怪諾獎評委說：「他善於把詩人和畫家的豐富想像與深刻的時間意識融為一體。」

像許多大作家一樣，西蒙除了創作小說，還涉獵戲劇，寫過劇本《分離》（1963），還曾在散文隨筆領域徜徉，出版散文集《女人們》（1966）、《藝術愛好者的畫冊》（1988），隨筆有《腳印》、《發現法國》等。他對文學理論也有造詣，有《傳統與革命》（1967）、《小說的逐字逐句》（1972）和《小說的描寫情節》（1980）等專著。

2005 年 7 月 6 日，一生都不擅張揚、一直低調的西蒙，在美麗的葡萄莊園裡靜靜地告別了他一直都弄不懂的世界。那時，葡萄園裡的葡萄已晶瑩飽滿地掛滿枝頭。法國總統德維爾潘的悼詞是：

法國文學失去了其中一位最偉大的作家，但他仍會作為最偉大的小說家之一，活在個人或集體的記憶中。

多麼好的墓誌銘。

Jaroslav Seifert
雅羅斯拉夫・塞弗爾特 1901—1986

捷克詩人。

獲獎理由｜ 他的詩富有獨創性、新穎、栩栩如生，表現了人的不屈不撓的精神和多才多藝的渴
求解放的形象。

獲獎作品｜〈紫羅蘭〉（詩歌）。

捷克天才的共產黨員作家尤利烏斯‧伏契克和他的長篇特寫〈絞刑架下的報告〉，曾在 20 世紀 50 年代的中國，幾乎家喻戶曉。〈絞刑架下的報告〉是作者在監獄裡用鉛筆頭，在一塊塊小紙片上寫成，它是二戰時抵抗法西斯運動中，最昂揚的一曲戰歌和重要的歷史文獻。比伏契克早生兩年，同樣工人家庭出身的塞弗爾特，一改捷克革命作家猛烈抨擊社會的風格，更多表達對人民深切的同情和熱愛，以及對美好自由生活的渴望。

　　塞弗爾特，於 1901 年 9 月 23 日誕生在捷克首府布拉格一個工人家庭。他的家境貧寒，他中學還沒畢業，就因生活所迫，不得不放棄學業，步入社會謀求生計。由於從小喜愛文學，他便到新聞和文學界謀職，曾先後在《紅色權力報》、《平等報》任編輯，其間向《人民權利》、《六月》等報刊投稿。

　　20 世紀 20 年代，受蘇俄十月革命浪潮影響，捷克正處於爭取國家獨立和民族解放鬥爭風起雲湧的動盪年代。二十歲左右的塞弗爾特，積極投入革命運動，在鬥爭的洗禮中，參加了共產黨。1921 年，塞弗爾特出版詩集《淚城》，該詩集已淡化了同時代詩人涅曼那種充溢著鬥爭精神，鼓舞人心的革命激情，而是抒發詩人對生活的熱愛，溫情和愛意勝於憤怒和聲討。

　　20 世紀 20 年代的歐洲，除蘇俄之外，文化沒有壁壘，西歐的哲學思想和現代文學流派已在捷克漫延，在其影響下，捷克出現了一個現代派文學社團「旋覆花社」。年輕的詩人塞弗爾特，成為該社的骨幹力量。在接受存在主義、超現實主義文學思潮的同時，詩人逐漸淡出社會鬥爭旋渦，退出共產黨，到文學領域去自我表現，尋找精神的伊甸園。他這時的代表作是詩集《全部的愛》（1923）、《在 T‧S‧F 電台周波裡》（1925）和《信鴿》（1929）等。為藝術而藝術，成了當時其詩作的主旋律。到 20 世紀 30 年代，塞弗爾特的詩風、觀念有所變化，從為藝術而藝術的執著，轉向對現實的關注，有詩集《裙兜裡的蘋果》（1933）、《維納斯之手》（1936）出版，儘管詩中有淡淡的懷疑主義和悲觀主義的色彩，但還是表達了懷念故鄉和童年的美好情感。

　　1936 年，詩人重新煥發了愛國主義激情。納粹德國虎視眈眈，喪權辱國不平等條約《慕尼克協定》簽訂，面對國家處於危難、民族面臨消亡的境況，詩人拍案而起，創作了《別了，春天》（1937）、《把燈熄掉》（1938）、《鮑日娜‧

聶姆曹娃的扇子》（1940）、《身披霞光》（1940）、《石橋》（1944）等詩集。《別了，春天》借回憶童年和青春美好往事，抒發了對自己母國的無限眷戀之情。《把燈熄掉》表達了詩人對捷克人民和國家命運的憂患。寫於二戰的詩篇，激蕩著詩人強烈的愛國主義深情，唱出了捷克人民的共同心聲，對動員人民抗擊法西斯主義起到鼓舞作用。

捷克從法西斯魔爪下解放出來之後，詩人的詩集《泥盔》（1945）熱情地謳歌了與法西斯浴血奮戰的人民，表達解放後的歡悅之情。從 1945 年起，塞弗爾特到國家總工會機關報《勞動報》當編輯，主編文學月刊《花束》。1949 年，出版詩集《浪跡江湖的窮畫家》後，他辭去公職，成為專業作家。20 世紀 50 年代，塞弗爾特出版了詩集《維克托爾卡之歌》（1950）、《母親》（1954）和《少年與星星》（1956）等。詩中透露出對在蘇聯控制下的社會生活及受意識形態影響的文學出現簡單化傾向的不滿。《維克托爾卡之歌》，是詩人根據 19 世紀捷克著名小說家、批判現實主義奠基人聶姆曹娃（1820—1862）創作於 1855 年的長篇小說《外祖母》中一位悲慘命運的姑娘原型創作的。詩歌通過對那時不合理社會現實的批判，表達了對所處時代社會不合理現實的不認同態度。《母親》抒發的是詩人對母親深情執著的愛，母愛哺育了他的正直和道義。因其詩是既有思想性又有高妙藝術性的作品，曾獲國家獎。

到了 20 世紀 60 年代，受蘇聯出兵干涉內政等政治氣候的影響，塞弗爾特秉承作家的道義和藝術良知，開始批評整肅文藝政策和個人崇拜政治，受到當局發動的公開批判，不得不放棄創作。後來，蘇聯國內政治發生變化，沉默多年的塞弗爾特重返文壇。他相繼出版了《島上音樂會》（1965）、《哈雷彗星》（1967）、《鑄鐘》（1967）、《皮卡迪利的傘》（1978）、《避瘟柱》（1981）、《身為詩人》（1981）等詩集。其中前三個詩集，是塞弗爾特飽經政治風雲和生活磨礪後，對社會生活和人生真諦的思考。而後三個詩集的詩風又有了趨於平穩、藏而不露、深邃老辣而不失幽默的特點。〈每當我們的桑樹開花〉一詩云：

每當我們的桑樹開花，
它們的氣味總是飄飛起來。
飄進我的窗口……。

尤其在夜晚和雨後。
那些樹就在拐彎的街角，
離這兒只有幾分鐘的路。
夏天當我跑到
它們懸起的樹梢下，
吵鬧的黑鳥已經摘去了
幽暗的果實。

　　不言而喻，詩歌彌漫著沉鬱的傷感意緒，我們家園的「果實」被「黑鳥」摘去了。詩人透過暗喻，表達了失去尊嚴的人「渴求解放」的期望。
　　這裡再引一首關於「一個人老去」的詩：

當一個人老去，
就連潔白的雪也使他厭倦。
而當我在夜晚注視著天空，
我不曾尋找到天堂。
我更加害怕那個黑洞，
在宇宙邊緣的某個地方，
它們比起鐘聲更加可怕。

　　塞弗爾特的詩，整體抒情中總散發著陽光明麗的氣息，有時顯得明快而輕鬆，但詩人的詩又總積鬱著傷感和悲涼。蘋果的紅和綠那麼天然和諧，如同社會生活，有光明也有黑暗。弄清這一點，便可找到解讀其詩的鑰匙。
　　塞弗爾特一生共創作了詩集三十部，還出版了散文集《伊甸園上空的星星》（1929）、回憶錄《世界美如斯》（1982）等，此外，他還翻譯了俄國詩人勃洛克、法國詩人阿波利奈爾等名家的詩。詩人於 1986 年病逝，獲諾貝爾文學獎之後還不到兩年。瑞典文學院給塞弗爾特的諾貝爾文學獎頒獎詞說：「他的詩富有獨創性、新穎、栩栩如生，表現了人的不屈不撓的精神和多才多藝的渴求解放的形象。」
　　權當獻給詩人塞弗爾特的墓誌銘。

William Gerald Golding

威廉 · 高汀 1911—1993

英國作家。

獲獎理由｜具有清晰的現實主義敘述技巧以及虛構故事的多樣性與普遍性，闡述了今日世界人
類的狀況。

獲獎作品｜《蒼蠅王》（*Lord of the Flies*）（小說）。

自 1953 年英國前首相溫斯頓·邱吉爾以回憶錄《第二次世界大戰回憶錄》獲得諾貝爾文學獎以來，整整三十年，英國作家再無人獲此榮耀。當七十二歲的高汀再次登上這個寶座，整個英國一片驚喜和歡騰，甚至連高汀自己都不敢相信獲此殊榮。算起來，他是世界第八十位、英國第七位獲諾獎的作家。

　　高汀的小說有自己的藝術個性，從未陷入現代小說固有的模式，其小說以虛構為主，類似寓言，善用比喻、象徵、諷刺等藝術手法，以自己的道德觀念，從關於人類原始生活狀態的神話中，去思考人類的墮落、野蠻、自私等宏大的世界問題，其作品常常令人觸目驚心、振聾發聵，誠如瑞典文學院所說，高汀的作品「具有清晰的現實主義敘述技巧及虛構故事的多樣性和普遍性，闡述了今日世界人類的狀況」。因此，高汀成了第二次世界大戰後英國最有影響力的作家之一。

　　1954 年，高汀出版的長篇小說《蒼蠅王》（Lord of the Flies）一炮打響，獲得意想不到的成功，默默無聞的高汀一舉成名，成為歐美讀者廣泛評論的名作家。

　　《蒼蠅王》是一部以虛構的第三次世界大戰為背景的寓言體小說，表達了作者對人類本性和社會危機的嚴肅思考和深切憂患。

　　第三次世界大戰爆發，拉開了核戰爭序幕。一架飛機載著一群少年飛往南方避難，不幸被擊中，墜落在一個荒無人煙的珊瑚島上。倖存的人困於這個孤島。雷爾夫、傑克和賽門，一起對小島進行觀測，發現小島有蔚藍的海水、綿長的白色沙灘，孤島上有淡水，綠樹成蔭，果樹上結滿果實，是一個伊甸園般的孤島。

　　這群六歲至十二歲的孩子在小島上，開始了新生活。他們開了會，十二歲的雷爾夫決定點起一堆篝火，希望讓經過的飛機和船隻發現並搭救他們。

　　就這樣，一個小小的社會誕生了。起初，孩子們還能按文明社會習慣和公序良俗，讓小社會和諧運轉。大家組成小組去採集果實，用樹枝搭造草棚，並點燃篝火。但好景不長，有序變成無序。人們不願總去採集食物，搭建住棚，這些工作限制了個人自由。他們放棄責任，選擇跟傑克一道去打獵，過那種無拘無束又可大快朵頤的生活。

　　孩子分成了兩幫，分別以雷爾夫和傑克為頭兒。為了奪取小社會的統治權，建立可發號施令的權威，兩幫孩子明爭暗鬥，後發展成明火執仗的兩幫較量。講秩序理性的雷爾夫，被不講秩序非理性的傑克打敗。很快，在欲望和責任的衝突中，這群孩子漸漸失去人性，墮落成嗜血成性者。傑克們為了對付雷爾夫他們，

將木棒兩端削尖，準備像對付島上野豬那樣，殺掉雷爾夫。正在雷爾夫四處逃竄，性命朝不保夕之時，一艘英國皇家海軍艦艇發現荒島的孩子，雷爾夫才倖免於難。

由於無人照看環境，美麗的孤島已經被大火燃燒得滿目瘡痍。「雷爾夫的眼睛不禁如雨水般流了下來……，他為童心的泯滅和人性的黑暗悲泣。」

很明顯，小說通過流落荒島的一群孩子，由於脫離文明社會，退化恢復了人類原始野蠻本能，成為相互殘害的野蠻人這一現象，來探討關於人性中的善與惡的命題。作者認為：「人類產生邪惡就像蜜蜂製造蜂蜜。」羅伯特‧亞當斯這樣評價《蒼蠅王》，高汀的小說在結構和筆調上非常不同，它們都是些宗教諷喻，其中一再重現的主題就是人類生而有之的邪惡。

「蒼蠅王」，源於希伯來語的誤譯，意為魔鬼。作者通過《蒼蠅王》意在闡明人性中的罪惡之神。《蒼蠅王》的思想迎合了第二次世界大戰後的廣大讀者，特別是年青一代的心理，再加上小說的象徵手法及對這群孩子內心世界刻畫上的細膩精准，作品贏得人們的歡迎，並不奇怪。

威廉‧高汀，於 1911 年 9 月 19 日出生在英格蘭南部康沃爾郡一個稱為哥倫白‧馬愛納的村子裡，父親是一個知識份子。高汀少年時就讀瑪律博羅文法學校，1931 年赴牛津大學讀化學，後改修英國語言文學。他曾出版一本《詩集》（*Poems*），收錄二十九首詩。高汀於 1935 年大學畢業，當過小學校長，後到倫敦，在一個劇院裡當編劇和導演，有時客串演員。因家庭生活所迫，他於 1939 年到一教會學校任教，同年，二十八歲的高汀與安妮‧布魯克菲爾特結婚。

第二次世界大戰爆發，高汀應徵入伍，到皇家海軍服役五年。曾與德海軍在海上交過戰，後又指揮過火箭炮一分隊於 1944 年參加攻佔法國的戰鬥，獲少校軍銜。1945 年，戰爭結束後，高汀退伍，重返教會學校執教。一直酷愛文學的他，業餘時間從事文學創作。經過精心準備，1954 年，高汀出版了長篇小說《蒼蠅王》，不鳴則已，一鳴驚人。在美國，《蒼蠅王》被選為大學英文教材和必讀書，與早三年問世的沙林傑之《麥田捕手》平分秋色。

1955 年，高汀的第二部長篇《繼承者》（*The Inheritors*）出版。小說以舊石器時代為背景，描寫活動在歐洲、西亞和北非的尼安德特人純潔、善良和熱愛生活的人性美。次年，高汀又出版一部揭示人性惡的長篇小說《品徹‧馬丁》（*Pincher*

Martin）。小說敘述了海軍水雷部隊軍官馬丁在一種複雜的「考驗」中受折磨致死的故事，抨擊海軍「簡直是一座地獄」。小說通過馬丁對征服生活的渴望，到「考驗」中的殘酷，表明要贏得生活自由是不可能的。

1959 年，高汀出版了以第一人稱寫成的長篇小說《自由落體》（*Free Fall*），通過一個英國藝術家落入納粹集中營後自我反省的故事，反映高汀式的英雄在與現代社會的衝突中，最終只能喪失自身的清白。小說嫻熟地運用意識流、自由聯想及細膩的心理描寫等現代小說藝術，使作品思想深刻，藝術綽約多姿。

到 20 世紀 60 年代，高汀出版長篇小說《尖頂教堂》（*The Spire*，1964），敘述了中世紀一群勞動者，由於屈從一個教長為自己樹碑立傳，企圖建立四百英尺的尖塔，造成道德和精神上的墮落。作品通過教長的野心和狂妄，那群勞動者的貪欲，揭示了人類邪惡的本性和文明的脆弱，表達了高汀「人性向惡」的觀念。

1979 年，高汀出版長篇小說《黑暗之眼》（*Darkness Visible*），次年又有《啟蒙之旅》（*Rites of Passage*）問世。前者，講的是如果陰間是地獄，那麼陽間就是煉獄，善惡在生活中是兩個獨立的力量，二者永遠搏殺；後者，描寫 19 世紀拿破崙時期，富家少爺塔爾伯特在駛往澳大利亞的船上的所見所聞，其船上醜陋的眾生相，表現出人類的劣根性和獸性。《啟蒙之旅》是高汀長篇航海三部曲的第一部，1987 年出版的《短兵相見》（*Close Quarters*）和 1989 年出版的《潛藏之火》（*Fire Down Below*），則是第二、第三部。在創作這三部曲中間的 1984 年，高汀還有長篇《紙人》（*The Paper Men*）問世。這些小說與高汀其他小說一樣，都在闡述他關於人類道德的預言，即人類是墮落的、自私的、野蠻的。

此外，高汀在劇本上也有造詣，像《銅蝴蝶》（1958），很受歡迎。他還寫雜文和文學評論，有雜文集《熱門》（1965）、文學評論集《活動的靶子》（1982）等。這些作品同樣關注人性惡之研究和闡述。

自 20 世紀 60 年代起，他在創作之餘，多在英國、美國間往來，在文學理論研究和教學方面，成果累累，獲譽不少：1960 年任布勞斯頓學院榮譽研究員，1961 年獲牛津大學文學碩士學位，1970 年獲英國布萊頓薩塞克斯大學博士學位，1980 年再獲英國最高文學獎布克獎。

1993 年，高汀懷著「如何去懂得生命的無畏與自然生存的混亂」的人類疑難問題，憂心忡忡地黯然去世，時年八十二歲。

Gabriel José de la Concordia García Márquez

加布列・賈西亞・馬奎斯 1927—2014

哥倫比亞作家。

獲獎理由｜他的代表作《百年孤寂》把我們帶進了一個奇異的世界，將不可思議的神話和最純
粹的現實生活融為一體，反映了拉美大陸的生活和衝突。

獲獎作品｜《百年孤寂》（*Cien años de soledad*）（小說）。

20 世紀 60 年代，拉丁美洲在民族解放運動澎湃勃興的影響下，產生了一股氣勢恢宏的被譽為「爆炸文學」的文學熱流，孕育了一批優秀的作家，馬奎斯和波赫士便是其中的翹楚。

　　1982 年 10 月 21 日，瑞典文學院宣佈將第七十五屆諾貝爾文學獎授予馬奎斯時，拉丁美洲文學界一片歡騰。「魔幻寫實主義」的風潮，席捲全世界文壇。馬奎斯成為拉丁美洲繼米斯特拉爾、阿斯圖里亞斯和聶魯達之後，第四位獲諾獎作家。被譽為「繼西班牙黃金時代的天才們之後，繼巴勃羅・聶魯達之後最偉大的天才」。但馬奎斯對記者說，他寫小說也是出於偶然，認為寫作是一種「苦難和折磨」。

　　中國的「尋根派」，正是受到這股潮流影響而出現的文學流派。不可否認，馬奎斯對中國整整一代作家，都產生過影響。莫言在獲諾獎後發表演說時就說：「我必須承認，在創建我的文學領地『高密東北鄉』的過程中，美國的威廉・福克納和哥倫比亞的加布列・馬奎斯給了我重要啟發。」

　　憑《百年孤寂》（ *Cien años de soledad* ），馬奎斯獲得諾貝爾文學獎，實至名歸。長篇小說《百年孤寂》是馬奎斯醞釀了十多年，於 1967 年完成的標誌世界文學殿堂巔峰的巨著，他由此一躍成為炙手可熱的魔幻寫實主義文學大師。

　　馬奎斯歷經驚心動魄的文學歷險，最終寫完該書最後一句話「值得你流淚的人不會讓你流淚」，他走進臥室，抱著熟睡的妻子，失聲痛哭起來。妻子小心地問他：「你真的寫完了嗎？」在他殫精竭慮地伏案創作時，她總是給丈夫擺上一朵黃色的玫瑰，從沒告訴他，為了支持他創作，家裡已負債累累。

　　《百年孤寂》的初版，是 1967 年在布宜諾斯艾利斯上市的，印了一百多萬冊，立刻被搶購一空。偉大的文學會超越時空，1970 年的英文版，風靡了世界，其發行量僅次於《聖經》。

　　《百年孤寂》以「許多年之後，面對行刑隊，奧雷里亞諾・波恩地亞上校將會回想起，他父親帶他去見識冰塊的那個遙遠的午後」開篇，開啟了一個容納過去、現在和將來時空的跨越巨大的故事。作者是用通俗、粗淺的文字，娓娓講這個故事的。

　　波恩地亞娶了聖潔勤勞的表妹烏蘇拉。烏蘇拉擔心表親結婚會生下帶豬尾巴的孩子，於是一直穿著貞潔褲，不與表哥親熱。這讓村民都嘲笑波恩地亞。盛怒

之下，他殺死譏諷他的阿基爾拉，當晚逼迫烏蘇拉脫下貞潔褲。從此，阿基爾拉的鬼魂便纏上他，死者那淒苦的眼神使他日夜心神不寧。於是他帶著妻子、朋友踏上旅途，尋找安身之所，經過兩年艱苦而漫長的跋涉，在夢的啟示下，落腳在一片灘地，建立家園馬孔多鎮。

時光荏苒，波恩地亞家丁興旺，擁有長子阿卡迪奧、二子奧雷良諾、小女兒阿瑪蘭塔，幾代同堂，為馬孔多鎮最大的家族。

馬孔多鎮已發展成擁有手工廠、商店的繁華集鎮，南來北往客人很多，政府派來了鎮長。大選期間，自由派和保守派鬥爭激烈，政府派部隊進駐馬孔多，打壓自由派，槍殺該派組織者諾格拉醫生。奧雷良諾同友人站在保守派對立面，率二十多個年輕人，襲擊警備隊，槍殺政府軍上尉，自己當了上校。後政府攻佔了馬孔多，槍決了奧雷良諾的哥哥阿卡迪奧，奧雷良諾發動三十二次反擊，最後當上令政府畏懼的革命軍總司令。停戰協議簽訂，奧雷良諾投降，獲教皇赦免，孤獨活到老死。

老波恩地亞發瘋死後，年已一百多歲的烏蘇拉也在耶穌受難日早晨去世。他們的第六代傳人波恩地亞偏偏愛上姨媽，偷情生下第七代波恩地亞，但這個長著豬尾巴的孩子，被從各地聚集而來的螞蟻吞噬得屍骨不存。

第六代傳人波恩地亞，在吉卜賽人墨爾基阿德斯的房間裡破譯了羊皮書手稿中的題詞：「家族中的第一個人將被綁在一棵樹上，家族中的最後一個人正被螞蟻吃掉。」馬孔多「將被颶風刮走，並將從人們的記憶中完全消失……，命中註定要一百年處於孤獨的世家絕不會有出現在世上第二次的機會」。

波恩地亞家族從開始繁衍再回到原點，從此永遠地消失。但一個家族一百年內七代人的興衰和榮辱，留給我們深深的回味和思索。小說涉及歷史社會和生活的方方面面，堪稱拉丁美洲歷史的形象縮影。同時，《百年孤寂》運用奇幻的想像和氣勢恢宏的場面，為眾多的人物提供廣闊的舞臺，展示出每個人的傳奇人生。

誠如瑞典文學院所說：

他的代表作《百年孤寂》把我們帶進了一個奇異的世界，將不可思議的神話和最純粹的現實生活融為一體，反映了拉美大陸的生活和衝突。

美國麥克來倫公司1981年出版的柯勒斯大百科全書，是這樣評論《百年孤寂》的：「他的史詩般的《百年孤寂》也許算得上是當代拉丁美洲小說中最重要的第一流作品。」1969年，《百年孤寂》先後獲哥倫比亞國家文學獎、義大利基安恰諾獎和法國最佳外國作品獎。

　　五十四歲即獲諾獎，成為歷屆該獎最年輕作家的馬奎斯，於1927年3月6日出生在哥倫比亞瀕臨太平洋的小鎮阿爾卡特卡。其父是一位醫生，後當郵局報務員。母親是一位上校的女兒。馬奎斯童年時由外祖父母撫養。外祖父軍界出身，善良倔強、思想激進，外祖母熟諳當地神話傳說和民間故事。兩位老人是他最好的啟蒙老師，用當地印第安世俗方言，將這些地方文化灌輸外孫子，養成了他對文學的喜愛。他七歲便讀《天方夜譚》，十二歲隨父母到首都波哥大教會學校就讀。1945年，馬奎斯入波哥大讀法律系，在校期間開始接觸卡夫卡，受其《變形記》啟發，創作小說《第三次辭世》，已顯露文學才華。後加入自由黨，開始政治活動。

　　1948年，自由黨與保守黨發生內戰，馬奎斯離校，從事律師工作，不久進入新聞界，先後在《宇宙報》、《先驅報》、《觀察家報》任記者或編輯。他曾被《觀察家報》委派至義大利、法國當特派記者，還被派至古巴、紐約任記者。其間，他寫了大量通訊報導、時評和報告文學，其小說作品也屢見報端。

　　馬奎斯第一個長篇小說《落葉及其他故事》（*La hojarasca*）於1955年出版。小說以馬孔多地區為背景，描寫勃納特阿家族具有神秘色彩的興衰命運。其實虛構的馬孔多，就是馬奎斯家鄉阿爾卡特卡的化身。而《落葉及其他故事》，只是馬奎斯所描寫的勃納特阿家族故事的開端。1961年他寫的《沒人給他寫信的上校》，次年寫的《惡時光》（*La mala hora*）和1967年創作的《百年孤獨》，都是這部編年史式的宏大長卷的組成部分。勃納特阿家族經過六代繁衍，曾經興盛一時，但其子孫都被證明最終成為孤苦伶仃的人。馬奎斯的魔幻現實主義貫穿這一故事，將準確而獨特的細節描寫與超自然怪誕的特徵融為一體，這一文學探險，讓魔幻現實主義在世界文學界刮起旋風，給文學貢獻了一個獨特的極富生命力的流派。

　　1961年，馬奎斯僑居墨西哥，潛心文學創作，次年即出版短篇小說集《格蘭德大媽的葬禮》（*Los funerales de la Mamá Grande*），接著有長篇小說《伊莎貝爾在馬孔多等候下雨》（1968）和《族長的秋天》（*El otoño del patriarca*，1975）等問世。《族長的秋天》從1958年醞釀，歷時十七年方收官，小說用魔幻現實主義

手法，輔以誇張、荒誕的漫畫筆觸，刻畫了獨裁者尼卡諾爾醜惡的一生。

1975 年，智利發生政變，為向獨裁當局抗議，馬奎斯宣佈「文學罷工」，擱筆多年，直到 1981 年，他以中篇小說《預知死亡紀事》（*Crónica de una muerte anunciada*），重返文壇。小說根據 1951 年發生的一樁真實殺人案寫成，深刻揭示拉丁美洲社會的陰暗面，辛辣嘲諷鞭撻當權者。

1985 年，馬奎斯又推出長篇小說《愛在瘟疫蔓延時》（*El amor en los tiempos del cólera*），講的是兩男一女從青年一直到老年的奇特的愛情故事。又過四年，他的《迷宮中的將軍》（*El general en su laberinto*）出版，記敘美洲獨立戰爭英雄玻利瓦爾省的經歷和逸事。馬奎斯人到老年，依然熱情投入創作，相繼出版長篇小說《愛情與其他魔鬼》（*Del amor y otros demonios*，1994）、《綁架新聞》（*Noticia de un secuestro*，1996）和《苦伎追憶錄》（*Memoria de Mis Putas Tristes*，2004）。

馬奎斯以小說出名，其實還兼顧其他文學門類的創作，如報告文學《水手貝拉斯科歷險記》（1955）、《尼加拉瓜之戰》（1979）、《紀實與報導》（1976）、《海邊文集》（1981）、《在朋友中間》（1982）。他還有文學談話錄《番石榴飄香》（*El guayava común agita la fragancia*，1982），另有由他自己的小說改編的電影劇本多部。

文學天賦、豐富的閱讀經驗、博學和複雜的人生閱歷，成就了馬奎斯，如他自己所說：「無法想像一個對之前一萬年的文學沒有起碼概念的人怎麼可以寫小說。」馬奎斯把「一萬年」的傳奇，濃縮在「一百年」的孤獨之中，讓我們看到歷史的邏輯和生命的邏輯，充滿憂鬱和孤獨的氣質，構成一曲「孤獨的挽歌」。

馬奎斯在諾貝爾文學獎頒獎典禮上發表演說《拉丁美洲的孤獨》的時候，說：

> 在這個荒誕的世界中，我們，無論詩人或乞丐，音樂家或預言家，戰士或無賴，很少需要求助於想像力。因為我們面臨的最大問題，是找不到一種合適的手段來使人相信我們生活的現實。朋友們，這正是我們感到孤獨的原因。

這位政治上的理想主義者、美學上的自然主義者，在陷入更深的孤獨之時，於 2014 年告別了世界，他的作品沒有給讀者留下任何希望，卻將魔幻現實主義推向世界。

Elias Canetti

埃利亞斯・卡內蒂 1905—1994

猶太裔英國作家。

獲獎理由｜作品具有寬廣的視野、豐富的思想和藝術力量。

獲獎作品｜《迷惘》（*Auto-da-Fé*）（小說）。

　　受第二次世界大戰大英帝國的衰退影響，英國文學開始注意政治問題和社會問題。許多作家開始思考英國沒落的原因、失業的痛苦，準備認識自己，文學也努力檢討自己。接著，英國文學出現復蘇和繁榮景象，大家輩出，佳作聯翩。

　　埃利亞斯‧卡內蒂以英國作家身份獲 1981 年諾貝爾文學獎，卻在世界文壇引起軒然大波：一是當時湧現的期待值很高的作家沒有一個入選；二是卡內蒂除了西德等少數國家知道他之外，連英國讀者都不識其名。原因簡單，他不是多產作家，只寫過一部小說、三個劇本、一部社會學著作、一部遊記、一本研究卡夫卡的書信集、兩本回憶錄和兩本單薄的筆記。因「對當代世界並沒有太大的影響力」而受到質疑，並不奇怪。

　　但是，因有湯瑪斯‧曼和赫曼‧勃洛克的好評，早就心儀《迷惘》（*Auto-da-Fé*）的瑞典文學院，力排眾議，以其作品「具有廣闊的視野、豐富的思想和藝術力量」，特別表現德國古典文學的特點為由，做出將諾貝爾文學獎頒給卡內蒂的決定。

　　西德著名現代文學學者詹姆斯‧利昂，經過對卡內蒂全部著作深入研究，得出的結論是：

　　卡內蒂是一位才華橫溢的優秀作家，一位人道主義者。他代表的是德國的整個放逐的一代。放逐的一代在希特勒步上權力的寶座時就開始形成了。這一代的作家，當他們第二次世界大戰後重返德國故園時，已都中年了，成了在夾縫中求生的一代。因此，他們寫的作品多數是沉思的、探討性的。

　　瑞典文學院將諾獎桂冠送給卡內蒂，也是對德國「放逐一代」文學的肯定。

　　《迷惘》是卡內蒂從 1929 年動工，完成於 1930 年的唯一的長篇小說，1935年在維也納出版，後譯成兩個英譯本。名為「火刑」，1946 年於英國出版；名為「巴倍爾高塔」，晚一年在美國付梓。故事的背景是希特勒吞併奧地利前夕，漢學家彼得‧基恩教授埋頭學研究學術，過著離群索居的生活。

　　學者基恩為人謙和，厭惡享樂，原本在研究漢學方面成績突出，卻不公佈於世，甚至辭去公職，躲進書房，沉浸在書海，與外部世界隔絕。到四十歲時，他為方便生活，雇了一位面相醜陋、輕浮淺薄、惡狠兇殘的女管家黛萊瑟。她看中基恩擁有的財產，便想方設法討得主人喜歡，與基恩成婚。一貫懼怕異性的基恩

並不愛黛萊瑟，只為萬卷藏書有人照看而娶她為妻。黛萊瑟用各種狠毒的手段從精神到肉體折磨基恩並獲其財產後，將丈夫驅逐出門，使他淪為乞丐，流浪街頭。

乞討使基恩闖入一個「沒有頭腦的世界」：一個流氓、賭徒、妓女和騙子出沒的小酒館、賭窟和妓院構成的世界。基恩在這裡結識了靠偷竊詐騙為生的猶太人駝背菲舍爾勒。他得知基恩痛失萬卷藏書，以幫助弄回藏書為名，設局騙基恩財物。當按駝背的設計，兩人去當鋪「為書贖身」時，黛萊瑟和看門人正好也到此處當書。她誣陷基恩是小偷，將他暴打之後，送進警察局，然後以精神病為由帶基恩回故居，關進小屋，對他折磨虐待。駝背菲舍爾勒給在巴黎當精神病醫生的基恩的弟弟發去一封電報，弟弟得知情況立刻回到哥哥家，經秘密私查，終於找到基恩，設計奪回藏書，又將黛萊瑟驅出基恩家。基恩重新擁有了萬卷藏書。

看似書歸原主，一切恢復原狀，但受到各種磨難的基恩，最後還是瘋了，他怕悲劇再度重演，再被人遺忘，於是將萬卷藏書付之一炬，自己也隨之灰飛煙滅。小說結尾這樣寫道：「當火焰終於燒到了他的時候，他大聲地笑了出來。他一生之中，從來沒有這樣大聲地笑過。」

《迷惘》反映的是二十世紀二三十年代法西斯登上歷史舞臺後，歐洲社會動盪邪惡的社會背景下知識份子的生活狀態和精神狀態。小說故事情節引人入勝，塑造的人物鮮活生動。人物一直處於幻覺和怪誕的聯想之中，作者以意識流手法，將現實與幻覺融為一體，營造了一個令人迷惘的撲朔迷離的藝術世界，為孕生荒誕色彩的人物提供了土壤。可惜，小說塑造的彼德・基恩，在這池污水中居然出污泥而不染，純潔得如同蓮花一般。小說既未刻畫出複雜的人性，也與恩格斯關於「典型環境中的典型性格」鐵律相悖。

卡內蒂於 1929 年動筆寫小說時，心存高遠，想像巴爾扎克創作《人間喜劇》那樣，計畫寫八部小說組成的《狂人喜劇》，《迷惘》是開卷之作。可惜直到卡內蒂去世，也沒有下文。《迷惘》在出版近三十年後的 1963 年，才在歐洲流傳。瑞典文學院認為《迷惘》具有果戈里和杜斯妥耶夫斯基的遺風，是部「偉大的小說」，實有溢美之嫌。

1905 年 7 月 25 日，保加利亞的魯斯丘克一個猶太裔奧地利籍商人家裡，誕生了一個男嬰埃利亞斯・卡內蒂。六歲時，父母攜他到英國曼徹斯特生活。兩年後，

父親去世，西班牙籍猶太人母親又帶他和弟弟到維也納居住。卡內蒂先後到蘇黎世、法蘭克福求學。因其家族背景之故，他從小接受保加利亞語、西班牙語薰陶，又在母親逼迫下學習德語。1929 年，他畢業於維也納大學，獲化學博士學位。他大學求學時，熱衷於文學藝術和哲學，喜讀義大利詩人布洛克、德國作家克洛斯的作品，後來又與卡夫卡相識，認為卡夫卡是「把 20 世紀表現得最好的作家」。此時他在柏林從事翻譯，開始文學創作，完成《年輕的羅馬執政官》和一部詩劇，並醞釀《迷惘》。

1938 年，德國吞併奧地利，卡內蒂被迫流亡到法國，一年後又移居英國，取得英國國籍，定居倫敦。精通多種語言的卡內蒂，始終用德語創作，對此他解釋道：「因為我是一個猶太人。」

卡內蒂是位善於獨立思考的作家。他認為作家不能攀附政治，應當遠離權勢，不能把人按世俗的觀念加以歸類，做簡單的判斷，強調作家應與一切人包括高貴者、卑賤者、聰明人、頭腦簡單人，友好相處，主張作家深入社會生活，擴大視野。他說：「人們不能老待在一個過於美麗的城市，那會窒息人們所有的希望。」

卡內蒂於 1932 年發表第一個劇本《婚禮》（Die Hochzeit），十八年後發表《浮華喜劇》（Der Eitelkeit），1956 年又發表《確定死期的人們》（Die Befristeten）。這些劇作沒有情節、沒有主角，重在表現某些特定場景和人物的心理狀態，帶有荒誕性的背後，反映社會生活的混亂和人性的自私和貪婪。這些用德語寫成的劇本，被美國作家厄普頓・辛克萊譯成英文。卡內蒂的戲劇與法國作家薩繆爾・貝克特的戲劇風格相似，但其影響卻相去甚遠。

1960 年，卡內蒂出版了花費三十五年心血撰寫的社會學巨著《群眾與權力》。它的影響可與《迷惘》相媲美，甚至比其更重要。作者自己說：「主要意圖是研究法西斯的根源。我要弄明白隱藏在事實深部的根源，而不光是時代的表面現象而已。」

早在 1925 年，年輕的卡內蒂在研究了大量各國歷史上各種群眾運動後，就計畫寫一部叫「群眾」的論著，但後來他發現，單純論述群眾而不去研究權力，毫無價值。直到卡內蒂親自經歷了法西斯德國血腥地發動侵略戰爭，看清其極權專斷的本質，經過漫長的思考，完成後來被瑞典文學院認為矛頭直指「權力的宗教」，「專斷有權威的作品」《群眾與權力》（Masse und Macht）。當然，這部

五百多頁的社會學性質的著作，主旨是反法西斯主義的，儘管有諸多局限，甚至某些觀點與馬克思主義相悖，受到西方評論界的讚譽，不足為怪。

　　1967 年，卡內蒂出版了遊記《巴厘卡斯之聲》，描寫北非的美麗景色、風土人情，讚揚那裡善良的人性和粗獷的生命活力。

　　1979 年，他發表了研究卡夫卡的論文《卡夫卡的另一次審判》（*Der andere Prozess*），具有學術權威性。同年，他出版了第一部回憶錄《得救之舌》（*Diegerettete Zunge*），回憶了多瑙河畔的童年生活、西班牙籍猶太人母親對自己的教育及卡爾·克魯斯對自己的影響等。三年後，他出版第二部回憶錄《耳中火炬》（*Die Fackel im Ohr*），則更多回憶猶太人在中歐和英國的生活狀態及 20 世紀 20 年代德國文學界的情況，寫到 1931 年便結束了。之後更豐富複雜的生活經歷，則沒有回憶錄記載。1982 年，他有《文學筆記》出版，對文學頗有真知灼見。

　　晚年的時候，卡內蒂生活在蘇黎世，於 1994 年 8 月 14 日病逝，享年八十九歲。

Czesław Miłosz

切斯瓦夫 · 米沃什 1911—2004

波蘭裔美國詩人。

獲獎理由｜不妥協的敏銳洞察力，描述人在激烈衝突的世界中的暴露狀態。

獲獎作品｜〈世界〉、〈折散的筆記本〉（詩歌）。

切斯瓦夫·米沃什，是立陶宛裔波蘭人，於 1951 年要求在法國政治避難，1960 年，又流亡到美國，十年後加入美國籍。流亡中，過的「是一種與城市大眾隔離的生活」，正如詩人自己所表述的，「一個孤獨的人，過著隱居的生活」，「流亡是一切不幸中最不幸的事。我簡直墜入深淵」。這種獨特的生活經歷和獨特的生命體驗，帶給米沃什的是創痛和不幸。他與別人不同的是，他未把這命運看成是個人恩怨，而是民族的傷痛，他並未沉淪，而是挺起身來，面向現實，把這一切用母語變成詩。詩中「真實事件的悲劇使臆想出來的悲劇為之黯然失色」，遊子深深的鄉愁蕩漾其間，表現出對未來波蘭獨立的期待和嚮往。正是因此，東歐文學權威約瑟夫·布羅茨基稱米沃什是「我們這個時代最偉大的詩人」。

　　　　信念這個詞意味著，有人看見
　　　　一滴露水或一片漂浮的葉，便知道
　　　　它們存在，因為它們必須存在。
　　　　即使你做夢，或者閉上眼睛，
　　　　希望世界依然是原來的樣子，
　　　　葉子依然會被河水流去。

　　　　它意味著，有人的腳被一塊
　　　　尖岩石碰傷了，他也不知道岩石
　　　　就在那裡，所以能碰傷我們的腳。
　　　　看哪，看高樹投下了影子，
　　　　花和人也在地上投下了影子，
　　　　沒有影子的東西，沒有力量活下去⋯⋯。

　　這是詩人長詩〈世界──一首天真的詩〉的一部分。詩將濃烈的鄉愁，包裹在平靜的敘述語氣中，回憶魂牽夢縈的家鄉小路、房舍、籬笆，還有曾經的林中遠遊、長輩的教誨。流徙異鄉，思念故國，其情殷殷，其意切切。
　　〈偶然相逢〉寫於法西斯的魔爪即將伸向家鄉的「冰凍時代」：

黎明我們駕車奔駛在冰封的大地上，
有如紅色的鳥兒在黑暗中展翅飛翔。

猛然間一隻野兔在路上跑過，
我們之中有人用手指點。

那是很久以前。而今——
那野兔和揮手的人都已不在人間。

啊，我親愛的人！
他們在哪？他們去向何方？

那揮舞的手，那風馳電掣的奔駛，
還有那沙沙滾動的鵝卵石？
問你們，並非出自悲傷，
而是感到納悶、驚惶。

詩人已預感到災難臨近，作為「紅色的鳥兒」（米沃什組織領導的一支地下
反法西斯鬥爭的隊伍，亦稱「遭受災難的人們」小組），準備走上戰場的戰士有
些驚喜，也有些彷徨。

詩人的納悶、驚惶，在 1943 年寫的〈鮮花廣場〉一詩中已蕩然無存，他在憤
然中表達了對勝利的期望：

直到有那麼一天，
一切都會變成傳奇，
在一個新的「鮮花廣場」上，
憤怒將燃起詩人的烈火。
忘記是充滿哲思的詩篇：
忘記那些痛苦你帶給別人的，

忘記那些痛苦別人帶給你的。
河水奔流不息,
泉水閃耀著消逝。
你走在這土地上,
而你正將它忘記。

第二次世界大戰以人民勝利、法西斯滅亡而結束,面對世界重建,詩人主張人們應忘記敵對和仇恨。敵對和仇恨會促使人們「成為狂暴的新一代」。他的國家的現狀令他憂慮,自己在流亡中飽經傷痛,但他堅信生活是有希望的,比如〈冬日鐘聲〉:

多美好的一天啊!
花園裡幹活兒,晨霧已消散,
蜂鳥飛上忍冬的花瓣。
世界上沒有任何東西我想占為己有,
也沒有任何人值得我深深地怨。
那身受的種種不幸我早已忘卻,
依然故我的思想也縱使我難堪,
不再考慮身上的創痛。
我挺起身來,前面是藍色的大海,
點點白帆。

世界的變化,個人的命運的蹉跎,使米沃什的詩歌從早期的表現主義逐漸向現實主義回歸,汲取了古典和現代各詩歌流派的營養,融合了自己滲透到骨髓的悲劇力量,形成了自然而凝重的詩風。他的詩歌力量,來自憂患、寬容和美好的嚮往。

1911 年 6 月 30 日,米沃什誕生在當時屬於波蘭版圖的立陶宛的維爾紐斯,算是立陶宛裔的波蘭人。父親是一位土木工程師,家境不錯。童年時,他有機會隨

在俄國工作的父親走遍俄國。第一次世界大戰結束後，米沃什回到波蘭有著青翠山谷、藍色湖泊的故鄉。他曾在維爾紐斯的斯特凡・巴托里大學學習法律。1933年，出版第一部詩集《冰封的日子》，出手不凡。該詩集反映了波蘭人民所經歷的苦難，並預言了一場由法西斯主導的戰爭將給波蘭和歐洲帶來深重災難。歷史證明，他的「卡珊德拉（凶事預言者）式的預言」，並非憑空捏造。可惜米沃什的敏銳預感，並沒受到重視，整個世界都以妥協做和平夢。1934年大學畢業後，他得到獎學金，到巴黎深造兩年，回國後，在波蘭電臺文學部就職。

20世紀30年代初，法西斯崛起，米沃什預感災難正在逼近，組織和領導「紅色的鳥兒」抵抗小組。其鬥爭矛頭直指波蘭反動政權和法西斯勢力。1936年，其第二部詩集《三個冬季》問世。

第二次世界大戰爆發，法西斯德國佔領波蘭，詩人親歷戰爭的災難，目睹二十萬同胞在法西斯機槍掃射之下喪生，華沙變為廢墟。他在華沙參加抵抗運動，在戰火紛飛的1944年創作〈離去〉，控訴法西斯的罪惡。後來世界人民戰勝法西斯，波蘭建立蘇聯控制下的新政權。米沃什於1945年出版詩集《拯救》，表達他對蘇聯控制下國家命運的關注。戰後，米沃什被任命為波蘭駐美國和法國文化參贊。自由主義的詩人，無法容忍波蘭當局的文化管控，於1951年到法國要求政治避難。流亡十年，他出版詩集《白晝之光》（1953）、《詩的論文》（1957），於1960年到美僑居，1970年加入美國籍。他在加利福尼亞州大學伯克利分校任教，教授斯拉夫語言文學，先後出版詩集《波貝爾國王和其他詩篇》（1962）、《著魔的古喬》（1965）、《戰後波蘭詩選》（1965）、《無名的城市》（1969）、《詩選》（1973）、《日出和日落之處》（1974）、《冬日鐘聲》（1978）、《河流》（1980）、《新詩選》（1981）、《新選詩集，1931—2001》（1981）等。

這一段時期米沃什的詩歌，已從戰爭的陰霾和波蘭的政治風雲中走出來，不再傾訴痛苦和憂傷，而是關注現實生活，揭露與經濟發展同時滋生的人性虛偽與墮落，批判物欲橫流和自由缺失後人們成了「歷史和生物本能的無形力量的俘虜」這一現代社會的痼疾。但是，米沃什心中那濃濃的鄉愁，終生揮之不去。1980年他寫的詩集《河流》中，故鄉維爾紐斯那條美麗的河流，一直在他生命中流淌，是他永遠的鄉愁。沒有故鄉，他的詩就會乾涸。他一生都不是政治詩人，而是個故鄉的歌手。這是他詩的生命之所在。

米沃什除了寫詩，還創作了不少小說、散文、文藝評論和譯作。他的自傳《自然王國：對我的探索》（1968）值得一讀，那裡有他對自己一生的回顧。其雜文集《被禁錮的思想》（1953）批判波蘭的極權政治，被稱為「一部意義深遠的歷史文獻，具有透徹的分析力」。其小說《篡奪者》描寫備受創傷的波蘭年輕的激進分子的生命狀態，獲歐洲文學獎。1980 年米沃什獲諾貝爾文學獎時，評委認為他「著作多種，引人入勝，富有戲劇性」。

　　詩人米沃什於 2004 年 8 月 14 日病逝。

Odysseus Elytis
奧德修斯·埃里蒂斯 1911—1996

希臘詩人。

獲獎理由 | 他的詩，以希臘傳統為背景，用感覺的力量和理智的敏銳，描寫現代人為自由和創
新而奮鬥。

獲獎作品 | 〈英雄挽歌——獻給在阿爾巴尼亞戰役中犧牲的陸軍少尉〉（長詩）。

希臘文學，到 20 世紀從夢中醒來。其小說已被英譯後在美國出版，希臘最負盛名的年輕作家溫蒂拉斯等九位作家紛紛在美國亮相。國內詩人也不少，翻譯卡山札基長詩〈奧德賽：現代續篇〉的詩人基蒙‧弗賴爾，與原著作者合作，用了五年將〈奧德賽：現代續篇〉譯成三萬多行的長詩，經數十次修改，終於付梓，令希臘詩壇有了生氣。而 1979 年詩人埃里蒂斯以長詩〈英雄挽歌——獻給在阿爾巴尼亞戰役中犧牲的陸軍少尉〉（又譯〈獻給在阿爾巴尼亞陣亡的陸軍中尉的頌歌和哀歌〉）獲諾貝爾文學獎，更標誌著希臘文學的重新崛起。但消息一出，世界文壇議論紛紛，毀譽參半，而瑞典文學院態度極為鮮明，肯定埃里蒂斯的詩藝術風格獨特，「一方面是清新雋永，抒情淋漓盡致和落筆曲折細膩，另一方面是嚴謹細緻和一絲不苟」，以睿智的判斷力挺詩人。

　　詩人埃里蒂斯也不卑不亢，在頒獎儀式上發表演說時，得體地說：

　　我認為，瑞典文學院今天授予我諾貝爾文學獎金，是想表彰整個希臘詩界，以及引起世界對一個傳統——一個從荷馬到當代始終貫穿於整個西方文明的傳統的注意。

　　懷疑之聲漸漸偃旗息鼓，但埃里蒂斯從此因幸福而煩惱，因榮譽而不得安生。三年時間，他沒完沒了地出席各種會議，應邀到處發表演說，從早到晚地接受電視臺、報刊的採訪，世界各地要譯他的詩出現問題的諮詢，讓他疲於應付，焦頭爛額，苦不堪言。他發牢騷說：「我的私生活被侵犯了，不能工作。我拒絕了許多邀請，但不少推辭不了。」如此這般，這三年詩人竟沒寫出一行詩。他懷念起當年默默無聞在雅典庫福大街二十三號自己寓所讀書寫作的清靜生活。榮譽是要付出代價的，他只有苦笑。

　　1946 年發表的長詩〈英雄挽歌——獻給在阿爾巴尼亞戰役中犧牲的陸軍少尉〉和 1948 年至 1959 年創作的〈神聖頌〉，被視為埃里蒂斯的代表作。這兩首長篇敘事詩，是表現希臘人民在第二次世界大戰所經歷的苦難和英勇鬥爭的史詩，被瑞典文學院譽為「20 世紀的傑作」。

　　〈英雄挽歌〉長達三百多行，從戰爭烽煙在「太陽最早居留的地方」燃起，到復活節鐘聲響起戰爭在勝利中結束，描寫了一個年輕戰士短暫悲壯的一生，其

間充滿悼念和哀思：

> 他躺在焦灼的土地上，
> 讓微風在寂靜的頭髮間流連，
> 一根無心的嫩枝搭在他的左耳……。

> 頭盔空著，血染污泥，
> 身邊是打掉了的半截胳臂，
> 他那雙眉間，
> 有口苦味的小井，
> 成為致命的印記……。

> 他像一支歌曲在黑暗中鉗口無言，
> 他像一座天使的時鐘剛剛停擺……。

> 太陽啊，你不是無所不能嗎？
> 光明啊，你不是雲的闖將嗎？

> 哎呀，山鷹問，那個年輕人哪裡去了？
> 於是所有的小鷹都驚訝，那個年輕人哪裡去了……。

> 哎呀，母親悲歎問，我的兒子哪裡去了？
> 於是所有的母親都驚訝她們的孩子哪裡去了……。

> 他要上升，去給星星的孩子們唱催眠曲，
> 他要頭一個參加天使們的跳舞，
> 他要俯身看著愛人的百合，
> 他要向雲霞道別，
> 他將給平原遍插綠色的蠟燭……。

自由

希臘人民在黑暗中指出道路。

自由

為了你，太陽將因歡喜而啼哭。

當邪惡被驅逐時，

他既不悲傷，也不孤寂，

而是內心充滿了渴望。

鳥兒，幸福的鳥兒，死亡在這裡消失。

朋友們，親愛的朋友們，生命在這裡開始。

挽歌，哀悼死者的歌。作為哀悼英雄的挽歌，原本是悲傷、哀婉，聲聲啼血的。但〈英雄挽歌〉卻是哀而不傷，悲而不餒，有一種昂揚豪氣洋溢其間，祈禱的是青春永存，英雄不死。悲劇中，不失雄壯氣概。

〈神聖頌〉分「序篇」「正篇」和「尾聲」三部分，是詩人整整用了十年創作的長篇敘事詩。該詩以《聖經》故事為題材，隱喻希臘人民在第二次世界大戰中所遭受的苦難及抗擊法西斯的鬥爭歷史。該詩發表第二年，獲得希臘國家詩歌獎，後又經作曲家賽奧左拉斯基譜成樂曲，以清唱詩劇搬上舞臺。

奧德修斯‧埃里蒂斯的原名，是奧德修斯‧阿萊普澤利斯（Odysseus Alepoudellis），於 1911 年 11 月 2 日出生於希臘克里特島的伊拉克里歐城。父親是一個肥皂廠業主，家境殷實。1914 年，舉家遷至首府雅典。讀中學時，埃里蒂斯對文學感興趣，後考入雅典法律系。1930 年，埃里蒂斯到法國巴黎大學讀語言文學和藝術學，受到當時流行的法國超現實主義文藝思潮的影響。埃里蒂斯對法國超現實主義代表詩人保爾‧艾呂雅極為尊崇。

所謂「超現實主義」，是法國的布列東在 1924 年發表《超現實主義宣言》後，發動的一場文學運動，其目的是要打破束縛藝術創造力自由發揮的桎梏，包括邏輯理性、規範道德，社會、藝術陳規和標準，以及規劃和意圖的羈絆。超現實主義傾向於「自由的寫作」，認為「下意識」是可靠資訊和藝術的唯一來源，以達到一個「超乎現實」的境界。有論者認為它是第一次世界大戰之後一批思想沒有

出路、精神苦悶的詩人一種逃遁世界現實的自我安慰的產物，完全忽視文學自身發展的內在規律的這種似是而非的理論，有待研究。請注意，埃里蒂斯正是用非現實主義的藝術手法，寫出〈英雄挽歌〉而獲諾獎的！文學發展證明，文學流派的產生，會豐富文學的樣式和手段。

1935 年，埃里蒂斯出版了第一部詩集《哈‧戛蘭梅特》，在這之前，他曾在希臘文學舉新派《新文學》雜誌上發表詩歌。兩年後，他又進入陸軍學校，並出版詩集《不知道的克萊伯賽德拉》。

第二次世界大戰爆發之後，法西斯義大利入侵希臘，詩人再次入伍，以陸軍中尉銜，投入在阿爾巴尼亞的反法西斯戰役。繼 1940 年出版詩集《方向》，他於 1943 年又出版詩集《初升的太陽》。這些詩熱情地歌頌希臘美麗的風光，在抒發詩人對母國熱愛的同時，還表達了對戰爭及其帶來的災難的憂慮心情，因飽含愛國情感，詩篇寫得深沉、動人。埃里蒂斯於 1946 年發表的充滿雄健精神和悲壯氣氛的盪氣迴腸的長詩〈英雄挽歌〉，既奠定了自己在希臘詩壇的地位，又標誌著希臘詩歌進入了一個新的時代。

戰後，詩人在無線電臺當了十年專欄評論員，又於 1953 年始擔任過兩年電臺編輯。他曾在巴黎小住，又先後訪問美國和蘇聯，十四年沒有詩歌問世。孰料 1959 年以〈神聖頌〉重現江湖，震驚詩壇。接著，他的詩集如冬季雪片，飄然而至：《六個人加上一個向老天懺悔的人》（1960）、《光明樹和第十四美人》（1972）、《國王與太陽》（1972）、《愛的顫音》（1973）、《神的再現》（1973）、《步詩》（1974）、《同胞》（1977）等，以及組詩《瑪麗亞‧尼菲利》。

埃里蒂斯是位正直有道義的詩人，他的人品、詩品都保持了可貴的獨立性，從不向權勢低頭。1967 年至 1974 年，希臘軍人專權，詩人不寫一行詩表示抗議。在人們對其詩風說三道四時，他堅持自己的藝術風格。正像有的評論者所說：「在這層怪誕的語言外殼裡，蘊藏著詩人異常豐富的內心世界。」

1996 年 3 月 18 日，埃裡蒂斯在雅典去世。他的詩，依然「用感覺的力量和理智的敏銳」，鼓舞著人們「為自由和創新而奮鬥」。

Isaac Bashevis Singer

以撒·巴什維斯·辛格 1902—1991

美國作家。

獲獎理由｜他的充滿激情的敘事藝術，這種藝術既紮根於波蘭猶太人的文化傳統，又反映了人類的普遍處境。

獲獎作品｜《盧布林的魔術師》（*The magician of Lublin*）（長篇小說）。

　　從 1966 年至 1978 年，先後有五位猶太作家獲諾貝爾文學獎，他們是以色列的山謬‧約瑟夫‧阿格農（1966）、瑞典的內莉‧薩克斯（1966）、法國的薩繆爾‧貝克特（1969）、美國的索爾‧貝婁（1976）和以撒‧巴什維斯‧辛格（1978），十二年裡，五位猶太作家獲諾貝爾文學獎，這是一個傳奇。

　　自 20 世紀 30 年代始，猶太民族受到法西斯主義迫害，他們流亡天涯。辛格就在哥哥幫助下於 1935 年秋，從波蘭的格但斯克，惶然登上一艘駛往美國的郵輪逃難，後僑居美國。

　　加入美國籍的辛格，身上流淌的是猶太人的血，作為小說家，他的小說比其他猶太小說家的作品更猶太化。他是以猶太人生活經歷為題材，以瀕臨滅亡的猶太意第緒語為創作語言。波蘭境內猶太社會生活傳統，與經濟繁榮、文化多元化的美國社會相融合，古代意第緒文學與美國現代文學傳統的有機結合，形成了辛格文學的獨特狀態和個性風格。

　　縱觀辛格的小說創作，就其內容看，大體上可分兩類：一類是表現猶太人的生活狀態，如思想、精神、情感、宗教、文化等生活形態和內容；一類是寫猶太社會和精神在現代文明衝擊下，傳統猶太社會逐漸解體的迷惘和困惑。但，欲望和信仰、傳統和道德、人道和命運是辛格小說的骨架和靈魂。

　　被瑞典文學院相中的長篇小說《盧布林的魔術師》（*The magician of Lublin*），屬於第一類作品範疇，是辛格的小說代表作之一。

　　小說的故事，發生在波蘭尚完整保存猶太社會穩定性的盧布爾省。時間是 19 世紀末。小說的主人公叫梅什爾，生活在一個虔誠的猶太家庭，母親早逝，沒上幾年學的他，就到外謀生。他好不容易才成了「帶著一架手風琴，牽著一隻猴子的街頭藝人」，走南闖北，後來熬成了一個著名的魔術師。

　　成名之後，梅什爾幾次拋棄妻兒，與別的女人鬼混。他曾與助手瑪格達有染，後又結識一個女匪，勾搭成奸。一次到華沙，他又想與美麗的教授遺孀成婚，到義大利定居。為此他利用從女匪那裡學來的竊術，到一個富翁家偷盜，不僅未得手，還摔壞一條腿。教授遺孀聞之，與其一刀兩斷。他再到瑪格達處，助手瑪格達因得知其醜聞，憤然懸樑自盡。梅什爾明白，真正愛他的是瑪格達。他又去找另一情人，發現人家又委身他人。從此，梅什爾萬念俱灰，一蹶不振。

　　走投無路的梅什爾，默默重返家鄉。他不顧猶太教長的反對，也沒有聽妻子

悲慟的勸阻，在自家院裡修建了一間四面無門的懺悔室，晝夜誦經、懺悔。他說：「野獸就該關進牢籠。」三年苦修後，梅什爾懺悔罪愆的名聲，遠播四方，甚至傳說這個虔誠的贖罪者已成除病消災的聖者，每天都有信徒成群來謁見，有人甚至賄賂其妻求得一見。梅什爾的事蹟，廣為流傳，那教授遺孀得知此事，寫信向他懺悔，表示永遠懷念他……。

小說的成功，在於辛格以猶太民族的濃郁情感塑造了梅什爾這個真實的有血有肉、有情感、有靈魂的鮮活人物形象。他一度放縱欲望，做了不少荒唐的事情，但他又用實際行動，完成了靈魂的自我救贖。這是一個下層猶太人形象。辛格曾有一段話詮釋這一人物：「事實上，肉體和痛苦是同義詞。如果選擇了邪惡而得不到懲罰，選擇了正義而得不到酬報，那怎麼可能還有什麼自由選擇呢？在這一切苦難的後面，是上帝無限的仁慈。」

辛格，於 1902 年 11 月 21 日出生在俄國管轄波蘭的萊昂辛地區。祖父和父親是當地猶太教主管教區的「拉比」（即主管教區宗教和世俗事務的法學博士）。辛格四歲時，全家遷到華沙，他在那裡讀完猶太教辦的小學和中學，受到正規的猶太教傳統教育，學習了希伯來文和意第緒語。1920 年，父親送他到華沙神學院，為的是將來子承父業，成為一名「拉比」。但辛格對此並不感興趣，而是把精力用於閱讀，十二歲即讀杜斯妥耶夫斯基的《罪與罰》，十五歲開始用希伯來語、意第緒語寫小說和詩。在大學期間，受哥哥影響，他用意第緒語為波蘭猶太報刊撰文，並穿上猶太人有穗子的斜紋布衣服，剃掉鬢角，到《伯萊特文學》雜誌做校對和翻譯，長達十年之久。1935 年，他出版長篇小說《撒旦在戈雷》，這是一部以《聖經》中的故事為題材創作的小說。不久，法西斯迫害猶太人的浪潮迭起，他得到在美國的哥哥幫助，就有了開篇提到的乘郵輪逃離波蘭那一幕。

到美國後，辛格在紐約落戶，繼續以意第緒語撰寫文章。1940 年，三十六歲的他與美國女子阿爾瑪·哈曼成親，按美國法律，三年後取得美國國籍。從此，辛格以創作為職業，以猶太社會生活為題材，創作了十六部長篇小說，兩百多篇短篇小說，三個劇本及回憶錄、散文、童話等，數量蔚為壯觀。具體有長篇小說《莫斯特凱家族》（1950）、《盧布林的魔術師》（1960）、《奴隸》（1962）、《莊園》（1967）、《產業》（1969）、《仇敵，一個愛情故事》（1972）、《薩

沙》（1978）、《懺悔者》（1983）、《原野王》（1988）和《人渣》（1991）等。
《盧布林的魔術師》成就最高。其實，辛格的短篇小說也非常出色。其兩百多篇
短篇小說，分別被收錄到《傻子金寶》（1957）、《市場街的斯賓諾莎》（1961）、
《短篇的星期五》（1964）、《短篇小說選》（1966）、《集會集》（1968）、《卡
夫卡的朋友》（1970）、《羽毛的王冠》（1973）、《激情集》（1975）、《黃昏戀》
（1979）、《辛格短篇小說集》（1982）、《意象集》（1985）和《馬修拉之死》
（1988）等短篇小說集之中。其短篇小說中的主人公，多是社會底層的小人物，
如流浪漢、窮學生、店員、小販、孤獨老人和傻子，再有便是懷才不遇或沉湎於
情色的文化人。他們心地善良純樸，窮困潦倒，備受侮辱損害，卻也安貧樂道、
自我解嘲。其鮮活社會的眾生相，折射出社會生活的千姿百態和深刻的矛盾。辛
格自稱通過芸芸眾生的故事寫出「獨特環境中的獨特性格」。人們稱他是「最會
講故事的作家」，而並未發現更重要的是辛格塑造了「典型環境中的典型性格」，
辛格是以鮮活的人物，表達了他對小人物命運的同情和社會的思考。

　　短篇小說〈傻子金寶〉，敘述的是一個誠實勤勞的孤兒的故事。他一輩子勞
作，卻被欺侮嘲笑，人們只稱他「低能兒」、「蠢驢」、「傻瓜」等六個外號，
卻從不叫他本名。有人將一個放蕩成性的女人埃爾卡嫁給他，他從未與她同過床，
最後竟成了埃爾卡同別人生的六個孩子的父親。埃爾卡患癌症，臨終前向他做了
懺悔，善良的吉姆佩爾把一生所有積蓄分給了六個遺孤，然後離開家鄉去流浪。
最後，他終於悲愴地明白：

　　只有在墳墓裡，才沒有任何糾紛，沒有嘲弄，沒有欺騙。

　　說辛格的小說是一簇射向病態社會的鳴鏑，也揭示了「人類的普遍處境」，
並不是溢美之詞。
　　1991 年 7 月 24 日，辛格去世。

Vicente Pío Marcelino Cirilo Aleixandre y Merlo

維森特・阿萊克桑德雷 1898—1984

維森特・皮奧・馬塞利諾・西里洛・阿萊克桑德雷・梅洛，西班牙詩人。

獲獎理由 | 因為他那些具有創造性的詩作繼承了西班牙抒情詩的傳統和吸取了現代流派的風格，描述了人在宇宙和當今社會中的狀況。

獲獎作品 | 《天堂的影子》（詩集）。

　　較之號召人民反對麥維拉專權的愛國詩人馬查多，以及被法西斯暗殺喋血街頭的20世紀聲譽最高的詩人洛爾迦，維森特算不上西班牙最進步的詩人。1936年，西班牙共和國政權遭到法西斯分子大屠殺的時候，維森特躲到鄉間別墅養病，佛朗哥篡奪政權後，他依然伏案寫作，而從不參加抗議行動。好在，他的詩並未為法西斯唱讚頌，而是間或流露出對暴力和壓迫的反對情緒，具有一定的進步意義。而真正贏得國外輿論好評的，是他那具有創造性的詩歌，繼承了西班牙抒情的傳統，又汲取了現代流派的營養，描述社會生活和人的精神面貌。從這個意義上，他的詩是對早亡的洛爾加詩歌的超越。1950年，梅洛當選西班牙皇家學院院士，成為「學院派」旗手，被授予卡洛斯三世大十字勳章，並在法國、美國等大學任名譽教授，特別是1977年獲諾貝爾文學獎，聲譽到達高峰，此乃實至名歸。

　　先讀其〈老詩人的手〉，享受詩人帶給我們的深刻哲思和巨大的情感衝擊，他用「赤裸裸的手」，將我們引向他豐富多彩、略帶傷感的詩的大千境界裡：

發著燒你仍然在寫作。
這只赤裸裸的手，
以最最細微的線條，敘說著善與惡。
有時候猶豫，有時候堅定或者溫柔。
用的是顫動的光芒；最最烏黑的墨汁。

　　再讀一首人格化的詩〈我要知道〉，詩人讓我們知道了人與宇宙的和諧，知道了人與自然、愛與被愛的和諧，並將這萬物賦予人格化，以詢問的形式質詢世界：

快告訴我你存在的秘密，
我要知道石頭為什麼不是羽毛，
心為什麼不是嬌嫩的樹苗，
在兩條血管似的河流之間死去的小姑娘，
為什麼不像所有的航船那樣奔向海洋。

我要知道心是不是岸或雨，

是不是兩個互相微笑時撇在一邊的東西。
或者是兩隻手的新的分界，
它們緊握著不可分割的熾熱的身體。

花朵、峭壁或疑問，渴望、太陽或皮鞭；
世界是一個整體，岸和眼瞼，
當黎明努力滲入白天，
黃鳥在雙唇間安眠。

　　維森特・阿萊克桑德雷，1898 年 4 月 26 日出生於西班牙南部塞維利亞城一個殷實的家庭。維森特十二歲時，舉家遷居馬德里。1918 年，他進入馬德里大學讀法律系。有錢人家的孩子，並不想以學法律謀生，維森特志在做一名自由自在的詩人。

　　畢業後，他曾在馬德里當過律師，但很快便轉身投入文學，從此再未做過律師工作。有資料說，維森特因大病一場，為回鄉養病，才放棄這一職業的，在養病期間，他思來想去才選擇文學的，此說亦可信。1926 年，二十八歲時，他終於在《西方雜誌》上發表第一首詩。兩年後，到了而立之年的維森特，出版詩集《輪廓》，為他在詩壇贏得了聲譽。《輪廓》是抒情詩集，富有維森特鮮明的人格和氣質。當然，其受詩人達里奧的影響痕跡明顯，有現代主義色彩。

　　1932 年，維森特出版第二個詩集《毀滅與愛情》，詩風開始轉向歐洲流行的新古典主義，有濃郁的抒情色彩，還有苦澀味道，受到文壇和讀者好評。次年，即榮獲西班牙皇家學院頒發的國家文學獎，維森特成為西班牙詩壇的代表詩人。同年，維森特與當時僑居在馬德里，六年前摘得諾獎桂冠的智利詩人聶魯達，合辦了《詩歌與綠馬》雜誌，專門登載各種流派的詩作。二人有深厚的友誼，合作也愉快，正如聶魯達〈歡樂頌〉詩中所唱，「讓我和你一起從旗幟到旗幟」，給西班牙詩歌的發表添了一捧薪柴，也讓西班牙「1927 年一代」的詩人集團，更有生氣。他們經歷過第一次世界大戰，因創作詩而走到一起。他們作為詩壇的精英，具有很高的聲望。他們集結在一起，發起了西班牙文學改良浪潮，成為西班牙詩壇重要的力量，成就了詩歌的最高水準。當然，這一切與 1956 年獲諾貝爾文學獎

的西班牙前輩詩人希梅內斯（Juan Ramon Jimenez）的主導和培養有直接關係。

　　第二次世界大戰期間，維森特出版《天堂的影子》（1944）。同年，他當選為西班牙皇家學院院士，1954 年出版詩集《心的歷史》，四年後出版散文集《萍水相逢》，1961 年有詩集《畢卡索》問世，次年發表《在一個遼闊的領域裡》，1965 年再出版詩集《帶名字的肖像》，1968 年有詩集《終極的詩》出版，接著陸續出版了詩集《海與夜的選集》（1971）、《認識的對話》（1974）等。

　　維森特一生疾病纏身，卻在病榻上筆耕五十多年，為世界奉獻了二十多部詩集和散文集，為西班牙的詩歌發展做出了重要的貢獻。

　　1984 年 12 月 14 日，詩人維森特在馬德里寓所病逝，長期飽受病魔折磨的詩人在留給後世「描述了人在宇宙和當今社會中的狀況」的偉大詩篇後，終於可以解脫。

Saul Bellow

索爾・貝婁 1915—2005

美國作家。

獲獎理由｜由於他的作品對人性的瞭解，以及對當代文化的敏銳透視。

獲獎作品｜《赫索格》（Herzog）（長篇小說）

索爾・貝婁自稱「毫無個性的作家」，但同時在表述自己對文學的態度時，說自己是「變態人所具有的盲目自我體驗」，說明他是極具個性的作家。他在一次演講時說：「我反對純粹文學延伸物，以及依喬伊斯或卡夫卡的形式來完成小說，而把現實人生用於文學作品，這只不過是流傳下來的近代病罷了。」

1980 年出版的《美國 20 世紀文學》一書中，是這樣評價貝婁的。

自從 1976 年獲得諾貝爾文學獎之後，索爾・貝婁便確立了他在美國文學中的重要地位……，在過去的二十年裡，至少在他的暢銷小說《阿奇正傳》（The Adventures of Augie March）出版以後，貝婁就被宣佈為美國現實主義的主要發言人。在美國最具人道主義表現力、最能深奧微妙地打動人心的現代喜劇作家之中，甚至威廉・福克納曾經戴過的天才桂冠也已落到他的頭上。不論這些評論有多少誇大的成分，但至少可以肯定這一點：在過去二十年裡，貝婁確實是最重要的美國小說家之一。

作為上述評價最有力論據的，是貝婁那數以千萬冊發行量的小說，在世界各地風靡暢銷，受到全世界億萬讀者的喜愛和評論界的熱情關注這一事實。

學者作家詹姆斯・伍德（James Wood）認為，貝婁小說中的人物都是「高知的小丑」，而正是通過這些人物，貝婁發現了「現代性」的秘密：在現代社會，公共生活已完全「驅逐」了私人空間。貝婁稱這種「驅逐」是對現代社會「獨一無二」的發明。伍德的高見，雖一家之言，但足以為我們解讀貝婁文學，提供一種新的思路。貝婁是以其 1964 年出版的對於人類的瞭解，以及對當代文化精湛分析之長篇小說《赫索格》（Herzog）而獲得諾貝爾文學獎的。

《赫索格》講述了 20 世紀 60 年代，一名典型的猶太裔美國知識份子赫索格，因困惑於荒誕現實，陷入了精神危機之中，但他憑藉知識份子的良知道義，一直沒放棄對人類自身價值和人生意義的追求。故事是這樣的。具有哲學社會思想，為人正直，已揚名立萬的赫索格，與賢淑的妻子離婚，又與另一女子瑪特莉結婚。經新婚妻子瑪特莉勸告，赫索格辭掉大學教職，隱居鄉間潛心寫作。然而，這樣的生活並不盡如人意，他只好重回大學執教鞭。讓其萬萬沒料到的是，妻子竟與他的助手加斯巴克私通，並且提出與他離婚。這讓赫索格丟了工作、房子、財產。

在遭受感情打擊之下，赫索格元氣大傷，經醫生指點，他每半年都會到歐洲旅行一次。後他在紐約大學執教，邂逅一位女性拉蒙娜，並發生關係。孰料，他又患上憂鬱症，用他自己的話表述，患了「自我陶醉、被虐待、憂鬱的時代病症」。他寫一些給各界人民的信函，卻並不想寄出去。不久，他又聽聞他和瑪特莉生的女兒被生母及其丈夫虐待，於是他趕到芝加哥，卻在把汽車交給女兒駕駛時，偏偏發生車禍，遭到前妻瑪特莉詛咒。第二天，赫索格回到讓他魂牽夢縈的鄉下故居，又開始寫不準備發出的信。後來，拉蒙娜和其兄長來探望赫索格，有了情感的滋潤，他那因多次變故而壓抑的心境，為之豁然開朗。

小說本著對當時社會的敏銳觀察和通過對赫索格的精神精妙的分析，將人與社會、自我與現實間難以調和的矛盾呈現出來，真實地表現了知識份子在當代社會中的苦悶、迷惘與彷徨，同時也讓讀者感受到當代社會的人道主義危機。

《赫索格》在藝術上也獨具特點，貝婁摒棄了平鋪直敘的方法，而是在敘述中穿插雜糅大量的感覺、意念、回憶、推測、說理等藝術手段，還動用了意識流手法，看上去鬆散、雜亂，但小說緊扣住赫索格這一人物活動和內心世界的變化，反而梳理出一條清晰的內在脈絡。

有趣的是，貝婁的生活與赫索格一樣「一團糟」。但他以「化腐朽為神奇」的奇功，將「一團糟」的自我推到文學至尊的座位。在諾獎現場演說中，他說：

我們的惡習和缺陷，顯示了我們思想和文化上的豐富，以及我們理智和感覺的力量。

《赫索格》的結構，在亂的表像下，同樣顯示了生活的豐富及主人公的理智力量。

索爾·貝婁，於 1915 年 6 月 10 日出生在加拿大魁北克省拉辛城的一個「小康之家」。那時，他父母剛剛從俄羅斯遷到此地兩年，他們是猶太人，他是最小的孩子。1924 年，舉家遷到美國芝加哥定居。十八歲時，貝婁考入芝加哥大學，兩年後轉入伊利諾州西北大學，畢業後獲社會學和人類學學士學位。同年，他到麥迪遜的威斯康辛大學讀碩士學位。

1938 年，貝婁與安妮塔．戈希金結婚，步入社會，成為社會學教師，還幹過記者、編輯，甚至到商船上打工。第二次世界大戰爆發後兩年，美國因珍珠港事件正式參戰。1941 年，讀過大量世界文學，一直鍾情於文學創作的貝婁，在《黨派評論》雜誌上發表了第一篇短篇小說〈兩個早晨的獨白〉，反映了 20 世紀 30 年代經濟大蕭條之後的美國社會。1944 年，他作為預備役軍官應徵入伍，分配到海上運輸隊工作，同年出版長篇小說《擺盪的人》（Dangling Man）。小說以猶太青年約瑟夫日記的形式，描述社會底層年輕人精神受壓抑、生活不遂心的生活現實。戰爭結束後，他受聘於明尼蘇達大學。1947 年，貝婁的第二部長篇小說《受害者》（The Victim）出版，該小說與《擺盪的人》相唱和，呈現社會生活的荒誕性。其小說風格已見雛形。

20 世紀 50 年代，已成為紐約大學、普林斯頓大學和明尼蘇達大學教授的貝婁，其小說創作也趨於成熟。1953 年出版的長篇小說《阿奇正傳》讓貝婁風光無限，次年獲得國家圖書獎。小說通過芝加哥窮困猶太青年奧吉．阿奇富有傳奇色彩的流浪冒險故事，生動描繪了 20 世紀美國社會生活的面貌，表現出自我本質與生存環境之間的矛盾。藝術上自由、風趣、亦莊亦諧，嘲笑中有同情，幽默中有悲愴，喜劇中寓有悲劇色彩，貝婁獨特的小說風格，頗為鮮明。相較於馬克．吐溫的著作，有繼承，有發展，有自己的個性。

1959 年，貝婁出版了同樣暢銷的長篇小說《雨王．韓德森》（Henderson the Rain King），也具有較大社會影響。

1961 年，貝婁第三次結婚，新娘叫蘇珊．葛拉斯曼。次年，他受聘於芝加哥大學，擔任社會教育委員會主席。20 世紀 60 年代，美國社會經濟高度發展的同時，社會出現動盪局面，快到知天命之年的貝婁，逐漸走出幻想和冒險的狹小圈子，熱情地將目光投向社會和人生的廣闊天地。他發現，自己所面對的是煩瑣的、複雜的、多樣性的美國社會，發展與危機、繁榮與墮落同在。這種環境下，人的精神也充滿矛盾和困惑，他的長篇小說《赫索格》應運而生，「落難英雄」赫索格登場，這是對這個時代美國社會和知識份子最生動的詮釋。

20 世紀 70 年代，貝婁出版第六部長篇小說《賽姆勒先生的行星》（Mr. Sammler's Planet），第三次獲國家圖書獎。五年後，貝婁又推出一部長篇小說《洪堡的禮物》（Humboldt's Gift，1975），小說甫一問世，即成為最暢銷小說，風傳

美利堅，毫無懸念地又獲 1976 年度的普立茲小說獎。該小說以兩代作家的命運沉浮，展示出美國社會巨集闊的生活畫面，表現了 20 世紀 40 年代至 70 年代美國知識份子思想情感及道德危機的圖景。同時，貝婁也完成了面對變化的世界，人如何應對時代、生活、命運的哲學探討嘗試。而且，我們看到貝婁的小說創作，已完成現實主義與現代主義藝術元素的巧妙融合，形成自己獨特的藝術風格。

進入 20 世紀 80 年代，貝婁繼續創作長篇小說《院長的十二月》（*The Dean's December*，1982）、《更多的人死於心碎》（*More Die of Heartbreak*，1987）和《拉維爾斯坦》（*Ravelstein*，2000）。說來也巧，貝婁一生共奉獻了十部內容各異、藝術風格不同卻都暢銷的長篇小說。他還出版了中短篇小說集《嘴沒遮攔的人》（1984）、《偷竊》（*A Theft*，1989）、《貝拉多莎暗道》（*The Bellarosa Connection*，1989）和《真情》（*The Actual*，1997）等四部，以及隨筆散文集《集腋成裘集》（1994）。多才多藝的貝婁還有評論集《我們走向何處》（1965）及五個劇本、遊記《耶路撒冷往返》（1976）等。

貝婁一生有過五次婚姻，一直糾纏於他的生活，也豐富了他的小說，他第三次婚姻正是《赫索格》小說中的原型，他將自己第三次婚姻的痛苦記憶，都轉嫁給性情古怪的赫索格，於是赫索格活了！第五次婚姻時，他已七十四歲，為了「餘生」，勇敢地與疾病鬥爭，幾次從死神手中逃離，成就他「一個人的戰爭」勝利。

在此後充滿神奇的十六年裡，他與四十一歲的妻子，生下他一生中最後一個女兒。八十五歲時，他的長篇小說《拉維爾斯坦》（*Ravelstein*）登上了美國各大報紙所排出的暢銷書排行榜，他那讓人如雷貫耳的大名，再次響徹美國。

貝婁躺臥在病榻上，舉著自己可愛女兒的照片，快意地欣賞畫面，讓人們看到父親的慈愛。2005 年 4 月 5 日，貝婁帶著對生活田園般記憶的微笑，在麻薩諸塞州布克萊恩的家中逝世。

Eugenio Montale
埃烏傑尼奧 · 蒙塔萊 1896—1981

義大利詩人、散文家。

獲獎理由｜由於他傑出的詩歌擁有偉大的藝術性，在不適合幻想的人生裡，詮釋了人類的價值。

獲獎作品｜《烏賊骨》、〈汲水的轆轤〉等詩歌。

蒙塔萊以文學上的卓越成就，早在 1967 年，即被義大利總統授予「終身參議員」殊榮。英國詩人又在 1972 年稱蒙塔萊為「義大利活著的最偉大的詩人」。三年後，蒙塔萊即獲諾貝爾文學獎。蒙塔萊堪稱義大利文學界之翹楚。

　　蒙塔萊因詩而獲諾獎，很難說是因為哪一首詩摘得此桂冠。但他寫於 1925 年的詩集《烏賊骨》及後來創作的〈汲水的轆轤〉、〈幸福〉等詩作，贏得了瑞典文學院評委的好感。

　　《烏賊骨》是蒙塔萊第一本詩集，其詩學主張極具個性，有濃郁的隱秘派風格，抒發的是人生難測的苦悶和無奈，表達了詩人那種人類面對歷史極為渺小、歷史神秘難測、世界無法改變的慨歎。同時，又反映出詩人認為人的生命應享受自由，卻擺脫不了現實生活的羈絆，最終陷於困境的矛盾。詩以烏賊被吃光血肉，只剩骨架，象徵人的生命被現實吞噬精光的現狀，從而大力詛咒「生活之惡」。

　　可以說，蒙塔萊是帶著哲學思辨，帶著對世界、生活的叩問和質詢登上詩壇的，起點頗高，才華橫溢。

　　〈汲水的轆轤〉則又表現出詩人另一種美學色彩。詩歌將讀者引進午後海灘陽光的場景裡，看汲水轆轤轉動下，清泉的汩汩流淌，感受它融融的和諧與暖意的同時，又讓憂傷的暗流，在現實與記憶間湧動。

汲水的轆轤碾軋轉動，
清澄的泉水
在日光下閃爍波動。

記憶在漫溢的水桶中顫抖，
皎潔的鏡面
浮現出一張笑盈盈的臉容。

我探身親吻水中的影兒；
往昔驀然變得模糊畸形。
在水波中蕩然消隱……。

咦，汲水的轆轤碾軋轉動，
水桶又沉落黑暗的深井，
距離吞噬了影兒的笑容。

　　詩歌以轉動的轆轤憶起一曲青春戀歌。水桶浮現的那張「笑盈盈的臉容」，
讀者無幸睹其芳容，但「影兒的笑容」鏡花水月般悄然離去，卻勾起無窮的遐想，
攪動內心情感波瀾。
　　再看〈幸福〉一詩：

幸福，為了你
多少人在刀斧叢中走險？

似黯然的幽光
你在眼前瑟縮搖曳，
似晶瑩的薄冰，
你在腳下戰慄碎裂。

世上的不幸人，
哪個不是最愛慕你？

似柔美、煩憂的晨曦，
激起屋簷下燕巢的喧囂。
你刺過淒霧愁雲
照亮一顆憂傷的心。

咦，似孩童嬉耍的氣球兒
高飛遠逸，
徒自留下那
莫能慰藉的涕泣。

與《烏賊骨》、〈汲水的轆轤〉不同的是，〈幸福〉是首哲理詩，哲理詩不像抒情詩，它不是靠感情而是利用高超的哲思，寫出人類普遍的情感和哲理。蒙塔萊用銳利豐富形象的語言、獨創的形象和意象揭開了幸福的全部密碼，將冰冷的概念變得溫暖又形象。

　　蒙塔萊，出生在義大利北部港口熱內亞一個殷實之家，那是 1896 年 10 月 12 日。1908 年，蒙塔萊考入當地中學，後轉入一所技校學習會計，十九歲畢業。從小就喜愛藝術的他，曾嚮往成為聲樂家。

　　第一次世界大戰爆發，二十一歲的蒙塔萊應徵入伍參戰。兩年後，他脫離部隊從事新聞工作，參加反義大利日益猖獗的法西斯主義的鬥爭。1922 年，蒙塔萊與同道者共同創辦文學雜誌《初速度》。三年後，他出版詩集《烏賊骨》，一舉成名於義大利詩壇。1929 年，已有盛名的蒙塔萊被佛羅倫斯市政當局聘任為該市圖書館館長，長達十年之久，因曾帶頭在《反法西斯知識份子宣言》上簽名，又拒絕加入法西斯黨而被革職，從此憤然流亡至瑞士等地，繼續參與反法西斯運動。1939 年出版的詩集《境遇》，收錄了他從 1928 年以來所發表的詩歌。二戰期間，他曾在一家雜誌做詩歌評論工作。其間，除了寫詩，他還翻譯了大量西班牙、美、英等國的小說、戲劇，如莎士比亞、艾特略、龐德等人的著作。

　　1943 年，蒙塔萊出版詩集《天涯》，其詩突破「隱逸派」風格，向現實主義靠攏。1945 年，世界反法西斯鬥爭接近尾聲，蒙塔萊積極投身這場鬥爭，被義大利抵抗運動領導機構任命為文化藝術委員會委員，領導該機構的刊物《自由義大利》。1948 年，詩人遷居米蘭，以《晚郵報》編委身份，主持「閱讀」專欄，同時為《消息郵報》專門評論音樂。

　　20 世紀 50 年代，蒙塔萊出版其重要詩集《暴風雪及其他》（1956），該詩集收錄了詩人 1940 年至 1954 年創作的詩〈暴風雪〉、〈海濱〉、〈囚徒的夢〉等，獲馬賽托獎金。到了晚年，蒙塔萊又出版詩集《罪犯》（1966）、《薩圖拉》（1972）、《1971—1972 詩抄》（1973）、《未發表的詩》（1975）、《四年詩抄》（1977）、《集外詩集》（1981）等。值得一提的是，《薩圖拉》和《1971—1972 詩抄》是專為懷念逝世於 1963 年的妻子莫斯克而作，其情意深切、哀婉，相思淒涼，相當感人。

　　蒙塔萊除了寫詩，還出版過文學評論集《在我們的時代》（1972）、翻譯隨筆集《翻譯劄記》（1925）及音樂評論集《樂盲》（1981）等。詩人還曾嘗試過短篇小說創作，未能成功，不再涉獵。但他所寫的獨幕劇本還算不俗，收錄於1956 年出版的《第納爾特的蝴蝶》一書中。

　　蒙塔萊是 1981 年 9 月 12 日在米蘭逝世的，享年八十五歲。三天後，在米蘭大教堂，義大利政府為詩人舉行了隆重的葬禮，義大利總統和數千各界名流代表參加，沉痛地悼念和稱頌這位偉大的詩人，「徒自留下那莫能慰藉的涕泣」。

Eyvind Johnson
埃溫特・詹森 1900—1976

瑞典作家。

獲獎理由｜以自由為目的，而致力於歷史的現代的廣闊觀點之敘述藝術。

獲獎作品｜《烏洛夫的故事》（小說）。

詹森早在 1957 年，就以學識和人望當選為瑞典文學院院士。十七年之後，他又由於「那高瞻遠矚和為自由服務的敘事藝術」，與他的同胞哈里・馬丁遜同獲諾貝爾文學獎。

舉賢不避親，將自己國家優秀的作家推向諾貝爾文學獎的殿堂，這太正常了，當然，若橫向與同代世界優秀作家相比，詹森和馬丁遜尚不是出類拔萃者，其文野自有公論。但，這並不與諾貝爾精神相悖，盡可不必說三道四。

《烏洛夫的故事》是詹森從 1934 年開始創作的，由四部曲組成：《現在是一九一四》（1934）、《這裡有你的生活》（1935）、《不堪回首》（1936）和《最後的青春》（1937）。這是一部自傳色彩很濃，反映瑞典從農耕國走向工業國社會變遷的重大題材的長篇小說，被視為詹森的代表作。

一天，十四歲的烏洛夫離開一直撫養他的養父母，拜訪了親生父母，告知要出外謀生，接著登上了南下的火車。

雖然烏洛夫有兩個家，但他常有無家可歸的孤獨感。他出生後，父母無力撫養他，將他送到無子女的姨媽家寄養。儘管得到養父母的溫暖照料，但那種寄人籬下的羞恥感，一直刺疼他的心。臨行前，養父母給他很優厚的許諾，甚至給他一支獵槍，也未能挽住他的心。

出走謀生是極為艱苦的，尚未成年的他先去當運送木料的放排工，細嫩的腰很快被沉重的木頭壓彎，還幾次被激流吞沒。他只好到磚廠打工。勞作繁重，隨時可能讓他患上職業病肺結核。那裡的工人醉生夢死，沉湎於打牌，酗酒，與女人鬼混。烏洛夫日夜咀嚼經歷的苦楚，還受到一名同性戀的老頭的騷擾。他就在艱辛、痛苦和孤獨的不公中，告別了童年。後來，父親病逝。

歲月如流，他輾轉到繁華的都市，那裡的霓虹閃爍、市聲喧囂，讓他眼花繚亂、目不暇給。他在一家電影院找到一份工作，又與姑娘瑪麗邂逅，墜入愛河。孰料，席捲西方世界的經濟大蕭條突然襲來，烏洛夫不僅丟掉工作，戀人也被紈絝子弟奪走。原來的社會不公已讓他吃盡苦頭，新的動盪和不公給他帶來更多的苦難，讓他刻骨銘心。有時生活的殘酷，讓他想起家鄉親人的溫暖，但昔日的生活已變得遙遠，他只能咬緊牙關，面對生活，繼續向前。

是社會生活和種種磨難讓他逐漸明白並最終投入風起雲湧的社會民主運動。《大英百科全書》（1978 年）這樣介紹《烏洛夫的故事》：

四部曲《烏洛夫的故事》是以作者自身在北極圈裡當伐木工人的經歷為素材寫成的，詹森企圖從中探求出他在社會上受到挫折的原因。

在藝術上，《烏洛夫的故事》四部曲都穿插了獨立的故事，亦即北歐稱為「薩迦」的童話故事，富於想像，善於誇張，有時比真實的事件更具藝術魅力。這些插入的故事不僅填充豐富了主人公的內在世界，「還為小說本身所要表現的社會狀態，增加了豐富斑斕的色彩」。

1900 年 7 月 29 日，瑞典北極圈附近布登市一個鐵路工人之家，一個男嬰呱呱落地。因家境貧寒，父親多病，他從小被寄養在叔父家。十四歲時，唯讀過小學的男孩兒，便流浪到北極圈打工，自謀生路。十九歲時，男孩兒浪跡首都斯德哥爾摩，二十一歲時又偷渡到歐洲大陸，漂泊在法、德一帶，後在一家餐館找到工作，開始自學，嘗試創作。

在巴黎和柏林打工兩年後，男孩兒又回到故鄉，但很快於 1923 年再返巴黎。翌年，他的小說《四個陌生人》發表。從此，流浪男孩兒以「詹森」之名步入文壇，開始穩定的寫作，而且佳作連篇。

1925 年，詹森出版了《狄曼父子與正義》，描寫工人和工廠主的尖銳鬥爭。1927 年，他出版了姊妹篇《黑暗中的城市》和《光明中的城市》，前者以瑞典北部小城鎮為背景，表現了小學教師安德遜清貧的生活和所面臨的精神困頓，後者則把小說背景搬到巴黎街頭，寫一個青年作家的艱難境遇。

1930 年，詹森又推出《離開哈姆雷特》，諷刺有錢人紙醉金迷的墮落生活。

僑居巴黎期間，詹森刻苦學習，自強不息，不僅讀英、法、德經典文學作品，為深入閱讀，還苦學英、法、德等國的語言。他還認真研究法國普魯斯特、紀德，英國喬伊斯的作品，汲取其文學營養，更學習其文學創新的勇氣。

如果認真研究詹森僑居巴黎時創作的長篇小說，會發現它們多以現代瑞典社會生活為背景，用現實主義精神描寫複雜的病態社會生活及各色人等所面臨的困境，同時對社會底層的勞動者所受的社會不公表示了同情。有人稱之為「瑞典的無產者」。

第二次世界大戰前夕，法西斯勢力在歐洲極為囂張，地處北歐的瑞典也難以

倖免，素懷正義的詹森對此不能沉默，他憤然以文學創作，來揭露譴責納粹主義的反動面具。他出版了《夜間訓練》（1938）、《士兵歸來》（1940）等小說，藉以批判德國集權主義、恐怖主義和屠殺猶太人的罪行。他對自己國家為生存而採取中立主義立場也多有微詞。

第二次世界大戰全面爆發後，瑞典嚴格的中立立場，使其免遭戰火塗炭，詹森卻一直關注這場空前浩劫給人類帶來的苦難。他完成了另一部可與《烏洛夫的故事》媲美的三部曲《克里隆》：《克里隆的同伴》（1941）、《克里隆的旅行》（1942）和《克里隆自己》（1943）。這部長篇小說以第二次世界大戰為宏闊背景，通過克裡隆獨特的遭際，表達了詹森反對戰爭及對人類社會的理想、民主和人道主義的渴望。史詩性的長篇小說，應有「史」，才使小說有宏闊的視野和骨架，而有了「詩」，即生活，小說才血肉豐滿。《克里隆》所表現的生活圖景還不夠深厚和斑斕。

第二次世界大戰結束後，詹森僑居瑞士和英國，其創作興趣轉向歷史題材。他創作了《拍岸的浪》（1946），寫的是古希臘英雄尤利西斯的冒險故事。而《玫瑰與火之夢》（1949）講的是 17 世紀宗教審判的故事，《陛下的時代》（1960）再現了 8 世紀法國查理大帝鎮壓農民起義的那段歷史。

除了以長篇小說名聞天下，詹森的短篇小說也有造詣，如〈夜深沉〉、〈船長，再一次〉、〈安穩的世界〉等。他的遊記亦可一讀，如《瑞士日記》、《北極圈冬之遊》等。

詹森以小說創作的貢獻，於 1957 年當選為瑞典文學院院士。

一生筆耕不輟的詹森，在獲得諾貝爾文學獎三年之後，於 1976 年 8 月 25 日，終於放下手中的筆，病逝於斯德哥爾摩寓所。

067th
1974

II

Harry Edmund Martinson
哈里·埃德蒙·馬丁遜 1904—1978

瑞典詩人、小說家。
獲獎理由｜他的作品能捕捉一滴露珠而映射大千世界。
獲獎作品｜《草之山》（詩集）。

　　瑞典詩人馬丁遜於 1949 年當選為瑞典文學院院士，比詹森早八年，但二人同時獲本屆諾貝爾文學獎，兩人各拿獎金一半。

　　詩人馬丁遜與小說家詹森，創作樣式雖不同，但相似的地方頗多。比如二人皆出身寒門，童年同遭寄養親戚家之不幸，都是在生活掙扎中自學成才當上作家，又都靠自傳體小說和詩歌一舉成名，其創作都具有現實主義色彩，有鮮明的進步傾向。但有人稱之為「瑞典當代文學中無產者作家的雙璧」，則有二元論簡單化之嫌。

　　晚年的馬丁遜，以詩集《草之山》（1973）登上了諾貝爾文學獎殿堂。

那謎團悄悄露出它的輪廓，
在寂然的蘆葦中織出一個黃昏。
有一個沒人注意的弱點，
在這兒，在青春的羅網中。

緘默的牲口用綠眼睛凝視著，
在黃昏的恬靜中漫步到湖畔。
湖泊拿起它巨大的調羹，
把清水送到了大夥的嘴邊……。

　　在馬丁遜的詩歌裡，我們感受到他對大自然的熱愛，也看到他對自然萬物的觀察之細。在他的詩裡，自然界一草一木都是有靈魂的，它們與宇宙之魂、人類之魂是合為一體的。在自然中，人們的精神得以恢復純潔、恬靜。

　　馬丁遜的同胞，後來繼承他在瑞典文學院院士位置的女作家謝斯汀‧艾克曼，這樣評價他的詩：「馬丁遜對自然的觀察來自博物學家林奈的傳統，強調精細觀察。但他和林奈不同的是，林奈將人擺到了中心位置，人們是文字定義它們，而馬丁遜則將動植物留在它們自己的層面和它們相晤。」

　　精細地觀察形象，只有一個目的，就是更準確、更生動地表現詩人豐富的情感和深刻的思想。形象與內容總是血肉一體的，馬丁遜把形象合併、結合、融化，是因為他的想像力看出了事物之間的細微，幾乎是隱秘的聯繫。總之，在馬丁遜

優美的詩歌裡，我們從最小的事物看到最大的宇宙，看到浩渺的精神世界：

露落後，
蝸牛開始了它的旅程。
穿著梅乾色外套，
帶著聆聽的觸角。

它在長長的路上辛苦地走，
朝向生著蕨草的林間濕地。
可每走兩腕尺，
都會停下靜靜休息。

現在更高的世界來了，
喧鬧著的舞後住家。
蝸牛於是收縮，
躺著且黑且小遁入草叢。

大地長久而重重地搖曳，
夜已深，
當草地停止打戰，
早晨已至。

這由樹木、濕地、蕨草、露珠、蝸牛構成的美麗的世界，呈現著謎團，描畫著神秘，折射出深沉的、炫目的、超凡脫俗的自然美景，表達了詩人靈魂的純淨美麗。諾貝爾文學獎的頒獎詞，切中肯綮、一語中的：馬丁遜的詩「捕捉一滴露珠而映射大千世界」。

馬丁遜，於 1904 年 5 月 6 日出生在瑞典賈姆肖勃萊肯。他剛六歲時，曾是船長的父親病故，母親另嫁他人，七個孩子成為孤兒。他後靠親戚收養，慘澹長大。

他十六歲時即離家謀生，先到外國商船上當雜工，後當上司爐。命運又讓他到歐洲、印度的南美等地漂泊。社會成了他的學校，他在流浪中嘗盡人間的冷暖，在掙扎中自學寫作。1929 年出版的詩集《鬼船》，表述的是他在船上的生活體驗。雖明顯模仿英國詩人吉卜林，但初獲成功，對他是莫大的鼓舞。接著他又與幾個年輕作家合作，寫成一部瑞典文學史式的《五個年輕人》，在文壇小有了名氣。他出版的詩集《現代抒情詩集》（1931）和《流浪者》（1931），多是以自己的悲哀、坎坷的童年經歷為題材，表現詩人的生活應該不斷更新的生活哲學，他因此獲得「文學界的流浪兒」之譽。

第二次世界大戰期間，馬丁遜出版了詩集《信風》（1945）。該詩集表達了詩人對世界反法西斯鬥爭的高度關注，把對法西斯主義的仇恨、對受戰爭蹂躪的人民的同情都寫進詩篇裡，代表馬丁遜詩歌創作的最高成就。以後他又有詩集《蟬》（1958）、《車》（1960）等問世。

20 世紀 50 年代，馬丁遜出版長篇史詩《阿納阿萊，對人類的時間和空間的回顧》（1956），長篇敘事詩以瑞典民間傳說中的女英雄阿納阿萊的事蹟為題材，謳歌了女英雄的愛國主義和勇敢精神。三年後，被音樂家布盧姆德哈爾改編成歌劇，大獲成功。1974 年出版的詩集《草叢》，成了馬丁遜詩歌的絕唱。

美國麥克米倫公司出版的《考勒斯百科全書》，有對馬丁遜詩歌的評述，肯定了他對詩歌創作的貢獻。認為由於他在詩歌語言中，常常使用意想不到的詞語、聯想和比喻，而成為復興瑞典當代詩歌藝術的傑出詩人。

馬丁遜不僅以詩歌名聞天下，他的小說創作成就同樣輝煌。

1932 年和 1933 年，馬丁遜先後出版兩部長篇小說《無目的旅行》和《別了，海角》。與他同時期的詩集《現代抒情詩集》、《流浪者》所表現的內容一樣，都是向讀者介紹自身的流浪生活，宣揚自己的「流浪哲學」，只不過小說更偏重講令人心酸又充滿傳奇驚險的故事而已。

1935 年和 1936 年，他又相繼出版《蕁麻花開》和《出路》兩部長篇小說。因小說不僅是以自己的流浪生活為題材，而且有深刻的自我剖析，其間流溢著動人的感情，獲得好評，一年竟再版九次。1937 年，他出版《夢與盲蜘蛛》，次年出版《溪谷》。這些長篇小說，借鑒了左拉的自然主義和吉卜林新浪漫主義藝術手法的營養，同時也表現了自己獨特的藝術風格。比如，馬丁遜在事物與人的精神

的巨大與渺小的懸殊之間，尋找出它們共同的精神聯繫，使事物和人物的複雜性得以精確地呈現。

第二次世界大戰伊始，馬丁遜與妻子哈爾戈‧瑪麗亞離婚。他們的婚姻始於1930年，離異或許是政治分歧所致。哈爾戈‧瑪麗亞後來成為著名的進步作家。這之後，馬丁遜出版《現實走向死亡》（1940）和《美洲虎的失蹤》（1941）。小說已不再講自己經歷的流浪故事，對政治說教也不感興趣，而是以描寫生活表現人道主義壓倒一切。

1948年，他的長篇小說《道路》出版，通過流浪漢包爾的命運展示，對黑暗社會進行控訴，人道主義精神流貫其間。小說有卡夫卡痕跡，但風格上將現實主義和存在主義相結合，別開生面。《道路》使馬丁遜成為歐洲著名的小說家。1958年和1960年，馬丁遜出版的長篇小說《北極地區的青草》和《貨車》也不俗。

無論是詩歌還是小說，都證明馬丁遜長於語言，堪稱「語言大師」。他的作品極富知識性與想像力，既有藝術感染力，又給人以深刻啟迪，是世界文學寶庫中的瑰寶。

馬丁遜於1978年2月11日於卡羅琳大學醫院以剪刀剖腹自殺。

Patrick Victor Martindale White

派翠克 · 懷特 1912—1990

澳大利亞小說家、劇作家。

獲獎理由｜史詩般的氣魄和心理上深刻的敘事藝術，把一個新大陸介紹到文學領域中來。

獲獎作品｜《暴風眼》（小說）。

或許因南太平洋這塊世界上最小的大陸離雅典太遙遠，豐饒美麗的澳大利亞土地上的文學，一直靜謐地花開花落。直到 1973 年 10 月，諾貝爾文學獎的桂冠戴在這裡的作家懷特頭上，世界才發現這塊遼闊的綠洲上同樣有與世界比肩的文學瑰寶。懷特獲此殊榮，更讓這塊土地歡欣和激動。

　　1973 年，六十一歲的懷特出版了給他帶來無上榮光的長篇小說《暴風眼》，贏得了瑞典文學院的青睞。

　　《暴風眼》描寫的是已至垂暮之年的富豪遺孀亨特夫人，對自己一生的回顧，小說還穿插了她的一雙兒女及周圍一群人，為爭奪她的遺產而展開的爾虞我詐的明爭暗鬥，揭示了世態炎涼和人情冷暖，展示出一幅社會陰暗、精神墮落的圖畫。

　　悉尼市郊一處豪華的花園別墅裡，一間珠光寶氣的臥房中，有張名貴的花梨木大床，床上躺著人老珠黃的亨特夫人。想當年，亨特夫人花容月貌，風流放蕩，嫁給一個大富豪，極受寵愛，享盡榮華富貴，擁有權勢榮耀。

　　歲月如流水，亨特的財富還在，但美貌已逝，生命垂危。一對兒女聞訊從海外趕來，並不是為老人盡孝，而是覬覦母親的那份遺產。兒子還垂涎護理母親的美貌護士，女兒與男律師廝混，以圖聯合打敗哥哥，奪得更多遺產。對兒女的心思，癱在床上苟延殘喘的亨特心知肚明。於是母親、兒子、女兒為家產同室操戈，三方鬥法。最後兒女為了各自的利益狼狽為奸，聯手折磨老母親，促其早死。人無法抗拒自然法則，亨特夫人終於撒手人寰，到另一個世界去享清福了。兒女如願以償地得到遺產，連母親的葬禮都不參加，就帶著財富去享受了。還是亨特夫人的幾個護士和傭人跟在老主人的靈柩之後，寂寞淒冷地向墓地走去。

　　《暴風眼》中，曾用這樣的比喻：人人是海島，儘管與海水、空氣相連，但誰都不會向誰靠攏。「最冷峻、最偏狹的海島，莫過自己的兒女」，小說向我們證實了「人與這個世界不協調、有矛盾」這一主題。但小說的深刻似並不僅僅如此。《暴風眼》的獨特在於它把筆墨用在描摹人物的精神世界，來揭示當代社會中普遍存在的物欲幽靈給人們精神造成的深刻危機：人與人之間隔閡、冷漠乃至猜疑敵對這一既是社會的又是精神的現象。這比簡單表現社會黑暗、人世醜惡要深刻得多。

　　小說在藝術上也有特色。小說並不像傳統小說，有個連貫完整的故事。《暴風眼》另闢蹊徑，由夢境將人物串聯起來，其間融入意象，穿插七零八碎卻起

到畫龍點睛效果的精妙語言，構建成一種恍惚撲朔的情境，一種似夢似真的藝術境界。

懷特還說：「對我來說，人物是至關重要的，情節我不在乎。」不在乎情節，濃墨重彩地刻畫人物，與恩格斯關於現實主義的表述「除了細節的真實外，真實地再現典型環境中的典型性格」之論不謀而合。人是一切社會關係的總和。懷特正是採用了意識流、夢幻等現代主義，並與現實主義藝術手法相結合，才成功地塑造了幾個鮮活的人物形象，得以精妙地呈現一幅西方世界的精神畫圖，才讓《暴風眼》得到世界文學的讚譽。

懷特的祖先是英國人，父母是到澳大利亞拓荒的移民。1912 年 5 月 28 日，其父母從澳大利亞回英倫休假探親時，在倫敦一家醫院生下了懷特。半年後，尚在繈褓中的懷特隨父母遠渡重洋，返回悉尼。十三歲時，按照海外英裔的傳統習慣，懷特被送到英國卓特咸學院（Cheltenham College）學習，1929 年畢業後，回到澳大利亞。十七歲的懷特自謀生活，到新南威爾斯州北部草原牧羊。1932 年，執兩年牧羊鞭的懷特，被父母送到倫敦，9 月，他考入劍橋大學皇家學院攻讀英語。求學期間，他開始文學創作，1935 年畢業獲碩士學位的同時，自費出版了第一本詩集《農夫和他的詩》。他自覺詩歌難有發展，於是選擇創作小說和劇本，從此在倫敦居住，後又遊歷了歐洲一些國家和美國。他讀了大量英、法、德、美諸國的文學作品，特別是喬伊斯、沃爾夫、勞倫斯的作品。他所經歷的形形色色的社會生活，也對他產生深刻的影響。研究懷特的專家指出，從 1935 年至第二次世界大戰爆發這五年，無論是生活還是創作，對懷特至關重要。所謂作家，其詩書、品格、閱歷三者必備，懷特初步有之。以 1939 年在朋友的幫助下，他發表的長篇小說《快樂谷》為例，他的閱讀、閱歷都派上了用場。他把在新南威爾斯州寒冷的北部牧羊的生活和當地的風土人情作為小說的背景。在藝術上，我們看到喬伊斯的影子。小說敘述了一位醫生，在澳洲內地籠罩著頑固、消沉、空虛氣氛的小鎮上，所經歷的戀愛悲劇，顯示了懷特自己的文學風格。小說甫一問世，即引起英國文學界的關注。

第二次世界大戰爆發，懷特參加英國皇家空軍情報部門工作，曾被派遣到中東、非洲和希臘等地工作。1941 年，他出版了戰前早就寫好的第二部長篇小說《生

者與死者》。這是一部講述倫敦知識份子生存狀態的小說。因戰火紛飛,小說的影響不大。1948 年,懷特復員回到澳大利亞,買了一座距悉尼不遠的農場,從此在這裡定居,專心於寫作。

農場遼闊的鮮花盛開的田野,常有懷特的身影,他在默默地構思小說。他要把為這廣袤豐饒大地的開發而奉獻一切的人們的生活、勞作、痛苦與歡樂寫出來,以表達他對先賢的崇高敬意。果然,他的長篇小說如清泉般汩汩從他手中流出,《姨母的故事》(1948)、《人之樹》(1955)、《沃斯》(1957)、《乘戰車的人》(1966)、《堅實的曼陀羅》(1966)和《活體解剖者》(1970)等相繼問世。《沃斯》以 19 世紀上半葉德國探險家萊克哈特試圖橫跨澳洲大陸的壯舉為題材,表現人類挑戰大自然的無畏精神。《乘戰車的人》所描寫的則是一群行為乖張、窮困潦倒的僑民生活圖景。《堅實的曼陀羅》以喜劇形式表現一對孿生老人的痛苦生活。

《人之樹》就是懷特以充滿鄉愁的感情,以澳大利亞拓荒者為題材的富有詩性的小說。小說通過敘述拓荒者斯坦一家的生活變遷,對人物的浮沉命運進行描述,詩情畫意地呈現拓荒者艱苦奮鬥的精神及豐富的內心世界,富有極強的藝術魅力。除了小說,懷特對戲劇也饒有興致。20 世紀 60 年代,他創作了四個劇本:《漢姆葬禮》(1961)、《沙薩帕里拉的季節》(1962)、《快樂的靈魂》(1963)和《禿山之夜》(1964)。懷特於 1965 年以「四個劇本」為名,將這四個劇本結集出版。四個劇本都被搬上過舞臺,在各地演出,反響不俗。

1973 年,懷特獲諾貝爾文學獎後,各種榮譽接踵而至。其實,在這之前他已獲澳大利亞文學與社會金質獎章(1956)、邁爾斯‧佛蘭克林獎(1962),還曾獲國家基督協會獎金。獲諾貝爾文學獎,讓懷特意氣風發地繼續創作,相繼出版了中篇小說集《白鸚鵡》(1974)和長篇小說《樹葉裙》(1976)、《特萊龐的愛情》(1980)。他還創作了劇本《重返阿比西尼亞》(1974)、《大玩具》(1977)。1981 年,六十九歲的懷特寫了自傳《鏡中瑕疵》。1990 年 9 月 30 日,懷特在悉尼寓所辭世。他早就用諾貝爾文學獎金設立的懷特文學獎金,繼續鼓勵著澳大利亞作家創作出更好的文學作品,奉獻給他熱愛的澳洲大地。

Heinrich Theodor Böll

海因里希 · 伯爾 1917—1985

德國作家。

獲獎理由｜為了表揚他的作品，這些作品兼具有對時代廣闊的透視和塑造人物的細膩技巧，並有助於德國文學的振興。

獲獎作品｜《與一位女士的合影》（小說）。

有過六年軍旅生活的伯爾，是在第二次世界大戰中德國慘敗之後，因生活困窘，才從事小說創作以養家糊口的。令他不曾想到的是，文學竟為他鋪就了一條輝煌之路。他的小說多以普通百姓的立場，敘述親歷的戰爭，表現戰後德國的社會病態。其小說憑藉對時代廣闊的透視，又輔以典型化的精妙技藝，贏得了瑞典文學院的眷顧，他由此得以摘下第六十五屆諾獎桂冠。同時，伯爾的小說讓人們認識到，德國是在痛苦的第二次世界大戰回憶和反思中開始新的生活。伯爾被稱為廢墟文學的掌門人，對戰後德國文學的重建，起到重要作用。

　　第二次世界大戰中，納粹第三帝國摧毀歐洲文明的同時，也將養育出歌德、席勒、海涅等偉大作家的德國文學化為廢墟。海因里希‧伯爾的橫空出世，重新振奮了戰後頹敗的德國文學，他贏得諾貝爾文學獎，讓整個西德一片歡騰。

　　長篇小說《與一位女士的合影》是伯爾於 1971 年擔任國際筆會主席時創作的。小說以 20 世紀 30 年代至 70 年代初的德國社會為背景，以一個女人的多次婚姻為線索，描繪出一幅斑駁陸離的歷史畫卷，展示了人事變遷中德國人的精神面貌，具有深廣的現實主義意義。年方十八歲的姑娘萊尼，美麗聰明，被其父當成招攬生意的招牌，安排在自己的建築辦事處。第二次世界大戰爆發後，萊尼的初戀哈德不滿納粹發動侵略戰爭，被殺害。萊尼又結識軍士阿洛伊斯，相愛結婚，三天后丈夫應召上前線，沒幾天在戰火中喪命。

　　父親破產後，寡婦萊尼淪為花圈廠女工，愛上在花圈廠做工的蘇聯戰俘博里斯，與他同居後懷孕。第二次世界大戰結束後，博里斯又成為美軍戰俘，後萊尼千辛萬苦尋到他，他已成墓中人。為了生存，萊尼將房子租給外國人，並教孩子們唱歌。一些垂涎其美色又得不到她的男人，散佈她是「共產黨婊子」、「俄國佬姘頭」，中傷圍攻她，同時製造藉口把萊尼的兒子投進獄中。四十八歲的萊尼不得不退職，過起窮困卻不怨天尤人的日子。小說塑造了一個豐滿的萊尼的藝術形象，她一生善良助人，甘於平凡，以我行我素的人生姿態，頑強且不同流合污地對抗社會的不公和社會眾生的醜惡，小說通過她深刻地揭示了德國社會的病態。

　　伯爾在〈關於我自己〉一文中說：「1917 年 12 月 21 日……，我出生於科隆……，父親是一個木雕匠人……，正當父親當民兵守橋的時候，在（第一次）世界大戰中饑寒最嚴重的年頭，他的第八個孩子出生了。在此之前，他的兩個孩子已經夭折。

我出生在正當父親詛咒戰爭，詛咒笨蛋皇帝（德皇威廉二世）的時候。」

伯爾家在當時算是一個生活不錯的匠人之家，但戰爭使通貨膨脹，經濟蕭條，他家的生活一落千丈，不得不在饑餓中掙扎，以致有兩個哥哥夭亡。伯尼回憶童年，父親工廠中彌漫著膠水、染劑等難聞的味道，還有「母親的嘆息」聲，寫得歷歷在目。生活總要繼續，1937 年，伯爾中學畢業後，到波昂一家書店打雜兒，兩年後考入科隆大學語言文學系。德國把世界拖入第二次世界大戰後，伯爾被征入伍，派到法國、蘇聯、羅馬尼亞等戰場作戰。1945 年，伯爾被盟軍俘虜，第二年遣送回德國。有資料說伯爾回國後，曾進科隆大學繼續學習。

親歷過第二次世界大戰，目睹罪惡的侵略戰爭將城市化為廢墟，炮火、饑餓、瘟疫、屠殺葬送了千千萬萬個生命，見到過各種人物的苦難命運和傷痕累累的靈魂，激發了伯爾用文學表現這一切的勇氣。

1949 年，伯爾發表了小說《列車準點》。小說寫一個叫安德莉亞斯的士兵在二戰中的遭遇，特別是表現他在戰場上，經歷兩軍對壘殘酷無情、搏命廝殺的思想過程，表達了作者對戰爭憤怒譴責的立場。這篇小說的重要意義，還在於伯爾以清算納粹罪惡歷史，在痛苦的反思中迎接新生活的小說實踐，宣告戰後德國文學正在廢墟中重新建立。人們把這一時期的文學稱為「廢墟文學」。伯爾贊同關於「廢墟文學」的稱謂，他在《「廢墟文學」自白》一文中做了自己的闡述：

1945 年以後我們這一代作家的早期作品，有人稱為「廢墟文學」，試圖一言以概括之……，事實上，我們所描寫的人們都生活在廢墟之中，他們剛經歷了戰爭……，蒙受了創傷……，作為作者，我們感到自己同他們如此息息相通，因而彼此間神似貌合，猶如一人……。

因此，我們寫戰爭，寫回鄉，寫自己在戰爭中的見聞，寫回鄉時的發現：廢墟。於是出現了與這種年輕文學如影隨形的三個口號：戰爭文學，回鄉文學，廢墟文學。

伯爾積極投入「廢墟文學」的實踐，回憶戰爭，清算歷史，開啟新的生活。他的創作出現井噴式的態勢。20 世紀 50 年代，他有短篇小說集《過路人，你若來斯巴……》（1950）問世。《過路人，你若來斯巴……》描寫一個尚未成年的中學生稀裡糊塗地被戰爭裹挾，淪為戰爭犧牲品的故事。小說沒有正面寫戰爭的殘

酷，而是濃墨重彩地通過中學生細膩的心理活動和內心獨白，側面揭露法西斯戰爭對人性摧殘的罪行。接著，伯爾又出版了以戰後德國經濟恢復時期普通人生活為題材，並通過各種人物的際遇，展現那時德國人命運的長篇小說《亞當，你到哪裡去？》（1951）、《一聲不吭》（1953）、《無主之家》（1954）、《我們早年的麵包》（1955）和《九點半鐘的撞球》（1959）等。《九點半鐘的撞球》寫建築師費邁爾一家在一天裡，回憶、交談及內心的獨白和倒敘，講述了這個家庭近半個世紀興衰沉浮的歷史，也展現了德國軍國主義的罪惡歷史，借此告誡人們，接受歷史教訓，警惕軍國主義的死灰復燃。

到了 20 世紀 60 年代，伯爾的小說創作已進入成熟期。1963 年，他出版的長篇小說《小丑之見》便是藝術造詣不俗的作品。小說以作者擅長的內心獨白手法，描寫一個馬戲團的丑角，因宗教的迫害得不到愛情，事業也失敗，然後長期酗酒，後淪為沿街賣藝的流浪者。小說通過這個看似游離社會之外的「小丑」藝人，側面抨擊了病態的、醜陋的社會現實。

20 世紀 70 年代，伯爾以《與一位女士的合影》獲諾獎後，於 1974 年發表了中篇小說《喪失了名譽的卡塔琳娜‧勃羅姆》。小說寫某一城鎮發生一起命案，四天后二十七歲的女性勃羅姆向警方自首，說是她殺死了死者——一位新聞記者。經過是，在那天一個宴會上，她與記者邂逅，隨即陷入熱戀，她將他帶回自己的寓所過夜，當記者強迫要與她發生性關係時，她開了槍。這之前，員警因記者有搶銀行的嫌疑正在跟蹤他。有家專門製造緋聞的小報，開始「揭露」勃羅姆的私生活「內幕」，混淆視聽，將她定成有暴動思想的女性。其實，出身貧窮的勃羅姆是個單純的女性，她「富有感情」地追求愛情，卻反對「單純的情欲」，她殺人只是捍衛自己的貞潔和清白。小說揭示，正是不公的法律，逼那些孤立無援的社會底層的小人物走上極端道路。小說一經發表，轟動西方世界。1978 年，伯爾出版長篇小說《監護》，呈現西方「福利社會」背後潛伏著深刻的社會危機。伯爾生命最後，還出版了針砭時弊的長篇小說《面對大河秀色的女士們》。

伯爾一生除了創作小說，還創作了許多散文隨筆、評論，收入《隨筆‧評論‧演講集》（1967）。早在 1964 年，他還有廣播劇集《博士的茶會》問世。

1985 年 7 月 16 日，曾經創作過「具有對時代廣闊的透視和塑造人物的細膩技巧，並有助於德國文學的振興」的作品的現實主義作家伯爾，在寓所中去世。

Pablo Neruda

巴勃魯·聶魯達 1904—1973

智利詩人。

獲獎理由｜因為他的詩作具有自然力般的作用，復蘇了一個大陸的命運和夢想。

獲獎作品｜〈伐木者醒來吧〉（詩歌）。

聶魯達是繼女詩人米斯特拉爾之後，智利最有影響的詩人。他的詩奔放、自由、熱情，充滿正義感和戰鬥精神，深受智利乃至拉丁美洲人民的喜愛。聶魯達寫於 20 世紀 50 年代的〈歡樂頌〉，頗有美國詩人惠特曼詩歌〈歡樂之歌〉的神韻：

呵，歡樂
我曾經是個沉靜的青年，
認為你的頭髮
是可羞的。
當你的瀑布
在我的胸膛裡奔騰起來，
我才知道那不是真實的。
今天，呵，在街道上，
找到的歡樂，
遠遠離開一切書本，
陪伴著我吧，
讓我和你一起，
從一家到一家，
從一村到一村，
讓我和你一起從旗幟到旗幟。
…………
誰都不會驚奇，
假如我把大地的饋贈
還給人們。
因為在戰鬥中，我懂得了：
傳播快樂
乃是我在人間的責任，
我用我的歌完成我的使命。

　　詩人對世界、對人間、對生活中一切正義的人民，充滿深情。誠如他自己感

慨地說，「在我母國的國度裡」，「我誕生在生活、陸地、詩歌和甘霖之中」。

20 世紀 50 年代，聶魯達出版了里程碑式的詩集《詩歌總集》（又譯《情詩・哀詩・贊詩》）。該詩集視野開闊，胸懷博大，結構完整，藝術造詣高妙，具有紀實色彩。全集共有十五章，收入二百四十八首詩。詩集敘述了從 15 世紀至 20 世紀中葉，拉丁美洲特別是智利的漫長歷史，揭露譴責了殖民主義者屠殺拉丁美洲人民的罪惡，同時呈現了拉美人民爭取獨立、解放鬥爭的波瀾壯闊的歷史畫卷。詩歌洋溢著詩人對拉丁美洲和母國智利的深沉熱愛。

縱觀聶魯達的詩歌創作，其鮮明特色便是帶有鮮明的政治性和社會性，同時具有藝術魅力，故贏得諾貝爾文學獎給予「具有自然力般的作用，復蘇了一個大陸的命運和夢想」這樣的評價。在諾獎授獎儀式上，聶魯達發表演講時說，「作為幅員遼闊的美洲的作家，我們堅持不懈地聽從召喚，用有血有肉的人物來充實這巨大的空間」，表達了戰士的勇氣良知和道義。

聶魯達，本名內夫塔利・里卡多・雷耶斯・巴索阿爾托（Neftali Ricardo Reyes Basoalto）。巴勃魯・聶魯達是早年發表詩作使用的筆名，1946 年起法律上承認為其正名。他於 1904 年 7 月 12 日出生在智利中部的帕拉爾小鎮。父親雷耶斯是名鐵路工人，家境貧寒，母親在他滿月前即早亡。兩歲時，他隨父親遷至特木科城，不久父親再婚，繼母善良，使其獲得母愛。

聶魯達自幼便有文學天賦，十歲開始寫詩，十三歲以筆名巴勃魯・聶魯達在各地報刊發表詩作，其作品〈理想小夜曲〉、〈春天的節目〉還在當地獲文藝競賽獎。1921 年，他進入首都聖地牙哥教育學院讀法語系，同年 10 月，在智利大學生聯盟詩歌競賽中一舉奪魁。兩年後，他出版詩集《黃昏》和《二十首情詩和一支絕望的歌》。後者曾震動智利詩壇，可視為其早期詩歌代表作。他自己對此詩集也很滿意：「我無法解釋，這本包含著痛苦的詩集，居然為許多人民打開了通向幸福的道路，這的確是一奇跡。」

1924 年至 1927 年，為全力以赴地創作詩歌，聶魯達放棄了大學學習和去法國當研究生的機會。其父頗為不解，作為懲罰，一度中斷兒子的生活費。他只好靠打工、翻譯，過著困窘的生活。其間，他出版了《奇男子的引力》（1925）和《戒指》（1926）兩本詩集。不久，他又有〈巨人的希望〉、〈鐘聲〉和〈熱情的辛肖托〉

等詩作問世。

1927 年，聶魯達進入外交界，先後到仰光、可倫坡、爪哇等地工作，並娶了緬甸女性為妻。在動盪寂寞的生活中，他創作了長詩〈居住在大地上〉。1933 年，他曾任阿根廷首府領事，在那裡結識西班牙詩人洛爾迦（Federico García Lorca），並成為朋友。後又先後到巴賽隆納、馬德里等領事館工作。在西班牙，他的詩歌漸漸被人閱讀，他成了受歡迎的詩人。當地詩人曾寫〈向巴勃魯·聶魯達致敬〉，對他表示敬意。1936 年，西班牙爆發內戰，好友洛爾迦被害，聶魯達目睹暴徒罪行，悲憤地寫出長詩〈西班牙在心中〉，與羅曼·羅蘭、海明威等有良知的作家站在一起，強烈譴責佛朗哥法西斯暴行。

第二次世界大戰爆發後，聶魯達的詩歌有了戰鬥的濃烈色彩。詩曰：「只要我們的血管中還存在著一滴血，那麼它就象徵著愛的永遠存在！」

1943 年，聶魯達回到母國。翌年，他當選為智利國會議員，致力於政治工作。1948 年，右派勢力掌權，他被迫流亡巴黎，參加在那裡舉行的世界和平理事會。他的詩集《詩歌總集》就誕生在歐洲。1950 年 8 月 11 日，聶魯達參加了華沙世界和平大會，會上，他以戰士的姿態，滿腔豪情地做了發言：「倘若我的詩歌在人們心坎中燃燒，照引著那必須我們用奮鬥與歌唱去爭取和平的道路，那我很高興。」到 1953 年，智利政權更迭，他又返回母國，出版了詩集《葡萄和風》（1954）、《元素之歌》（1954）、《新元素之歌》（1956）、《愛情十四行詩一百首》（1959）、《英雄事業的讚歌》（1960）、《智利的岩石》（1961）、《黑島雜記》（1964）、《鳥的藝術》（1966）、《沙漠之家》（1966）等。其中〈伐木者，醒來吧〉一詩，膾炙人口，廣為流傳。這首詩中的「伐木者」，指的是美國總統林肯。詩人呼籲林肯再生，世界出現民主自由。詩中交織著愛恨、鬥爭和反抗的旋律。

1957 年，聶魯達當選為智利作家協會主席。1970 年，他被智利共產黨推舉為總統候選人，後因故退出競選，以阿葉德為首的人民聯盟大選獲勝，聶魯達被任命為駐法國大使。1973 年 9 月 23 日，聶魯達在聖地牙哥去世。

對自己的一生，聶魯達這樣評價，權當墓誌銘吧：

我一直想寫一群巨大的組詩，當然它們是永遠沒有寫完的時候的，因為它的結束並不由於詞彙的運用而最終決定於我的生命。

Aleksandr Isayevich Solzhenitsyn

亞歷山大·伊薩耶維奇·索忍尼辛 1918—2008

俄羅斯作家。

獲獎理由｜由於他作品中的道德力量，借著它，他繼承了俄國文學不可或缺的傳統。

獲獎作品｜《癌症病房》（小說）。

1962 年，一篇題為「伊凡・傑尼索維奇的一天」的中篇小說，發表在蘇聯作協機關刊物《新世界》雜誌上，有如天外驚雷，讓毫無生氣的蘇聯文壇掀起軒然大波。小說第一次公開揭露史達林時代蘇聯勞動集中營的生活內幕。作家以親身經歷，描寫了一座勞動集中營裡，一群知識份子一天之內的生活，揭露了勞動集中營殘酷、野蠻的「勞改」制度，獄吏的兇狠專橫，以及形形色色的勞改犯的命運和精神世界。小說被搶購一空，甚至在坊間廣泛傳抄。

　　小說的作者索忍尼辛在蘇聯文學界極為陌生。這位在第二次世界大戰中立過兩次戰功的連長，因 1945 年在信中「批評史達林」而被捕，流放八年，在集中營勞動改造。解除流放後，他在一所中學當數學老師。他創作了〈伊凡・傑尼索維奇的一天〉，得到當時黨和國家最高領導人赫魯雪夫的親自批准，得以公開發表。索忍尼辛一躍成為蘇聯家喻戶曉的作家。

　　好景不長，隨著赫魯雪夫下臺，布里茲涅夫執政，自 1964 年始，索忍尼辛再次開始蹉跎歲月。1965 年 3 月，風靡一時的〈伊凡・傑尼索維奇的一天〉受到公開批評。接著，當他的新作《第一層地獄》準備出版時，他突然面臨遭到抄家、書稿被沒收的厄運。《第一層地獄》寫的是莫斯科附近一個特別政治犯收容所裡，「叛國者」、「間諜」及科學家的生活狀態，雖然生活待遇好於一般集中營，但他們必須進行秘密科研，當思想奴隸。

　　和《第一層地獄》命運相似的是長篇小說《癌症病房》。幸運的是，這部長篇與《第一層地獄》，於 1968 年由索忍尼辛幾經努力，轉到境外，在西歐得以發表。

　　對此，蘇聯作家代表大會通過了「索忍尼辛是蘇聯作家叛徒」這一決議，將他開除出作協。這一決議，遭到沙特、亞瑟・米勒、海因里希・伯爾等世界作家的抗議。

　　1970 年，索忍尼辛以《癌症病房》獲第六十三屆諾貝爾文學獎。

　　《癌症病房》寫的是蘇聯有過軍隊生涯的科斯托格洛托夫，在勞改集中營突然患上癌症。他在生命垂危之際，終於被送到癌症樓，接受藥物治療。幾經治療，腫瘤明顯縮小，而且他發現自己禁錮多年的情欲有所蘇醒。多年的囚犯生涯讓他已與女性完全隔絕，腫瘤方縮小，他就產生病態情欲。這讓他感到惶恐不安。他無論對女友卓婭還是薇拉，相處時總有情欲鼓蕩。後來，他與薇拉的關係有了發展。而外面世界中，史達林逝世兩周年，報上無動於衷，貝利亞下臺，最高法院

人事變更⋯⋯，科斯托格洛托夫，聽到命運之門正在慢慢開啟。

科斯托格洛托夫終於出院，與薇拉的關係也已走得更近。臨行前，薇拉把自己家的地址給了他。但他還是決定不去打擾薇拉的生活，毅然登上回流放地的火車。上車之前，他去了一家百貨店，受朋友之托，到動物園走了一遭。他感到生活的大門確實已向他敞開，但如何走進生活讓他茫然⋯⋯。

《癌症病房》是索忍尼辛根據自己1955年在塔什干治療癌症的親身經歷創作出來的長篇小說，帶有自傳性和象徵色彩。

《癌症病房》是一部心理小說，放棄圍繞故事情節敘事的模式，而是重在對人物心理進行細膩深入的刻畫和剖析，表現人物的情緒波動、心理變化、性格特點，展示各色人物豐富複雜的靈魂圖景。

瑞典文學院的評語是，「由於他作品中的道德力量，借著它，他繼承了俄國文學不可或缺的傳統」，端是有眼力。

索忍尼辛，於1918年12月11日出生在北高加索的基斯洛沃茨克一個哥薩克家庭。出生前，他那在軍隊服役的炮兵軍官父親已過世。寡母帶他遷至頓河流域的羅斯托夫市，靠任中學教師的收入，將其撫養成人。中學畢業後，他考入羅斯托夫大學數學系，因喜愛文學又在莫斯科文史哲學院函授班讀文學。大學畢業後，他在中學任教。

1941年，衛國戰爭爆發，索忍尼辛應徵入伍，先到炮兵學院學習。次年，他以炮兵中尉之職開到前線作戰。作戰英勇，兩次立功獲勳章，升任炮兵大尉。在戰爭中，他常與好友通信，多次批評議論史達林，儘管多用代號稱呼史達林，但還是被無所不在的保安機關發覺。1945年初，正在率部攻打德國東部的索忍尼辛，在戰場上被逮捕，押往莫斯科。幾經嚴刑審訊，以「進行反蘇宣傳和陰謀建立反蘇組織」罪名，判其八年徒刑。索忍尼辛經歷地獄般的勞役，刑滿獲釋，又流放哈薩克三年，直至1956年赫魯雪夫上臺，經軍事法庭重審，宣佈他無罪平反，恢復名譽，才獲自由。他與被迫離婚的妻子重婚，分配到梁贊城一所中學任教。

於是，就有了前面所提索忍尼辛以〈伊凡・傑尼索維奇的一天〉一鳴天下的經歷。該作出版翌年，他出版了《索忍尼辛短篇小說集》，收錄〈馬特廖娜的家〉、〈為了事業的利益〉、〈克列契托夫卡車站上發生的一件事〉及〈伊凡・傑尼索

維奇的一天〉四個短篇。除〈伊凡・傑尼索維奇的一天〉外,另三篇皆在歐洲出版。

索忍尼辛獲諾貝爾文學獎後,由於受到國內阻撓,當時未能到瑞典斯德哥爾摩領獎,但他還是發出了自己意味深長的聲音:

　　有一天,杜斯妥耶夫斯基說出了這句費解的話:「美將拯救世界。」這是一個什麼樣的陳述?有好長一段時間,我認為這只不過是話語而已。這怎麼可能呢?在嗜血成性的歷史中,美又何曾拯救過何人免於難呢?使人高尚了,使人精神振奮了,是的──但它又拯救過誰呢?(諾獎演說《為人類而藝術》)

　　1971年,索忍尼辛的小說《一九一四年八月》在巴黎出版。次年,索忍尼辛又有驚人之舉,他向世界莊嚴宣佈建立「援助俄國政治犯的政治基金」,把他在國外所得到的圖書版稅,全部捐獻給它。此時,索忍尼辛不僅成為西方國家關注的對象,而且已成為蘇聯國內「持不同政見者」的領袖人物。1973年,他又有大膽舉動,公開給布里茲涅夫等國家領袖寫信,提出自己的政治主張,又令輿論震驚。8月,他又在一次西方記者招待會上,將政府對他的恐嚇和迫害公佈於世,並對其限制公民自由的做法進行批評。不久,在所謂物理學家薩哈羅夫叛國案中,索忍尼辛受到牽連,被當局傳訊做證。他感到生命受到威脅,將《第一個包圍圈》秘密印製出版。因為,他創作的另一部名著《古拉格群島》手稿,已被「克格勃」(特務機構)查沒,所幸副本早已偷偷提前轉移到國外,於1973年12月在巴黎出版。

　　《古拉格群島》為三卷本,分七部分,兩千多頁,共一百四十萬字,是索忍尼辛根據自己的經歷,加上對二百七十位當事人的採訪記錄,以翔實的資料描繪勞改制度的慘無人道和荒謬的作品。小說開篇便寫道:

　　獻給沒有生存下來的諸君,要敘述此事他們已無能為力。但願他們原諒我,沒有看到一切,沒有想起一切,沒有猜到一切。

　　索忍尼辛於1974年2月12日遭到當局逮捕,以叛國罪受到指控,翌日即被取消公民權並驅逐出境。在瑞士政府幫助下,他暫居該國,同年12月,他在

五十六歲壽誕之時，到瑞典領取諾貝爾文學獎，並發表《為人類而藝術》的獲獎演說。

1974 年，流亡到西方的蘇聯作家馬克西莫夫等在西德辦《大陸》文學季刊，作為蘇聯流亡作家的文學陣地。索忍尼辛為其寫了《發刊詞》。1975 年，索忍尼辛定居美國，美國政府授予他「榮譽公民」的稱號。

晚年，索忍尼辛還出版了包括《一九一六年十月》、《一九一七年十月》和《一九一四年八月》在內的「三部曲」，索忍尼辛自稱此書是「一生中追求完成的主要創作業績」。此外，他出版了關於蘇聯國內文學生活的特寫集《牛犢頂橡樹》。

在美國，他的批判精神對西方也不留情面。1978 年，他在哈佛大學演講時，猛烈地批判西方的利己主義與自由主義，令西方輿論震驚。

蘇聯解體後，在葉爾欽總統邀請下，在外流亡多年的索忍尼辛重新踏上國家領土。為表彰他的成就，政府擬頒給索忍尼辛「聖安德列榮譽勳章」，被他拒絕，他以不客氣的話讓葉爾欽難堪：

　　目睹俄羅斯從歐洲強權的巔峰，墮落到當前如此悲慘的地步，我無法接受任何榮譽。

但是，葉爾欽在後來的回憶錄中提到索忍尼辛時，竟說：「索忍尼辛的筆，是受上帝指揮的。」

2007 年，因認同新總統普丁的執政觀念，索忍尼辛接受了普丁頒發的 2006 年俄羅斯人文領域最高成就獎——俄羅斯國家獎。

2008 年 8 月 3 日，被譽為「俄羅斯的良心」的九十歲的索忍尼辛，因心臟病與世長辭。

$\dfrac{062\text{th}}{1969}$

Samuel Barclay Beckett
薩繆爾 · 巴克利 · 貝克特 1906—1989

法國作家。

獲獎理由丨他那具有奇特形式的小說和戲劇作品，使現代人從精神困乏中得到振奮。

獲獎作品丨《等待果陀》（Waiting For GodotGOD oh）（劇本）。

「在這個廣大濁世中，很明顯的只有一個希望，就是等待果陀的來臨。」這句玄幻而又石破天驚的話，來自1953年巴黎一家劇院演出的《等待果陀》的主人公弗拉季米爾的臺詞。這出荒誕戲劇在巴黎首演，接著在倫敦上演。其實驗精神，引起激烈的爭論，備受觀眾嘲諷，文藝界也群起而攻之。三年後，《等待果陀》到紐約百老匯演出時，那裡的評論界戲謔地稱之「來路不明的戲劇」。這讓人聯想到1830年雨果的《歐那尼》演出時的爭論場面。但《等待果陀》僅在巴黎就上演三百多場。

誰也不曾想到，二十年後，這部表現生命荒誕，具有獨特哲學思想的戲劇，漸漸受到觀眾和評論界的賞識，成為20世紀最具影響力的劇本之一。1969年，《等待果陀》實至名歸地獲第六十二屆諾貝爾文學獎，它的作者便是法國作家貝克特。諾獎授獎詞稱道：

> 貝克特世界觀的關鍵在於兩種悲觀的不同，一種是輕易的，不在於思考一切的悲觀，另一種是在無法設防的悲慘境遇下，痛苦地面對現實而來的悲觀。前者的悲觀在於凡事皆沒有價值因而有其極限，後者試圖自相反的觀念去解釋，因為沒有價值的東西絕不能再降低它的價值。

《等待果陀》是兩幕劇。

第一幕：荒野小路，一株枯樹，夕陽。衣衫襤褸的兩個老朋友愛斯特拉岡與弗拉季米爾，在此相遇。兩人沒話找話地聊著閒篇兒，一會兒談到懺悔，一會兒又扯到去海濱度蜜月，或說做小偷的結果是與基督耶穌一樣被釘上十字架，而且二人還窮極無聊地反復脫穿帽子和靴子。聊煩了，愛斯特拉岡說：「我們走吧！」弗拉季米爾說：「不行，我們必須等待果陀來臨。」

苦苦等待下，拿著鞭子的波卓和載著重物的驢子登場了。然後主人酷虐地打著驢子，讓它停下來，它準備吃東西時，波卓命令驢子跳舞，還令牠思想，顯示主人的威嚴。愛斯特拉岡見狀，很是同情驢子，不料卻遭驢子踢了一腳。

不久，驢子發出一長串令人費解的嘶鳴，三個男人聽得不耐煩，沖上去要堵住驢子的嘴。識趣兒的波卓只好拖著驢子離開。這時一個小男孩兒登場，自稱果陀的信使，通知愛斯特拉岡和弗拉季米爾，果陀今晚不來了，明晚再來。第一幕

結束。

第二幕：場景與前幕相同，枯樹長出些葉子。愛斯特拉岡和弗拉季米爾仍舊在等待果陀，仍舊玩著帽子和靴子，沒話找話地閒聊著，波卓與驢子再度登場。波卓已變成瞎子，驢子也奄奄一息，波卓請求二人幫助，卻遭一頓毒打。波卓和驢子離場，果陀信使小男孩兒上場，再次向愛斯特拉岡和弗拉季米爾宣佈，果陀今晚不來了，明晚准來。聽罷，等果陀等得絕望的愛斯特拉岡和弗拉季米爾決定上吊自殺，他倆將褲帶系到枯樹上，一個人拉著另外一個的腿上吊，結果褲帶斷了，無法如願以償。

> 愛斯特拉岡說：「我看，我們明天再上吊吧……，如果果陀不來的話。」
> 弗拉季米爾說：「如果他來了呢？」
> 愛斯特拉岡說：「那我們就得救！」
> 弗拉季米爾：「……。」
> 愛斯特拉岡說：「那……，我們走吧！」
> 弗拉季米爾應道：「好，走吧！」
> 雖然二人都同意離開，卻誰都一動不動。大幕徐徐落下。

這是一齣沒有中心故事，沒有戲劇矛盾衝突，沒有開端、發展、高潮、結局，只有毫無頭緒的對話和怪誕誇張的動作的貝克特式的荒誕派劇作。它打破傳統戲劇模式，體現了強烈的藝術創新精神。愛斯特拉岡和弗拉季米爾所苦苦等待的「果陀」是什麼？貝克特說：「我要是知道，早在戲裡說出來了！」其實，他心裡最清楚，他的《等待果陀》，是以荒誕鬧劇的外殼裹著表現現代人的無為和尷尬，將希望寄寓等待的內裡。《等待果陀》要說的是愛斯特拉岡代表精神，弗拉季米爾代表肉體，他們的等待，象徵著人類「生死兩難」的宿命觀。若以「等待」為縱軸，那麼橫軸則是象徵現實社會主從關係的波卓與驢子。果陀變成了希望和憧憬，變成不幸的人對未來生活的呼喚和嚮往，人們願意等待明天的到來。

曾最早飾演該劇角色的演員龍傑‧德路蘭說，此劇「具有炸彈般之效果」，在巴黎就陸續上演三百次。《等待果陀》被譯成二十餘國語言，便證實該劇在窺探人性的痛苦和荒誕時，映照了當時的社會現實，讓觀眾在內心產生了強烈

的共鳴。

　　薩繆爾・巴克利・貝克特，於 1906 年出生在愛爾蘭都柏林一個富裕的新教徒猶太人家庭。1923 年，他進入特裡尼底學院。1927 年，他從都柏林三一學院畢業，獲法文義大利文學士學位。1928 年，他到巴黎高等師範學院任英文講師，並成為愛爾蘭的內心獨白作家喬伊斯的弟子和秘書。他曾與友人合作，將喬伊斯著作《都柏林人》、《尤利西斯》等譯為法文。1931 年，他回到都柏林，在母校教授法文。開始研究笛卡兒哲學，獲碩士學位。

　　1932 年後，貝克特漫遊歐洲，因不滿愛爾蘭的神權政體及書籍檢查制度，於 1938 年定居法國，出版長篇小說《墨菲》。次年，他在巴黎參加抗暴運動。第二次世界大戰爆發後，德國法西斯佔領法國，貝克特積極參加抵抗運動，任一個抵抗小組的秘書和信使。1942 年，他被納粹蓋世太保通緝，逃到鄉下隱姓埋名，當起農業工人維持生計，開始創作長篇小說《瓦特》（1944）。1945 年，他回到愛爾蘭，參加紅十字工作。第二次世界大戰結束後，他重返巴黎，集中精力從事文學創作。

　　1951 年，貝克特創作了長篇小說三部曲《莫洛瓦》、《馬龍之死》和《無名氏》。1952 年發表的戲劇《等待果陀》，使貝克特一舉成名。他繼續創作了荒誕派戲劇《劇終》（1957）、《克拉普最後的錄音帶》（1958）、《屍骸》（1959）、《默劇》（1959）、《啊，美好的日子》（1961）、《卡斯康多》（1963）和《喜劇》（1964）等，到 1980 年，他還創作了影響較大的劇本《一句獨白》。

　　《啊，美好的日子》和《一句獨白》，在美國荒誕派劇作家阿爾比看來，比起《等待果陀》毫不遜色，甚至更好。《啊，美好的日子》也是二幕劇。第一幕裡，維妮身體半截入土，只露腰部以上。但她樂觀生活。第二幕，維妮只剩頭部露在地面，她仍很樂觀。她的丈夫維多是個癱瘓的老頭，艱難地向她爬，卻總也爬不上埋維妮的土坡，她依舊樂觀地重複第一幕中的話：「噢，又是美好的一天。」該劇表現人們即便面臨死亡，同樣渴望明天。《一句獨白》是獨幕劇，舞臺上有四個人：半身不遂的哈姆坐在輪椅裡，其父母沒有下半身，各自裝在垃圾桶裡，他的義子克洛夫也病得只能站不能坐。四個不健康的殘廢人，在痛苦地等待死亡。正如該劇角色的那句獨白：「誕生即是他的死亡。」這句話闡明了存在主義的精髓。《喜劇》，觀眾只看到三個腦袋，根本無所謂戲劇動作。舞臺上的一切只有象徵

意義。貝克特自己解釋：「只有沒有情節，沒有動作的藝術，才算得上是純正的藝術。」貝克特採用荒誕性的藝術形式來表現世界的荒誕性。諾貝爾文學獎的評委認為貝克特文學「具有新奇形式」，「使現代人從精神困乏中得到振奮」。

在小說方面，貝克特也有自己的藝術個性。那種認為貝克特繼承了他的老師喬伊斯小說衣缽的評價，並不準確。不錯，他的小說受喬伊斯和普魯斯特的意識流及相關的「內心獨白」等藝術的影響，但流貫在他小說中的，更多是從存在主義出發，著意描寫荒誕的主觀感覺，而且有許多現實主義的成分。它不僅表現人類在荒誕處境中所感到的抽象的苦悶心理，還表現了西方社會現代人的關於現實和希望的嚴肅問題。應視之為嚴肅小說。

《莫洛瓦》，描寫身份不明的莫洛瓦，為自己不清楚的目的，登上鄉野的艱險的旅途，吃盡苦頭，最終倒在深溝裡，後來有個員警似是他的父親，為尋找莫洛伊同樣陷入迷途。《馬龍之死》，寫垂死的龍，為忘卻痛苦和即將死去，自己給自己講毫無意義的故事。《無名氏》，既無故事，也不知小說中的人是誰，叫什麼名字，只有一個人在說話。這三部小說用獨特的形式，呈現了貝克特的精神旅程。小說無鮮明人物，也無完整故事，以荒誕的形式描述人們在這個世界上失去個性、失去自我、靈魂迷失的精神圖景。要麼表現人生的路是艱辛而又虛無的，要麼表現人的內心的流浪，要麼表現人生的神秘縹緲，流露出虛無主義和悲觀主義的情緒，他的小說讓人看到世界的荒誕、悲涼，同時，也讓我們看到貝克特敏感而懦弱的一面。

1989 年 12 月 22 日，貝克特默默死在一家極為簡陋的養老院中。對此，無論是他的出版商，還是他的讀者，都感到不解和悲涼。但對於終生都醉心於人類精神世界，對外界無欲無求的貝克特來說，也許這樣離天堂更近。

川端康成 1899—1972

日本小說家。
獲獎理由｜由於他的高超的敘事文學以非凡的敏銳表現了日本人的精神特質。
獲獎作品｜《雪國》（小說）。

「諾貝爾文學獎是人類文明的一個尺規」，也是作家夢寐以求，渴望登上的榮譽殿堂。諾獎來了，「有的狂喜，有的堅拒，有的是功臣，有的是國賊，有的流亡，有的自殺」（閻綱）。在每個作家都無法左右自己命運的時代，作家無權決定自己的生，但可以選擇死。

　　海明威說了一句石破天驚的話：「只有一個真正嚴肅的哲學問題，那就是自殺。」海明威用悲壯的自殺，完成了塑造英雄形象的絕唱。無獨有偶，日本作家川端康成獲諾貝爾文學獎後，發表演說《我在美麗的日本》時說：「我什麼時候能夠毅然自殺呢？」舉座皆驚。1970 年，日本作家三島由紀夫頭纏「七生報國」白布，身著戎裝，高呼「天皇萬歲」後，剖腹自殺，同時身邊的介錯（日本切腹儀式中為切腹者斬首者）用刀砍下了他的頭。十七個月後，1972 年 4 月 16 日，川端康成自殺於寓所，兌現了自己的諾言。他沒有寫下隻字遺書，留給後人無盡的疑問和唏噓。

　　希臘哲學家歐里庇得斯有句名言：「或許誰都知道，生就是死，死就是生。」川端康成將之化成自己的名句：「生並非死的對立面，死潛伏於生之中。」一生崇尚唯美主義的他，自然把死也視為一種美。的確，他選擇開瓦斯自殺，比起剖腹、身首相離那種殘酷尋死本身是一種優雅的死。這是厭世的、頹廢的、悲觀的哀莫大於心死而絕望的死，抑或是修行中宗教禪境的生命意識對他的影響使然，總之這是唯美主義者川端康成的宿命。

　　川端康成，文學事業成就輝煌，榮耀桂冠無數：1944 年摘得第六屆菊池寬獎，1952 年獲藝術院獎，兩年後又獲野間文藝獎，1961 年再獲每日出版文化獎。大凡日本各種文學獎項，他幾乎全部收入囊中。

　　自四十九歲始，他在日本文學界地位顯赫，1948 年至 1965 年，任日本筆會第四任會長達十七年之久。1953 年，他當選日本文學藝術最高榮譽機構藝術院院士。1961 年，日本政府授予他最高獎賞第二十一屆文化勳章，以表彰他「以獨特的樣式和濃重的感情，描寫了日本美的象徵，完成了前人沒有過的創造」。兩年後，他被任命為藝術院文學部長。

　　在國際上，川端康成也屢獲殊榮，1959 年 5 月，在法蘭克福第三十屆國際筆會上，獲歌德獎章。翌年 8 月，法國政府特將藝術文化軍官級勳章授予他。1968 年，他又摘得諾貝爾文學獎桂冠，極盡殊榮。諾獎評委主席安德斯・奧斯特林在授獎

詞中，高度讚譽了川端康成：

川端康成先生獲獎，有兩點重要意義。其一，川端先生以卓越的藝術手法，表現了道德性與倫理性文化意識；其二，在架設東方與西方的精神橋樑上做出了貢獻……，這份獎，旨在表彰您以卓越的感受性，並用您的小說技巧，表現了日本人心靈的精髓。

《雪國》是川端康成的成名作，這篇中篇小說將他推到新感覺派文學的巔峰。小說並無曲折複雜的情節，寫的是舞蹈藝術研究者島村，三赴北國多雪山村，與山村藝伎駒子和素昧平生的少女葉子邂逅發生的感情糾葛故事。

《雪國》動筆於 1935 年，該年初，川端康成將小說開端兩節冠以「晚景的鏡面」和「雪中早晨的鏡子」之題，分別發表在《文藝春秋》及《改造》雜誌上。後因寫不好結尾，他幾次束之高閣，直到 1947 年終於有了滿意的結尾，將之發表。

故事如飄飛的雪花，在不經意間悄悄發生和結束在茫茫無際的潔白雪國。一列火車「穿過縣境上長長的隧道，便是雪國。夜空下，大地一片瑩白，火車在信號所前停下來」。靠遺產過著悠閒慵懶生活，且平庸淺薄的研究西方舞蹈的島村，從火車上下來，第二次走進靜寂寒冷而虛幻的茫茫雪原。

第一次到雪國牧場，島村便找藝伎，女傭帶來了出奇潔淨的駒子。她向島村訴說了自己的身世：生長在雪國，後到東京做陪酒，被人贖身後，本想當舞蹈師維持生計，不料恩主去世，再墮藝伎行當。島村聽罷駒子訴說，對她表示依戀之情。

此次乘火車來與駒子相會途中，島村無意中發現了少女葉子，她的美麗臉龐令他著迷，他瘋狂地愛上了她。島村與葉子交談，得知駒子為了報答恩主為她贖身，甘願再當藝伎，做恩主得肺病的兒子行男的未婚妻，並賺錢給他治病。少女葉子深愛行男，特護送他到雪國治病，因此，對島村的追求無動於衷。

在雪國，駒子與島村相遇，相處久了便真心傾身相愛。為了生存，她不得不陪客人喝酒、演出，但她即便喝得酩酊大醉，也會到島村處共度良宵。她只是出於報恩和同情才願做行男的未婚妻。

而島村一面與深愛自己的駒子鬼混，一面追求葉子。當駒子到車站送島村回

東京時，葉子突然跑來告訴她，行男就要死了，希望見駒子最後一面。

島村第三次到雪國與駒子相會，行男和駒子的師傅都已經去世。葉子常常到行男的墳墓悼祭，駒子卻很少去。一天，葉子與島村相見，提出希望他帶自己到東京。島村問她是否與駒子商量過。葉子說：「她真可恨，我不告訴她。」她告訴島村，到東京，「一個女人總會有辦法」。

一天深夜，島村到駒子住處找她，發現她的居所蠶房燃起大火，他沖過去，突然看到夜空出現銀河，自己的身體悠然飄上去。駒子也出現在火場，發現有人從二樓墜落，她跑過去，竟是葉子，她抱起葉子狂喊「這孩子瘋了」……。

川端康成塑造了兩個不同類型的女性形象，駒子是現實生活中有血有肉，熱烈追求愛情，一直與悲慘命運做徒勞抗爭的女性；而葉子則是一個精神縹緲，不染塵世污濁，「優美而近於愁淒」的理想少女形象。相較對二位女性的讚美，島村是個被譴責者。他也想尋求生命的真實，卻終日無所事事，疏懶而無為，認為生活一切都是徒勞的、虛無的，最終成為一個精神空虛，只尋求感官刺激，無為的虛無主義者。

《雪國》讓讀者看到「纖細連接著強韌，優雅與人性深淵的意識互挽著手」的廣闊人性圖景。

川端康成繼承了日本古典主義文學，同時借鑒了西方文學的創作手法，重視塑造人物形象，特別重視人物心理刻畫，具有獨到和細膩的藝術個性。《雪國》還鮮明地呈現了純粹的個人官能感覺，依靠直覺把握事物特徵的「新感覺派」的風格。其間，我們也會發現川端康成在日本傳統主義與西方現代派兩種創作思潮中，左右徘徊、迷惘探索的清醒和困惑、興奮與痛苦。

1899 年 6 月 11 日，川端康成降生在大阪府三島郡豐川村大字宿久莊一個醫生家裡。其家原是望族，後家道中落，更不幸的是，他一歲時，多才多藝的父親患肺病辭世。第二年，母親也因病撒手人寰。他七歲時，奶奶也死了。他和姐姐由雙目失明的祖父撫養。他十歲時，姐姐也夭亡。他十五歲時，呆坐病榻上的爺爺也走了。淪為孤兒的川端淒苦度日。失去所有親人的打擊，再加上青年時有多次失戀的遭遇，使川端形成憂鬱、怪癖的性格，「變成一個固執的扭曲了的人」，這給他的人生和文學創作帶來較大影響。

　　十六歲時，川端在《十六歲的日記》中，記錄了最後一個親人祖父彌留之際自己的感受：「我默然不響……，一種無依無靠的寂寞感猛然侵襲我的心頭，直滲我的心靈深處，我感到自己孤苦伶仃。」

　　川端在上學時，曾想當畫家，讀中學時又對文學有了興趣。他讀了大量父親留下的日本古典文學名著，《源氏物語》、《萬葉集》和《枕草子》及日本近代小說家德田秋聲、志賀直哉，外國的惠特曼、左拉、泰戈爾等大師的作品無不涉獵，反復誦讀，均可大段大段背出原文。書香的薰陶和浸染，讓川端早就嘗試寫作，前面所引哀婉動人的《十六歲的日記》便是習作。1919年6月，他還在中學《校友會雜誌》上發表習作〈千代〉，以清淡的筆墨，講述了他與三個叫千代的姑娘的愛情故事。其文學才華，已見端倪。

　　川端一生與四個叫千代的女性結緣，她們對他命運的走向，都產生了不同程度的影響。尚不滿二十歲，情竇初開的川端，與千代們的情感糾葛，刻骨銘心。一篇叫「非常」的小說，將其愛情的渴望表述得淋漓酣暢：

　　「十六歲！」我喃喃自語道。打算和我結婚的姑娘也是十六歲呀。我一向對十六七歲以上的女人不感興趣，而只對十六歲的妙齡少女產生一種近乎病態的愛慕……回到淺草的公寓時，看到有道子的信……。

　　親愛的朋友，我的朗哥：
　　感謝您的來信，很抱歉未能回信，您還好嗎？我有一事要告訴您……，請把我忘了，當作不在這個人世吧。下次給我來信時，我已不在岐阜，已經離家出走了……，我不知道我將在何方，怎樣生活，我衷心祝願您幸福。再見了，我親愛的朋友，我的朗哥。

　　這樣的道別，讓「我」陷入痛苦，沉入了幻覺，想像道子走後的種種景象，「最後一個痛苦的化身向我逼來，僵硬地坐在火盆的對面」。「我」，讓我們看到川端的身影。

　　1920年，川端考入東京帝國大學英語系，翌年轉入國文系。這時，川端結識了當時的名作家菊池寬、久米正雄等，參與《新思潮》活動，在該刊發表〈招魂

祭一景〉（1921），博得兩位名家的賞識。

　　1924年大學畢業的川端，以自傳體中篇小說《伊豆的舞女》傲然登上文壇。伊豆舞女薰子，原是川端康成上高一時，到伊豆半島旅行途中邂逅的。彼此友善交往中，兩個年輕人油然產生純潔的友情，激起愛的漣漪。小說表現了青春的騷動和情懷，還有各自獨特的人生感悟，特別是二人那種天真、純潔、纏綿悱惻的青春男女之情，深深打動了讀者。1926年出版的創作集《感情的裝飾》，成就其小說家的地位。

　　川端康成在潛心創作小說的同時，還特別關注文學流派論爭。自大學畢業後，在菊池寬的支持下，與青年作家橫光利一等同道，創辦了《文藝時代》雜誌，樹起「新感覺派」大旗，與小林多喜二的革命文學派及島藤村的自然主義派分庭抗禮，形成日本文學流派三足鼎立的局面。「新感覺派」作為文學流派，源於第一次世界大戰後，在法國文壇上出現的，以個人官能感受作為出點，依靠直覺來表達事物的現象本質的達達主義，主張「情感、感覺就是一切」的文學觀念。1929年，「新感覺派」失勢，川端又熱衷於「藝術高於一切」的「新興藝術派」。他發表過《論現代作家的作品》、《關於日本小說史的研究》等論文，宣傳他的文學主張。

　　到了20世紀30年代，日本軍國主義猖獗，國粹主義橫行。川端與武田麟太郎等辦起《文藝界雜誌》，堅持唯美主義創作方向，並未參與侵略戰爭的鼓噪。這一時期，他發表了《淺草紅團》（1929—1930）、《水晶幻想》（1931）等作品，被評論界認為是「新感覺派集團中的異端分子」。在藝術上，川端其實一直探索自己的道路，在文化人格上守住了自己的清白。

　　中日戰爭全面爆發後，反戰的川端康成默默到鎌倉隱居，不隨波逐流，絕不參加鼓動戰爭的叫囂。1941年，川端康成接受「滿洲日日新聞」的邀請，前往中國東北，參加圍棋國際大賽，同行者有吳清源和村松梢風。是年9月，他又應邀訪問中國，先後到大連、瀋陽、哈爾濱、長春等東北各地訪問。訪問結束後，川端為更深入研究「滿洲國」，自己掏腰包留在瀋陽（當時稱奉天），還把妻子從日本接到瀋陽。10月，他偕妻子乘車到北京進行訪問，然後到天津、張家口、旅順等地參觀。等到11月，川端夫妻回到日本神戶不久，太平洋戰爭爆發。翌年，川端編寫了《滿洲各民族創作選集》，作為訪問中國的研究成果。還有一種說法，1943年，川端受日軍方派遣，以戰地記者身份隨侵華日軍到中國東北採訪。

1944 年，川端以〈故園〉和〈夕陽〉等文章獲得菊池寬獎。

日本戰敗投降，曾經反戰的川端，精神還是遭受重創。他發出「我作為一個已經死了的人，除可憐的日本傳統美之外，再不想寫一行字了」的哀歎。其內心頗為複雜。反人類的侵略戰爭使自己的民族遭到滅頂之災，戰後的「世態和風俗」的巨變等報應和懲罰，與川端狹隘的民族主義相碰撞，讓他既憤慨痛苦又無奈，只好到宗教禪境尋找解脫。他說過，「在這個世界上，沒有什麼比輪迴轉世的教誨交織出的童話故事般的夢境更豐富多彩」，川端這種「空、虛、否定之肯定」的美學意識貫穿了他的文學創作。

1946 年，在日本文壇即將升起的新星，大學三年級學生三島由紀夫，帶著自己創作的手稿，拜會了文壇宿將川端康成。慧眼識珠的川端，將其書稿力薦給文學雜誌，於是三島由紀夫以短篇小說〈香煙〉給戰後的日本文壇帶來驚喜。兩位作家遂建立亦師亦友的親密關係。此後，川端創作了《重逢》（1946）、《千鶴》（1949—1950）、《山之聲》（1949—1954）、《湖》（1954）、《睡美人》（1960—1961）、《美麗與悲哀》（1961—1963）、《古都》（1961—1962）等作品。

川端康成，是當代日本文學史上頗具影響力的作家，他的文學創作著力表現日本風情、民族精神和日本文化心態，在藝術上，他堅持日本傳統與西方現代主義文學相結合的創作方法，這讓他收穫了世界聲譽。

Miguel Ángel
Asturias Rosales 1899—1974

米格爾·安赫爾·阿斯圖里亞斯·羅薩萊斯

瓜地馬拉詩人、小說家。
獲獎理由｜因為他的作品落實於自己的民族色彩和印地安的傳統，而顯得鮮明生動。
獲獎作品｜《玉米人》（*Hombres de maíz*）（小說）。

　　阿斯圖里亞斯，在拉丁美洲文壇享有盛譽。他的文學作品將拉丁美洲的文學傳統與歐洲流行的文學流派相融合，以獨特的印地安人的民族文學氣質，踏實地呈現了 20 世紀前五十年拉丁美洲人民所經歷苦難、矛盾和鬥爭的廣闊歷史畫卷，榮獲諾貝爾文學獎。而貫穿他一生的意氣風發地投入反獨裁的政治鬥爭，使他獲得民主戰士的光榮稱號。他晚年致力於國際和平運動。1966 年，鑒於他對喚醒拉丁美洲民族意識所做出的卓越貢獻，他被授予列寧和平獎。

　　20 世紀 50 年代，阿斯圖里亞斯到中國訪問，參加紀念魯迅逝世二十周年活動。

　　一部《玉米人》（*Hombres de maíz*），把阿斯圖里亞斯送上諾獎殿堂。

　　《玉米人》通過印地安人與拉丁人之間，在種植玉米問題上所引起的衝突，反映傳統觀念與現代文明之間的矛盾。這是一部整合了拉丁美洲悠遠歷史、古代神話與現實生活鬥爭的魔幻寫實主義力作。

　　《玉米人》結構複雜，風格獨特，不僅充滿象徵和隱喻，還將印地安人的傳統觀念與思維方式、神話與夢境、真實與幻覺、過去與現在等熔為一爐，敘述著一個接一個或實在或離奇的故事。正如作者所說：「我的作品中超現實主義在某種程度上，同土著人那種介於現實與夢幻、現實與想像、現實與虛構之間的思想方式相一致。」小說由五個獨立又統一的部分組成：加斯巴爾·伊龍、馬丘洪、查洛·戈多伊上校、瑪麗亞·特貢和郵差野狼。

　　《玉米人》的故事很豐富詭異，講的是在土著印地安世代繁衍的水草豐茂的伊龍這方土地上，有個叫皮希古伊利托的村落，住著幾十戶西班牙與印地安混血的拉迪諾人。他們打算放火燒山，種植和銷售玉米。這有悖印地安人的出售玉米就是賣自己子孫的傳統觀念。於是印地安人部落酋長伊龍，率眾奮力阻止拉迪諾人燒荒種玉米。這時，戈多伊上校聞之，準備帶領騎警隊，闖進村子，屠殺印地安人。上校先買通「狐狸精」瑪努艾拉，伺機毒死伊龍。一次，他趁酋長舉行野宴之機，將下了毒的酒騙伊龍喝下。毒酒藥性發作，伊龍跳下大河，以狂飲河水洗胃，正在此時，戈多伊上校的騎警隊血洗印地安人，伊龍見狀，投河自盡。部落中的螢火蟲法師逃過劫難，登上伊龍大山，發出咒語，誓報血仇。

　　咒語顯靈，「狐狸精」與丈夫湯瑪斯的獨子馬丘洪，正在外地求親，途中遭到螢火蟲攻擊，在神秘之火中失蹤，湯瑪斯悲痛欲絕。

人們欺騙湯瑪斯，說馬丘洪在大火中神般顯身，得到其支持毀林種玉米。於是人們再度進入山中，放火毀林，播種玉米。幾個月後，就要收穫玉米了，湯瑪斯在一天夜裡，裝扮成兒子模樣，騎馬來到玉米地，放火焚燒了玉米地，隨後也自焚了。騎警隊聞風趕來，山火已成燎原之勢。接著，騎警隊與村民發生矛盾，開始械鬥，雙方死傷無數，「狐狸精」瑪努艾拉也葬身火海。到此，復仇實現了。

　　另一個村落特朗希托斯，住有十幾戶特貢家族，婭卡大媽和她的幾個兒子就在其中。婭卡突患重病，兒子們萬分焦急。巫師庫蘭德羅說，只要砍下同村薩卡通一家人的頭顱，便能救活婭卡。兄弟們經商議，果然砍下薩卡通一家八口人的腦袋，母親婭卡得以痊癒。薩卡通正是出售毒藥加害伊龍的那個人。巫師庫蘭德羅設計除掉薩卡通，實現第二次復仇。

　　特朗希托斯村發生八口人被殺命案，戈多伊上校帶領一眾人馬去處理。夜行叢山峻嶺，要經過恐怖的騰夫拉德羅大山谷。到達該處，戈多伊頭上出現三道圈圍繞。第一道是成千上萬貓頭鷹的眼睛，第二道是數不清的巫師的腦袋，三道是密密麻麻的絲蘭花。旋轉的三道包圍圈，讓戈多伊暈頭轉向。突然，幽深的大山谷騰起一片大火，頃刻吞噬了這隊人馬，有僥倖逃出者，也被特貢兄弟開槍射殺，他們實現了第三次復仇。

　　婭卡的兒子們殺害薩卡通一家人時，有個小女孩兒倖免於難，盲人戈約‧伊克將她救出，取名瑪麗婭‧特貢。女孩長大成人，嫁給盲人伊克為妻，為其生下兩個孩子。突然有一天，特貢帶著孩子不辭而別，伊克四處流浪乞討尋找她，吃盡苦頭。輾轉中，他雙目複明，卻被押到一孤島上的普埃托古堡，去服苦役，那裡囚禁著一百二十個犯人。巧的是，在阿卡坦鎮也有一妻子不辭而別的事件。丈夫是個郵差，叫阿吉諾，為尋妻子變成野狼。一天，他遇上個滿頭藍發，手發螢光的人，自稱是螢火蟲法師，願幫他尋找妻子，他帶阿吉諾過「五彩堂」、地下洞，經受磨煉，並見到加斯巴爾‧伊龍。法師告訴他，當年被毒的伊龍並未死，而是成了「無敵勇士」。阿吉諾後來到一家破爛的旅店，幫女老闆往普埃托古堡送貨。時光流轉，在古堡服役的伊克刑期將滿，瑪麗婭‧特貢帶著兒子來到古堡找他。不久，阿吉諾成了旅店的主人。

　　最後，戈約‧伊克和瑪麗婭‧特貢及他們的孩子，回到皮希古伊利托村，繼續種植玉米。

《玉米人》中，螢火蟲法師是個貫穿整部小說的最具光彩的形象，小說賦予這一人物極為複雜的性格，讓他正與邪、善與惡系於一身，他既是苦難悲劇的始作俑者，又是解救受難人使其找到幸福的天使。僅此，《玉米人》就稱得上是一部典型的魔幻寫實主義精品。

阿斯圖里亞斯，於 1899 年 10 月 19 日出生在瓜地馬拉的首府瓜地馬拉城。其父是當地一位知名法官，母親在小學任教。在他出生的前一年，獨裁者卡夫雷拉以陰謀手段篡奪瓜地馬拉政權，人民陷於恐慌之中。他的父母都是正直的知識份子，拒絕效忠於獨裁政權，受到迫害，不得不遷居薩拉馬小鎮避難。這裡聚集著印地安人瑪雅部落，他經常隨外祖父進山活動，耳濡目染印地安文化，接觸其風土人情和聞聽古老傳說，對其古老神秘的文化產生濃厚興趣，這為他後來的文學創作提供了豐贍的重要的素材，而且印地安人的善良、熱情和勇敢的民族精神，也對他產生深刻影響。

1919 年，阿斯圖里亞斯考入瓜地馬拉大學，攻讀社會法律專業，開始詩歌創作。1923 年，阿斯圖里亞斯以「印地安人社會問題」為題的畢業論文，使其獲法學博士學位。畢業後，他在首都擔任律師職務，同時與友人創辦《新時代週刊》。因與獨裁政權發生矛盾，且在大學期間曾捲入國內政治反對派的活動，當局企圖加害於他，於是這年年底，他被迫離開瓜地馬拉，到英國倫敦深造，後僑居法國，在巴黎大學研究人類學和印地安文化。在那裡，他受超現實主義創始人、法國小說家勃勒東的影響，曾成為那個文學流派的擁護者。

1930 年，三十一歲的阿斯圖里亞斯出版了短篇小說集《印地安人的傳說》。其中的小說多採用印地安人著名的神話故事《波波爾·烏》的題材，內中傾注了作者早年間所建立起來的對印地安人的純樸感情。在藝術上，小說將印地安傳統的技巧，融入超現實主義手法，向西方世界展示了一個原始的、魔幻的奇異世界，讓讀者耳目一新，小說因此獲得很高聲譽，被認為是拉丁美洲帶有魔幻寫實主義色彩的開山之作。

卡夫雷拉獨裁政權雖已壽終正寢，但繼任者依然執行軍人獨裁路線的1932年，闊別母國九年的阿斯圖里亞斯回到家鄉。為了同胞和母國的命運前途，他積極投入反對獨裁、爭取民主的鬥爭，他創辦了輿論陣地《無線電》雜誌。1936 年，他

出版詩集《十四行詩》。

1944 年，統治瓜地馬拉十三年之久的獨裁者烏維科被迫下臺。聲望日隆的阿斯圖里亞斯於 1946 年被新政權委任為外交官員，同時擔任瓜地馬拉和平委員會主席職務。正是這一年，他出版了一部以獨裁者卡夫雷拉統治年代為背景，矛頭直指獨裁寡頭反動政權，創作歷時二十四年的長篇小說《總統先生》（*El señor Presidente*）。

《總統先生》是阿斯圖里亞斯從 1922 年就開始醞釀的小說。當初想寫一篇諷刺卡夫雷拉的短篇小說〈政治乞丐〉。後流亡法國期間，與同時流亡在法國的秘魯作家巴列霍、委內瑞拉作家烏斯拉爾的交流中，他受到他們的啟發，認識到反動獨裁統治遍及拉丁美洲，反獨裁的鬥爭也在拉丁美洲風起雲湧，遂決定寫一部具有普遍意義的長卷《總統先生》。幾經豐富修改，小說在 1932 年底的巴黎收官。重返瓜地馬拉時，他攜帶歸國。當時的黑暗恐怖籠罩，《總統先生》難以出版，卻在進步力量營壘中秘密傳抄。直到烏維科下野，《總統先生》才得以付梓，旋即轟動拉美。《總統先生》以二十世紀一二十年代拉丁美洲某國為背景。外號「小騾人」的總統心腹松連特上校，在某夜被乞丐佩萊萊掐死在天主教堂門廊。總統便下令暗殺了佩萊萊，同時對所有乞丐加以逮捕、拷打，企圖製造假口供，加害反對獨裁的政敵卡納萊斯將軍和卡瓦哈爾碩士。冤獄遍野，民怨沸騰，百姓奮起反抗，終因寡不敵眾而失敗，但鬥爭的烈火並未熄滅。

小說名曰「總統先生」，筆墨淋漓地塑造了一個殘酷成性又狡猾詭譎的獨裁總統典型形象，呈現了獨裁政治下群魔亂舞、鬼魅橫行的社會世態，深刻有力地揭露了拉丁美洲寡頭政治的罪惡面目，同時謳歌了人民反抗鬥爭，堪稱魔幻寫實主義的先驅。

這一時期，阿斯圖里亞斯創作了描寫印地安人生活的長篇小說《玉米人》（1949）、《疾風》（1950），出版了詩集《雲雀的鬢角》（1949）、《賀拉斯主題十四行詩》（1951）及小說《綠色的教皇》（1954）。

1954 年 6 月，瓜地馬拉發生政變，反動軍人阿馬斯獨裁執政。阿斯圖里亞斯被剝奪國籍，他憤而去國，再度流亡阿根廷整整十年。在這期間，他創作小說《死者的眼睛》（1955），小說反映人民仇視殖民主義、熱愛母國的強烈情感。1955 年出版的《死者的眼睛》與早已出版的《疾風》、《綠色的教皇》，構成揭露外

來者掠奪瓜地馬拉為題材的系列三部曲。次年出版的短篇小說集《瓜地馬拉的週末》，由八個短篇組成，〈瓜地馬拉的週末〉是該集中最出色的一篇，譴責外來勢力武裝干涉瓜地馬拉內政，扼殺民族政權的醜行。八個短篇故事並無勾連，人物也無瓜葛，但「顛覆與反顛覆」的核心，將之拼成一幅瓜地馬拉反抗外部勢力干涉鬥爭的磅礴的歷史畫卷。阿斯圖里亞斯晚年致力於國際和平運動，並未放棄文學創作，出版了長篇小說《被埋葬者的眼睛》（1960）及小說《珠光寶氣的人》（1961）、《混血女人》（1963）、《麗達‧薩爾的鏡子》（1967）、《馬拉德龍》（1969）和《多洛莉絲的星期五》（1972）等。阿斯圖里亞斯還寫過若干戲劇，《生生不息》較為出色，1964年出版了《戲劇全集》。

　　1974年6月9日，這位以「他的作品落實於自己的民族色彩和印地安的傳統，而顯得鮮明生動」的阿斯圖里亞斯，出訪歐洲時，不幸病逝於西班牙馬德里，終年七十五歲。

Shmuel Yosef Agnon

山謬 · 約瑟夫 · 阿格農 1888—1970

以色列作家。

獲獎理由｜他的深刻而具有特色的敘事藝術，能從猶太人民生活中汲取主題。

獲獎作品｜《大海深處》（中篇小說）〔一說《婚禮的華蓋》（長篇小說）〕。

　　猶太民族，離開巴勒斯坦土地，幾個世紀居無定所、浪跡世界，但他們沒有放棄猶太教和自己的民族傳統風俗，特別是一直堅守民族的希伯來文字。多年來，他們中間產生過很多足以影響世界經濟的財經界巨人、科學家、社會家、藝術家和文學家。猶太文學家用自己民族的文字描繪和敘述本民族的歷史與生活，使這一古老民族的文化得到保存和發展，阿格農便是其中的翹楚。他榮獲 1966 年諾貝爾文學獎，是猶太民族文學的光榮。阿格農的貢獻，在於他通過自己「深刻而具有特色的敘事藝術，能從猶太人民生活中汲取主題」的作品，記錄了一代猶太人的思想和行為。

　　《婚禮的華蓋》和《大海深處》是阿格農的代表作。前者寫於 1922 年，該長篇小說被譽為「現代希伯來文學的巔峰之作」，或被稱讚為「希伯來文學中的《唐吉訶德》」。後者是個中篇小說，卻以深刻的寓意和曲折的情節，以及浪漫詭譎的希伯來文學色彩，引人入勝、獨具韻味。

　　《婚禮的華蓋》，以奧匈帝國時期猶太人流浪漂泊四海為題材，以一個貧窮、虔誠的猶太教徒，為他的三個寶貝女兒籌措婚嫁金的一系列故事為軸心，真實地反映了當時猶太人的思想感情和生活經歷，有命運感。小說展示了猶太民族的社會、經濟文化、習俗、精神的圖景。

　　《大海深處》篇幅不長，卻蘊含深刻的寓意。小說寫了一群猶太教哈西德派的教徒，為了履行猶太人「必須是生活在故土以色列」的聖諭，而告別生活經年的東歐生活，前往聖城耶路撒冷的故事。該小說已擺脫阿格農早期所注重講述現實主義故事的窠臼，也不是僅僅反映作者本人的見解和他的現實經歷及精神觀念，而轉向對猶太民族的前途這一重大問題的思考。當然，其間不可避免地有猶太複國主義傾向。在藝術上，是現實和浪漫的結合，形成他所獨有的神秘的、戲劇的，具有象徵意義和內省的風格。阿格農是位語言大師，其小說語言優美且極富表現力。

　　阿格農的作品，對當時及後來的猶太作家產生重要影響，繼他之後，除了本屆同時獲獎的薩克斯，僅在 20 世紀 70 年代，就又有猶太小說大師索爾‧貝婁和以撒‧巴什維斯‧辛格分別於 1976 年、1978 年獲得諾貝爾文學獎，這便是證明。

　　山謬‧約瑟夫‧阿格農，原名山謬‧約瑟夫‧查茲克斯（Shmuel Yosef Halevi Czaczkes），於 1888 年 7 月 17 日出生在歐洲西加利西亞地區（加利西亞原被奧匈

帝國佔領，現分屬於波蘭和烏克蘭）布茲克斯鎮。其父是猶太商人、望族世家，給予阿格農良好的教育。他八歲時開始寫詩，十五歲時發表詩作《雷納的約瑟》。1905 年，阿格農應邀到猶太評論刊物《哈耶》當編輯，並為《日報》寫稿。1907年，猶太複國主義運動勃興，青春年少、躊躇滿志的阿格農隨全家遷居巴勒斯坦，到猶太人心目中的母國和聖地定居。除 1913 年至 1923 年十年間僑居德國，他幾乎一直在這塊土地上生活和寫作，並放棄了意第緒語，改用希伯來文書寫作品。

1908 年，二十歲的他用筆名阿格農，在耶路撒冷出版了第一部重要的小說集《被遺棄的妻子》（又譯《棄婦》）。作品寫的是一個帶有悲劇色彩的關於愛情的故事。這被稱為阿格農的第一個「巴勒斯坦故事」，反映的是猶太人流離顛沛、悲歡離合的境遇。小說出版後，廣受好評。

1912 年，阿格農又出版了長篇小說《但願斜坡變平原》，描寫一個猶太教信徒的人生命運。小說彌漫著悲壯的宗教色彩。因為小說既有希伯來文學風格，又融入現代小說的技法，面目煥然一新，有評論者認為該小說是「真正阿格農的聲音」。

前面提到阿格農於 1913 年旅居德國，是應邀到那裡講授希伯來文學。在教學之余，他潛心研讀歐洲文學，並繼續從事寫作。1913 年，二十五歲的阿格農與猶太女子艾斯特‧馬克斯相戀，結婚後育有一雙兒女。他還創作了長篇小說《永生》和《婚禮的華蓋》。《永生》已寫到七百多頁，不幸在一次火災中化為灰燼，讓他痛不欲生。多虧《婚禮的華蓋》取得輝煌成就，平復了他的悲傷。

1924 年，阿格農重返耶路撒冷，專職從事文學創作，陸續出版《夜間來客》（1938）、《一個簡明的故事》（1939）等。這兩部作品似都是「痛苦加甜蜜」構成的悲歡故事，較少創新，但較真實地反映了當時猶太人的生活經歷和思想情感。

《夜間來客》是阿格農根據一個猶太人重遊歐洲老家一個小鎮的真實經歷，進行重新創作的。這個小鎮曾是猶太文化中心，但世事變化，白雲蒼狗，當他再度光顧時，他已成為真正的「客人」，現在的年輕人過著另一類型的新的生活，早先的風物和生活形態早已風流雲散了。小說沒有讓「客人」沉浸在對往昔的追懷留戀、歎息禮崩樂壞之中，而是和年輕人融為一體，一起開拓新的生活。小說的深刻在於以色列的希望，已被年輕後生擔負起來。《夜間來客》於 1950 年獲得

專門獎勵──猶太作家優秀作品的「比厄立克獎金」。

　　1943 年，阿格農完成《訂婚記》，講述一對年輕戀人約伯和蘇珊在祖先的土地上獲得幸福的故事。約伯的研究成果震撼世界，蘇珊以頑強意志戰勝病魔，苦盡甘來，兩人終成眷屬，這是一篇勵志小說。《往昔》是阿格農敘述以色列特拉維夫城歷史的傳記作品，記錄了第二次世界大戰中猶太人的命運，並揭露了德國法西斯滅絕猶太人的罪行。

　　1945 年，阿格農的《就在昨天之前》又一次受到文學界的好評。小說探討的是猶太人如何對待歐化的問題。主題頗為嚴峻，但小說以起伏跌宕的情節、鮮活豐富的人物及對猶太社會道德風俗的生動展示，昭示以色列除了建立永久的國家和精神家園外沒有別的出路。

　　阿格農是「多才多藝的猶太人」，他曾是著名的猶太法學博士。他的文學作品在全世界猶太人中影響甚廣。他一生的作品都彙集在十一卷本《阿格農文集》中，另有八卷《文集》。

　　1970 年 2 月 17 日，阿格農在特拉維夫的雷霍沃特去世。

Nelly Sachs
內莉・薩克斯 1891—1970

瑞典女詩人兼劇作家。

獲獎理由｜因為她傑出的抒情與戲劇作品，以感人的力量闡述了以色列的命運。

獲獎作品｜〈啊，我的母親〉（詩歌）。

　　這一屆諾貝爾文學獎同時頒給兩位不同國籍的猶太作家：以色列的山謬·約瑟夫·阿格農和瑞典的詩人兼劇作家內莉·薩克斯。

　　同是猶太作家，其創作風格各有不同。薩克斯在接受諾獎時，發表演說：「阿格農先生所描繪的是以色列的命運，而我所描寫的則是猶太民族的悲劇。」她還呼籲「讓一切恐怖和怨恨都成為過去，我相信你們」，希望人們在回憶歷史悲劇時，包容和化解仇恨。她創作的〈啊，我的母親〉，就是在訴說法西斯發動戰爭給猶太民族帶來說不盡的苦難，同時，表現出母親般的寬容和慈悲。

　　法西斯對猶太民族進行滅絕人性的屠戮，薩克斯的丈夫和孩子都在集中營被殺害。經歷了失去骨肉肝腸寸斷的痛苦，薩克斯由一個沉迷清晨吟唱的歌者，轉變成具有強烈情感和道義的民族詩人。她以獨特的傾訴恐懼和悲傷的形式，祭悼民族所經歷的苦難和殉難的同胞，用她自己的話來表述，便是自己的詩歌「僅僅用來證明這種難以用語言表達的恐怖，這只是一種紀實性的報告」，將施害者、殉難者及戰爭寫進歷史的「報告」。戰後，薩克斯被廣泛認為是控訴法西斯對猶太人大屠殺罪行的第一流強有力的發言人。薩克斯的作品有詩和史的重要價值。

　　〈啊，我的母親〉是詩集《星光黯淡》中的一首：

啊，我的母親
我們住在一個孤兒星上面——
我們發出最後的歎息
被推向死亡的人的歎息——
灰沙常在你腳下閃開
而讓你孤獨——

在我懷抱之中
你玩味著以利亞
遍歷的秘密——
那兒沉默在說話
誕生和死亡在出現
四大要素有著不同的混合——

我的手臂托住你
像木頭車子載著升天者——
流淚的木頭，由於
很多的變化而破裂——

哦，我的歸客
秘密被遺忘掩覆——
我卻聽到新的消息
在你的增長的愛情裡！

該詩調動了詩性智慧「強烈的感覺力和廣闊的想像力」，具有神秘性、夢幻性、狂熱性，同時兼具溫柔的、樸素的傾向，挖掘古老的戲劇性，既表達對整個猶太民族蒙難的祭悼，又有一種對篤信宗教的反省。

薩克斯，原是德國人，於 1891 年 12 月 10 日降生在柏林上流社會一個富有的猶太家庭裡。其父是發明家，擁有一座工廠。在十分優越的家庭裡，她從小受到良好的教育，十五歲就喜讀 1909 年獲諾貝爾文學獎的瑞典女作家拉格洛夫的小說《戈斯泰‧貝林的故事》，並成為她的崇拜者。她開始與其通信交流，從此結成長達三十五年的莫逆之交。她十七歲練習寫詩，開始創作小說和戲劇，後來在報刊上發表一些帶有浪漫主義色彩的詩作。

1908 年，十七歲的薩克斯隨全家到名勝山區度假，與一位四十歲的紳士邂逅，遂陷入情網，但戀情最終無疾而終，失戀的薩克斯痛不欲生。有些資料說她從此終身不嫁，乃穿鑿附會之說。

1921 年，薩克斯出版詩集《傳說與故事》，內容多為浪漫的脫離現實生活的詠歎，有些有模仿恩師拉格洛夫之嫌。

1930 年，薩克斯父親去世，家境由盛而衰。後來，她的創作注重表現猶太民族的傳統，並對猶太教和基督教之間共同的思想根基產生興趣。寫於 1935 年的長篇敘事詩〈佐赫〉，就是以中世紀神秘的猶太教傳說為題材而創作的。「佐赫」乃為 14 世紀猶太神秘教經典的名稱。薩克斯是研究 16 世紀前日爾曼民族的神秘

哲學時，發現猶太神秘教和日爾曼民族神秘哲學似乎都源於《聖經・舊約》。就在 1933 年後，薩克斯飽受納粹主義的統治和迫害達七年之久，財產、自由受限制，暗淡恐怖使她一度喪失語言能力。後來，她隨丈夫、孩子與千百萬猶太人被關進集中營，丈夫和孩子都慘遭法西斯殺害。在生死攸關的時候，薩克斯想到曾多次給予她幫助的拉格洛夫。正是在她周密的安排下，瑞典官方幫助薩克斯母女於 1940 年初擺脫納粹魔爪，死裡逃生到瑞典。還是經過拉格洛夫向瑞典皇室請求，薩克斯順利取得瑞典國籍，並在斯德哥爾摩一直生活到過世。兩個月後，年近八十歲的拉格洛夫不幸因病去世。薩克斯懷著悲痛哀悼恩師駕鶴西去，她們的患難之交給世界文壇留下一段佳話。

到瑞典定居、舉目無親的母女，租住公寓棲身，以給人洗衣、抄寫糊口。1943 年，薩克斯得知十七歲時的初戀也在集中營被殺害，悲痛之餘，寫詩悼念。該年冬，她的劇本《伊拉》發表。這是薩克斯的一部重要劇作，全名為「伊拉：一部關於以色列經歷的神秘的劇本」。以猶太民族傳說中的英雄伊拉貫穿，全劇謳歌了猶太民族的光榮傳統。後來，薩克斯的詩集《在死亡之屋》在德國出版，收錄了〈啊，屋上的煙囪〉、〈啊，哭泣孩子們的夜〉及〈死者合唱曲〉等，以深沉、形象的詩句表現猶太民族遭受的苦難。

1949 年後，薩克斯相繼出版詩集《星光黯淡》（1949）、《度日如年》（1956）、《無人知道去向何處》（1957）和《逃亡與變遷》（1958）等，表現猶太民族在第二次世界大戰中的苦痛、流亡和殉難的歷程。1950 年，薩克斯相依為命的老母逝世，她深受刺激，精神失常，受妄想症、迫害症折磨，不得不住院治療。四年後，她與保羅・策蘭通信，相同的命運和信仰讓二人甚為投契。策蘭曾說：「在逝去的一切中，只有一樣東西是依然可以把握——親密可靠的語言。」1960 年，薩克斯到巴黎拜訪了策蘭的一家，這是她一生中唯一的一次。

晚年的薩克斯，獲得多項文學獎：1959 年獲得瑞典廣播電臺抒情詩獎、德國工業聯合會文學獎，1960 年獲得德羅斯特 - 許爾斯霍夫文學獎，1961 年獲得多特蒙德文學獎，1965 年獲得德意志聯邦共和國出版協會的「和平獎金」。

1967 年和 1971 年出版的薩克斯英文版自選集《噴煙口》和《探索》，廣受好評。1970 年 5 月 12 日，「以感人的力量闡述了以色列的命運」的薩克斯，在斯德哥爾摩病逝。

Mikhail Aleksandrovich Sholokhov 1905—1984

米哈伊爾・亞歷山大羅維奇・蕭洛霍夫

蘇聯作家。

獲獎理由｜在那部關於頓河流域農村之詩作品中流露的活力與藝術熱忱——他借這兩者在那部
小說裡，描繪了俄羅斯民族生活之某一歷史層面。

獲獎作品｜《靜靜的頓河》（小說）。

　　長篇小說《靜靜的頓河》，是蘇聯文學的經典作品之一，也是 20 世紀世界文學中，最具影響力的重要作品之一。蕭洛霍夫花了十四年光景，完成這部四卷巨著，分別出版於 1926 年、1929 年、1933 年和 1940 年。小說畫面極為宏大廣闊，它從第一次世界大戰寫到國內戰爭結束這漫長的歷史年代，生動地描寫了頓河哥薩克人的生活和鬥爭，把讀者引向暴風般的革命年代。

　　遼闊頓河之畔的韃靼村，居住著哥薩克部落。年輕的葛利高里，愛上了鄉里阿斯塔霍夫年輕漂亮的老婆婀克西妮婭。二人的瘋狂之戀，讓整個村落人盡皆知。其父為阻止這場沸沸揚揚的戀情，為葛利高里娶了富裕農家之女娜塔麗亞為妻。但受到家人喜愛的賢淑媳婦，卻未得到丈夫葛利高里的愛，他依舊沉迷於與婀克西妮婭的畸戀之中。為此父子二人屢發衝突，葛利高里便偕婀克西妮婭私奔。絕望的娜塔麗亞企圖自殺。不久，葛利高里被徵召入伍。

　　第一次世界大戰爆發後，葛利高里在戰火紛飛的戰場出生入死，而頓河岸邊的婀克西妮禁不住少東家誘惑，兩人陷入纏綿的熱戀。葛利高里受傷後返鄉，得知戀人另有新歡，一怒之下回到家裡，與父親、妻子生活。因有戰功，葛利高里獲十字勳章，重回戰場時，娜塔麗亞已為他生下孿生二子。

　　俄國發生大革命，哥薩克族士兵紛紛回到家鄉，葛利高里加入紅軍，當了隊長，奮力與白軍廝殺，再度受傷返鄉。當內戰風暴波及頓河兩岸之際，哥薩克人為保衛家園組織起來，奮力抗擊紅軍，葛利高里也加入其中。頓河兩岸從此陷入血腥的相互絞殺。葛利高里在戰爭的廢墟中，又與婀克西妮重逢，二人再度纏綣。得此信息，已身懷六甲的妻子娜塔麗亞，痛不欲生，在企圖墮胎中死亡。後葛利高里以叛軍師長之職，率哥薩克軍與紅軍作戰。不久，紅軍以疾風暴雨之勢，控制頓河。葛利高里帶著婀克西妮，混進逃難人群。大勢已去，他只好投降，轉而又為紅軍效力。

　　後來，出生入死、征戰多年的葛利高里，從紅軍退役。他回到家鄉，身患傷寒，不得不回到頓河的婀克西妮身邊。那裡正瘋傳因他曾有過變節罪行，紅軍要逮捕他的消息，葛利高里不得不再度逃亡，加入匪徒團體，再次與紅軍為敵。匪徒軍紀渙散，葛利高里選擇離開，他與婀克西妮趁黑夜騎馬逃出。不料被紅軍發現，婀克西妮中彈身亡。心灰意懶的葛利高里，只得輾轉各地，最後心力交瘁地回到頓河故里。故人都已亡故，只剩下年幼的兒子米沙……。

小說的成功，在於它為世界文學人物畫廊提供了一個鮮活、豐富、複雜的「這一個」葛利高里人物形象。作者在塑造這一人物時，沒有簡單地從概念出發，而是將其置於複雜的生活環境中，作為一個「人」來刻畫，寫出人性的豐富性、複雜性和悲劇性，借此「描繪了俄羅斯民族生活之某一歷史層面」。

　　關於《靜靜的頓河》，並不平靜。《古拉格群島》的作者，曾獲 1970 年諾貝爾文學獎之索忍尼辛，曾經公開發表演說，言之鑿鑿，稱《靜靜的頓河》是因內戰而死的哥薩克作家克魯科夫的作品，蕭洛霍夫只是盜作。此論因證據不足，未被世人採信。1958 年，諾貝爾文學獎評獎時，蘇聯作家的《靜靜的頓河》與《齊瓦哥醫生》都進入候選名單中。結果《齊瓦哥醫生》獲諾獎，《靜靜的頓河》落選，對此，蘇聯當局認為此乃意識形態的結果，以禁止帕斯捷爾納克到瑞典領獎，強迫其發表拒絕該獎聲明，以及取消瑞典作家參加列寧文學獎的評選予以報復。

　　五十多年後，當我們看到歷史真相，不禁為當時的政治解讀莞爾。

　　1905 年 5 月 24 日，米哈伊爾・亞歷山大羅維奇・蕭洛霍夫出生於頓河地區維奧申斯卡亞鎮一戶哥薩克農莊。父親是從俄羅斯內地遷來的「外鄉人」，當過雇工，販賣過牲畜，經營過一家磨坊、商店。母親曾在有錢人家做過女僕，十月革命後，其父擔任蘇維埃政權糧食部門的職員。蕭洛霍夫曾在當地小學和中學讀書。國內戰爭時期，他輟學在農村從事掃盲和文化活動。1920 年，他參加蘇維埃政權的糧食徵購隊，任糧食徵集員，同富人及白匪做過艱苦鬥爭，為後來的文學創作積累了大量豐富的素材。

　　1922 年，十七歲的蕭洛霍夫到莫斯科，先後當過裝卸工、建築工及房產管理部門的工作人員，並開始嘗試文學創作，在地方報刊發表作品。兩年後，他加入「拉普」即俄羅斯無產階級作家聯合會，同年發表小說《胎記》。1926 年，他出版兩本中短篇小說集《頓河的故事》和《淺藍的原野》，其作品形象鮮明，結構簡練，語言生動，生活氣息濃郁，受到文學界關注。《頓河的故事》實際上是《靜靜的頓河》的雛形。是年，他還發表短篇小說〈死敵〉，反映革命後農村複雜的鬥爭。「仿佛有誰在村子裡犁了一道深溝，把人分成敵對的兩方」，革命最後取得勝利。其實，1925 年他寫的短篇小說〈看瓜田的人〉，已把這種你死我活的鬥爭深入到一個哥薩克家庭內部。其中兩篇〈道路〉（1925）及〈有家庭的人〉

（1925），則寫出超越階級的人性，渲染階級鬥爭造成災難和悲劇的消極色彩。蕭洛霍夫小說的豐富性、複雜性及人性色彩已見端倪。

1925 年底，蕭洛霍夫回到頓河畔的故鄉定居，著手準備創作規模宏大的史詩性長篇《靜靜的頓河》。那年，他剛剛二十歲。

20 世紀 30 年代，蘇維埃政權在全國開展農業集體運動，有深厚農村生活積澱的蕭洛霍夫，迅速創作了另一部巨作《被開墾的處女地》。小說出版後，在蘇聯廣受好評，成為該國反映土改運動的小說樣本。中國作家丁玲的《太陽照在桑乾河上》、周立波的《暴風驟雨》深受其影響，甚至有些藝術細節都頗為相像。

二十六年後，1959 年，《被開墾的處女地》獲得列寧獎金。

第二次世界大戰爆發後，蕭洛霍夫以《真理報》和《紅星報》記者身份，到前線採訪，寫出許多膾炙人口的通訊、隨筆、特寫和政論，同時創作了短篇小說〈學會仇恨〉（1942）及長篇小說《他們為母國而戰》的部分章節。

20 世紀 50 年代後期，蕭洛霍夫懷著沉重的憂鬱，創作了一篇充滿低沉傷感情調的短篇小說〈一個人的遭遇〉，用以表達作家關於戰爭和人的命運的深刻思考。小說所探索的戰爭和人的關係，以及描寫普通人形象的問題，不僅對蘇聯，對整個世界文學都產生了深遠影響，令簡單地以概念和意識形態來闡述戰爭和人的文學作品相形見絀、無地自容。

小說以衛國戰爭為背景，敘述了一個普通蘇聯人的悲憤遭遇，強烈控訴法西斯侵略戰爭給蘇聯人民造成的深重災難，表現了蘇聯人民崇高的愛國精神和頑強的鬥志。短短的篇幅，卻概括了整整一代蘇聯人的命運。

史達林死後，蕭洛霍夫的思想與生活發生變化。他對史達林的專制素懷不滿。赫魯雪夫當政，對他施以懷柔，對其〈一個人的遭遇〉極力推崇，在非史達林化的運動中，蕭洛霍夫在小說裡批評史達林的「個人迷信」，以回報赫魯雪夫。

蘇共二十大以後，蕭洛霍夫政治生活頗為活躍，曾多次受到獎勵。他六十大壽之際，被授予列寧勳章，還被選為蘇共中央委員和蘇聯作協書記。

晚年的蕭洛霍夫，很注重國內外的社會活動。七十大壽之時，蘇聯政府為他舉行盛大的慶祝活動，並破例再一次授予他最高榮譽列寧勳章。可謂風光無限。

1984 年 2 月 21 日，蕭洛霍夫病逝在故鄉維奧申斯卡亞鎮，享年七十九歲。他的銅像矗立在國都諾貝爾獲獎者群像之中。

Jean-Paul Sartre
尚 - 保羅 · 沙特 1905—1980

法國哲學家、作家。

獲獎理由｜因為他那思想豐富、充滿自由氣息和探求真理精神的作品，已對我們時代產生了深
遠的影響。

獲獎作品｜《厭惡》（一說《自由之路》）（小說）。

1964 年，沙特獲第五十七屆諾貝爾文學獎。但他卻石破天驚地發表聲明拒絕
此獎：

一個對政治、社會、文學表明其態度的作家，他只有運用他的手段，即寫下
來的文學來行動。他所能夠獲得的一切榮譽都會使其讀者產生一種壓力，我認為
這種壓力是不可取的……，謝絕一切來自官方的榮譽。

與蘇聯的帕斯捷爾納克發表聲明拒絕諾貝爾文學獎相同，沙特的拒絕同樣因
為政治因素。只不過前者出於無奈，違心地拒絕諾獎；而後者則是自己的一種政
治姿態，故意而為。自 20 世紀 50 年代始，沙特在政治上逐漸「左」傾。

1955 年，沙特和西蒙‧德‧波娃曾受中國政府之邀，到中國進行為期兩個月
的訪問。行程結束前，在《人民日報》發表〈我所看到的中國〉。回國後，他譴
責蘇軍侵略匈牙利並與共產黨分道揚鑣。沙特信奉的不是馬克思主義，而是尼采
哲學。

其實，沙特一直信奉存在主義哲學，即一種把焦點放在「生存在世界上」的
哲學。有人把沙特說成「存在主義思想的創始人」，是不對的，思想家海德格爾
1927 年就有《存在與時間》發表。沙特於 1943 年發表《存在與虛無》，1960 年發
表《辯證理性的批判》兩部存在主義哲學著作。所謂存在主義，是把自我看成中
心，看成存在的核心，把世界看成「自我」的表現。認為個人是宇宙和人生的中
心，離開「自我」，宇宙人生便無意義。存在主義強調個人、個人的價值，個人
的絕對自由。但在沙特看來，真正的自由、個人的自由是相對的，沙特將存在主
義帶進了文學，其種種矛盾和複雜性，在他的文學作品中得到充分的表現。比如
其 1938 年出版的成名作《厭惡》（又譯《噁心》）就是存在主義的著名小說。

《厭惡》是日記體小說，全書以主人公羅康丹的日記展開敘述。小說認為
對於物件，人和他本人是一種「噁心」，一種強烈的恐懼：「存在突然被揭去面
紗……，我們處於非常為難的境地，處於十分不舒服的境地，我們沒有一點理由
在那兒，不論是這些人，還是那些人……，我們能夠和這些樹，這些柵欄，這些
小石子建立起來的關係是我們唯一的關係，而我……，我自己也是多餘的。」沙
特在利用羅康丹日記，喋喋不休地宣傳自己的存在主義哲學。

卡繆毫不客氣地批評《厭惡》:「它不像小說,倒更像一席滔滔不絕的獨白。」

　　羅康丹是一位法國的中年知識份子,居無定所,收入不菲,閒適而無聊,便到世界各地旅遊,愛女人卻無相伴的戀人。這樣生活了六年,他最後在小城貝維爾落腳,準備寫一篇關於 18 世紀一位侯爵的文章。他常到圖書館,在那裡與一自學者相識。每到夜晚,他便去鐵路二人餐廳去打發時光,總愛聽一張唱片,並同餐廳老闆娘廝混,各自得到肉體的滿足。時光一天天消逝,羅康丹對生活感到厭倦,他在日記中寫道:「存在是不必要的,存在就是在那兒,這是顯而易見的。存在的東西出現著、彼此相逐相逢,但人們永遠不解釋它們⋯⋯,這公園、這城市以及我本身,一切都在你面前浮動起來,於是你就想嘔吐,這就是厭惡。」個體的存在與外部世界之間,有一條鴻溝,整個世界都充滿荒謬,令人厭惡。不過,有時他又對這個世界充滿希望和期待,比如他原來的女友安妮要來會見他。安妮曾是一位年輕漂亮的演員,與羅康丹有過一段美好的時光,她曾動情地對羅康丹說:「我曾強烈地愛過你。」然而,當他重新看到安妮時,她已成肥胖傭懶的女人,彼此已無舊情重敘,雙方為一種虛無感所困,並發現無人可以拯救他們,於是羅康丹再次選擇離開這座小城。臨行前,他最後一次光顧那個經常消磨時光的餐廳,最後一次靜靜地欣賞那張老唱片,歌聲接近尾聲時,他隱約有了一種希望,很渺茫的希望。

　　也有的資料認為,沙特自傳性小說《文字生涯》(1963)贏得了瑞典文學院的青睞。該書敘述了沙特兒時在外祖父家的生活。小說將大量筆墨用於其內心獨白上,通過一些片段、一些見聞或某些情緒,來表達作家自己的內心活動,同時,力求將那代人的命運解釋清楚。最後,還對自己堅持的存在主義信仰,進行了某些反思,語言嚴肅而認真,詼諧而俏皮。但相較而言,《厭惡》是一部更典型的存在主義文學標本。瑞典文學院認為:「因為他那思想豐富、充滿自由氣息和探求真理精神的作品,已對我們時代產生了深遠的影響,故將諾貝爾文學獎的榮耀,獻給沙特。」

　　尚-保羅·沙特,於 1905 年 6 月 21 日出生在巴黎的一個富裕家庭。其父是一位海軍官員,在沙特不滿兩歲時病逝。沙特隨母親在外祖父家裡度過童年。他的外祖父是一位語言學教授,家裡藏書甚豐。沙特受到良好教育,在書海中耳濡目

染，獲得廣博知識。他中學時成績優秀，沉迷於叔本華、尼采哲學。

　　1924 年，沙特考入巴黎高等師範學院攻讀，五年後以口試第一名的成績通過哲學學位考試。會考時，他與名列第二的西蒙・德・波娃相識，兩人成為知己和情人，彼此相愛，卻終生未走進婚姻殿堂。他們親密無間，卻一直分居生活，甚至有時分別都有情人。然而，他們感情上相互愛慕，生活和事業上彼此幫助，共同走過五十年的風風雨雨，不離不棄。

　　1929 年，沙特服兵役，成為氣象兵，一年半後，退役到勒哈佛爾一所高中任哲學教師。

　　1933 年，他以公費留學柏林法蘭西學院進修哲學，師從研究「現象學」學說的哲學家胡塞爾教授，漸漸成為存在主義哲學的成員，次年歸國。他陸續發表哲學著作《想像》（1936）、《情感理論的提綱》（1939）、《想像力》（1940）等。1938 年發表的《厭惡》，使沙特在小說界橫空出世，並為他帶來巨大的聲譽。1939 年，沙特發表中短篇小說集《牆》，又令小說界熱鬧一時。小說集《牆》共收五篇小說：〈牆〉、〈房間〉、〈艾羅斯特拉特〉、〈密友〉及〈一個工廠的童年〉。其中〈牆〉所講的故事發生在西班牙戰爭期間。三個共和黨人被佛朗哥法西斯歹徒抓獲，經受住了嚴刑拷打，無人招供另一名同黨的藏身處，於是三人被判死刑。其中二人翌日一早被執行槍決。剩下的一個人繼續受審，他只是信口胡說同黨藏在墓地裡。後來他就被釋放了，孰料歹徒真的在墓地抓住了他的同黨。他知道真相後，仰天長嘯，淚流滿面。小說自有一種與眾不同的格局和氣象。

　　第二次世界大戰爆發，沙特應徵入伍，仍擔任氣象兵。其工作就是觀測氣象，將風向告訴炮連。一次隨部隊轉移，沙特被德軍俘獲，關押在巴卡拉，後以眼疾為由，聲稱自己不是士兵。沙特四歲時因角膜炎導致右眼失明，小小年紀便戴上眼鏡。德國人相信了，他成功逃離戰俘營，回到法國組織「革命民主聯盟」抵抗組織。該組織成員屬左翼分子，並非共產黨員。同時，他還創辦了一份名曰「現代」的進步雜誌。1943 年，他發表《存在與虛無》，兩年後發表三部曲長篇小說《自由之路》。前兩部是《理智之年》和《延緩》，第三部《心靈之死》則發表於 1951 年。《自由之路》以第二次世界大戰前夕和戰爭初期為背景，寫一位中學哲學教師特拉呂的人生經歷，通過其成長過程，宣揚沙特「自由選擇」這一存在主義哲學觀念。

比起小說固執地宣傳自己的存在主義哲學，沙特同樣有影響的戲劇創作，則另有風景，表現自己世界觀內的矛盾和複雜性。1943 年發表的劇本《蒼蠅》，是沙特的著名劇本之一。它通過古希臘俄瑞斯忒斯剷除暴君為父復仇的神話故事，闡明存在先於本質的存在主義哲學理念。值得注意的是，該劇無意表現復仇經過，而是表現如何決定復仇，即宣揚存在主義的「自我選擇」過程。劇本將古代神話與法國現實及古典藝術與現代哲理相融合，給戲劇帶來新局面。

　　沙特於 1944 年發表劇本《禁止旁聽》，其劇情是，在一個髒亂大樓的客廳，一個侍者領進一男兩女，他們將赴地獄受折磨而死。他們各自剎去面具，通過自我招供罪行，以減輕罪過，走向地獄。「地獄，這就是他人，這個他人是不可緩和地闡明我們可恥的秘密的他人……」，利用這一哲理，沙特發出了「他人即地獄」的感歎，將存在主義搞得如魔咒。

　　1947 年，沙特又發表劇本《死無葬身之地》，讓我們又看到他對現實，對民族和國家命運的深切關注。該劇敘述五個遊擊隊員被德軍俘獲後，經受住了殘酷審訊，堅守機密、視死如歸的英雄氣概，也揭露了法西斯的殘暴本性。該年，沙特創作劇本《可敬的妓女》，表達他對美國種族主義迫害的譴責。

　　1948 年，沙特的《骯髒的手》在劇場上演。該劇寫的是 1943 年，某個被德軍佔領國家的領導人，得知蘇軍正向德軍反擊，法西斯即將潰逃，便去與共產黨地下組織負責人賀德爾會晤，雙方達成德軍逃後一起建立政權的意見。孰料賀德爾遭到同黨的指控，上級派雨果來處死賀德爾。後來雨果得知，黨正是按賀德爾生前制定的政策除掉賀德爾自己的，這讓雨果大吃一驚，但更讓他震驚的是，黨又要處死他。作品極為深刻地表現了政治上現實主義與理想主義的矛盾衝突。

　　從 20 世紀 50 年代始，沙特對國際上發生的一系列重大事件都有自己的態度，並盡力發聲。他譴責美國及聯合國對朝鮮發動戰爭；憤然抨擊尼克森派飛機對河內狂轟濫炸，傷及平民；法國入侵阿爾及利亞，他堅決抗議；蘇聯派兵入侵捷克斯洛伐克，又出兵阿富汗，他嚴正發表聲明，予以鞭笞，聲稱「當前骯髒的手是蘇聯」。

　　1980 年 4 月 15 日，沙特病逝於巴黎。巴黎有五萬多民眾為他舉行了隆重而盛大的葬禮，祭悼這位象徵時代精神的存在主義哲學大師。

　　他終生的伴侶波娃，將沙特生命最後十年的經歷寫成回憶錄《永別的儀式》。

Giorgos Seferis

喬治·塞菲里斯 1900—1971

希臘詩人。

獲獎理由 | 他的卓越的抒情詩，是對希臘文化深刻感受的產物。

獲獎作品 |《「畫眉鳥」號》（詩集）。

20 世紀 60 年代，在塞菲里斯獲諾貝爾文學獎後，他幾乎成為希臘民族文學的象徵，被稱為希臘現代詩歌之父。他的愛國主義精神及在外交工作上所做出的卓越貢獻，也極受國人的崇敬。

　　《「畫眉鳥」號》，是塞菲里斯創於 1947 年的詩歌。「畫眉鳥」是一艘遠洋運輸船的船名。該船在第二次世界大戰中在希臘帕羅斯島被法西斯德國擊沉。1946 年，在外交部任職的塞菲里斯，曾到該島休養，所見所聞，觸景生情，追思並不遙遠的第二次世界大戰，寫了一組具有神秘和幻想色彩的《「畫眉鳥」號》詩篇。該詩甫一問世，大受歡迎，並獲雅典學院考斯特斯·帕勒姆斯詩歌獎。

　　該詩將回憶與聯想巧妙結合，由沉船聯想到死亡，聯想到法西斯發動戰爭的罪孽，再聯想到非正義之戰必敗、戰後前景光明。詩歌寫道：

> 光線
> 隨著歲月的流逝，
> 譴責你的審判愈來愈多：
> 隨著歲月的流逝，
> 同你對話的聲音越少。
> 你以不同的眼光向太陽探索：
> 你知道那些待在你背後的人在騙你，
> 肉體的極度興奮，痛快的跳舞，
> 最後都歸於赤裸。
> ⋯⋯
> 而那些放棄運動場拿起武器的人，
> 在打擊固執的馬拉松賽跑者，
> 他眼前跑道在血泊中漂流。
> 世界像月亮般杳無人跡，
> 勝利的花園枯萎了：
> 你看見它們在太陽中，在太陽背後。
> ⋯⋯
> 光線，可愛的黑黝黝的光線，

海中大道上波濤的笑聲，

帶淚的笑聲，

那老邁的懇求者看見你，

當他走過無形的田野——

光線反映在他的血液，

那誕生過厄透克勒斯和波利尼克斯的血液中。

……

大海所有的女兒，尼爾里德，格拉埃，

忙去迎接那光輝燦爛中升起的女神：

凡是從沒戀愛過的人都將戀愛，在光中，

而你發現你自己，

在一幢開著許多窗戶的宏大屋子裡，

從一個房間跑到另一房間，

不知首先從哪裡向外窺探。

因為那些松樹會消失，

那些反映中的山嶽和啁啾的小鳥也會消失。

而大海會枯涸，像破碎的玻璃，從北到南，

你的眼睛會喪失白天的陽光——

突然，蟬也一起停止鳴唱。

　　這首名為「光線」的詩，頗受評論家讚譽。該詩以光線巧妙將隱喻和幻想結合，歌詠了光明與正義，詛咒了黑暗與邪惡。作為《「畫眉鳥」號》中的一篇，不失其對人生理解及對民族歷史的評價主題靈魂，顯示了詩人高度概括希臘人民命運的藝術才華，以及對人類普遍的理解與同情。《「畫眉鳥」號》精練的抒情風格，為希臘詩歌生命注入了一股清新的氣息。他的詩歌「是對希臘文化深刻感受的產物」，充滿對現代希臘民族悲劇的深刻感情，他因此被視為希臘最傑出的詩人。

　　喬治・塞菲里斯，於 1900 年 2 月 29 日降生在土耳其西臨愛琴海的土麥納（今

伊茲密爾）。另一種說法是，塞菲里斯出生於小亞細亞的斯彌爾納城。

在風光旖旎的愛琴海濱及歷史悠久的古城度過童年，對大自然與豐厚歷史的耳濡目染，使塞菲里斯有了詩人的心靈和眼睛，他十二三歲便開始吟詩作文。

1914 年，第一次世界大戰爆發，民族矛盾惡化，塞菲里斯一家從土耳其歸國，遷到雅典。父親在雅典大學執教，塞菲里斯在中學求學。1918 年至 1924 年，他考入法國巴黎大學，修法律和文學，獲法學學位。這段歲月，塞菲里斯廣泛接觸西歐文學和詩歌運動，結識了許多象徵主義詩人，受他們影響，其詩作有明顯的象徵主義色彩。

回到希臘後，詩人通過了外交人員的招募考試，然後於 1924 年至 1925 年被派往倫敦進修英語，成為希臘外交部正式工作人員，開始其長達三十七年的職業外交官生涯。

1931 年，塞菲里斯將早期寫的詩歌結集《轉捩點》出版。該詩集包括〈轉捩點〉、〈憂傷的少女〉和〈愛戀的言語〉等篇，頗有荷馬史詩的神韻，引起希臘文壇的熱烈反響。〈轉捩點〉一詩云：

時機，由一隻我所珍愛的手
送過來的時機，
你恰好在傍晚到達我這裡，
像只鴿子撲著黑色的羽翼。

塞菲里斯的詩，還有馬拉美「純詩」的痕跡，又略帶瓦萊里的氣息，但詩人運用了豐富的隱喻並輔之樸素明麗的語言及簡潔凝重的藝術手段，為希臘的詩歌帶來一股新的活力。

1932 年在任希臘駐倫敦領館工作期間，詩人又出版詩集《水池》，無論是深情的回憶，還是對未來美好的憧憬，都澎湃著痛苦和歡欣的真實情感。

1934 年，塞菲里斯自倫敦歸國，次年出版由二十四首無題詩組成的詩集《歷史的神話》。該詩取材希臘神話傳說，頗有「詠史」的味道。其將神話、歷史、現實、人生等有機地融為一個整體，或以古喻今，或直抒胸臆，或指點世事，或闡發哲理，是西方現代詩歌中現實與歷史相互交融的成功嘗試，標誌著詩人的詩

歌創作日臻成熟，獨步於詩壇。

1936 年至 1938 年，詩人出任駐阿爾巴尼亞科爾察領事，兼任希臘新聞與情報部新聞專員。

1941 年，四十一歲的塞菲里斯與瑪麗 · 贊諾結婚。很快，德國納粹佔領希臘，詩人偕妻隨希臘政府流亡到埃及、南非、義大利。毀滅、動亂、離鄉背井，懷念母國、故鄉，成為漂泊者詩人詩歌的主旋律，流露出愛國詩人深沉的感歎。其主要詩集有《航海日記 1》、《航海日記 2》、《阿西恩之王》等。

1946 年至 1956 年，塞菲里斯又相繼出版給他帶來極大榮譽的詩集《「畫眉鳥」號》和《航海日記 3》。

塞菲里斯自登上希臘詩壇，獨領風騷三十載。其詩關注世界前途、命運，並以深邃的歷史眼光諷喻現實，在民族命運的背景中抒寫愛國情懷，並在詩歌藝術上不斷求變求新，孜孜不倦地探索追求，終於自成一格，獨立於西方詩壇。

詩人塞菲里斯還在評論和翻譯方面，極具造詣。他把英國詩人艾特略、美國詩人龐德的詩，翻譯成希臘文。

1971 年 9 月 20 日，詩人塞菲里斯正當聲名遠播、極享殊榮之時，病逝於雅典寓所。與他的詩所詠「突然，蟬也一起停止鳴唱「相反，1974 年，他生前所著的傳記散文《一個詩人的日記》出版，仍向世人訴說他的人生。

John Steinbeck
約翰・史坦貝克 1902—1968

美國作家。

獲獎理由 | 通過現實主義的、寓於想像的創作，表現出富於同情的幽默和對
社會的敏感觀察。

獲獎作品 | 《憤怒的葡萄》（*The Grapes of Wrath*）（小說）。

　　20 世紀 30 年代，隨著「寫實派」作家亞當斯、海明威、歐茨、史坦貝克等人的湧現，美國文學空前繁榮。與此相悖的是，美國這一時期的經濟遭到嚴重的危機。這正應了中國「國家不幸詩家幸」那句老話。創作於 1940 年的《憤怒的葡萄》（*The Grapes of Wrath*），正是以這次經濟大蕭條時期為背景，出現了奧克拉荷馬州大批破產農民向加利福尼亞州逃荒的悲劇歷程。

　　肆虐的乾旱風暴，使奧克拉荷馬州大片土地荒蕪，糧食減產甚至絕收，讓農民生活痛苦不堪，加上農場主、銀行家逼迫收糧納稅，他們被迫逃離家園，出現數十萬難民沿六十六號公路，浩浩蕩蕩向西部的加利福尼亞遷徙的壯闊景觀。到加州後，他們被稱為「澳基族」，備受欺凌侮辱，苦不堪言。這讓對此地充滿希望與憧憬的難民大失所望，貧困、饑饉、疾病、虐待折磨著他們的肉體和心靈。

　　他們定居在失業者收容區裡，保安官欺善怕惡，經常找他們的麻煩。這時，遷徙大軍裡的年輕修道士凱西，站出來與之對抗，成為難民的領袖，後被一自衛隊員殺害。因酗酒鬧事，被關監獄假釋的青年喬特，流浪回來，見好友凱西被殺，遂將兇手殺死，準備再度逃亡，行前他告訴母親，他要繼承凱西熱心助人的遺志，為大家爭取生活的權利。他說：

　　到處都有我的存在──你在任何地方都能看到我。凡是有饑餓的人們為了吃飯而進行鬥爭的地方，就有我在場。凡有員警打人的地方，就有我在場……，當人們憤怒地叫喊的時候，這叫聲裡就有我；當餓著肚子的孩子們高興地有豐盛晚餐吃的時候，當我們老百姓能吃到自己種的糧食，住進自己造的房子的時候──都會有我在場。

　　《憤怒的葡萄》書名取自茱莉亞‧瑪德芭的詩〈共和國戰役之謳歌〉中的一句，「人類的靈魂裡充滿了憤怒的葡萄，這些葡萄將會結成一串串成熟的果實」。小說未能寫出喬特反抗道路的結果，但已顯示出美好生活的曙光。小說的結構類似《聖經‧舊約》中的〈出埃及記〉，喬特們被視為現代的「尋找迦南地的以色列人」。小說一直呈現嚴肅、悲劇性氛圍，移民生活的艱辛窘境，喬特的嚴肅人生，以及存在於眾生中的饑餓「所引起的抗爭主題，都是嚴肅的故事」。作者視喬特一家人為「小宇宙」，借這「小宇宙」的苦難之旅，呈現人類生活的現實圖景。

誠如史坦貝克在《以後的戰爭》中所說：

> 我（巴頓）希望能透視問題的全貌。我要在非常接近之中瞭解事物的整體，我不願意自己的視野受到限制，無法分清善。

這種現實主義精神，使小說毫無先入為主的觀點與偏見的態度，讓讀者瞭解現實世界的所有現象。其重點放在人、人性和人的成功與失敗上。該小說，1940年獲普立茲獎，1962年再獲諾貝爾文學獎。瑞典文學院的評價是：「通過現實主義的、寓於想像的創作，表現出富於同情的幽默和對社會的敏感觀察。」

約翰·史坦貝克，於1902年2月27日生於加利福尼亞州的蒙特雷縣塞利納斯鎮。父親是德裔移民，擁有一家麵粉廠，同時負責地方上的稅收，母親是美麗的愛爾蘭人，在小學教書。斯坦貝克在大自然的環境下長大，閱讀了大量文學作品，具有敏銳的感受力。

1919年，他高中畢業，次年進入史丹佛大學攻讀文學系，後出於經濟原因，他常輟學到牧場、築路隊做小工，直到1925年方讀完大學。他常在大學的校刊上發表短篇小說、詩歌、評論。大學畢業後的十年裡，他曾做記者、工人謀生。1926年，他回到加州，靠當工人、木工學徒、油漆匠、修路工、保全等維持生計，接觸大量底層勞動者，瞭解他們的生活和思想感情，為他日後的文學創作積累了豐富的生活素材。1929年，史坦貝克的第一部長篇小說《金杯》出版。該作講述了著名海盜變成總督的故事，頗具浪漫主義色彩。1930年，他與卡羅爾·赫寧結成夫妻，不久雙雙遷居紐約。過了兩年，他的描寫加州農民生活圖景的短篇小說集《天堂牧場》出版。接著，他又出版了歌頌一個為解救旱災而獻身的教徒的長篇小說《獻給一位未知的神》（1933）。史坦貝克走上了文壇，一開始並未引起注意，生活依舊清貧拮据，在紐約《美國人》當記者，養家糊口。

終於在1935年，史坦貝克發表小說《煎餅坪》，受到社會和文壇的普遍歡迎，獲得加利福尼亞州俱樂部金牌獎，他才從窘困境遇中解脫出來。《煎餅坪》講的是一群流浪於社會的珀薩諾斯人（西班牙、印地安人和白人的混血兒）的生活和友誼故事。小說塑造了一群生動感人的藝術形象，如主人公坦尼玩世不恭卻保留

著質樸善良的天性，歌頌人類純真的本質。作者是懷著深厚的情感，以幽默的筆觸刻畫這些社會底層小人物的。該作是現實主義取得的藝術成果。

1936 年至 1937 年，已成為職業作家的史坦貝克又創作了長篇小說《未定的戰局》和中篇小說《人與鼠》。前者表現加州果園和棉花種植園展開的艱苦罷工鬥爭，後者描寫流浪農業工人生存狀態。《人與鼠》於 1938 年改編成戲劇和拍成電影，獲該年「紐約戲劇評論獎」。

前面提到的史坦貝克的成名作《憤怒的葡萄》，是作者據自身經歷和切身體驗而創作的。他 1937 年赴英國、瑞典等國遊歷，回到美國，即加入奧克拉荷馬州農業工人向西遷徙的大軍，與他們一起艱苦地到達加利福尼亞。作者多年對美國經濟的透徹研究，都化為《憤怒的葡萄》裡豐富的社會圖景和活生生的人物形象，讓該書成為史詩式的現實主義佳作。

第二次世界大戰爆發，史坦貝克以紐約《先驅論壇報》駐歐記者身份，在歐洲反法西斯戰場採訪，撰寫相關通訊報導。在此期間，他還創作了關於第二次世界大戰題材的中篇小說《月亮下去了》（1942）和《一個轟炸機分隊的故事》。前者講述北歐挪威一個小鎮在法西斯佔領下的反抗鬥爭，後改編成電影上映，因小說中表現侵略者人性未泯，而頗受爭議。其實作者表現複雜人性，何錯之有？後者講空軍戰鬥的故事。此外，他還出版了《俄國人的日記》、《僅有的戰爭》等作品。第二次世界大戰結束，史坦貝克出版長篇《製罐巷》（1945）和中篇《珍珠》（1947）、《倔強的公共汽車》（1947）、《熾熱的光輝》（1950）等作品。《珍珠》值得一提，小說敘述了一個墨西哥漁民得到一顆罕見的大珍珠，家庭反遭厄運的故事，其寓意深長。

1947 年，史坦貝克訪蘇，回國後生活變故甚多，先與原配赫寧離婚，又與格溫・康格結婚，六年後再與之離婚，次年與伊琳・斯科特結婚。

到了二十世紀五六十年代，史坦貝克先後又出版了長篇小說《伊甸園東方》（1952）、《煩惱的冬天》（1961）及旅行劄記《探索中的美國》（1962）等作品，大多平庸，大有江河日下，江郎才盡之態。

1968 年 12 月 20 日，史坦貝克因心臟病在紐約逝世，享年六十六歲。因其作品描寫的人物大多是基層的社會大眾，面對困境表現出來的是人性的善良以及為生存而奮鬥的勇氣，為美國人民所深愛。

Ivo Andri

伊沃・安德里奇 1892—1975

南斯拉夫小說家。

獲獎理由｜以史詩般的氣魄，從他母國的歷史中攝取題材，來描繪這個國家和人民的命運。

獲獎作品｜《德里納河上的橋》（長篇小說「波士尼亞三部曲」之一）。

　　第一次世界大戰的導火線，是南斯拉夫地下抵抗運動組織「青年波士尼亞」於 1914 年 6 月在塞拉耶佛刺殺前來訪問的奧匈帝國皇太子斐迪南大公。年輕的伊沃‧安德里奇就是「青年波士尼亞」中的一員。

　　1945 年，第二次世界大戰結束，南斯拉夫光復，安德里奇出版了他取材於波士尼亞歷史的「波士尼亞三部曲」，即《德里納河上的橋》、《特拉夫尼克紀事》和《塞拉耶佛的女人》。這三部巨著，是在法西斯侵佔南斯拉夫，安德里奇被德軍軟禁在家，行動失去自由的四年裡，潛心創作出來的。

　　《德里納河上的橋》是三部曲中最具「史詩的氣魄」的一部。小說敘述了波士尼亞幾個世紀的歷史風貌。16 世紀，奧斯曼帝國的宰相穆罕默德‧蘇格利原本是波士尼亞人，孩提時作為「血貢」送到土耳其禁衛軍中去，在那裡被培養成穆斯林，因屢建軍功被擢升海軍大將和宰相，更有幸成為皇室駙馬，成為土耳其的忠實走狗。他回去執掌大權後，為鞏固帝國的霸業，向外擴張疆土，於是下令在德里納河上修造一座大橋。當然建橋也還有蘇格利懷鄉的原因。修橋之舉，受到已歸順奧斯曼帝國的波士尼亞貴族的極力擁護。但與這些因投降而成為帝國官僚的波士尼亞貴族相反，廣大信奉基督教，被土耳其人稱為「賴雅」（牲畜）的賤民，卻堅決反對築橋。他們組織起來，不斷破壞築橋工程，遭到殘酷鎮壓。「賴雅」仍在農民領袖拉底斯拉夫帶領下，不屈不撓地堅持鬥爭。伴著幾個世紀的風風雨雨，橋上不斷懸掛「賴雅」的頭顱。大橋見證了風雨如盤的歷史。終於，奧斯曼帝國被推翻，但奧匈帝國的鐵蹄接踵而來，波士尼亞再度陷入貧困深淵。歷史總是前進的，波士尼亞民族獨立浪潮一浪高過一浪，年輕人關心國家的前途和民族命運。1914 年，第一次世界大戰爆發，在「轟」的一聲驚天動地的巨響見證下，歷史如同滄桑老人的大橋被炸毀了，多個世紀被人佔領的波士尼亞獲得新生。

　　小說通過這座橋作為歷史見證者，講述了一個國家四百五十年的歷史滄桑、血淚故事，勾勒出一系列重大歷史事件和一幅幅充滿煙火氣的生活圖景，並成功地塑造了不少不同時代性格各異的「這一個」人物形象。比如農民領袖拉底斯拉夫，在橋頭受樁刑的那場戲，表現出他視死如歸的凜然豪氣：「他已超凡入聖，割斷塵緣，本身自成體系，不受人間任何羈絆，無憂無慮，誰也不再能把他怎樣，刀槍，讒言惡語，乃至土耳其人的淫威都對他無可奈何了。」又如小說中，深謀遠慮的猶太女人羅蒂卡，用她那風騷曼妙的身姿，將到「大橋酒家」買醉的男人

迷倒，讓他們把大把的不義金錢扔在酒家，在股票狂跌，自己幾乎破產的惡劣環境下，還體貼入微地關心窮困者。她好好地居家過日子，常常樂善好施，救濟乞丐、病人，勸誡懶惰揮霍者，勤勞致富。風騷之氣與豪邁之氣融於羅蒂卡一身，複雜的、豐富的、獨特的「這一個」活生生地矗立在作品中，光彩奪目。有了文學的細節，歷史也就有了溫度和真實。

1956 年，安德里奇曾到中國進行訪問，參加了魯迅逝世二十周年紀念大會，又前往紹興參觀紀念館，寫下〈魯迅故居訪問記〉一文。

安德里奇，於 1892 年 10 月 10 日出生在南斯拉夫波士尼亞中部的特拉夫尼克。父親是窮苦農民。他兩歲時，父親去世，母親帶他投奔姑母，並一直將他養大成人，他少年時就讀於維舍格勒小學。當時，波士尼亞在奧匈帝國統治之下，安德里奇從小便感受到異族奴役下的痛苦滋味，並滋生強烈的反抗意識，這對他後來的人生之路有重要影響。

好在安德里奇居住的地方，有座十一孔石橋，架在德里納河上。那是他童年最有趣的地方，關於該橋的古老傳說和種種故事，打開了他的想像之門，為他後來的文學創作播下了種子。他那獲諾貝爾文學獎的長篇小說《德里納河上的橋》，是從小就醞釀的。十三歲時，他從家鄉小學畢業後，到塞拉耶佛讀中學。

20 世紀初的波士尼亞，正激蕩著一股強烈的反抗奧匈帝國統治的革命情緒。一群愛國青年成立了地下抵抗組織「青年波士尼亞」。安德里奇參加了這一組織，投身反抗侵略者的活動。第一次世界大戰爆發，受刺殺奧國王儲斐迪南大公的「青年波士尼亞」年輕革命家普林西普的牽連，他也被捕入獄。在獄中，他大量閱讀英、法、德、俄等國的文學經典，為他後來的文學創作打下堅實基礎。

1917 年，奧匈帝國崩潰，安德里奇獲釋，次年他與友人創辦《南方文學》雜誌，同時出版詩集《越過浮橋》（1918）和《動亂》（1919）。早期的詩歌，以濃郁的抒情風格表達詩人對處於奧匈帝國統治下的波士尼亞人民命運的悲憫，詩歌充滿了愛國主義情懷。

1920 年，安德里奇進奧地利格拉茨大學深造，專修法律，三年後獲法學博士學位，歸國後，進南斯拉夫外交部工作。他先後以領事或大使身份駐義大利、羅馬尼亞、西班牙、瑞士和德國等國，從事外交活動。這期間，安德里奇在工作之餘，

寫了大量短篇小說，大多寫 16 世紀土耳其人統治下的波士尼亞社會生活和人民的反抗鬥爭的故事，後編成《故事集之一》（1924）、《故事集之二》（1931）和《故事集之三》（1936）出版。

1935 年至 1939 年，安德里奇曾任《塞爾維亞文學通報》編委。

1941 年，德國法西斯軍隊進攻巴爾幹半島時，任南斯拉夫駐德大使的安德里奇，在群魔亂舞、雲譎波詭的法西斯老巢柏林，老練而機智地執行艱巨而複雜的外交任務。直到希特勒軍隊準備向貝爾格勒進攻前幾個小時，他才撤出柏林回國。

1945 年，安德里奇出版了一本短篇小說集《波士尼亞的故事》，內容涉及波士尼亞歷史、社會、反抗外族侵略，以及自己家鄉的社會生活、風土人情，雖有宿命論哲學的消極成分，但小說對社會生活客觀清醒的反映及寄予人民群眾的同情，都是通過塑造各種人物形象完成的，特別在對人物心理的刻畫方面頗具功力。這一年，安德里奇完成了「波士尼亞三部曲」，《德里納河上的橋》已經介紹了，第二部《特拉夫尼克紀事》，寫的是拿破崙時代，作者的故鄉波士尼亞特拉夫尼克城中，法國與奧地利之間的衝突，反映歐洲三大強國、四種宗教間的複雜鬥爭。第三部《塞拉耶佛的女人》則描述第一次世界大戰期間，來自塞拉耶佛的女人拉伊卡‧拉達科維奇，受到不公正待遇的一生。「波士尼亞三部曲」是安德里奇贏得世界文壇聲譽的扛鼎之作。

第二次世界大戰後，安德里奇致力於社會活動，長期擔任該國國會議員和作家協會主席職務，多次獲得政府頒發的勳章和榮譽稱號，同時兼任該國科學院、藝術院院士，可謂名滿天下。在繁忙的公務之余，安德里奇筆耕不輟，有大量作品問世：《新故事集》（1948）、《宰相的象》（1948）、《澤科》（1950）、《在櫸樹下》（1952）、《魔鬼的院子》（1954）等。

1958 年，一直獨身，已六十六歲的安德里奇，與服裝設計師曼萊克‧貝勃奇結婚。1975 年 3 月 13 日，安德里奇逝世於貝爾格勒。國家為他建立多個紀念館，並以安德里奇之名設立文學獎金。

Saint-John Perse

聖 - 瓊 · 佩斯 1887—1975

法國詩人。

獲獎理由｜由於他高超的飛越與豐盈的想像，表達了一種關於目前這個時代之富於意象的沉思。

獲獎作品｜〈阿納巴斯〉（長詩）。

1921 年，北京西山一座古老蒼涼的道觀裡，苦行僧般住了十個月的法國駐華大使館一等秘書佩斯，完成了長詩〈阿納巴斯〉，而後調往美國華盛頓，擔任當時去美參加裁軍會議的法國外交部長的亞洲事務顧問。

長詩〈阿納巴斯〉，是一首史詩性的謳歌古代英雄阿納巴斯的抒情敘事詩，出版於 1924 年，全詩除序曲和終曲外，共分十章，著重記述了詩人放馬遠征、艱苦跋涉，征服浩瀚大漠，穿越茫茫草原，探尋古往今來貫通東西方的絲綢之路。因此，〈阿納巴斯〉又是一部以遊記為題材的文化史詩。

詩人從大海之濱策馬深入內陸，不僅是為了遊覽「遼闊的、無記憶的牧草之鄉」，也不僅是為了讚美「天空一望無垠／地上不見任何駝鞍／這是塞特之地／這是掃羅之地／這是秦始皇之地」的異國風光，詩裡有一種不斷開拓進取的豪情，有一種與敵人、與天地鬥爭、不畏犧牲的精神，謳歌了人類無窮無盡的創造力。正如詩的尾聲：

> 我的駿馬在落滿斑鳩的樹前止步，
> 我打著清脆的口哨，
> 江河所堅持的允諾只是讓你到彼岸去，
> 早晨那生機勃勃的葉子，
> 便是勳章的形象。
>
> 不是斯人多愁善感，帶著審慎和恭謹，
> 在同一棵將下頜倚在啟明星上的參天古樹進行著精神交流。
> 他覷覷地看到那星空的深處，
> 有無數巨大純粹的事物在快活地翻騰……。
>
> 我的駿馬在發出布穀之聲的樹前止步，
> 我打著如此清脆的口哨……。
> 和平屬於那些假如他們死卻了就不會看到今天的人。
> 但人民得到了我的詩人兄弟的消息，
> 依然寫下那十分溫柔的詩章，

有的人對此已經似曾相識……。

　　佩斯在北京道觀裡完成了這部長詩，不難看出他對中國傳統文化的瞭解和著意汲取的明顯痕跡。此詩效仿了中國古代哲學體系特別是老莊哲學體系，即天、地、人三位一體，又各自獨立。這使其長詩仰觀宇宙，俯視人間，天人合一，構成有世俗氣的宇宙圖景。他的詩中不僅提到「駝鞍」和「秦始皇」這些已化為歷史煙雲的物與人，重要的是，他的詩章裡彌漫著中國「道」的神秘氣息，使他的詩馳騁於天宇，和心靈之間相互碰撞，讓西方、東方相互交融。

　　為了寫這首長詩，佩斯曾實地遊歷和考察過內蒙古大漠孤煙的大戈壁，水草豐美的呼倫貝爾大草原，在這實游和神遊間認知了客觀世界和自我探索的理想空間，更開闊了哲學和思考的空間，也是在這「綠色天國」找到了靈魂和棲息地。

　　〈阿納巴斯〉一經問世，即令世界文壇轟動，特別是於 1930 年，由英國籍的美國詩人即 1948 年第四十一屆諾貝爾文學獎得主托瑪斯‧斯特恩斯‧艾略特譯成英語後，佩斯的大名立刻遠播世界。又因他的詩「高超的飛越與豐盈的想像，表達了一種關於目前這個時代之富於意象的沉思」，佩斯榮膺本屆諾貝爾文學獎。瑞典文學院此論，有所疏漏，沒有中國老莊哲學浸潤，佩斯的詩還能如此意蘊豐盈、氣象博大深邃嗎？

　　聖‧瓊‧佩斯是 20 世紀的外交家兼象徵主義詩人。原名阿曆克西‧聖 - 雷瑞‧雷瑞。他於 1911 年在法國出版處女詩集《頌揚集》時，冠以聖 - 瓊‧佩斯筆名。

　　佩斯，於 1887 年 5 月 31 日出生在加勒比海西印度群島的法屬瓜地洛普島。該島於 1946 年成為法國的一個海外省。佩斯的父親在此擁有一座種植園，他又兼任律師，家境富裕。佩斯在莊園裡度過童年，奶媽是位當地的印度婦人，東方文化浸漫在他記憶裡。

　　1899 年，瓜地洛普島發生地震，十三歲的佩斯隨父母回到法國，先到庇里牛斯省首府波城學習，1904 年考入港口城市波爾多大學攻讀法律。次年，佩斯服兵役中斷學業，兩年後父親過世，又停學一年，至 1913 年才在波爾多大學法律系獲法學學位，時年二十六歲。後他投考正在招募外交人員的法國外交部，幸有詩人兼外交家克勞代爾的推薦，1911 年出版詩集《頌揚集》的佩斯，於 1914 年 5 月成

為職業外交官。

1916 年，佩斯被外交部派往中國，先到上海，後以法國大使館一等秘書駐北京東交民巷。在京期間，他熱衷於東方古代文化，閱讀諸子百家，熱衷於老莊。他對京城的風物名勝也流連忘返。他的著名長詩〈阿納巴斯〉，就是在這濃郁的東方文化氛圍中創作的。那裡流蕩著東方文化特別是中國文化的神韻。

1921 年，佩斯調離北京，到美國任當時在華盛頓參加裁軍會議的法國外交部長的亞洲事務顧問。次年，佩斯回法，擔任政治家勃朗特的私人秘書。1925 年至 1932 年，他任總理外交辦公室秘書，後任外交部秘書長。

第二次世界大戰爆發後，佩斯因強烈反對法國政府與納粹德國妥協，並譴責《慕尼黑協定》而被開除公職，剝奪公民權，於是結束外交生涯，先赴英國避難，後流亡美國。經美國圖書館學專家麥克留斯介紹，他得以擔任國會圖書館法文顧問。第二次世界大戰期間，佩斯積極參加反法西斯戰爭，曾任美國總統羅斯福的戰時政治顧問。1942 年，佩斯出版詩集《流亡集》（分「雨」、「雪」兩部分），通過將大自然的現象比擬人類遭遇的各種災難，深沉、蒼涼地評說人類歷史的痛苦境遇。第二次世界大戰結束後，佩斯在美進行哲學、歷史學、地質學、考古學等方面的閱讀研究，同時從事文學創作。

1957 年，佩斯返回闊別十七年的母國法國。翌年，七十一歲的他與美籍女士杜拉斯 · 羅素走進婚姻殿堂，定居在南部的吉安半島。1957 年，他出版的詩集《海標》，由〈祈求〉、〈唱段〉、〈合唱〉和〈獻辭〉四部分組成。此後，他又出版《紀事詩》（1960）、《群島》（1962）、《告慰但丁》（1966）、《已故情人所吟唱的》（1969）和《二分點之歌》等詩集。1965 年，他的評論集《聖 - 瓊 · 佩斯的榮譽》出版。

1975 年，佩斯的詩集彙編《作品集》出版。《作品集》證明佩斯是「詩人的詩人」。他的詩堪與 19 世紀後期象徵主義大師蘭坡相媲美、相比肩。佩斯的詩集可稱為法國民族精神的化身，表現出藝術家的良知，顯示出一種對人類命運的關切和對現存社會發展的憂患意識。佩斯的理智而又激昂，對生活中悲劇的認識和作為詩人對社會發展的關注，堪為當代詩人的一面鏡子。是年 9 月 20 日，詩人佩斯在吉尼斯病逝。

Salvatore Quasimodo

薩瓦多爾·夸西莫多 1901—1968

義大利詩人。

獲獎理由｜以古典的火焰表達了我們這個時代中生命的悲劇性體驗。

獲獎作品｜《水與土》（*Acque e terre*）（詩集）、《瞬間是夜晚》（*Ed è subito sera*）（詩集）。

　　現代派文學是西方文學繼文藝復興、古典主義、啟蒙運動、浪漫主義、批判現實主義之後興起的第六個浪潮，有其文學的內在規律和獨有的社會心理。有一度，中國的批評家為意識形態所囿，對其缺乏認真研究，沒有批評地借鑒，沒有處理好揚棄關係，採取全盤否定的態度。

　　二十世紀二三十年代，義大利就出現了現代派詩歌流派，主張詩人應該從純藝術的主場出發，抒發心靈中瞬間的感受和精神世界的內在情緒，抑或說，詩人應對內心世界、直覺和無意識領域進行開掘，著力表現精神活動，以安撫人心，激發情操。在這一潮流的影響下，義大利出現了不少現代派詩人，如蒙塔萊（1975年諾獎得主）、翁加雷蒂、薩巴、盧齊等，夸西莫多是 20 世紀 30 年代這一流派最具代表性的詩人。欣賞一下他的詩作〈空間〉：

相同的光把我送進
黑暗的中心，
我想逃但徒勞無用，
有時一個小孩兒在那歌唱。
那不是我的歌聲：空間很小，
死去的天使在微笑。
我被粉碎，那是對大地的愛，
這愛深沉，儘管它能使水
星和光的深淵發出響聲；
儘管它在等待，等待空空的天堂，
等待它的心靈和岩石的上蒼。

　　詩人夸西莫多的詩篇中，多是靈魂的撞擊，那裡有他的理想和情操，有他命運多舛的歡惋，有對光怪陸離的人生世相的悲憫，有他對母國和大自然的深沉的眷戀。

　　他寫於 1930 年的第一本詩集《水與土》（*Acque e terre*），以清新的格調、豐富的情愫和象徵的語言，構成一種神秘的意象、朦朧的色彩，激蕩和撞擊著讀者的心靈。

《瞬間是夜晚》與《水與土》一樣，轟動義大利詩壇。「每個人孤立在大地以上／被一線陽光刺穿／轉瞬即是夜晚」，象徵人生的幼年、中年、晚年，更象徵人生三部曲，誕生、騰躍、隕落，詩人賦予難以言說的時光流逝，人生短暫命運無常的豐富哲學內涵。

　　第二次世界大戰爆發後，夸西莫多積極參加反法西斯的抵抗運動，詩歌由奧秘轉向現實鬥爭，從晦澀封閉，轉向平易開放。〈大地〉便是代表作：

夜，
謐靜的晴影下，
萬物在你的搖籃裡
安息。

駕乘輕柔的曉風，
我在你的懷抱中
翱翔。

迎著幽微的和風，
大地吮吸著你的
芬芳。

天地剛出現熹微的晨光，
親人們走向海灘，
肩背魚簍，
掛起滿帆，
唱著淒清的離別之歌。

荒夷的山崗，
吐出嫩草的平原
聽任牲畜踐踏、吞噬。

啊，大地
你的苦痛
怎不叫我碎了心腸！

　　這是一首充滿愛國主義精神的短詩。詩人以象徵、比興的藝術手法，讚美了西西里島美麗如畫的風光和廣闊豐饒的大地，也表達了對「踐踏、吞噬」美好大地的「牲畜」——義大利法西斯統治者的憎恨。它不僅是一首充滿淒婉的故國戀曲，也是一支鞭笞丑類的鳴鏑。

　　1901 年 8 月 20 日，薩瓦多爾·夸西莫多出生於義大利西西里島的蒙迪克鎮，其父是一名鐵路職員，家境貧寒並居無定所，他隨父各地輾轉。1916 年，他考入巴勒莫技術學校，三年後赴羅馬，考入羅馬工學院。西西里島的旖旎風光和文學傳統，特別是西西里同鄉傑出的義大利作家喬萬尼·維爾加的文學養分，培育了夸西莫多的文學夢想。早在孩童時代，他就嘗試寫詩。
　　他的文學之路如此順暢，與他青少年時代如饑似渴地大量閱讀義大利古典文學作品有關。從古羅馬詩歌，到文藝復興先驅但丁《神曲》及小說家薄迦丘《十日談》和雨果作品，他都廣泛涉獵。被稱為「偉大的佛羅倫斯詩人」的夸西莫多，於 1921 年從羅馬工學院土木工程系轉學希臘、古羅馬文學，後因為生計，不得不半路輟學。當時義大利已由墨索里尼建立法西斯政權，經濟凋敝，社會黑暗，戰爭的烏雲密佈，夸西莫多為求職謀生，不得不四處奔波，先後做過繪圖員、銷售員、測繪員，最後以非正式工程師身份在一個建築公司謀得一職，聊以糊口。在動盪的社會中，他開始學著創作詩歌，文學成了他的精神綠洲。1928 年，夸西莫多開始發表詩作，次年又與文學家蒙塔萊相識，開始為《索拉里亞》期刊撰稿，發表詩作。
　　1930 年，其詩集《水與土》出版，以情感豐富、格調清雅、色彩朦朧的藝術特色，在詩壇嶄露頭角。接著他又出版《消失的笛音》（*Oboe sommerso*，1932），獲義大利文學獎，同年又出版《桉樹油的芳香》（1933）等詩集。很快，夸西莫多便雄踞詩壇，成為抒情詩派的領軍人物。1935 年，他辭去工程師職位，到《時代》雜誌當編輯，後又應聘為米蘭音樂學院義大利文學教授。

自 20 世紀 30 年代後，夸西莫多的詩風開始與當時的文學潮流同步。《厄拉托與阿波羅》（*Erato andApòllìon*，1936）便是證明。

　　第二次世界大戰爆發後，受反法西斯運動的薰陶和激勵，夸西莫多遵循「詩歌創作內容的來源在於生活」，「詩也和每一個生活中的人一樣，它的一切包含在整個社會結構中」的宗旨，創作的詩篇歌吟的是人民反法西斯主義的正義之聲和對法西斯給人類帶來災難的聲討，與時代的鬥爭脈搏共震動。《瞬間是夜晚》（*Ed è subito sera*，1942）、《日復一日》（*Giorno dopo giorno*，1946）等詩集，可以證明夸西莫多是站在反法西斯立場，寫出的膾炙人口的愛國詩篇，也是對法西斯政權對人類所帶來的災難的哲學思考。

　　夸西莫多晚年，筆耕不輟，創作了《虛假綠色》（*Il falso e vero verde*，1954）、《樂土》（*La terra impareggiabile*，1958）、《生活不是夢》（*La vita non è sogno*，1959）、《給予和擁有》（*Dare e avere1965*）、《得失之間及其他》（1967）等詩集，表達詩人不斷追求生活的真諦和哲思。

　　夸西莫多還有詩歌論文集《關於詩，詩人及其他》（1960）等。他還精於翻譯，翻譯過希臘埃斯庫羅斯等人的劇本《希臘悲劇》、莎士比亞的戲劇、莫里哀的《達爾杜弗》及《美國 20 世紀詩選》，以及智利詩人聶魯達的詩。

　　1968 年 6 月 14 日，在給世人留下「以古典的火焰表達了我們這個時代中生命的悲劇性體驗」的偉大詩篇後，夸西莫多在那不勒斯病逝，享年六十七歲。

Boris Leonidovich Pasternak 1890—1960

鮑里斯·列昂尼多維奇·帕斯捷爾納克

蘇聯作家。

獲獎理由｜對現代抒情詩歌以及俄羅斯小說偉大傳統做出的傑出貢獻。

獲獎作品｜《齊瓦哥醫生》（小說）。

帕斯捷爾納克是繼伊凡・蒲寧之後，第二位獲諾貝爾文學獎的蘇聯作家。為這一獎項，他苦苦等待了十二年，從 1946 年被第一次提名，經十二年角逐（其間的 1957 年卡繆還為其吶喊），最終，這一殊榮降臨在他頭上。得到消息，他馬上給瑞典文學院發去電報：

　　無限感激、感動、自豪、驚喜、慚愧。

　　他的國家卻無意分享這份榮譽。他在得到獲諾獎的消息六天裡，蘇聯作家協會主席費定上門找他嚴肅談話，《文學報》發表社論批判《齊瓦哥醫生》是「對社會主義的誣衊」，學生走上街頭，高喊「將叛徒（猶大）趕出蘇聯」，黨報《真理報》發表「圍繞一部文學毒草的反革命叫囂」的文章，蘇聯作家協會書記處召開緊急會議，將帕斯捷爾納克開出蘇聯作家協會⋯⋯。

　　他知道，在這個體制下，如果不改變自己的立場，後果嚴重。在生死攸關的當口，他已被折磨得「神情呆滯，衣服髒亂」。最後，帕斯捷爾納克又給瑞典文學院發出意味深長的第二封電報：

　　考慮到我所屬的社會對你們這個獎項的看法，我必須放棄這一我不配接受的榮譽，這是我自願的放棄，請不要見怪。

　　但史稱的「諾貝爾獎危機」的歷史事件，並沒有因帕捷斯爾納克「自願放棄」而結束。第二天，《真理報》發表由六位蘇聯科學院院士聯合署名的文章繼續批判他。而且由組織上代他寫的「悔過書」已交給他，他拒絕簽字。接著更具侮辱性的第二份「悔過書」又擺在他面前，權衡利弊，帕捷斯爾納克不得不簽字，然後《真理報》全文發表。為了苟活，他不得不低下他那高貴的頭顱，給黨的領袖赫魯雪夫寫信表示「熱愛家國之心至死不變」，以求得寬恕。

　　在最後的日子裡，他曾兩次向西方報紙表示過滿腹牢騷，以示抗爭，一次接受英國報紙訪談，一次在美國報紙上發表充滿怨氣的詩歌。

　　帕捷斯爾納克是以長篇小說《齊瓦哥醫生》摘得諾貝爾文學獎桂冠的。《齊瓦哥醫生》以十月革命和第二次世界大戰為背景，描寫一位誠實、正直，思想充

滿矛盾的俄國舊知識份子所蒙受的苦難經歷。

沙皇後期，齊瓦哥在莫斯科接受高等教育，成為一名醫生，還是多情詩人。在他當實習醫生時，遇到一個自殺未遂的寡婦艾瑪利亞，她因得知情夫科馬羅夫斯基誘姦自己十六歲的女兒拉娜，憤怒之下自殺。後來齊瓦哥得知，這個科馬羅夫斯基正是陷害自己父親的兇手。

齊瓦哥與另一位寡婦安娜的女兒冬妮婭相愛，結婚後，育有一子沙夏。第一次世界大戰爆發，齊瓦哥成為隨軍軍醫。一次被炮彈炸昏，醒來發現照顧他的是護士拉娜，她已嫁給革命者帕夏，並為了尋找從軍失蹤的丈夫而至前線擔任護士。在療傷過程中，齊瓦哥與拉娜產生情愫。後齊瓦哥回到家中。

1917 年，十月革命改變了俄國，齊瓦哥因是知識份子被當局敵視。他只好到瓦雷金諾去居住，因為那裡有妻子冬妮婭祖上留下的一棟房子。路上，他目睹紅軍在拉娜丈夫帕沙的帶領下，正在殘酷地屠殺為白軍提供糧食的平民百姓。他自己也成了俘虜。

整個俄國陷入白軍與紅軍瘋狂的內戰中，其間，齊瓦哥看到人性最醜陋的一面，對立的雙方兵戈殘殺，百姓備受蹂躪。齊瓦哥自由之後，再次回到拉娜身邊。而她的丈夫帕夏被認定是血統不純正的布爾什維克，已遭通緝。有一天，他找到齊瓦哥，得知拉娜深愛的一直是自己，而非科馬羅夫斯基，悔恨萬分，當夜飲彈自盡。

1922 年，快四十歲的齊瓦哥回到莫斯科，妻離子散，在異鄉流離中，因心臟病發死於街頭。拉娜依然在尋找自己的丈夫帕夏以及不幸分離的與齊瓦哥所生的女兒，偶然遇見了齊瓦哥的送葬者，協助處理齊瓦哥的後事，數日後被秘密逮捕，死於集中營。

《齊瓦哥醫生》通過對革命暴力造成知識份子深重苦難的描寫，深刻地表現了革命時期錯綜複雜的社會關係，以及社會為轟轟烈烈的革命所付出的沉重代價。帕斯捷爾納克獲諾獎一個星期內的政治遭遇，便是對當時的政權最直接、最真實的寫照，是那段歷史的證詞。世界評論界稱讚這部小說是「當代蘇聯文學中最優秀、最有價值的作品」，「顯示出詩人精神上的洞察能力」。瑞典文學院諾獎頒獎詞「對現代抒情詩歌以及俄羅斯小說偉大傳統做出的傑出貢獻」，有些言不由衷，有些顧左右而言他。他們不想開罪那個龐大的國家。

《齊瓦哥醫生》最打動人的，是關於齊瓦哥的愛情描寫。他與妻子、拉娜和同居女工間的感情糾葛，是小說的華彩樂章。與妻子間的是高於愛情的世俗親情，是高尚的；與女工的愛情，是人性中最原始、最本能，也是最真實的肉體歡欲，是平等的；與拉娜患難中的愛情，是肉體與精神融為一體的真愛，是純潔的。它們是苦難中盛開的愛情之花，雖不浪漫，卻足夠燦爛。

　　鮑里斯·列昂尼多維奇·帕斯捷爾納克，於 1890 年 2 月 10 日出生在莫斯科。那是一個猶太知識份子家庭。父親是莫斯科美術學院教授、著名畫家，母親是有德國貴族血統的鋼琴家。他家裡經常召開藝術沙龍。當時的文化名流，像列賓·托萊斯托、萊納·瑪利亞·里爾克及塞吉·雷切曼諾夫等作家、詩人、音樂家，是他家的常客。受到濃郁的藝術氣氛的薰陶，帕斯捷爾納克在母親影響下，六歲便練習作曲。到 1908 年，他卻沒有報考柴可夫斯基創辦的莫斯科音樂學院，而是進入莫斯科大學哲學系。畢業後，他又到德國瑪律堡大學深造，師從新康得主義哲學流派代表人物德國哲學家赫爾曼·科恩。

　　1913 年，他同未來派詩人來往密切，在其雜誌《抒情詩刊》上發表詩歌，並結識勒布洛夫和馬雅可夫斯基。不久，他曾到義大利旅遊，在那裡出版了他的第一部詩集《孿生的雲》（1914）。此後，他又出版詩集《超越障礙》（1916）和《在堡壘之上》（1917）。第一次世界大戰爆發後，俄國宣佈參戰，帕斯捷爾納克由德返俄，出於身體原因免服兵役，到一家工廠任辦事員。1917 年 11 月 7 日，十月革命爆發，他家受到衝擊，父親被流放，他到人民部圖書館工作，發表《生活，我的姐妹》（1922）、《主題與變奏》（1923）等詩集。同時，他創作中篇小說《柳威爾斯的童年》（1922）、《空中路》（1924）及自傳體散文《安全證書》等。馬雅可夫斯基和伊薩寧自殺後，帕斯捷爾納克實際上成為蘇聯未來主義詩人，「先鋒派」領軍人物。他的詩表現人與自然的一致性，其長詩《崇高的病》還歌頌了列寧。其詩非理性成分太多，充滿唯美主義色彩，文字艱澀，句法變幻莫測，隱喻也奇特，高爾基評價他的詩是，「印象和形象之間的聯繫，過於纖細，幾乎難以捉摸」。

　　後來，蘇聯官方否定未來主義，其代表人物帕斯捷爾納克受到首當其衝的批判。對此，他曾努力靠攏官方提出的「社會主義現實主義」創作原則，為蘇維埃

政權服務。比如，1926 年他創作的《施密特中尉》和《一九〇五》兩部詩集，是通過主人公在革命戰爭年代的英勇經歷，表現重大歷史事件的長篇敘事詩。但是，當帕斯捷爾納克家庭及本人受到肅反運動的殘酷迫害後，他兩次懷疑蘇聯政權的性質，轉而到大自然和宗教中尋求精神安慰，這不可避免地遭到高爾基、盧那察爾斯基的批評。

20 世紀 30 年代，史達林大搞大政治整肅、清洗運動，帕斯捷爾納克受到關押和審訊。只因他與史達林同是格魯吉亞人，又有將格魯吉亞詩歌翻譯成俄語的高超能力，他被優待釋放。從此，他開始翻譯外國文學作品及格魯吉亞詩歌。他翻譯的莎士比亞、歌德等人的作品，堪為優秀的俄語譯本。

第二次世界大戰期間，帕斯捷爾納克出版兩本詩集《在早班的列車上》（1943）和《地球的空間》（1945）。詩集沒有表現蘇聯人民反抗德國法西斯的悲壯戰鬥，而是個人的、內心的自我感受，對世界，它只是憂憤地吶喊：「這個世界——忘記它！」戰後不久，他與伊文絲卡婭結婚，在蘇聯作家協會莫斯科分會供職。1949 年，他的《作品選》在英國出版。

帕斯捷爾納克是從 20 世紀 40 年代末開始創作《齊瓦哥醫生》的，那時，有個三十四歲叫伊文絲卡婭的女性走進他的生活，成為他除妻子之外最親近的人。在他因獲諾貝爾文學獎陷入困境的時候，他甚至向蘇聯政府提出，我「已經放棄諾貝爾文學獎，讓伊文絲卡婭重新工作」。這位才貌雙全的女人，原是蘇聯著名出版社的編輯和翻譯，後因他創作《齊瓦哥醫生》而被捕入獄，服刑五年。入獄前她已懷有與帕斯捷爾納克的孩子，但孩子在獄中流產了。帕斯捷爾納克願自己失去自由和尊嚴，讓他深愛的女人得到工作。結果是，伊文絲卡婭非但沒有重新工作，反而又以新的罪名，再判八年徒刑。這些經歷，讓人想起他的詩〈我的憂傷，像個塞爾維亞女子〉：

我的憂傷，像個塞爾維亞女子，
她所講的是她家鄉的語言。
那麼苦澀，她嘴裡所唱的歌詞，
那張嘴還吻過你絲綢的衣衫。

而我的眼，像個亡命的無賴漢，

一頭撞上大地，遭到逼迫。

你的身影飄忽遊移，像鰻魚一般，

而你的眼睛也隨消失隱沒。

　　這首詩，是帕斯捷爾納克寫給伊文絲卡婭的嗎，怎麼那麼充滿深情、眷戀？

　　《齊瓦哥醫生》寫完後，帕斯捷爾納克曾將稿子寄給《新世界》雜誌，遭到退稿。他只好於 1957 年送到義大利出版。很快小說被譯成十八種文字，成為世界最暢銷的小說之一。

　　獲諾貝爾文學獎的帕斯捷爾納克，在他的母國失去了一切。僅僅十七個月後，也就是 1960 年 5 月 30 日，這位靠養老金度日的天才作家悄然謝世。到底是「壽終正寢」，還是死於非命，今天誰能說得清？伊文絲卡婭勞改四年之後獲釋，活到了她心愛的人的昭雪之日。

　　1986 年，蘇聯作家協會正式為遭受迫害的著名作家帕斯捷爾納克恢復名譽，並成立以他命名的文學遺產委員會。

　　今日，俄羅斯為他建立了紀念館，出版全集，並塑造了銅像，與他的獲諾貝爾獎的同胞銅像矗立在一起，那是這個民族文明的豐碑。

Albert Camus

阿爾貝·卡繆 1913—1960

法國作家。

獲獎理由｜由於他重要的著作，在這著作中他以明察而熱切的眼光照亮了我們這個時代人類良
　　　　　心的種種問題。

獲獎作品｜《異鄉人》（*L'Etranger*）、《鼠疫》（*La Peste*）（小說）。

1960 年 1 月，離巴黎一百公里的公路旁，一輛小汽車撞到梧桐樹上，巨大的撞擊讓車身裂成兩半。員警從車中死者身上發現了一張回巴黎的車票，手提包中還有一份手稿。死者是 1957 年獲諾貝爾文學獎的法國作家卡繆，時年四十七歲，是獲此獎最年輕謝世的作家。而那份名曰「第一個人」的小說手稿，於 1989 年在法國出版，繼《鼠疫》（*La Peste*）發行上千萬冊之後，再次成為暢銷書。

　　從「存在」變成「虛無」，荒誕的死和文學的寵兒，讓一生孤獨的卡繆又充滿神秘和輝煌的色彩。但他在諾獎演說時，極為莊重地說：

　　沒有藝術，我的生命將不存在。但我從不將這藝術置於一切之上。如果說藝術對我而言不可或缺，那是因為它絕不自我孤立，在與他人同等的層面上，讓我本色地活下去。

　　1942 年，卡繆出版了第一部小說《異鄉人》（*L'Etranger*）。小說的主人公是一位小職員，叫莫梭，他離群索居，與社會、世人格格不入，因此，對世界世事漠不關心，連對母親去世、情人的求愛，都特別淡然。更為荒誕的是自己殺了人，被判死刑，同樣若無其事、無動於衷。小說表現了世界上人的生存狀態的荒誕性。

　　這種荒誕性，與卡繆宣導的荒誕派文學有關，他主張文學應將人間世界和現實社會中的一切都表現成冷漠、荒誕的事物。文學應將人物寫成具有荒誕情感、與社會格格不入、超然物外的局外人。於是，他寫出《異鄉人》，塑造出這個「局外人」的典型。

　　其實，卡繆自己並不是「局外人」，與《異鄉人》主人公對母親的死極為冷漠相反，卡繆對母親充滿世俗的溫情，而且自命是現代唐璜，一生不斷追求女人，不斷收穫女人的愛，直到去世前三天，他還給在巴黎的三個情人寫下同樣充滿激情的情書。這些與他作品的冷漠形成巨大的悖論。他的死、他的孤獨、他的「局外人」情節，被他世俗的滾滾紅塵淹沒，本身構成一種荒謬，構成卡繆文化性格的複雜性。

　　卡繆的《鼠疫》寫於 1947 年，小說描寫在奧蘭市發生了一場鼠疫。小說寫道：

　　奧蘭呈現出一派奇怪景象：行人增多了，即使不是高峰時刻也一樣，因為商

店和某些辦事處關了門，閒著沒事幹的人群擠滿了街頭和咖啡館。暫時他們還不是失業者，只能說是放了假。下午三點，在明朗的天空之下的奧蘭簡直給人以一種節日中的城市的假形象，停止了交通，關上了店門，以便讓群眾性的慶祝活動得以開展，市民湧上街頭共享節日快樂。

但是不久，一場不斷死人、集體遭難的恐怖的鼠疫魔影籠罩了奧蘭市，這座景色秀麗、生活閒逸的城市，變成與世隔絕、充滿絕望沮喪的孤城。就在這時，李厄醫生和知識份子塔魯組建了第一支志願防疫隊，與鼠疫作戰。老卡斯特爾醫生，就地取材製造血清，失意的小公務員埋頭做起衛生防疫秘書工作。但也有一些人，借城市混亂之際，忙於黑市買賣。耶誕節來臨，悲痛的哀鳴代替了往昔歡樂的歌唱。在李厄醫生的帶領下，人們暫時戰勝了鼠疫，第二年二月，奧蘭城門打開，活下來的市民舉行盛大的慶祝活動。裡厄面對此景，卻憂心忡忡，因為他知道，鼠疫不會絕跡，它們只是潛伏等候，伺機再捲土重來，悲劇會再重演。

《鼠疫》是一部用象徵藝術手法寫出極富哲理的小說。卡繆創作該小說時，正值法西斯德國鐵騎踏破凱旋門之際，小說正是以一種寓言的形式，表現法西斯像鼠疫一般給法國帶來深重的災難。即使將來消滅了法西斯，人類還要警惕更惡毒的敵人，這其中有人們戰勝法西斯的堅定信念，另有對未來的憂患意識。此外，小說在描寫人們與鼠疫鬥爭時，也暗喻法國社會存在深刻的矛盾。特別對法國民族精神的萎縮有深刻的批評。小說不僅將災難下芸芸眾生的人生百態淋漓盡致地表現出來，再現了社會、人生的廣闊圖景，還精心塑造了理性、勇敢苦鬥的醫生李厄，謙虛、善良、純淨如天使般的塔魯，幸災樂禍的局外人科塔爾等鮮活豐滿的人物形象。他們的精神世界構成了法國社會精神斑駁的圖景。正如該屆諾貝爾文學獎的頒獎詞：「由於他重要的著作，在這著作中他以明察而熱切的眼光照亮了我們這個時代人類良心的種種問題。」

1913 年 11 月 7 日，卡繆生於阿爾及利亞蒙多維城。其父原籍法國，到阿爾及利亞謀生當農業工人，在 1914 年死於第一次世界大戰。母親是阿爾及利亞人。父親陣亡後，卡繆隨母親投奔外祖母，一直在阿爾及爾貧民區生活。卡繆讀完小學之後，到能享受助學金的公辦學校讀書，因成績優秀，又得到老師和親友的幫助，

半工半讀從阿爾及爾大學畢業,並獲哲學學士學位。他生活窮困,營養不良,患了肺結核病,無法參加教師資格考試,同時放棄的還有足球,他曾說:「只有通過足球,我才能瞭解人及人的靈魂。」

母親死後,卡繆懷著對哲學和文學的熱愛,於 1933 年再次入阿爾及爾大學,研讀哲學和古典文學。同年,他加入由作家巴比塞領導的反法西斯運動,後加入法國共產黨阿爾及利亞支部,組織業餘劇團「勞動劇社」。大學畢業,他成為阿爾及利亞新聞記者。

1936 年,二十三歲的卡繆有了第一次婚姻,僅一年便勞燕分飛。1937 年,加繆脫離共產黨,同年出版隨筆集《非此非彼》(*L'Envers et l'endroit*)。1939 年,第二次世界大戰烏雲密佈,加繆來到巴黎,法西斯佔領法國時,他積極參加地下抵抗運動,成為戴高樂派的主要輿論工具——《戰鬥報》的重要成員。同年,加繆出版隨筆集《婚禮》(*Noces*),是對這段姻緣的溫情回眸。此時的文章抒情味道甚濃。他還創作了四幕話劇《卡利古拉》(*Caligula*),描寫古羅馬卡裡古拉暴君的瘋狂暴行,哲理地揭示世界的荒謬性。

到了 1942 年,卡繆又出版了哲學隨筆《薛西弗斯的神話》(*Le Mythe de Sisyphe*)。這是講希臘神話中因得罪天神而被罰做苦役的薛西弗斯,整天推巨石上山,但巨石一再滾下來,薛西弗斯周而復始勞作的故事。接受荒誕命運的薛西弗斯,是一位值得推崇的「荒誕英雄」。此作與長篇小說《異鄉人》,加上話劇《卡利古拉》,這三部體裁相異卻都意在闡明世界荒誕性主題的作品,被視為卡繆的荒誕三部曲。

在這裡,必須提及卡繆的同胞尚-保羅‧沙特。他是卡繆的貴人,是卡繆的伯樂,是沙特在《異鄉人》甫一出版時,便意識到它的巨大價值。他不顧自己剛剛寫完自己里程碑般的《存在與虛無》的勞累,特意為卡繆的《異鄉人》寫了長達六千字的書評,評中將名不見經傳的卡繆與卡夫卡、海明威相提並論,使這位年輕人在法國文壇飛黃騰達。後因道德觀不同,所謂道不同不相為謀,二人分道揚鑣。

1944 年,法國光復,卡繆出任《戰鬥報》主編,寫過不少著名社論,後結集《當代》一書於 1953 年出版。1951 年,他發表小說《反叛者》(*L'Homme revolte*),對法國大革命、俄國十月革命重新思考,並予以否定。這時,卡繆與沙特也爆發

了激烈的爭論。沙特認定世界是「骯髒的世界」，卡繆則判定這個世界是「荒誕的世界」。

這一爭論的孰是孰非，難以判定，但命中註定的是，這場爭論使卡繆變成法國知識界的局外人。從「存在」變成「虛無」的卡繆，早已遭到主流哲學的拋棄。但作為文學寵兒的卡繆，其作品至今仍具有影響力和現實意義，這是個傳奇。

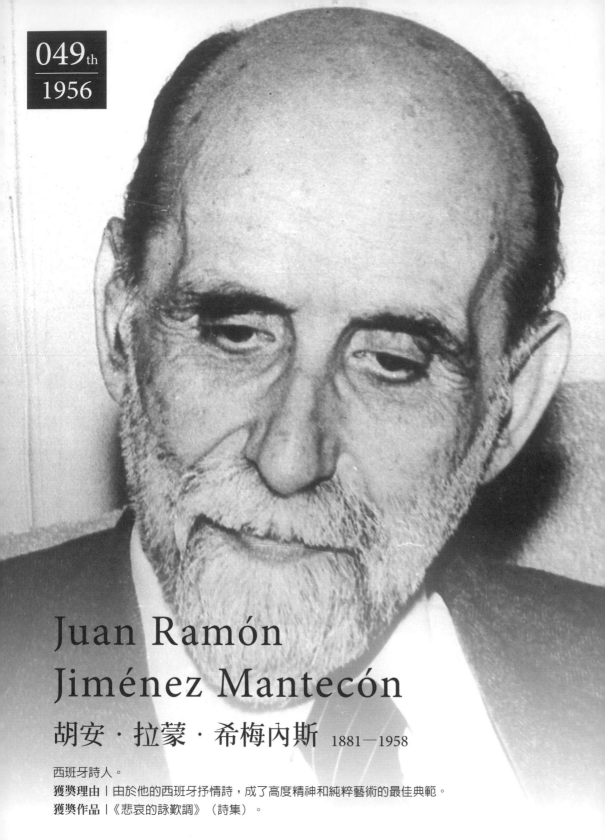

Juan Ramón Jiménez Mantecón

胡安・拉蒙・希梅內斯 1881—1958

西班牙詩人。

獲獎理由｜由於他的西班牙抒情詩，成了高度精神和純粹藝術的最佳典範。

獲獎作品｜《悲哀的詠歎調》（詩集）。

　　胡安‧拉蒙‧希梅內斯，十九歲時以格調清新、富有濃郁鄉土氣息的詩歌〈紫羅蘭的靈魂〉，登上西班牙文壇，七十五歲時又憑《悲哀的詠歎調》摘得諾貝爾文學獎桂冠。他死後四年，其作品《詩三百首 1903—1953》（1962）出版，流行於歐美，最為暢銷。

　　希梅內斯到瑞典領獎時，他聽到的授獎詞是：

　　用半個世紀的時間，創造了一朵新玫瑰，一朵以他的名字命名的、象徵聖母馬莉亞的白玫瑰。

　　老人熱淚縱橫。1978 年出版的美國百科全書稱希梅內斯是「20 世紀西班牙最偉大的詩人之一」。

　　希梅內斯十九歲創作的詩歌《白睡蓮》和《紫羅蘭的靈魂》，引起西班牙文壇關注，二十出頭又創作了《悲哀的詠歎調》（1903）、《遠方的花園》（1904），接著又創作三個哀歌集：《純粹的挽歌》（1909）、《溫和的挽歌》（1910）和《悲哀的挽歌》（1910）。這些詩歌多以抒情見長，詩人以清新優美的筆觸描繪家鄉秀麗的自然風光，抒發強烈的思鄉之情，並將之化為永恆的鄉愁。恰逢詩人遭遇過喪父之痛，詩歌中流露出濃郁的哀婉憂傷的情調。而這種讚歌與挽歌交融成的苦悶、哀怨的情緒，正彌漫於當時的西班牙知識界，成為其普遍的心境。這也是深深打動了瑞典文學院的地方。

　　胡安‧拉蒙‧希梅內斯，於 1881 年 12 月 23 日降生在西班牙南部韋爾瓦省莫格爾小鎮。其父是一個不大富有的商人。他的童年在小鎮度過。後來，他被送到海港加的斯一所教會學校讀書。1896 年，他考入塞維利亞大學，按父親的意願讀法律系。在學校，他喜歡讀書、作詩，後因一門世界歷史考試不及格便離開大學，以寫詩在報刊上發表，勉強糊口。其父突然因病辭世，對他打擊甚大，患上抑鬱症，遂到法國一邊療養，一邊寫詩，受到法國象徵主義詩派影響。不久，他又結交了拉美詩人魯本‧達里歐等人。1900 年，應達里歐邀請，赴馬德里參加詩人的活動。是年，希梅內斯出版了詩集《白睡蓮》和《紫羅蘭的靈魂》，在西班牙詩壇脫穎而出。

1912 年，希梅內斯在馬德里擔任教育雜誌編輯。不久，他收穫了愛情，對方是有西班牙與美國血統的波多黎各女詩人兼翻譯家塞諾比亞。他們合作翻譯印度泰戈爾和愛爾蘭詩人辛格的詩作。兩人於 1916 年到美國舉行婚禮，互戴戒指。或許因家庭的溫暖，使希梅內斯的生活和創作都發生了較大的變化。在美度蜜月期間，他有感而發，創作了長詩〈一個新婚詩人的日記〉（1917），然後夫妻買舟回到西班牙。

　　對希梅內斯來說，〈一個新婚詩人的日記〉誕生，在他詩歌的創作中具有里程碑意義。離鄉背井在異國的新婚，給詩人帶來歡愉而又複雜的精神狀態。他既留戀故土的溫存，又迷戀愛情的甜蜜，既有對未來的迷惘，又有對美好生活的渴望。該長詩分六章：向著大海、海上愛情、東部美利堅、歸來的大海、西班牙和回憶東部美利堅。全詩在懷念故鄉與渴望愛情間相糾纏，意向朦朧，形象優美。比如，詩歌寫到告別家鄉，面向浩瀚大海時的心境：

　　　莫格爾，母親和姐妹兄弟，
　　　安樂窩，溫暖、乾淨……。
　　　太陽明媚，休息愜意，
　　　白色閃爍的墓地，
　　　我的根繫在這裡，
　　　縱死也愜意！

　　　這是渴望的目的，
　　　在黃昏中逃去。
　　　莫格爾，神聖的覺醒，
　　　莫格爾，母親還有姐妹兄弟……。

　　詩的最後一部分，是詩人返回西班牙後補寫的，寫的是美國社會場景及對其生活方式的嘲諷：

　　　花花草草整齊地站在深紫色的櫥窗裡，

觀賞著塑像、松鼠、麻雀、鴿子和我們兩個⋯⋯。
房子又小又黃，
就造在鐵路旁。
活像扳道工的小房舍，
在唯一的一棵樹下。
一列火車迎風駛來，
胭脂紅的夕陽墜落在短樹林後。

該詩生動展示了故居淒涼、寒冷、孤獨的景象。

長詩收納種種景物、意象、幻覺，但以前詩人的憂傷淡化了，對人生的思考感悟增強了，在藝術上打破了詩和散文兩種文學樣式的界線，解放了詩，讓詩獲得更大的自由。

回到西班牙後，希梅內斯勤奮地創作，先後有多種詩集、散文集問世，如詩集《永恆》（1918）、《寶石與天空》（1919）、《美》（1923）、《一致》（1925）等，散文集《旅途劄記》（1928）、《整個季節》（1936）和《新光明之歌》等。其中詩歌〈永恆〉的開頭如下：

酒，首先要純淨，
無比的純淨，
我喜歡它，
宛如一個孩童。

希梅內斯的詩，語言雋永、技巧嫻熟。在此段時間，他與雷耶斯等人創辦《目錄》，裡面收錄他的許多作品。

1936 年，西班牙內戰爆發，希梅內斯堅決支持西班牙共和政府，遭到佛朗哥鎮壓，而被迫流亡到古巴、美國等地，最後定居波多黎各，以到該地大學或到美國馬里蘭州大學講課為生，同時從事研究拉丁美洲的工作。第二次世界大戰開始，詩人先後到阿根廷、烏拉圭和智利等地發表演說，呼籲人民團結起來，消滅法西斯，維護世界和平，深受歡迎且影響甚大。第二次世界大戰期間，他仍以筆為武

器參加鬥爭，寫有散文集《三個世界的西班牙人》（1942）等。

第二次世界大戰結束後，希梅內斯創作散文集《幻覺中盼來的上帝》（1949）、《底層的動物》（1949）和長詩《空間》（1954）。長詩《空間》被認為是「20世紀最傑出的象徵主義代表作」。

晚年的希梅內斯不滿西班牙獨裁政治，到波多黎各研究詩歌理論。第四十九屆（1956 年）諾貝爾文學獎宣佈給希梅內斯那一刻，老人正在波多黎各一家療養院，悲痛地陪伴著病危的妻子。喜訊沒有給老人帶來快樂。三天后，愛妻重病不治，離他而去。悲痛噬咬著他的心，他放棄到斯德哥爾摩金碧輝煌、吸引全世界目光的頒獎會場，享受無比榮耀的掌聲和讚譽。這位孤獨悲傷的老人，默默地沉浸在對妻子的無限思念之中。

思念的悲痛最後也奪去詩人的生命，詩人於 1958 年 5 月 29 日離開人世。後來，人們將詩人的遺體迎回西班牙，與妻子一起安葬在莫格爾。

幸哉，常年漂泊在異鄉的詩人終於魂歸故里。諾貝爾文學獎以「由於他的西班牙抒情詩，成了高度精神和純粹藝術的最佳典範」，為他豎立了一座詩的豐碑。

Halldór Kiljan Laxness
哈爾多爾·基里揚·拉克斯內斯 1902—1998

冰島作家。

獲獎理由｜為了他在作品中所流露的生動、史詩般的力量，使冰島原已十分優秀的敘事文學技
巧更加瑰麗多姿。

獲獎作品｜《獨立之子》或《莎爾卡·瓦爾卡》（又譯《漁家女》）（小說）。

冰島是一個既古老又年輕的島國，位於大西洋上，面積只有十萬平方公里，它於 1918 年獨立。1955 年獲諾貝爾文學獎的拉克斯內斯，便是這個島國的天才作家。

20 世紀 30 年代，拉克斯內斯創作了極具影響力的三部長篇小說：《莎爾卡·瓦爾卡》（1931—1932）、《獨立之子》（1934—1935）和《世界之光》（四卷本，1937—1940）。這三部長篇，以深邃的洞察力和分析力，把冰島社會置於顯微鏡下，加以透徹的觀察，然後塑造各種鮮活人物，形象反映其社會生活和人物命運，成為冰島現實的一面鏡子。

《莎爾卡·瓦爾卡》以漁家女莎爾卡·瓦爾卡的命運，展示冰島早期工人運動的畫卷；《獨立之子》描繪農民為獲得土地和生活獨立而進行鬥爭的故事；《世界之光》敘述一個長期蒙受苦難的人民詩人的事蹟。三個長篇皆是以崇高的主題和極富藝術魅力的深刻描繪，使冰島文學受到世界的讚譽，自然也受到瑞典文學院的眷顧。他們這樣評價這位冰島作家：

他在作品中所流露的生動、史詩般的力量，使冰島原已十分優秀的敘事文學技巧更加瑰麗多姿。

《獨立之子》寫農民比亞圖爾，經歷十八年的艱苦勞作，靠貸款買到屬於自己的一片土地。又經十二年辛勤耕耘，付出了兩任妻子和幾個兒女被生活折磨致死的沉重代價，他才還清所有債務。最後只剩下他和年邁的岳母。但不管怎樣，比亞圖爾總算不虧欠任何人，成了獨立的農民。可是如沼澤地流傳的鬼故事，命運常常捉弄人。先是第一次世界大戰爆發，原以為是個發展的機遇，他以抵押貸款的方式動工修建住宅，不料受丹麥人欺騙，丟了存款，無力還貸而破產，不得不將農場拍賣。好強的比亞圖爾再度成為一無所有的人。他只好帶領老弱病殘的家人，開進荒原，創造新的生活。出發前，他偶遇一群罷工的人，得知俄國十月革命的消息，比亞圖爾讓唯一的兒子參加戰鬥，迎接真正屬於自己的未來。

小說塑造了比亞圖爾這個正直，不向命運低頭，為獲得獨立自由而不屈不撓奮鬥、充滿英雄氣概的典型形象，形象地成就了這部拓荒者史詩的宏大氣象。正是有了這一人物命運與時代的融為一體，才讓人看到社會充滿希望的走向。小說

具有史詩的深邃，充滿蒼涼又雄闊的格調。正如瑞典文學院所說：「拉克斯內斯把文學的發展重新帶回到群眾共有的傳統基礎上來。這是他的偉大成就。他有鮮明的個人風格，平易而自然，能夠圓滿而靈活地為實現他的意圖服務，給人留下強烈的印象。」

其實，拉克斯內斯，原名叫哈爾多爾‧格維茲永松（Halldór Guejónsson），1902 年 4 月 23 日出生在冰島首都雷克雅維克附近的鄉村。其父原是築路工領班，有了兒子之後三年，創辦了拉克斯內斯農場。格維茲永松在這裡度過了快樂的童年時光，後來他就把農場的名字作為筆名，這寄託著作家的鄉愁。由於後來家道敗落，他只在正規學校受過幾年教育，便失學參加勞動。誰知這個少年從小就顯露出過人的文學天賦，七歲即能作詩、講故事。十七歲時，拉克斯內斯出人意料地出版描寫鄉間生活和自然風光，充滿田園浪漫情調的長篇小說《大自然之子》（1919）。

大約二十歲時，他帶著剛學會的鑲嵌手藝，離開家鄉到歐洲遊歷，先後到斯堪的納維亞半島、德、奧、法等地。第一次世界大戰剛結束，所到之處，社會現象無不衰敗、混亂，讓年輕的他備感憂傷和失望，同時，他受到德國表現主義、法國超現實主義文藝思想的影響。

1923 年，他仿效丹麥詩人瓊尼生，進盧森堡一座本尼迪克教派修道院皈依宗教，用古代愛爾蘭聖徒「基里揚」之名作自己第二個名字，在那裡潛心修神學、哲學和拉丁文。他的創作也由田園生活轉向宗教題材。出版於 1924 年的敘事詩《在神聖的山峰下》，是他作為教徒的內心自我剖白。

1927 年，他出版了長篇小說《來自喀什米爾的偉大織工》。它通過一個青年織工從精神上的紛亂到最後皈依宗教的故事，表達拉克斯內斯這一段時間內心掙扎和鬥爭的歷程，帶有濃郁的自傳性。這也是作者把自己的精神寄託依附宗教，表達所謂道德崇高境界的一部作品。看得出，這部小說從思想觀念到藝術手法上，都有斯特林堡、佛洛伊德、普魯斯特的影子。這部作品的表現主義和超現實主義藝術手法，曾引起冰島文學界激烈的爭論，但仍不失為該國的一部重要作品。

1927 年至 1929 年，拉克斯內斯離開歐洲，前往加拿大和美國蒙特婁、紐約、洛杉磯等大都會，與美國作家辛克萊結為好友，並通過他深入接觸美國社會和各

種社會思潮。他最後接受一位曾匍匐於宗教十字架下，後來與宗教決裂的作家的名言——「只有人在鬥爭，天堂之中沒有上帝」——與宗教決裂。他將目光投向美國社會，開始寫文章抨擊這個經濟大國的弊端，引起過軒然大波。他在美旅居三年，將批評文章收集在《人民之書》中，於 1929 年出版，這是他思想左轉的見證。是年，他回到冰島，與他的戀人走進婚姻殿堂，在故鄉雷克雅維克定居。在這裡，他完成了前面介紹的三部重要的長篇小說。

20 世紀 40 年代，拉克斯內斯完成了歷史小說《冰島之鐘》三部曲：《冰島的警鐘》（1943）、《歡樂的少女》（1944）和《哥本哈根之光》（1946）。以上小說都是以 17 世紀到 18 世紀冰島被丹麥王國佔領這段歷史為背景，表現冰島人英勇反抗丹麥入侵者、爭取獨立的偉大鬥爭。

20 世紀 40 年代末，他創作了現實題材的長篇小說《原子站》。站在民族主義立場，小說揭露冰島受西方腐朽思想影響，精神墮落道德敗壞，特別批評冰島政府同意美國在冰島建立空軍基地這一出賣國家主權的錯誤行為和所帶來的嚴重後果。

到二十世紀五六十年代，拉克斯內斯重回古代題材創作：《快樂的流浪人》（1952）描寫古代英雄；《重返樂園》（1960）描寫 19 世紀 50 年代冰島摩門教徒去海外尋找樂園的故事；《會唱歌的魚》（1957）寫一歌手成長經歷的故事；《詩人的時光》（1963）則是拉克斯內斯斯的回憶錄；《城堡下的快樂》（1968）描寫一個牧師為解救人民痛苦自願去農村工作的故事。

拉克斯內斯又是劇作家，代表作有《銀月》（1954）、《鴿子宴》（1966）等。他還是一位翻譯家，翻譯過同代作家海明威的作品及印度泰戈爾的作品。他一生共出版三十多部作品集，包括二十部長篇小說、十多部論文和隨筆、多部短篇小說和劇本。

拉克斯內斯一生獲得許多獎項，除諾貝爾文學獎，於 1953 年獲史達林文學獎金，於 1969 年獲「松寧獎金」。

Ernest Miller Hemingway

厄尼斯特 · 米勒 · 海明威 1899—1961

美國作家。

獲獎理由｜因為他精通於敘事藝術，突出地表現在其近著《老人與海》之中；同時也因為他對
當代文學風格的影響。

獲獎作品｜《老人與海》（*The Old Man and the Sea*）（小說）。

厄尼斯特‧海明威是美國作家，他因《老人與海》（*The Old Man and the Sea*）獲得第四十七屆諾貝爾文學獎後，受到世界評論界的高度讚揚。

　　他的好友，當時正在巴蒂斯塔王朝監獄裡服刑的古巴革命領袖斐代爾‧卡斯楚，聽聞這一消息非常高興。海明威曾說過，「人可以被毀滅，但不可以被戰勝」，讓身陷囹圄的卡斯楚信心堅定。海明威於 1939 年至 1960 年定居古巴，「親歷」卡斯楚率領古巴人民取得政權。其間，這兩個都留著大鬍子的男人，成為忠誠的朋友。海明威在獲得諾貝爾文學獎後，接受記者採訪，不用母語而用西班牙語，強調自己是一個「普通的古巴人」。但寬宏大量的美國人民仍深愛著這位有些怠慢自己母國的作家。《紐約時報》發表文章說：

　　海明威本人及其筆下的人物影響了整整一代甚至幾代美國人，人們爭相仿效作品中的人物，他就是美國精神的化身。

　　在海明威去世時，美國總統約翰‧甘迺迪給他發出唁電：

　　幾乎沒有哪個美國人比厄尼斯特‧海明威對美國人民的感情和態度產生過更大的影響。

　　《老人與海》是海明威 1952 年寫於古巴，在美國出版的現實主義小說。這是一篇關於人與自然界之間搏鬥的情感強烈的中篇小說。

　　老漁夫聖地牙哥（Santiago）八十四天未捕到魚，靠相鄰的孩子馬諾林（Manolin）行乞或偷竊勉強糊口。第八十五天，老漁夫和馬諾林分乘兩條船下海繼續捕魚。老漁夫聖地牙哥的漁船駛入深海，經過漫長的等待，終於捕獲了一條比船還要大的馬林魚。大魚掙扎，把船拖向大海。為控制大魚，老漁夫的手還負了傷，吃些魚肉補充體力，與大魚僵持著。經邊三天三夜的人魚搏鬥，筋疲力盡的大魚終於被拖出海面，老漁夫將魚叉紮進魚身，將它綁在船身後，準備返航。鮮血染紅海水，引來一條鯊魚，老人殺掉鯊魚，又有兩條鯊魚咬掉馬林魚尾。老人又用魚叉殺死它們。搏鬥中，魚叉折斷，天暗了下來，大群鯊魚湧來，老人奮力驅趕它們，連船舵都打斷了。最終寡不敵眾，回到家時，漁船只拖回一副白花

花的馬林魚巨大的骨架。老人的搏鬥精神，贏得了鄉親們的尊敬。夜晚，他在夢中看見威風八面的雄獅……。

　　海明威以傳統的刻畫人物豐富內心世界的藝術功力，塑造了聖地牙哥硬漢形象，使之成為世界文學畫廊裡一位極富典型意義的文學人物。聖地牙哥是個堅強、寬厚的人，在他的性格中，充滿勇敢、堅韌的人格力量。他與魚、與自然搏鬥，實際上是與自己較量，與命運抗爭。這一形象，體現了人性的浪漫與深刻哲理的統一，有著悲劇命運無法壓倒的硬漢精神。

　　小說歌頌人類精神力量的同時，也流露出人類無法與自然界抗衡的悲劇性命運。小說的語言極富個性，《老人與海》能早早地傳到東方，應該感謝中文本的第一譯者張愛玲，她在譯後記中說：

　　書本有許多句子貌似平淡，卻充滿了生命的辛酸……，擔憂我的譯筆不能傳出原著的淡遠的幽默與悲哀。

　　英國評論家安東尼・伯吉斯，對《老人與海》的語言也稱譽有加：

　　每一個詞都有它的作用，沒有一個詞是多餘的。

　　諾貝爾文學獎的評委對海明威小說的評價極為一致：

　　因為他精通於敘事藝術，突出地表現在其近著《老人與海》之中；同時也因為他對當代文學風格的影響。

　　這裡抄錄《老人與海》的一個小片段，證明其語言精妙：

　　他是個老人，獨自駕了條小船，在墨西哥灣流捕魚，出海八十四天了，連一條魚都沒有到手。前四十天，還有個男孩兒跟著。可是一連四十天都沒捕到魚後，孩子的父母就說，這老頭真晦氣，倒楣透頂。孩子聽從吩咐，上了第一條船，第一個星期就捕到了三條好魚……。

海明威，於 1899 年 7 月 21 日出生在美國北部伊利諾州緊靠遼闊的密執安湖的橡樹園小鎮。父親克拉倫斯·海明威是位外科醫生。海明威從小就喜歡同父親打獵、釣魚，上學後又熱衷足球、游泳和拳擊，還對音樂美術有濃厚興趣。這些愛好不僅伴隨終身，且對其命運產生重要影響。他六歲上學，十七歲進鎮上的高中就讀，在文學與英語方面顯現出過人天賦，開始模仿流行作家給報刊寫文章，十七歲擔任校刊主編。高中畢業後，第一次世界大戰爆發，他欲從軍報國，因視力不行，未能如願，後經叔叔介紹，去《坎薩斯城明星報》做實習記者。不久，嚮往當英雄的海明威，以美國紅十字會戰地服務隊身份，開赴義大利前線。因執行補給任務，他身中兩百三十多塊彈片，經十三次手術，還換了人造膝骨。在此期間，海明威還有了人生第一次無疾而終的愛情。精心治療三個月後，他參加義大利軍隊去前線作戰，因作戰英勇，獲十字軍功章和勇敢獎章各一枚。

　　1919 年，海明威從歐洲戴著兩枚閃閃發亮的勳章回到美國，算是衣錦還鄉了，但戰爭的殘酷和傷病給他的精神造成了極大的傷痛，他從此變得沉默憂鬱。他潛心於創作，寫了十幾篇小說，被一一退回，極端失落中，到《多倫多明星報》重操記者舊業。

　　1921 年末，海明威偕新婚妻子理察遜到巴黎任《多倫多明星報》駐歐特派記者。繼續創作，但不幸在一次旅行中，丟掉大部分手稿。兩年後，他才在巴黎出版只印了三百冊的《三個短篇小說和十首詩》（*Three Stories and Ten Poems*）。但水波不興，毫無影響。為了創作，海明威辭去記者工作，租了一間小閣樓，粗茶淡飯，又出版了一本作品集《在我們的時代裡》（*In Our Time*），仍無影響，但到美國印行增訂版，竟大受歡迎，海明威始被重視。

　　海明威等一群一戰後到法國流亡的年輕人，因事業無成、前進無路而空虛、苦悶和彷徨，被稱為「迷惘的一代」。海明威的兩部作品集，表達了他們被戰爭傷害的思想情感，他成了這群體的代言人。1926 年，海明威創作了長篇小說《太陽照常升起》（*The Sun Also Rises*），小說的題詞曰：「你們都是迷惘的一代。」這句話是僑居巴黎的美國女作家斯坦因說的。

　　《太陽照常升起》寫的是一群移居法國的英、美青年，受一戰的創傷而精神崩潰，他們最終體悟到不怕死的精神才是永恆的人生。實際上其中的主人公形象有海明威自傳的成分，是他個人精神世界的反映，更寫出「迷惘的一代」的精神

世界。海明威成了「迷惘的一代」文學流派的領袖。

1927 年，海明威在文學創作上走進康莊之路，但生活上並不順遂，在這一年與妻子理察遜離婚。很快，海明威又迎娶了第二任妻子費孚。翌年，一連串的自殺事件，讓海明威真的迷惘起來。先是父親在家中用手槍自殺，接著自己的朋友也重複走上自殺不歸路。這給海明威的心理造成極大的打擊，以致多年後他自己也在冥冥之中踏上了這條路。在這種惶惑中，海明威帶著妻子費孚返回美國，在佛羅里達州基維斯島定居。

1929 年，海明威出版長篇小說《戰地春夢》（*A Farewell to Arms*）。小說源於他的一戰親身經歷，反映了他對戰爭與人生的看法。小說以他在義大利戰場上的初戀為原型，講了美國青年亨利與英國女護士凱薩琳的愛情故事。他們在醫院中相遇，一個傷患與一個護士熱戀起來。後來，傷癒的亨利化裝外逃，與凱薩琳共度蜜月。次年，凱薩琳因難產死去。小說在敘述這對年輕人悲劇的同時，控訴了戰爭的罪惡、殘酷。小說中以軍人喊出「和平萬歲」，表達了人們對和平的渴望。小說甫一出版，便引起社會轟動，將海明威推上了文學的巔峰。

20 世紀 30 年代前半期已經在文壇上大顯身手的海明威，回歸閒適狀態，捕魚、狩獵、旅遊，安逸地生活。他觀看鬥牛士鬥牛，寫了特寫《午後之死》（*Death in the Afternoon*，1932），與妻子到非洲冒險捕獅，遂著《非洲的青山》（*Green Hills of Africa*，1935）。1936 年，西班牙內戰爆發，次年，海明威重操舊業，以記者身份前往西班牙。其間，海明威為西班牙開展募捐活動，他個人捐獻四萬美元購買了救護車等。1937 年 2 月至 1938 年底，海明威回到西班牙，先是採訪，後來乾脆拿起槍上戰場，為保衛西班牙共和國生存而浴血奮戰，直到戰爭失敗而歸國。後來，他將在西班牙瞭解到的法西斯罪行，寫成《戰地鐘聲》（*For Whom the Bell Tolls*，1940）。不久，他的婚姻又走到盡頭。和上次一樣，沒過多久，海明威又迎娶了第三任妻子。1937 年，他出版長篇小說《有錢的人與窮者》（*To Have and Have Not*），寫一個漁夫為生活所迫，淪為一個走私犯和人口販子的故事，揭示了漁夫走上罪惡之路完全是社會造成，並提出了通過共同行動解決社會問題的可能性。

從西班牙回來之後，海明威到了古巴，定居在哈瓦那郊區。很快，戰爭的陰雲在歐亞密佈，法西斯日益猖獗。海明威於 1941 年到亞洲採訪，並且到了中國，

曾給予堅決抗日的中國人民讚揚鼓舞。太平洋戰爭爆發後，海明威將自家遊艇改裝成巡邏艇，在美國海岸巡邏了兩年，為美軍提供情報。1944年，海明威赴歐洲採訪，一次因飛機事故頭部受傷。他仍深入敵後採訪，戰後獲銅星獎章。盟軍攻克柏林之前，海明威從歐洲戰場回到哈瓦那。不久，他第三任妻子也離開他。第四任太太維爾許來到他身邊。經過幾年的蟄伏，在他寫完中篇小說《渡河入林》（*Across the River and Into the Trees*，1950）之後，1952年，他的《老人與海》橫空出世，這位一直被認為是創作上的悲觀主義者給了世界文壇一個大大的驚喜。

海明威憑《老人與海》先獲1953年的普立茲獎，翌年又獲諾貝爾文學獎。得到榮譽的同時，疾病也開始纏身，他一次狩獵時受了重傷，斷了右肩、手臂及腿，造成嚴重腦震盪。後又遭森林大火，身體大面積燒傷，正是這次燒傷，使海明威無法到斯德哥爾摩領諾貝爾文學獎。在治療燒傷過程中，他開始酗酒，他的主動脈炎進一步惡化，使他喪失了大量記憶。他不堪忍受傷痛折磨，最後選擇自己父親的自殺之路，用獵槍結束了自己的生命。

有人說，海明威是因無法再創作，無法再寫出《老人與海》那樣的作品而自殺，他們引用海明威的話為證：「我站著寫，而且是一隻腿站著，我採取這種姿勢，使我處於一種緊張狀態，迫使我盡可能簡短地表達我的思想。」當他無法站著寫作，他就告別這個世界。

海明威是在寫成長篇小說《海流的島嶼》初稿，來不及修改出版前便自殺了，時間是1961年7月2日。

2002年11月11日，世界上唯一的「海明威故居博物館」在古巴開館，斐代爾‧卡斯楚出現在開館儀式上，並發表了三十多分鐘的「即興」演說。果然如海明威生前在〈斐代爾〉一文中讚揚的那樣，卡斯楚的演講極為精彩。可惜的是，此刻，兩位好朋友一個在人間，一個早已去了天國。

Winston Churchill

溫斯頓‧邱吉爾 1874—1965

英國政治家、歷史學家、傳記作家。
獲獎理由｜由於他在描述歷史與傳記方面的造詣，同時由於他捍衛崇高的人的價值的光輝演說。
獲獎作品｜《第二次世界大戰回憶錄》（紀實回憶錄）。

溫斯頓·邱吉爾是 20 世紀上半葉世界著名的政治家。邱吉爾曾兩度擔任英國首相。他曾鎮壓過英國工人運動，參與鎮壓蘇丹、南非反殖民主義的戰爭。他極端仇視共產主義，在任英國陸軍大臣時千方百計反對新生的蘇維埃政權。列寧這樣評價他：「幾年來，英國陸軍大臣邱吉爾使用一切手段，包括從英國法律的角度來看，合法的乃至非法的手段，支持所有的反對俄國的白衛軍分子，向他們提供軍事裝備，他是蘇俄的最大仇敵。」但在第二次世界大戰當中，他堅定地反對德國法西斯主義，並做出「必須聯合俄國」的戰略性決策。在開闢第二戰場方面，蘇英彼此背棄承諾，但他還是顧全大局，與美、蘇、中等國休戚與共，最後完成消滅法西斯、拯救世界和平的壯舉。就其個性而言，他勇敢又有智謀，他專橫又善於團結有才能的人。他隨機應變，永不背叛信仰。面對複雜的邱吉爾，我們的評價體系顯得異常蒼白。

　　因對第二次世界大戰做出卓越貢獻，在國內和國際贏得崇高榮譽的邱吉爾，從 1945 年至 1951 年，完成了他一生中最重要的著作六卷本《第二次世界大戰回憶錄》。該書是邱吉爾作為英國首相兼國防大臣對親身經歷的第二次世界大戰的全景式回顧。

　　邱吉爾站在政治戰爭的最高點，俯瞰長達二十餘年的全球風雲變幻，展現戰爭的起因、發展、變化、結局及各國之間錯綜複雜的合作及矛盾。因此從政治、經濟、軍事、外交及意識形態方方面面看，《第二次世界大戰回憶錄》是一部第二次世界大戰的實錄，史料真實翔實，具有極高的歷史價值。同時，該書也是研究邱吉爾的重要資料。

　　在寫作原則上，邱吉爾秉筆直書，力求客觀公正並「竭盡所能極其謹慎地核實材料」。他在《第二次世界大戰回憶錄》之序言中寫道：

　　我恪守我的一個原則：對於在戰爭或政策上的任何措施，除非事前我曾公開或正式發表過意見，或提出過警告。我絕不作事後的批評……，本書記下了那些誠實而善良的人的行為，但願不致有人因此而輕蔑他們，卻不捫心自問，不檢討自己履行公職的情形，不吸取過去的教訓作為他自己的未來行為的借鑒。

　　作為一位公正的政治家，他並不因意識形態的不同而放棄公正。比如他是堅

定的反共派，但對第二次世界大戰蘇俄在希特勒侵略歐洲之時趁火打劫，吞併四面臨國的領土一事，卻能保持冷靜客觀的態度。

邱吉爾這樣對待歷史的態度及其作品的造詣，深深打動了瑞典文學院的評委。1953年，他們舍去英國福斯特、美國海明威、冰島拉克斯內斯及西班牙希梅內斯等大名鼎鼎的作家，將諾貝爾文學獎授予了邱吉爾。其授獎詞極為感人：

一項文學獎本來意在把榮譽給作者，而這一次卻相反，是作者給了這項文學獎以榮譽。

邱吉爾，於1874年11月30日出生在英國牛津郡的布倫海姆宮。其父是位公爵，父親曾任英國財政大臣。母親是美國富豪之女，多才優雅。

1881年，他入貴族子弟學校，頑皮而學業最差。此後，他到哈羅公學、桑德赫斯特皇家軍事學院求學，始刻苦讀軍事書籍，夢想成為軍事統帥。1895年，他以軍事觀察員和記者身份，參加西班牙平息古巴民族解放運動的戰爭，因作戰英勇，獲西班牙十字勳章。從此，他迷上寫作，後到第四驃騎兵團任中尉，被派往殖民地印度。他開始研讀歷史和哲學書籍，可謂自學成才。一年後，印度發生反抗英殖民者的武裝起義，邱吉爾參加英軍遠征鎮壓，以隨軍記者身份親臨戰場，並寫出《馬拉坎德野戰軍紀實》（又譯《1897年馬拉坎德野戰軍故事──邊境之戰插曲》）。同年，他又寫了小說《薩伏羅拉》，具有憎恨馬克思主義的色彩。

1898年，邱吉爾被編入英軍赴蘇丹作戰部隊，參加騎兵團戰鬥。次年，他辭去軍職，出版了兩卷本《河上的戰爭》一書。該書記錄了他親臨蘇丹戰爭的經歷，反映了英國征服埃及、蘇丹的這段不光彩的歷史，一定程度上暴露了殖民主義的嘴臉。

同年10月，南非爆發英布戰爭，邱吉爾作為隨軍記者又奔赴南非參戰。在一次偵察活動中，邱吉爾成為布林人的俘虜，但僥倖逃回英國。關於此次經歷，他寫了兩本關於英布戰爭的書，給他帶來豐厚的政治資本，翌年躋身國會，成為議員。在政治上，他遊刃有餘地穿行於保守黨與自由黨之間，於1906年擔任殖民地事務部次官，出版為其祖父樹碑立傳的《藍道夫·邱吉爾爵士》（兩卷本）。

1908年，他當上了貿易大臣，後改任內政大臣，曾以暴力鎮壓工人運動。

1911 年，邱吉爾出任海軍大臣。第一次世界大戰中，由於他的輕敵和冒險，英國海軍被德潛艇打得落花流水，邱吉爾被趕出海軍。1917 年，他任軍需大臣，因研製了坦克等新型戰器，得「坦克之父」稱號。

　　1922 年，邱吉爾在競選中落敗，翌年出版五卷本《世界危機》一書。這是他的「英雄創造歷史」觀的標本。

　　1929 年至 1939 年，他離開政府，著書立說，調色作畫，著有《我的少年時代生活》（1930）、《隨想和奇遇》（1932）、《偉大的同代人》（1937）和六卷本《巴爾巴羅傳》（1933—1938）等書。

　　時光到了 1940 年至 1945 年，邱吉爾迎來了屬於他的最輝煌的時期。

　　1940 年，「天將降大任於是人」，在大英帝國面臨存亡的關頭，邱吉爾出任首相。他的就職演說，讓英國人熱血沸騰：

　　我無所奉獻，除了熱血、勞苦、眼淚和汗水……，你們會問，我們的政策是什麼？我的回答是，竭盡我們的一切力量，從海上、陸地和空中進行戰爭……，你們會問，我們的目標是什麼？我們可以用一個詞來回答，勝利！

　　是的，他兌現了自己的諾言，他與美、蘇、中及世界人民一起，以勝利結束了這場世界反法西斯戰爭。

　　1965 年 1 月 24 日，經歷了人生風雨，戰爭洗禮，飽嘗毀譽，為人類做出貢獻的九十歲老人，與世長辭。僅憑他在告別這個多災多難又充滿希望的世界時，留下的「我是世界公民」這句話，我們就應該永遠祭悼他。

François Mauriac
弗朗索瓦・莫里亞克 1885—1970

法國作家。

獲獎理由｜因為他在他的小說中剖析了人生的戲劇，對心靈的深刻觀察和緊
　　　　　湊的藝術。

獲獎作品｜《愛的荒漠》（小說）。

莫里亞克是位富有正義感，傾向於進步，又多產的作家。1936 年至 1939 年西班牙反法西斯內戰爆發，佛朗哥反動派向民主共和發動進攻時，他堅定地站在共和派一邊，並發表了不少文章抨擊獨裁者佛朗哥。第二次世界大戰期間，他又積極參加反對德國法西斯，支持戴高樂將軍的「抵抗運動」，直至法國得到解放，得到戴高樂將軍的高度讚揚，為此，他於 1958 年獲得「榮譽團大十字勳章」的榮耀。在莫里亞克逝世時，戴高樂尊稱德藝雙馨的他為「嵌在法國王冠上最美的一顆珍珠」。

　　1925 年創作的長篇小說《愛的荒漠》，使莫里亞克獲得法蘭西學院的小說獎，翹楚於法國文壇，後憑此小說中「剖析了人生的戲劇，對心靈的深刻觀察和緊湊的藝術」獲第四十五屆諾貝爾文學獎，這給他帶來世界性聲譽。

　　《愛的荒漠》是部反映人在欲望和信仰的激情間矛盾痛苦的心理狀態的小說。

　　功成名就的醫生庫雷熱，與妻子並無感情，內心空虛如寸草不生的荒漠，後與一名年輕寡婦瑪麗亞邂逅。但這位傷感、妖嬈，曾為給兒子治病給富人當情人的少婦，並不接受庫雷熱的情感，於是他心如枯井，痛苦不堪。庫雷熱的兒子雷蒙，整天浪跡於巴黎夜總會，也愛上了瑪麗亞。父子與少婦陷入三角戀愛。以罪惡為恥，不甘墮落、嚮往純潔愛情的瑪麗亞夾在父子間雖不做出選擇，靈魂卻躑躅徘徊在善與惡、幻想與現實間，孤獨如在荒漠之中。多年後，雷蒙與瑪麗亞相遇，誰都沒走出情感的荒漠。

　　法國知識份子精神的萎靡和思想的空虛，由此得到形象的呈現。

　　《愛的荒漠》通篇獨具匠心地採用追敘和獨白的藝術手法，並熟練運用意識流的表現技巧，巧妙而和諧地將往事與現實融為一體，渾然天成。

　　作家無意構築一個複雜的故事，也沒有將人物命運置於跌宕起伏之中，而是濃墨重彩地刻畫人物內心衝突和情感的大瀾大波或涓涓細流的變化。為了寫出人物豐富的精神世界，作者調用了精神分析、潛意識、內心獨白、時空交叉等現代藝術手段。有人引用中國評論家羅大岡先生對《愛的荒漠》的評價，來證明此小說的藝術成就：

　　莫里亞克的藝術深度在於表現了資產階級保守落後的精神世界和現代文明、現代生活的強烈矛盾，表現了他自己內心深處的傳統思想與現代派思潮之間的矛盾。

其實羅大岡先生的眼界是有局限的。他所執的批評武器早已陷入困頓，再無殺傷力。莫里亞克的藝術深度表現的是 20 世紀人類的傳統精神世界與現代文明、現代生活的強烈矛盾，而非「資產階級」獨有。至於莫里亞克自己內心深處的矛盾，是傳統文明與現代文明之間的矛盾，而不是與「現代派思潮之間的矛盾」。這已被歷史證明，毋庸贅述。

弗朗索瓦・莫里亞克，於 1885 年 10 月 11 日出生在波爾多一個銀行家家庭。他一歲喪父，由虔誠的天主教徒母親撫養成人。他童年在教會學校就讀，受濃厚的宗教氣息薰陶，沉湎於宗教文化和文學作品中，並成為一個篤信宗教的教徒。1906 年，莫里亞克到巴黎文獻典籍專科學校深造，幾個月後即輟學，開始文學創作。1909 年，他有散發憂鬱情感的詩集《握手》（又譯《合手敬禮》）問世。翌年，他又有詩集《向少年告別》出版。從 1912 年始，他由寫詩轉向創作小說，不久即發表《長袍法官》（1913），後又出版《白袍記》和《身戴鐐銬的兒童》等。這些小說多以家鄉波爾多為背景，寫欲望和信仰間的矛盾。

第一次世界大戰爆發後，莫里亞克像法國青年一樣，應徵入伍，參加救護傷兵工作。他因病退伍後，筆耕不輟，發表《血肉鬥》（1920）、《優先權》（1921）、《給麻風病人的吻》（1922）、《火流》（1923）、《吉尼特裡克斯》（1923）等。這些小說，給莫里亞克帶來很高聲譽。兩年後出版的《愛的荒漠》更是奠定了他在法國文壇的地位。

1927 年，《黛海絲・戴司葛胡》出版，同樣引起轟動，莫里亞克乘勢一連創作了《黛海絲看病》、《黛海絲在旅館》和《黑夜的終止》三個系列長篇。

他出版於 1932 年的《蛙蛇窟》，再次讓法國文壇驚喜。小說深刻揭示了自私、貪婪、殘忍的老律師家庭深刻的矛盾。這個家庭只有相互間的猜忌、仇恨，沒有溫暖，沒有親情，形同「蛙蛇窟」一般。小說寫到老律師將要告別這個蛇窟前，「上帝」給他指點迷津，他頓悟自己一生的罪孽與錯誤，靈魂得到涅盤。因該作有絕妙的心理刻畫，被公認是他最好的小說之一。這年，莫里亞克被推舉為法國作家同人公會（類似作家協會）主席，1933 年被選為法蘭西學院院士。

1933 年至 1941 年，莫里亞克又為法國文壇奉獻了五部長篇，包括自傳小說《弗隆特納克家的秘密》（1933）、《黑天使》（1936）和《法利賽女人》（1941）等。

莫里亞克多才多藝，喜愛詩歌，精於小說，在戲劇方面也頗有造詣，創作了《阿斯摩泰》（1938）、《錯愛的人們》（1945）和《地上的火焰》（1951）等，這些反映現代社會靈與肉衝突的作品受到好評。

　　晚年，莫里亞克寫了不少政論文、傳記和回憶錄，如《戰爭回憶》（1940—1946）、《內心回憶》（1959）、《新內心回憶》（1965）、《政治回憶錄》（1967）、《希望》（1970）、《講演》（1970）。這些回憶作品具有歷史價值，富有濃郁的文學氣息。其中寫於 1964 年的傳記《戴高樂》，可見他站在正義和人類的進步立場，表達他支持戴高樂，反抗法西斯，維護民族獨立的政治觀點。此書可視為歷史的見證。

　　莫里亞克一生創作了一百多卷文學作品，其中小說二十六部、詩集五本、戲劇四部。他的作品既繼承了法蘭西古典主義文學傳統，又借鑒了當時的文學潮流及文學風格，使他站在歷史和現代交會處充滿希望地對世界說：

　　我們所看到的真正的歷史和所有的罪行已墮入夢的深淵中去了……。

　　這正如諾貝爾文學獎在其授獎詞中所說：

　　莫里亞克的小說可以比作窄口深井，在底部能看到一泓神秘的活水在黑暗中閃爍。

　　莫里亞克的小說，總給人留以希望。但在他的內心中，總有一曲哀歌在吟唱，那是他對人類生存狀態的憂患。

　　1970 年 9 月 1 日，也就是莫里亞克說完那句話六年之後，八十五歲的老人懷著遺憾，告別了窮其一生也沒有走到盡頭的「愛的荒漠」。

Pär Fabian Lagerkvist
佩爾・費比安・拉格奎斯特 1891—1974

瑞典小說家、劇作家和詩人。

獲獎理由丨由於他在作品中為人類面臨的永恆的疑難尋求解答所表現出的藝術活力和真正獨立
的見解。

獲獎作品丨《大盜巴拉巴》（小說）。

佩爾‧費比安‧拉格奎斯特，是 20 世紀上半葉瑞典最有影響力的，被稱為「現代古典主義巨人」的作家，也是繼拉格洛夫、海登斯坦和卡爾費爾特之後第四位獲得諾貝爾文學獎的瑞典作家。同時，他與赫爾史特龍和拉格洛夫等被選為瑞典文學院「十八個不朽者」之一。他的影響超越了瑞典國境。

　　拉格奎斯特以寫於 1950 年的長篇小說《大盜巴拉巴》獲諾貝爾文學獎。

　　進入 20 世紀 50 年代，拉格奎斯特的作品幾乎全部關乎上帝形象和神的價值的主題，即探求什麼是人類的悲慘與崇高的命運，塵世生活與奴役刑罰，以及擺脫苦難與建立信仰從事鬥爭等博大命題。《大盜巴拉巴》，寫的就是基督為救贖眾生，以無怨無悔的大愛不惜選擇釘死在十字架上的故事。作者還通過個寓言式的故事，來譴責和抨擊二戰期間法西斯的暴力、血腥和野蠻的毀滅人類的罪行。

　　一個女子，被一群強盜污辱後，賣到耶路撒冷妓院，老鴇見其懷孕，便將她趕出娼門。她在路邊生下一個男嬰，隨後斷氣。留下的孩子，就是小說的主人公巴拉巴。

　　巴拉巴在匪徒巢穴中長大。在弱肉強食、生死搏命的生存法則下長大的巴拉巴，成為一個殺人越貨、桀驁不馴、冷酷無情、毫無信仰，讓人聞風喪膽的江洋大盜。為了生存和自保，他躲過生父一刀，臉上留下永久的傷疤，之後竟將生父推下懸崖。

　　巴拉巴帶著臉上的傷疤，內心懷著痛楚無奈和仇恨，以冷酷血腥報復世界。但小說安排這個惡魔與善良博愛的耶穌一起被釘在十字架上。耶穌為救贖眾生，難逃一死，死前耶穌對眾生說：「放下巴拉巴，釘死我吧！」耶穌以自己的死，換回巴拉巴的生，巴拉巴聽到這話，大為驚駭。釘在十字架赴死的原本是自己，而聖子卻自願當替罪羔羊，換回自己的自由。他的心被深深震撼，開始對上帝之子關於愛與自由的預言進行無盡的思索，從此，巴拉巴比任何人都更接近耶穌。

　　巴拉巴死裡逃生，再回到強盜老巢，似判若兩人。他那勇猛、果斷、足智多謀的性格，被沉默寡言、獨處發呆、平和冷靜取代。其間，他從被玩弄的兔唇女孩身上感悟到愛的真諦，礦工沙哈寬容的基督精神也浸潤著他。經過漫長而艱辛的對信仰的質詢和追尋，他終於皈依基督信仰，完成了靈魂的涅盤。

　　最後，立地成佛的巴拉巴在面對死亡來臨之際，沖著茫茫黑夜說道：「我把我的靈魂交給你了！」這暗示人類為建立自己的信仰而進行的探索和鬥爭，將永

遠地繼續下去。小說寫基督為救贖世人，不惜赴死，歌頌這種大愛。正是這無怨無悔的大愛，動搖世間世人的仇恨，讓世人變得堅定、溫暖、靈魂獲得永生。

《大盜巴拉巴》寓意深刻，充滿哲理。小說對美與醜、善與惡、神與人、人性與獸性、理想與現實等對立的矛盾都進行了深入的分析與解剖，並使之和諧地統一在人物身上。作者在塑造巴拉巴等人物形象時，還著重刻畫其豐富的內心世界，使之成為複雜飽滿鮮活的「這一個」。

《大盜巴拉巴》問世之後，因其表現了人道主義的博大主題，受到廣大讀者和瑞典批評家的好評，成為轟動一時的暢銷書，也享有較高的國際聲譽。瑞典文學院對該作的評語是：

由於他在作品中為人類面臨的永恆的疑難尋求解答所表現出的藝術活力和真正獨立的見解。

拉格奎斯特，於 1891 年 5 月 23 日出生在瑞典南部斯莫蘭省維克舍鎮一個鐵路員工家庭。維克舍地處偏僻，世風保守，拉格奎斯特的童年在清貧閉塞的小鎮度過。1910 年，他從當地中學畢業，翌年考入烏普薩拉大學文學系就讀。開始給各地報刊寫文章，後因生計問題輟學，赴巴黎時，對表現主義和立體主義有了興趣。1913 年，他發表〈文學和形象化藝術〉一文，抨擊囿於傳統而衰落的文學，肯定從傳統中解放出來的現代繪畫。到巴黎後，他認為人類最主要的思想是對死亡的認識。之後，他相繼發表隨筆詩歌集《主題》（1914）、論文《評瑞典的表現主義者》（1915）、小說集《鐵與人》（1915）等，在文壇嶄露頭角。

1916 年，他出版的詩集《苦悶》，以痛苦的反省來探索人生存在的意義，反映他當時悲觀低沉的「苦悶」。《苦悶》吸收了當時西方流行的表現主義手法，被認為是瑞典文學新的第一捧薪火，給瑞典文壇帶來重大影響，也使他成為一流詩人。

第一次世界大戰期間，拉格奎斯特對戲劇創作頗有興趣，作品有《天堂的秘密》（1919）、《一次也看不見》（1923）、《他又活了一次》（1927）等。那時，他的思想已擺脫悲觀情緒，精神上有了新的人道主義信仰，「善是必將取得勝利的，因為它具有世界上最偉大和最強壯的力量，這是恐怖和邪惡所無論如何敵不

過的」。這一段時間，他出版短篇小說集《永恆的微笑》（1920）、詩集《人們為什麼快樂》（1921）、小說《邪惡的故事》（1924）、長篇小說《現實的客人》（1925）、詩集《心中的歌》（1926）、論文集《征服生活》（1927）等。這些作品，都洋溢著明朗的旋律，給人以力量。

20 世紀 30 年代和第二次世界大戰期間，是拉格奎斯特創作思想藝術走向成熟的高產期，其主旋律是針對法西斯反人類的殘暴，發出的反對政治暴虐、極權主義和專橫勢力的強大聲音，對人的生存狀態做形而上的思考，主張用人道對抗野蠻。這證明拉格奎斯特已經成為一位博愛理想的擁護者，一位宣揚人道主義的戰士。他出版的作品有詩集《營火旁》（1932）、《天才》（1937），隨筆散文集《握緊的拳頭》（1934）、《那個時代》（1935）等。其中，1933 年發表的劇本《絞刑官》，最為精彩。它是寓言式作品，借批判中世紀暴政為名，影射在世界上氾濫囂張的國際法西斯主義。其 1936 年創作的劇本《一個沒靈魂的人》，寫一個殺人犯因良心發現變成博愛主義者的故事，將反法西斯主義的鬥爭與提倡宗教的博愛混為一體，有些荒誕。到 1944 年，他出版長篇小說《侏儒》。小說以文藝復興時期的義大利宮廷為背景，描寫一個侏儒成為國王的寵臣之後，變成仇視美好、殘暴專橫、迫害一切的罪孽代表。這是一部毀滅人和人性的悲劇。

進入 20 世紀 50 年代，拉格奎斯特也步入暮年，出版了長篇小說《女巫》（1956）、《托比亞斯三部曲》（1960—1966）、《希羅德和瑪利亞尼》（1967），還有詩集《夜晚的土地》及劇本《皮爾格門》等。上述作品，皆與宗教有關。有趣的是，作者總是說自己是「一個嚴謹的無神論者」。的確，縱觀他的創作生涯，他總是以人類善與惡之間的關係構架他的作品，其間的人道主義精神灼灼閃光。

1974 年 7 月 11 日，用筆耕耘一生，再無力握筆，篤信善的力量將戰勝醜惡的拉格奎斯特老人，在斯德哥爾摩的寓所裡與世長辭。

Bertrand Arthur
William Russell

伯特蘭・亞瑟・威廉・羅素 1872—1970

英國哲學家、數學家、社會學家。

獲獎理由｜表彰他所寫的捍衛人道主義理想和思想自由的多種多樣意義重大的作品。

獲獎作品｜《幸福之路》（哲學）。

羅素是著名哲學家、文學家、思想家、數學家、社會學家和社會運動家。一輩子著述甚豐，竟有七八十種，論文數千篇，涉及極為廣泛，對哲學、數學、科學、文學、社會學、政治、歷史、宗教諸方面皆有研究，素有「百科全書式思想家」之美譽。其著作具有世界影響。

　　1920 年，羅素結束蘇俄之行，又到中國講學並遊覽各地，轟動中國學界。他至北京大學演講，受到熱烈歡迎，「急進的青年們開會歡宴」（魯迅《打聽印象》）。羅素即席講話：「你們待我這麼好，就是要說壞話，也不好說了。」他將中國之行的所見所思，寫進《中國問題》一書中。其中在「遊覽西湖」一節，還「稱讚」杭州轎夫抬過自己後，休息時「談著笑著，好像一點憂慮都沒有似的」。見此，魯迅幾次寫文章，對於羅素沒看到勞動者的痛苦，有只見其「『笑嘻嘻』仿佛有點微詞」云云，有些不得要領。可見，羅素中國之行，令當時的中國學界頗為關注。

　　羅素寫於 1930 年的《幸福之路》，是一本關於生活哲學的作品，而不是純粹的哲學著作。純哲學的著作在其畢生的著作中占不足三分之一，而絕大部分，是他感興趣的社會和人生的種種問題，屬於社會思想和政治方面的通俗著作。

　　《幸福之路》沒有深奧難懂的哲學道理，只是他將自己的人生經歷或已經證實過的關於幸福的思考總結起來，力求幫助世人找到不幸福的原因，讓更多人獲得屬於自己的幸福。該書分前後兩部分。前者羅素分析找不到幸福的原因。他說：「不幸福的人一般是因為深陷在自我沉溺之中而不能自拔。」他從世界觀、倫理道德觀、生活習慣等方面，來分析「自我沉溺」的緣由及危害。後者則闡述追求到幸福的途徑及方略。羅素耐心地分析個人興趣、情愛、家庭、工作、休閒與幸福的關係，以及分析人們會產生幸福感覺的原因。如果說，人的不幸福來自社會和自身兩個方面，那麼幸福也應由這兩個方面創造。人或許無力改變外部世界環境，但在個人範圍內，得到幸福其實並不難做到。他現身說法道：

　　少年時，我憎恨人生，老是站在自殺的邊緣上，然而想多學一些數學的念頭阻止了我。如今，完全相反了，我感到了人生的樂趣；竟可說我多活了一年便多享受一些。這一部分是因為我發現了自己最切實的欲望是什麼，並且慢慢地實現了不少。一部分是因為我終於順順利利地驅逐了某些欲望。但最後的部分，還須

歸功於一天天的少關心自己。

「少關心自己」，多投身有利社會民生的工作，就會找到幸福。羅素表達這些思想時，不是靠哲學的理論，也不是居高臨下、誇誇其談地說教，而是以友人間親切交流的方式，讓你如沐細雨春風。

羅素並不是抽象地說幸福，而是為其提供了新的層面，即更廣泛的定義和內涵。他認為幸福分兩部分，即一種是現實的、肉體的、情感的，另一種是幻想的、精神的、理智的。前者人人都可享受，而後者只有知識階層才能領略。幸福不分等級，教育造成差異。羅素謀求的不是探討哲學理念，而是改善世界的生存狀態，讓世人都能得到幸福。

正是羅素的《幸福之路》一書所表現的「捍衛人道主義理想」，使他摘下諾貝爾文學獎的桂冠。瑞典文學院給出的獲獎理由是：

表彰他所寫的捍衛人道主義理想和思想自由的多種多樣意義重大的作品。

1872 年 5 月 18 日，在威爾斯屈爾萊克的一個非常顯赫的貴族家庭裡，誕生了一個男嬰，他就是後來大名鼎鼎的伯特蘭・亞瑟・威廉・羅素。其祖父約翰・羅素是著名的自由黨思想家，曾在 1852 年和 1865 年兩度擔任大英帝國首相。

1874 年，羅素不滿三歲，其母和姐姐患白喉去世。次年，過度悲傷的父親也命喪黃泉。羅素和哥哥與祖父母相依為命。他年少時頗為孤獨，由保姆和家庭教師為其啟蒙。他十一歲始學數學，很快掌握幾何學，令家人驚異。他十八歲即入劍橋大學，先修數學，後修哲學。他有幸得到劍橋大學的著名數學家、哲學家懷海德及哲學家麥克泰戈和莫爾等人的關照，如他所言「我的任何事情都很順利」。

1894 年，羅素在家人反對下，堅持與大他五歲的美國小姐史密斯結婚。次年，羅素大學畢業後，留劍橋工作。兩年後，他偕妻子到柏林，研究政治學和經濟學，曾研讀馬克思《資本論》。1896 年，他出版《德國社會民主》，第二年又出《論幾何學的基礎》。1900 年，他完成《數學原理》這一數學研究領域里程碑式的著作。

羅素不是學院派學者，而是積極參與政治的社會活動家。在接觸英國改良主義組織「費邊社」領導人之後，他曾受影響，曾為自由貿易鬥爭。他還考慮婦女

的權利問題，並為此發動過爭取婦女選舉權的活動。

第一次世界大戰時期，羅素撰寫文章，在和平會議上發表演說，反對英國參戰。1915 年，他出版反戰手冊《戰爭恐懼之源》，次年又發表政治著作《社會重建原則》，探討婚姻、教育、教會等問題，提出與眾不同的觀點。因他積極參與反戰活動，1917 年，法院藉口他寫的一張傳單，判其有罪，罰一百一十英鎊，以抵六十一天監禁。朋友湊錢，他才免了牢獄之災。次年，他又因寫一篇反戰文章，被投入監獄，在獄中完成《數學哲學導論》。

1920 年，羅素訪蘇俄並會見了列寧。研究過《資本論》的羅素，既承認「此刻俄國有公正的政府」，但同時又指出蘇俄是「一個封閉的暴虐的官僚制度，它有一個比沙皇時代更嚴密的特務體制」。

1938 年秋，歐洲反法西斯鬥爭浪潮高漲之時，羅素偕全家到美國，先任芝加哥大學和加利福尼亞大學教授，後又擔任紐約市立學院教授。結果受到聖公教一些人的反對，說羅素信仰不可知論，其著作是「好色的、貪欲的、縱欲的、色情狂的、不虔誠的、思想狹隘的、虛假的、使人失去道德感覺的」。這些攻擊，並沒有影響羅素繼續在美執教，幾年後他才回英國。

羅素一生未擔任過政府公職。作為學者，他曾經說過震聾發聵的話：「我不喜歡共產主義，因為它不民主；我不喜歡資本主義，因為它贊成剝削。」從 20 世紀 50 年代始，羅素積極參加世界和平運動，反對核戰爭，為此，獲世界和平獎。晚年，他因反對核武器靜坐示威，被拘禁七天。羅素反對美國侵略越南，1967 年出版了《在越南的戰爭罪行》。

1967 年，羅素出版對自己一生的總結《自傳》，對後人研究羅素極具價值。

1970 年 2 月 2 日，已經九十八歲高齡的羅素，在威爾斯的梅里奧尼斯郡家中去世。世界各地都悼念這位有真知灼見的偉人。

William Cuthbert Faulkner

威廉・卡斯伯特・福克納 1897—1962

美國作家。

獲獎理由｜他對當代美國小說做出了強有力的藝術上無與倫比的貢獻。

獲獎作品｜《喧嘩與騷動》（*The Sound and the Fury*）（小說）。

第一次世界大戰之後，美國文學進入一個非凡的時代。每位作家都有獨特的風格，他們仍不習慣承襲傳統，也無傳統可繼承，多在不久遠的歷史裡發掘被埋沒的人物和真理，創建了屬於美國的文學花壇。在作家群落裡，有寫《紅字》的霍桑、寫《白鯨記》的麥爾維爾、寫《湯姆歷險記》的馬克·吐溫、寫《一位女士的肖像》的詹姆斯，等到19世紀末和20世紀初，又湧現了一支浩大的作家隊伍，有諾里斯、克雷恩佈雷斯、亞當斯、海明威、歐茨、史坦貝克、辛克萊及福克納等，不勝枚舉。可是說起來，威廉·福克納在這一群體中算不上是一位出類拔萃的作家。他只是當時以寫南方歷史、風格、人情為主要題材，被認為是「南方文學」派的作家中有成就的作家。

　　福克納一生花費心血最多，自己最喜歡的作品是《喧嘩與騷動》（*The Sound and the Fury*）。書名緣自莎士比亞《馬克白》的臺詞：「人生如癡人說夢，充滿著喧嘩與騷動，卻沒有任何意義。」《喧嘩與騷動》講述的是一個擁有廣袤田地、成群黑奴的家族由顯赫到敗落，由盛而衰後，一家三代思想混亂、道德沉淪的故事。這家主人康普生夫婦有四個孩子：昆丁、凱蒂、傑生及班吉。女兒凱蒂是小說的中心人物。她從小受到嚴格的教育，受道德約束，但她具有反叛性格，凡事自己做主。她大膽追求愛情，放蕩輕佻，懷孕後被迫嫁給一個男人，後丈夫得知真相，將她拋棄，她只好靠出賣肉體為生。哥哥昆丁，帶有貴族氣質，無法承受妹妹凱蒂給家庭帶來的羞辱，選擇投河自盡。傑生代表「新南方」思想，眼中只有金錢。因凱蒂醜行，傑生丟掉銀行裡的職位，開始仇恨一切。班吉，先天性智能障礙，沒有思維能力，從小受姐姐凱蒂保護，但姐姐離開後，受哥哥傑生虐待，傑生甚至設計閹割了他，最後把班吉送到瘋人院裡去。老康普生去世，凱蒂回來參加父親葬禮，傑生以為是來繼承遺產。對傑生的狠毒，他家的黑人老僕憤慨地罵他：「如果你還算是個人的話，你也只是冷酷無情的人，先生！」

　　《喧嘩與騷動》共分四部分。前三部分，分別是班吉、昆丁和傑生的思想意識流，流暢明快、深刻尖銳地揭示人物的精神世界。第四部分，又回到傳統的現實手法進行總結性描述。

　　意識的活動是迅速而無序的，會從一個思維跳躍到另一個思維，甚至有時是一連串的思維流動。這看似會打亂小說的時間順序，缺乏邏輯性，宛如癡人說夢，撲朔迷離，但在福克納的引導下，從人物內心走到客觀時，就會對整個環境背景

和人物經歷留下深刻完整的印象。

福克納在接受諾貝爾文學獎發表演說時，這樣說意識流：

隱藏在所有意識流變體小說背後的，並不僅僅是柏格森所謂的「綿延」或者是詹姆士在心理方面提出的意識的流動，而且有一種更加重要的東西，一種文學、藝術、感性的東西在發揮作用。

是的，在意識流的理解和運用上，福克納超越了普魯斯特，也越過了喬伊斯，這是不爭的事實。

《喧嘩與騷動》充滿先鋒意識和獨創性，它的思想內涵卻是傳統的。小說中深藏著福克納對南方家鄉和人民的深情，充滿了刻骨銘心的鄉愁。

瑞典文學院對福克納小說的評價是：「因為他對當代美國小說做出了強有力的藝術上無與倫比的貢獻。」

福克納，於 1897 年 9 月 25 日出於在美國密西西比州的新奧爾巴尼。其祖上曾是權勢顯赫的莊園主。曾祖是一名軍人、實業家、政治家，還是小說家，出版過《孟菲斯蒼白的玫瑰花》，福克納承襲了這一天賦。到其父輩時家道中落，只是個擁有一家店鋪的小業主。

1902 年，五歲的福克納隨父遷居到該州奧克斯福鎮，開始接受小學和中學教育。他對多門功課感到不屑和厭煩，經常翹課，高中未畢業即輟學。父親在家族中毫無才幹，一事無成，而母親卻堅強驕傲。父母的性格影響到福克納，時而軟弱，又時而倔強。失學期間，他或畫畫，或到銀行當小職員。第一次世界大戰尾聲，福克納被征入伍，到加拿大皇家空軍學校受訓，很快退伍重返小鎮。這段自由生活，反而勾起他繼續求學的欲望。1919 年，年已二十二歲的他入密西西比大學讀書。一年後又離校，開始自己的文學創作之旅，沒有收入，他必須到書店打工，任郵務所所長，代理童子軍教練。

1924 年，通過友人菲爾‧斯東介紹，他自費出版詩集《大理石的農牧神》。這首長詩於 1919 年曾在《新共和》雜誌上發表。1924 年秋，他意外地認識了原來雇主的丈夫、大名鼎鼎的小說家舍伍德‧安德森。正是慧眼識珠的安德森，發現這位年輕人身上存在的文學天賦及敏銳深邃和宏大的氣魄。安德森面授機宜，讓

他嘗試寫小說，並且要以他最為熟悉的南方歷史和社會生活作為題材。

1925 年，福克納旅歐期間，創作了以第一次世界大戰為背景的長篇小說《士兵的報酬》。這部在安德森幫助下出版的小說，描寫戰後重返家鄉的士兵，不僅受到戰爭的折磨，又遭遇家庭變故的痛苦。那場戰爭，引起不少作家的思考，與《士兵的報酬》同時出版的，厄尼斯特‧海明威創作的同題材的《太陽照常升起》（1926），都是表現戰後美國社會「迷惘的一代」普遍悲觀情緒的。1927 年，福克納的第二部長篇《蚊群》出版，這是一部諷刺小說，表現新奧爾良一群不拘小節的三流作家、藝術家的人生百態。出版後水波不興，福克納開始反省，這時他想起安德森對他的告誡，把筆鋒轉向他所熟悉的南方自己的家鄉。於是便有他營造的龐大的「約克納帕塔法」世系小說，新鮮出爐。借此，他走向了文學創作的高峰。

所謂「約克納帕塔法」世系，是指福克納以約克納帕塔法城為廣闊背景構建的小說系列，反映作者自南北戰爭以來，對歷史、人類、生活、環境等重大問題的思考。小說系列可分四組：反映沙多里斯家族生活的《沙多里斯》（1929）、《不被征服的人們》（1948）；以康普生家族為描寫對象的《喧嘩與騷動》（1929）；寫塞德潘和麥卡斯林家族的《押沙龍，押沙龍！》（1936）、《去吧，摩西》（1942）和《墳墓闖入者》（1948）；敘述斯諾潘斯家族生活，被稱為「斯諾潘斯三部曲」的《村莊》（1940）、《小鎮》（1957）和《大宅》（1959）。

從《沙多里斯》，已可見其小說進入一個新境界，將貴族世家沙多裡斯家族的衰敗盡現筆端。《去吧，摩西》由七個故事組成，是關於白人和黑人間的暴力、壓迫、亂倫、正義、相處、博愛的探討和思索。《喧嘩與騷動》是其中最成功之作。

除龐大的「約克納帕塔法」世系小說之外，其寫於 1954 年的小說《寓言》，堪為佳作。它以二戰法國戰場一次兵變為背景，表述福克納反戰思想及對和平的渴望和思考，其間雜糅了《聖經》基督遇難情節，其影射頗為明顯。此作連獲國家圖書獎和普立茲小說獎。福克納也是中篇小說大師，其《殉情》、《夕陽》、《早晨的勝利》等，皆為佳作，至今為讀者津津樂道。他的唯一戲劇《修女安魂曲》曾在百老匯上演。

1946 年，美國文學理論家馬爾科姆‧考利編選了《袖珍本福克納文集》，其為該書寫的序言，對福克納讚譽有加，使福克納這位有深度、廣度，有鄉土氣又

有歷史感的作家，在美國文壇受到重視。而安德列和尚 - 保羅・沙特對福克納的賞識和推舉——「在法國青年心目中，福克納是神」——更讓福克納聲名大振。

福克納窮一生創作生涯，寫了十九部長篇、七十五篇中短篇小說，還有大量詩歌、散文和一部戲劇。其文學造詣，為他贏得了美國「南方文學領袖」「南方文藝復興」代表人物的地位。

不少評論者，在評價福克納作品時，認定他是個思想複雜的作家，他的作品雖揭露了美國南方社會的深刻矛盾，同情勞動者被剝削的處境，但充滿對生活失望後的變態心理和精神恐懼，認為世界已走向末日。此乃是對福克納的褻瀆。其實，相反，福克納對生活是充滿希冀和信心的，他在獲諾貝爾文學獎後發表的著名演說便是證明，他說：「我拒絕認為人類已走到了盡頭……人類能夠忍受艱難困苦，也終將獲勝。」

他拿到獎金之後，全部捐獻出來，成立福克納文學獎，用於支持和獎勵文學新秀。

在福克納看來，文學創作是創造，是道義，是勞動，作家應該「是一輩子處於人類精神的痛苦和煩惱中的勞動，這勞動並非為了榮譽，更非為了金錢，而是想從人類精神原料裡創造出前所未有的某些東西」。

1962 年 7 月 6 日，也就是福克納最後的一部小說《掠奪者》出版不到一個月，他因兩次從馬背上摔落受傷，導致心臟病突發，在醫院去世。

Thomas Stearns Eliot

托瑪斯・斯特恩斯・艾略特 1888—1965

英國詩人、評論家、劇作家。

獲獎理由｜因為他對當代詩歌做出的卓越貢獻和所起的先鋒作用。

獲獎作品｜《四個四重奏》（長詩）。

　　艾略特是英國的現代詩人、劇作家和文藝理論家。他的詩歌創作，開創了歐美詩歌新的詩風，他的文藝理論奠定了歐美新批評派之基礎，他的戲劇也別有建樹，所以他成為歐美文壇頗有影響力的作家之一。

　　艾略特寫於 1943 年的長詩《四個四重奏》，是其詩歌的登峰造極之作。詩中借用詩人認為值得紀念的四個地方為題目，包括〈燒毀的諾頓〉、〈東庫克〉、〈乾燥的賽爾維吉斯〉和〈小吉丁〉，力圖展現他的哲學、宗教思想及世界觀。諾頓是英國鄉間玫瑰園遺址，東庫克是詩人祖先的村莊，賽爾維其斯是美國麻塞諸塞州的一處礁石，吉丁則是英國 17 世紀內戰時的小教堂。四個地方，時空交錯，且代表春、夏、秋、冬四季和亞里斯多德提出的組成宇宙的氣、火、水、土四元素。作品表達詩人對有限與無限、過去和未來、生與死，這種哲學對立的存在乃至整個世界進行饒有興趣的思索。〈燒毀的諾頓〉，寫得最為出色。

> 現在的時間和過去的時間，
> 也許都存在於未來的時間，
> 而未來的時間又包容於過去的時間。
> 假若全部時間永遠存在，
> 全部時間就再也都無法挽回。
> 過去可能存在的是一種抽象，
> 只是在一個猜測的世界中，
> 保持著一種恒久的可能性。
> 過去可能存在和已經存在，
> 都指向一個始終存在的終點。
> 足音在記憶中迴響，
> 沿著那條我們從未走過的甬道，
> 飄向那重我們從未打開的門，
> 進入玫瑰園。我的話就這樣，
> 在你的心中迴響。
> 但是為了什麼，
> 更在一缸玫瑰花瓣上攪起塵埃，

我卻不知道。

時間有過去、現在和將來，但實際上所有時間都是同時存在的。人類的悲劇，在於永遠無法把握又無法逃脫這一自然法則。艾略特在抽象又感人的意向中提出，對於每個人來說，過去的一切，甚至未來，都歸結於現在，便是當下的存在。

〈東庫克〉探討時間、宗教及無限迴圈的問題；〈乾燥的賽爾維吉斯〉則表述詩人關於人在世界和各自命運中超脫的思考；〈小吉丁〉談老年和死亡這一命題。在他看來，死即是生，精神超越生命。艾略特的《四個四重奏》是哲學思想凝聚成的詩章，帶讀者在具體的歷史時空中探索永恆與時間的辯證關係。在藝術上，乃是遵照貝多芬的四重奏的手法，運用複調、對位、和聲和變奏來構建詩歌的筋骨，將歐美傳統哲學思想特別是自己的哲學理念，灌注於詩的肌理之中，文字自然流暢，語言具有韻律節奏美感。

《四個四重奏》出版伊始至當下，評論界對之一直格外有興趣，議論紛紛，褒貶不一，但主流評價極為一致，用美國文藝批評家哈樂德・布魯姆的話說，便是：「你也許跟艾略特搏鬥了很久，但仍然終生迷戀他最好的詩作。」艾略特在諾貝爾文學獎頒獎會上，發表題為「詩的意義」的演說，鏗鏘有力而標新立異地詮釋自己的詩：

詩歌通常被認為是最具有地方色彩的藝術，繪畫、雕塑、建築和音樂都可以被所有能聽或能看的人欣賞。但是語言，尤其詩的語言，是一件不同的事。似乎，詩歌把人們分離開來而不是團結攏來的。

艾略特從來不指望自己的詩受所有人的抬愛，他原本是為喜歡他詩歌的人寫詩的。即便如此，瑞典文學院還是高度評價了他的詩：

因為他對當代詩歌做出的卓越貢獻和所起的先鋒作用。

托瑪斯・斯特恩斯・艾略特，於 1888 年 9 月 26 日降生在美國密蘇里州聖路易斯市一個書香門第。祖父是望族之後，華盛頓大學的締造者。父親是商人，母

親當過教師，喜歡寫詩。艾略特是六個孩子中唯一的男孩兒。美國人不重男輕女，但不妨礙溺愛「這一個」，這或許讓艾略特反而感到並不快樂。

1906 年，艾略特入哈佛大學讀哲學系，喜愛文學的他，對新人文主義者歐文・巴比特反浪漫主義的醒世格言及桑塔亞納的懷疑論極感興趣。

四年後，艾略特到法國巴黎大學進修哲學和文學，接觸哲學家柏格森及作家波特萊爾和馬拉美等，特別是受到馬拉美的「事物的純淨狀態」，即一個人對事物產生抽象空洞感覺，脫離現實詩風的影響。

1911 年，艾略特重返美國哈佛大學，學習印度哲學和梵文。他學習有成，很受哈佛重視之時，突然於 1914 年秋轉到德國求學，但因第一次世界大戰爆發而未能如願。次年，他進入英國牛津大學深造，修希臘哲學。與他同行的美國詩人艾肯，將艾略特的詩稿交給著名詩人龐德，便有了二人結成深厚友誼的機緣。在龐德的幫助之下，艾略特的詩出現在許多雜誌上。1915 年，艾略特模仿法國象徵派詩人拉夫格風格的〈阿爾弗瑞德・普魯弗洛克的情歌〉發表，其對愛情和生活的複雜心理刻畫深刻，得到文壇的關注。就在這一年，二十七歲，一直埋頭讀書的艾略特，認識了有過多次愛情史的舞蹈家薇薇安。愛情來得迅猛，不久二人便俐落完婚，令艾略特父母大為驚駭，使家庭充滿憂患，導致艾略特決心定居倫敦。婚後，經濟拮据，艾略特不得不承受繁重的工作量，去當教師，同時兼任雜誌編輯。他終於完成哈佛大學的博士論文，但因拒絕回國而失去學位。多虧朋友幫助，1917 年，艾略特得到一個在銀行工作的機會，他才有時間投入詩歌創作，該年出版了詩集《普魯弗洛克及其他》。心情大好、深受鼓舞的艾略特並不知道，此詩集是由龐德夫婦匿名出資，由《自我主義者》雜誌印刷發行。艾略特憑此詩集獲英國詩壇一席地位。小有名氣的艾略特創辦了文學評論季刊《標準》，《標準》不久成為有影響力的雜誌。1927 年，早就萌生加入英國國籍並英國教會想法的艾略特，終於如願以償。也是這一年，他將 1909 年到 1925 年發表的所有詩歌，結集《一九○九年──一九二五年詩集》，其中包括 1919 年與 1920 年出版的短詩以及長詩〈荒原〉（1922）等詩作。

長詩〈荒原〉發表在《標準》上，美國《騶風》雜誌轉載，後來出書。當時西方評論家予以熱捧，稱〈荒原〉是現代詩歌的里程碑，是 20 世紀西方文學中劃時代的作品。該詩共分五章：「死者葬儀」以荒原象徵人的精神狀態；「對弈」

將上流社會與普通百姓生活對照，表現道德墮落，精神枯萎；「火誡」表現陷入情欲而跌進庸俗；「水裡的死亡」宣揚死不可避免，向上帝投降才能得到重生；「雷霆的話」祈求上帝的雷霆，有了水，荒原才能活命，而人的精神才能走出苦境。

在藝術上，〈荒原〉有模仿借鑒維吉爾、莎士比亞等巨匠作品的痕跡。但那極具個性的象徵主義遮蔽了這些大師的光芒。誠如艾略特所說：「詩人必須變得愈來愈無所不包，愈來愈隱晦，愈來愈間接，以便迫使語言就範，必要時甚至打亂語言的正常秩序來表達意義。」這也是西方批評家所看重的，他們甚至認為〈荒原〉遠遠超過《四個四重奏》。

〈荒原〉對當時的西方世界社會現實有揭露和批判，有對十月革命的恐懼，宣揚只有宗教才能給人類乾涸得像「荒原」一樣的精神，灑下甘霖和瓊漿。

1929 年以後的艾略特，無法擺脫人類社會的種種矛盾，將更濃的宗教色彩帶入他的詩歌。1930 年，他寫了〈瑪麗娜〉與〈灰色星期三〉。前者詩人借莎翁《泰爾親王配力克里斯》中女兒尋父的故事，象徵自己從宗教中找到生活意義；後者直接宣揚宗教禁欲、齋戒教義。作品在藝術上，繼續結構嚴謹的特色，增加暗喻，具有自立和諧的詩風。

艾略特從 20 世紀 20 年代開始寫劇本，多是關於宗教的。1934 年上演的《磐石》宣揚宗教戰勝困難，一路取得勝利；1935 年創作的《大教堂兇殺案》寫 12 世紀英國主教與國王的矛盾的故事，宣揚為宗教而獻身。1939 年，他創作了《全家重聚》，敘述犯罪和靈魂救贖的故事。後來，他又寫了《雞尾酒會》（1950）、《機要秘書》（1954）和《政界元老》（1959）等，將宗教變成現代社會滑稽劇。其戲劇並無大成就。

作為文藝理論家，艾略特極具貢獻。其「非人格化」理論，主張不能主觀表現自我。以詩為例，他說：「詩不是放縱情感，而是避卻情感，詩不是表達個性，而是避卻個性。」他認為詩人的感情必須轉化為非人格的東西，才能進入詩歌。他說：「我們的文明包容了極大的多樣性和複雜性，而這種多樣和複雜性作用於一種高雅的情感時，就一定會產生紛繁複雜的結果。詩人必須變得越來越能領悟萬物，借用引喻，表達簡潔，以便使意到言隨，必要時使言意分離。」他的「非人格化」理論，成為歐美「新批評派」的理論基礎。多元化的文學形態，需要多元化的文學批評，時至今日，艾略特的文學理論仍值得認真研究。

　　艾略特的婚姻，一開始就不順遂，妻子有精神方面的疾病，使婚姻難以和諧，後病情加重，不得不住進療養院。直至 1933 年，深愛著妻子的艾略特迫於無奈，與妻子分居。對此，艾略特痛苦地說：「自從和妻子薇薇安結婚以來，婚姻對我來說就像噩夢。」直到二十三年後，六十八歲的艾略特才娶為他工作了八年的女秘書弗蘭切為妻，過上幸福的家庭生活。

　　1965 年 1 月 4 日，艾略特在妻子的守護下，在倫敦家中去世。家人遵照艾略特的遺囑，在其墓碑上鐫刻著：

　　請記住托瑪斯・斯特恩斯・艾略特，一位詩人。我的開始就是我的結束，我的結束就是我的開始。

André Paul Guillaume Gide

安德烈・保羅・吉約姆・紀德 1869—1951

法國作家、評論家。

獲獎理由｜內容廣博和藝術意味深長的作品 —— 這些作品以對真理的大無畏的熱愛和敏銳的心
理洞察力而表現了人類的問題和處境。

獲獎作品｜《田園交響曲》（中篇小說）。

　　稱為「20 世紀前半期統治歐洲文壇」的作家安德烈・紀德，在改革開放前的兩岸學界影響甚微，像中國的《外國文學史》、《歐洲文學史》等文學史作品中，都惜墨如金，隻字不提。是否因紀德 1936 年訪問蘇聯歸來後，在《蘇聯歸來》一文中，抓住當時蘇聯社會缺陷，加以揭露攻擊，抑或又因在第二次世界大戰期間，他在以戴高樂為首的抵抗力量和對立的賣國貝當政府之間，立場搖擺不定，不得而知。但歷史也曾證明，自 1932 年始，紀德曾參與國際反法西斯運動，並宣稱信仰共產主義。同樣，歷史還證明蘇聯社會的確存在諸多弊端。歷史是面鏡子，它告訴我們，紀德是一個思想複雜、性格矛盾、靈魂孤獨、有些病態，卻才華橫溢、極富藝術個性的作家，一個熟諳小說、戲劇、散文、評論多種文藝體裁的「全才」。

　　紀德於 1919 年出版《田園交響曲》，與 1902 年發表的《蔑視道德的人》、1909 年出版的《窄門》構成一個系列三部曲。它們都揭示了兩個相互矛盾的東西：宣揚「絕對自由」、「享樂第一」，又告誡人們放縱欲望、利己主義，必然導致人性沉淪。《田園交響曲》的故事並不複雜，描寫一個鄉村牧師收養一個盲女，待之如同親生，關懷備至，費盡苦心，啟發其心智，使她脫離蒙昧，借助音樂「田園交響曲」，讓她感知、領略美妙的外部世界，盲女從感恩到愛上牧師。牧師最終突破世俗道德束縛，接受了盲女的愛情，一步步墮入情網，並在給盲女做複明手術前，與她發生肉體關係。但盲女複明後，發現自己所愛非父親般的牧師，而是牧師的兒子。她無法擺脫良心的譴責，選擇自殺……。

　　小說刻畫了兩個鮮活不朽的「這一個」，牧師和盲女。他們的交集、他們的靈魂間精神法則與肉體法則的矛盾衝突，構成了這兩個人物豐富的人性內涵。

　　《田園交響曲》是紀德醞釀了二十五年之久的中篇小說。雖然篇幅不長，並以日記體來表達，卻活畫出牧師的鮮明個性和淋漓盡致地呈現出他悸動的心靈世界。世俗和宗教道德下的愛情觀孰是孰非，小說最後沒做出結論，而是將這一困擾人們的詰問，交給讀者給予答案，也頗有新意和深意。該小說讓瑞典文學院將第四十屆諾貝爾文學獎頒給紀德，其理由是：

　　內容廣博和藝術意味深長的作品——這些作品以對真理的大無畏的熱愛和敏銳的心理洞察力而表現了人類的問題和處境。

紀德，於 1869 年 11 月 22 日出生在巴黎一個知識份子家庭。其父保羅・紀德，是巴黎大學法學院教授。其母朱莉葉・隆多為天主教徒。這個家庭充滿古老諾曼第文化和普羅旺斯文化雙重文化及濃郁的加爾文宗教（改革宗）的影響，紀德從小處於緊張而憂鬱的環境，形成病態的性格。作為獨子，紀德從小就受到嚴格的教育，八歲入阿爾薩斯學校讀書，次年因「不良習慣」，被該校開除，父親的書房成了他的樂園，他可以讀大量有關文學、宗教、哲學、歷史等方面的書籍，從此喜歡上文學，並萌發創作欲望。不幸的是，其父在 1880 年去世，紀德隨母親搬到外祖父家，寄人籬下。母親清教徒式嚴苛的管束，讓紀德性格中又多了一種叛逆。獨特的生存環境，讓紀德敏感早熟，十四歲時愛上了比他大三歲的表姐隆多，遭到母親反對。二十二歲時，他通過學士學位考試，向隆多求婚，遭到拒絕。但是，1891 年他叩開了文學大門，完成散文日記體小說《安德列・亞爾德的筆記》。小說講述了一個既相信上帝又渴望愛情的少年亞爾德，在所愛的表姐嫁人後，精神受煎熬，轉而從創作中尋覓安慰的故事。屬於純粹的柏拉圖式愛情的小說。

　　1895 年，紀德母親病故，已意識到自身性向的他與表姐隆多訂婚，但那只是徒有其名的畸形婚姻，妻子是紀德心中的靈魂伴侶，不含肉慾；隆多痛苦地忍受丈夫紀德的外遇以及與同性發生關係。可紀德的文學之路，卻在此後順暢起來。19 世紀末，他結識了一批醉心於象徵派的詩人，如皮埃爾・路易、保羅・瓦勒里裡等著名詩人。特別是受這一詩派的領導人物馬拉美的影響，紀德寫了一些宣揚象徵派的文章，如《納爾斯的論文》（1891）、獻給表姐隆多的詩集《安德烈・瓦爾特的詩歌》（1892）和幻想小說《烏里安旅行記》（1893）。

　　紀德是善變的。他患了肺結核病後，於 1893 年 10 月至次年 7 月，為治病，有了一次北非突尼斯、阿爾及利亞的旅行，是與好友畫家阿・洛朗斯結伴而行的。紀德在旅行中，決定選擇衝出宗教和家庭的束縛，尋求自由自在的生活。回國不久，年底，他再次踏上北非土地，結識了大名鼎鼎的英國唯美派代表作家奧斯卡・王爾德。王爾德在兩年前發表的《社會主義制度下的人的心靈》，提倡藝術是個人享受，對紀德產生影響。紀德也拋棄道德觀，構建了自己的以鼓吹個人自由、放縱欲望、極端利己主義的「非道德主義」思想王國，人稱「紀德主義」。此刻，紀德厭倦了象徵主義。

　　兩次北非之行，讓紀德更平添了不少荒誕色彩。他從 1894 年底第二次訪北非

開始動筆，歷時三年完成於 1897 年的長篇小說《地糧》，就是通過文學來宣揚「紀德主義」人生觀的宣言書。該書風靡一時，影響深遠。該作是激情四溢又沒有嚴格章法的散文體小說，如果加上「頌歌」和「寄語」，全書由十卷組成，是取材於《聖經》故事，貫穿古老傳說，滲透尼采哲學的作品。小說敘述一位哲聖對其弟子進行講經說教的故事，以富有詩意的斷想，宣揚人們要丟棄道德規範和精神束縛，去盡情縱欲，享受追求「自我」的生活，自由自在地去認識「自我」和周圍的世界，「重要的是你看，而不是所看到的東西」，這裡有為後來的沙特存在主義所採擷的成分。在該書 1927 年再版時，他在「前言」中寫道：這是一部「為接受生命中某些差點失去的東西而康復」的作品，「當我寫這部書的時候，文學界有一股非常強烈的造作和封閉氣息；我覺得迫切需要使文學重新接觸大地，赤著腳隨便踩在地上」。其寫作動機和觀念，一目了然。

進入 20 世紀，紀德的精神世界依然充滿矛盾。1902 年，他出版了《背德者》，將精神世界的矛盾表現得淋漓盡致。主人公蜜雪兒因病去北非休養，為異國風情所陶醉，自由自在地生活，療好了病。後再游北非，收養男孩，對因不適應那裡環境而病的妻子卻疏於照顧，妻子病故。極端個人主義釀成人性沉淪的悲劇，蜜雪兒的靈魂備受煎熬。有明顯自傳色彩的此作，確立了紀德在法國文學界和思想界的主要位置。

1909 年，紀德創作的《窄門》，則從宣揚縱欲跳到另一極端，提倡克制、約束欲望和對宗教忠誠。寫一個少女為了忠於上帝而不惜忍痛割愛，因為她知道，通往天國之門太窄，是容不得兩個人同時升天的，少女最終孤獨悲鬱而死。紀德安排這一悲劇性結局，正是反映他思想的一貫矛盾性——自我約束、克制必然帶有消極悲觀成分，具有神秘主義色彩。

1914 年，紀德出版另一重要作品《梵蒂岡的地窖》，塑造一位絕對自由，無緣由殺人和無動機救人的「英雄」。故事圍繞一夥歹徒企圖搶奪梵蒂岡教皇的財富展開，充滿虛幻性，也有諷刺意味。在藝術上，有借鑒俄國杜斯妥耶夫斯基的痕跡，他寫的長篇論文《杜斯妥耶夫斯基》，可見其對這位俄國作家深刻的研究。其實，尼采的「超人哲學」，對紀德的影響更大。

第一次世界大戰爆發後，紀德一心皈依宗教，研究《福音全書》，尋找「戒條、律己」，同時參加戰地救護難民的活動，精神暫時統一。1925 年，他再度訪問北非，

回來後創作小說《偽幣製造者》（1925）及《偽幣製造者日記》，把目光投向社會矛盾和世人的生活狀態，對黑人勞動者被白人壓榨，表示憤慨。這是一部嚴肅的表現廣闊社會生活和法國各類知識份子命運和精神世界的，具有現實主義精神的小說。儘管小說中人物來無影去無蹤，故事結果也沒有交代清，但書中的人物形象尚屬完整。有趣的是，紀德小說中那個叫愛德華的作家，也寫了一部與本小說同名（《偽幣製造者》）的小說。有論者曰，這是紀德告訴讀者，愛德華就是自己。也未必，可能只是一種小說技巧而已。

自 1930 年起，素有「非道德主義」者之稱的紀德，思想偏偏毫無徵兆地突然向左轉，積極參加國際反法西斯運動，甚至宣稱信仰共產主義。對思想複雜而多變，不斷向兩極搖擺的紀德來講，這並不讓人感到驚奇，特別是能站到反人類的法西斯的對立面。

這是一切有起碼良知的知識份子的共同選擇。當然，紀德擁護蘇聯的社會主義革命，他未必真瞭解社會主義革命。唱唱高調，說說時髦話，原本同樣是一些知識份子的常態。因此，當紀德訪蘇歸國，寫《蘇聯歸來》，便劈頭蓋臉地批判蘇聯社會某些問題，也不足為奇。紀德者，乃自由主義作家，註定擺脫不了自身的矛盾和局限。

第二次世界大戰後，紀德隱居在北非突尼斯，寂寞而孤獨地靠重溫經歷過的如夢似幻的過往生活，打發落拓的晚年生活。

1947 年，紀德榮獲諾貝爾文學獎後，風燭殘年的他，回到巴黎，有不勝衣錦還鄉的榮耀，1951 年 2 月 19 日病逝於巴黎，享年八十二歲。

不知為什麼，在回顧紀德一生的時候，筆者突然想起《田園交響曲》中盲女死前，念念不忘聖‧保羅的那句話：「我以前沒有律法是活著的，但是誡命來到，罪又活了，我就死了。」紀德是否在提倡人們大膽去追求真、善、美，滿足愛欲，哪怕它需要背負世俗的指責？莫非，這就是瑞典文學院認定紀德小說所表現的「人類的問題和處境」？

Hermann Karl Hesse
赫爾曼‧卡爾‧赫塞 1877－1962

瑞士作家。

獲獎理由｜他那些靈魂盎然的作品——它們一方面具有高度的創意和深刻的洞見；一方面象徵
　　　　　古典的人道理想與高尚的風格。

獲獎作品｜《荒原狼》（*Der Steppenwolf*）（長篇小說）。

赫塞對抽象的「愛國主義」充滿反感和蔑視。他寫於 1927 年的《荒原狼》(*Der Steppenwolf*)，就公開站到正走向法西斯、與全世界為敵的「母國」德國的對立面。後來，他致信同胞摯友湯瑪斯・曼：「親愛的湯瑪斯・曼，我不指望你與我的態度和觀點一致，但我希望你出於對我的同情，尊重我的態度和觀點。」他再次表達他退出「國家」的藝術家協會的堅決態度。其實早在第一次世界大戰伊始，同在瑞士避難的赫塞與羅曼・羅蘭都堅決反對這場不義之戰。所不同的是，他們分別來自敵對的德國與法國。有趣的是，羅曼・羅蘭在戰火連天的 1915 年獲諾貝爾文學獎，而赫塞則在自己的「國家」被盟軍和紅軍支解瓜分後的 1946 年獲得諾貝爾文學獎。

《荒原狼》是赫塞最有創意和深意的長篇小說。小說以德國威瑪共和國時代為背景，反映知識份子忍受現實壓抑和本能反抗之間的情感衝突。小說主人公哈瑞・哈勒爾是位中年藝術家，才華橫溢，為人正直，但與現代生活方式格格不入，疏於與外界交往，陷入孤獨甚至精神分裂的境地。後來他讀到一部《荒原狼條約》，開始相信自己身上同時存在「人性」和「狼性」。他從此開始主動頻頻參與各種社會活動，發現與他交往的人身上，普遍存在一種狹隘的民族主義傾向，這與他的反戰思想言論常常發生矛盾衝突，受到他們的痛斥或譏諷，這讓他陷入窒息、孤獨的深淵。他偶遇酒吧女郎赫爾米娜，開始以縱情聲色、肉欲歡愉來麻醉自己。由酒吧女介紹，哈瑞結識了音樂家巴布羅和另一位給他帶來肉欲享受的女孩瑪麗亞。巴布羅深深影響著哈瑞，哈瑞視他如莫札特、歌德等，象徵著一個有信仰、令他愉悅的世界。一次，哈瑞發現赫爾米娜在親近巴布羅，妒火中燒，「狼性」附體，非理性、獸性戰勝了理性和人性，他殺死了赫爾米娜。

赫塞借助哈勒爾等這些鮮活的人物形象，試圖反映第二次世界大戰知識份子精神掙扎中的孤獨、彷徨和苦悶，並顯露出小說的人道主義的光輝。在藝術上，《荒原狼》是部極富超現實主義風格的小說，嫻熟地運用夢幻形式、象徵意味和意識流等藝術手法，使小說中人物的內心世界展現得豐富多彩又淋漓盡致，被其好友湯瑪斯・曼譽為「德國的《尤利西斯》」。該小說一舉奪得該屆諾獎，並得到很高的評價：

他那些靈魂盎然的作品——它們一方面具有高度的創意和深刻的洞見，一方

面象徵古典的人道理想與高尚的風格。

　　赫爾曼・赫塞，於 1877 年 7 月 2 日生於德國南部卡爾夫鎮一個虔誠的基督教牧師家庭。其外祖父及父母都曾遠赴印度傳教。父親有德、法血統，母親有瑞、法血統。赫塞從小所受的教育有多文化背景。十五歲時，在父親安排下，他進瑪爾布隆神學院，接受教會的神學教育。後來，他在《魔術師的童年》回憶錄中，這樣描述童年所受的教育，「這幢屋子裡交結著許多世界的光芒。人們在這裡祈禱和讀《聖經》，研究和學習印度哲學，還演奏許多優美的音樂。這裡有知道佛陀和老子（中國老冉）的人，有來自許多不同國度的客人」。赫塞說，「這樣美的家庭是我喜歡的」，但是「我希望的世界更美，我的夢想也更多」。此外，他還喜愛家鄉美麗的高山流水，還有古老的傳說。這種特殊的教育，使天賦異稟的赫塞，九歲便開始寫詩。但追求自由的他，更嚮往大千世界，曾深夜翻過高牆逃離刻板的神學院，被員警抓回到父親那裡。倔強的赫塞讓父親選擇，要麼失去兒子，要麼讓他自由。父親最終妥協。十五年後，赫塞的長篇小說《車輪下》（*Unterm Rad*）敘述了這段生命軌跡。

　　十七歲時，赫塞攜著簡單的行囊，隻身到一家鐘錶廠當學徒，後又到蒂賓根城一個書店打雜。在窗外春秋變換的十年間，他沉醉於書的海洋裡，歌德、席勒等世界名人的作品滋養著他、激勵著他。他在 1898 年自費出版詩集《浪漫之歌》（*Romantische Lieder*），次年又出版了散文集《午夜後一小時》（*Eine Stunde hinter Mitternacht*），沒有引起文壇注意。直到 1904 年，這個書店的小店員，後來也經營一家書店的赫塞，出版了長篇小說《鄉愁》（*Peter Camenzind*），才引起巨大反響。小說敘述一位年輕音樂家彼得，忍受不了社會盛行的冷酷虛偽，懷著絕望返回故鄉，從鄉民和大自然中尋覓快樂的故事。小說所寫，實際上是赫塞自己的生活經歷和生命體驗。此乃他後來成名作《荒原狼》的試筆之作。

　　《鄉愁》出版後，赫塞把書店易手，移居蓋恩豪夫鄉間，在僻靜的環境中，開始專業作家之旅。他出版了中篇小說《車輪下》（1906），描寫神學院裡一對性格迥異的少年身心受到殘害的故事，抨擊舊的教育制度。接著，他出版了兩個短篇小說集《此生此世》（1907）和《鄰居》（1909），次年，另一描寫知識份子心靈孤獨的長篇小說《生命之歌》（*Gertrud*）出版。

1911 年，赫塞遠道去訪印度，「去尋求東方的智慧」。在那個國度裡，他對印度和中國哲學思想有所瞭解，加上少年在神學院所獲取的關於印度、中國文化的知識，對東方文化產生濃厚興趣，寫了訪問記《印度之行》（*Aus Indien*，1913），並以此題材於 1922 年創作長篇小說《流浪者之歌》（*Siddhartha*），獻給在第一次世界大戰中結成摯友的羅曼‧羅蘭，在印度廣受好評。1915 年，他出版由《初春》、《懷念克努爾普》和《結局》組成的關於流浪漢故事的三部曲小說《漂泊的靈魂》（*Knulp*）。

　　與同時代歐洲特別是德國作家相類似，赫塞也受到同胞哲學家尼采哲學的影響，醉心於從哲學、宗教和心理學方面，探求解救人精神之路。其作品《徬徨少年時》（*Demian*，1919）、《流浪者之歌》（1922），都是這方面的代表作。

　　1933 年，赫塞獲得瑞士國籍。瑞士是一戰期間，赫塞受到德國一些人攻擊，無家可歸時，慷慨給予庇護，讓他安身立命的國家。

　　繼《荒原狼》（1927）之後，1930 年赫塞又出版《知識與愛情》（*Narziß und Goldmund*）。從此，他一直隱居在瑞士南部風景秀麗的蒙塔紐拉。1932 年，他發表了《東方之旅》（*Die Morgenlandfahrt*）。這是一部自傳色彩很濃的小說，講主人公 H.H（赫塞自己姓名的縮寫）一生自我救贖的精神苦行之旅，是個朝聖者的神話故事。從 1931 年至 1943 年，赫塞歷時十三個年頭，在遙遠的德國法西斯戰車碾壓世界的炮火隆隆中，完成了一生中最長的也是最後的小說《玻璃球遊戲》（*Das Glasperlenspiel*）。這是一部對世界的文明命運特別是藝術命運進行思考，充滿人道主義精神的寓言式小說。小說描寫主人公精神貴族克乃希特，在現實的啟發和學者的教育之下，從象牙塔回歸社會，似冒險家想以教育拯救人類的墮落，不惜犧牲自己的故事。小說具有複雜的內涵。作者把西方古老文化與東方文明，包括中國的老莊哲學，雜糅於一爐，使小說具有玄妙豐富的意味，故至今世界一些學者還在對其分析研究。

　　被稱為「德國最後一個浪漫派的騎士」，具有世界影響的批判現實主義作家赫塞，於 1962 年 8 月 9 日，在瑞士蒙塔紐拉病逝，享年八十五歲。

Gabriela Mistral
加夫列拉‧米斯特拉爾 1889－1957

智利女詩人。

獲獎理由｜她那由強烈情感孕育而成的抒情詩，已經使得她的名字成為整個拉丁美洲世界渴求
理想的象徵。

獲獎作品｜《柔情》（詩集）。

詩集《柔情》，是詩人米斯特拉爾獻給母親和兒童的詩篇：

哦，不，上帝怎麼能讓我的乳房的蓓蕾枯乾，
在使我腰圍膨脹之時
整個山谷裡還有誰比我更窮困，
如果我的乳房不曾變得潤濕。
一如婦人們放在門外取夜露的水瓶，
我把我的乳房放在上帝之前，
我替它取了新的名字，
我叫它灌注者，
我向它祈求豐富的生命之液，
饑渴地等待著，我的兒子即將到來。

詩者以女性獨特的眼光和體驗，描寫少女變成母親的生活和心理過程，其間洋溢著一種偉大的自我犧牲的奉獻精神。不是上帝的恩賜，自己就是創造生命的那個上帝。

因為你睡著了，我的小人兒，
落日不再熾熱，
現在再也沒有什麼比露珠更明亮，
比你所熟知的我的臉更白皙。
因為你睡著了，我的小人兒，
我們看不到公路上任何東西，
除了河流無一物歎息，
除了我無一物存在。
平原化作霧氣，天空靜止了呼吸
寂靜君臨一切，
我不僅是歌聲輕擺，
我的嬰兒入睡，

整個世界也隨著搖籃的晃動入睡。

這一首搖籃曲，呈現了一幅母子相依，情意融融的美妙圖景，昭示母性對人類繁衍生息的偉大貢獻。詩還表達了人世間博大的母性最本真、最純潔、最無私、最柔情、最崇高的舐犢深情，對母性油然產生敬意，我們的靈魂也得以淨化。

米斯特拉爾，於 1889 年 4 月 7 日出生在智利北部科金博省的弗考尼亞鎮。其實，加夫列拉・米斯特拉爾是她的筆名，其呱呱降生之後，父母為她起名盧西拉・德瑪麗亞・德爾佩爾佩圖奧・索科羅・戈多伊・阿爾卡亞加（Lucila de María del Perpetuo Socorro Godoy Alcayaga）。1914 年，她二十五歲時，以筆名加夫列拉・米斯特拉爾發表〈死的十四行詩〉一詩。此筆名由她喜愛的義大利詩人加夫列拉・阿米諾及另一位她喜愛的曾在 1904 年獲諾貝爾文學獎的法國詩人腓特烈・米斯特拉爾的名字組成，以示對他們的尊崇和懷念。

其祖父是西班牙移民，她身上有西班牙、巴斯克和印地安等血統。其家境貧寒，她生下沒多久，在小學任教的父親病故。她從小便幫給富家當傭人的母親幹活，料理家務。米斯特拉爾因家裡貧困，整日為生計忙碌，無緣上學讀書。但她天資聰慧，以頑強的毅力在家自學求知。父親留下的教材成了她的課本，或由略通文墨的母親指導，或找鄰家學生幫助，強烈的求知欲讓她到各處向有文化的人求教。她喜愛文學，尤鍾情詩歌，每得詩集，夙興夜寐地讀抄。經過刻苦求學，十四歲時，她就開始寫詩，大膽給省城報刊投稿，偶爾竟能發表，並得到編輯的好評，成為小鎮才女。

十六歲時，她以才學受聘到當地小學當教師。翌年，他與鐵路小職員相愛，不料愛情蓓蕾尚未怒放，她的性格懦弱的男友就因生活不得志而飲彈自殺。

這晴天霹靂般的打擊，沒有擊倒米斯特拉爾，她將悲痛憂傷、懷念轉化為詩，以祭悼亡友，便有組詩〈死的十四行詩〉（1914）發表。第一首如下：

人們把你擱進陰冷的壁龕，
我把你挪到陽光和煦的地面。
人們不知道我要躺在泥裡，
也不知道我們將共枕同眠。

像母親對熟睡的孩子一樣深情，
我把你安放在日光照耀的地上。
土地接納你這個孩子的軀體，
准會變得搖籃那般溫存。

我要撒下泥土和玫瑰花瓣，
月亮的薄霧縹緲碧藍，
將把你輕靈的骸骨禁錮。

帶著美妙的報復心情，
我歌唱著離去。
沒有哪個女人能插手這隱秘的角落，
同我爭奪你的骸骨！

　　詩人以愛情和死亡為中心，以哀婉淒惻的詩句，傾訴對逝去戀人悲痛、惆悵的深情。該詩獲當年聖地牙哥「花節詩歌比賽」的一等獎。為了懷念早逝的戀人，她一生都保護著他們純潔而又短暫的愛情，獨身不嫁。

　　1918 年，米斯特拉爾到阿雷納斯角女子中學當校長，兩年後又奉調至聖地牙哥女中任校長。1922 年，她又應邀前往墨西哥，參加那裡的教育改革工作。同年，她的第一部詩集《孤寂》在美國出版。較之〈死的十四行詩〉，其題材有所開拓，女詩人以女性獨特的抒情筆觸，敘述她與亡故戀人的忠貞不渝的愛情及陰陽兩隔間的痛苦的思念。情感真切、深沉、細膩，意境清新而悠遠，突破了歐洲詩歌對拉丁美洲詩歌的束縛，另闢蹊徑，開創了拉丁美洲新的詩風。

　　1924 年，米斯特拉爾有一次美國和歐洲之旅，遊歷中，女詩人又出版了詩集《柔情》。從該年開始，詩人米斯特拉爾開始了職業外交官生涯，受智利政府派遣，先後到西班牙馬德里、葡萄牙里斯本、義大利熱那亞、法國尼斯和美國洛杉磯等地任領事銜，參與 20 世紀 30 年代草創國際聯盟的工作。

　　1938 年，米斯特拉爾利用公務之餘，創作出版詩集《有刺的樹》。詩的內容

和詩風已有大變，詩人開始讚美大自然並站在人道主義立場為世界人民特別是猶太民族和印地安人的痛苦不幸而疾呼，藝術形式上已有明顯的現實主義風格和從民歌中汲取的民間色彩。

米斯特拉爾晚年，長年擔任智利駐聯合國的特使，同時還兼幾個大學的客座教授。1955 年，她出版了收官之作——詩集《葡萄壓榨機》。該詩集彙集了詩人七十多首詩，是她懷著熾烈的情感為自己母國和人民唱的讚歌，同時也表達了她對人類命運的關注。

當然首先是米斯特拉爾的詩，「使她的名字成為整個拉丁美洲的理想的象徵」，而所擔負的外交之職，讓世界文壇有機會關注她，也為她獲諾貝爾文學獎提供了有利因素。

1957 年 1 月 10 日，米斯特拉爾因患癌症病逝於美國紐約州赫姆瀦斯迪特，享年六十八歲。

第三十八屆諾貝爾文學獎為她的詩所做的評價如下：

她那由強烈情感孕育而成的抒情詩，已經使她的名字成為整個拉丁美洲世界渴求理想的象徵。

我們可視為是她的墓誌銘。

Johannes Vilhelm Jensen

約翰尼斯・威廉・延森 1873—1950

丹麥小說家。

獲獎理由 | 由於借著豐富有力的詩意想像，將胸襟廣博的求知心和大膽的、清新的創造性風格
　　　　　 結合起來。

獲獎作品 |《漫長的旅行》（小說）。

　　約翰尼斯・威廉・延森在 1944 年獲諾貝爾文學獎，既是應運而得，又有幸運成分。

　　第二次世界大戰爆發後，德、意法西斯鐵騎踏遍歐洲，歐洲人民飽受戰爭劫難，諾貝爾文學獎被迫中止了四年。抗擊法西斯的鬥爭要進行到底，生活也要繼續下去。瑞典文學院開始物色一位擁有充分人道主義作品並在歐洲有影響的作家，他們選中著有史詩性著作《漫長的旅行》的丹麥作家延森，決定在反法西斯戰爭已見勝利曙光的 1944 年，繼續頒發諾貝爾文學獎。

　　延森與勃蘭特、蓋勒魯普、蓬托皮丹和蘭爾生等是 20 世紀最有聲望的丹麥作家。蓋勒魯普、蓬托皮丹二人獲第十七屆諾貝爾文學獎，二十七年之後又一丹麥人延森榮獲此獎。

　　《漫長的旅行》是揚森於 1908 年動筆，花費了十四年心血，到 1922 年才完成的長篇巨著。共分六卷，一說分別是《冰河》（1908）、《船》（1912）、《失去的天國》（1919）、《諾爾納・蓋斯特》（1919）、《克利斯朵夫・哥倫布》（1921）和《奇姆利人的遠征》（1922）；另一說，按順序是《冰川》、《失去的世紀》、《肯勃蘭斯人的進軍》、《諾娜女神》、《船》和《基督的哥倫布》。

　　且不必糾纏譯名各異，小說是按達爾文進化論的觀點描寫人類的進化過程。分別為：寫古冰河時代猿人的生存狀態（《冰河》）；表現北歐海盜時代海盜的活動（《船》）；描寫斯堪的納維亞一個民族英雄尋找天國的故事（《失去的天國》）；呈現丹麥母權社會時代，婚姻由野蠻向文明過渡的過程（《諾爾納・蓋斯特》）；敘述哥倫布艱苦發現美國大陸的歷史故事（《克利斯朵夫・哥倫布》）；最後一部，表現青銅器時代丹麥人的生活和民族風俗（《奇姆利人的遠征》）。《漫長的旅行》以人類學家的目光，通過小說形式，塑造了大量鮮活的人物形象，從類人猿寫起，直到哥倫布發現美洲大陸，構成了一部規模宏大、氣勢磅礴、風格優美，極富想像力，又有淵博人類學知識的史詩性巨著。第三十七屆諾貝爾文學獎，也不吝以「由於他借著豐富有力的詩意想像，將胸襟廣博的求知心和大膽的、清新的創造性結合起來」之美譽，將他送上文學最高殿堂。

　　1873 年 1 月 20 日，約翰尼斯・威廉・延森降生於丹麥白德蘭半島的希默蘭鎮。父親是位獸醫，母親來自農村，熟悉民間傳說，延森在鄉野故事中度過童年。

十七歲時，酷愛讀書，特別喜歡北歐神話和丹麥古典文學的延森，就讀一所格陵蘭教會學校。他畢業後，考入哥本哈根大學醫學院。1895 年畢業後，他並未從醫，而是選擇了鍾愛的文學創作。

1895 年，延森在《拉夫恩》週刊上發表長篇小說《卡塞亞的寶物》，接著發表《亞利桑那血祭》。前者為驚悚小說，後者則寫驚險故事，一經發表，受到普通市民歡迎，卻受到丹麥著名評論家布蘭德斯的批評，認為延森的作品「不是以我們的生活為題材」。

1896 年，其長篇小說《丹麥人》出版。這是一部以丹麥王國的古老傳說為題材的小說。當時歐洲小說界象徵主義和印象主義正在風行，延森的作品受到影響。布蘭德斯抨擊了「非常抽象的理想主義」，認為「這種理想是對現實的逃避」。兩年後，延森投入崇尚現實主義的文藝批評家布朗德斯門下。老師主張文學應該反映社會生活。延森拋棄了象徵主義和印象主義，開始創作現實主義作品《希默蘭的故事》。該小說以自己家鄉白德蘭半島的希默蘭鎮為背景，反映希默蘭一家幾十年的生存狀態和社會風貌，輔以鄉間的趣聞逸事。《希默蘭的故事》由三部曲（有三十四個篇章）組成，分別發表於 1898 年、1904 年與 1910 年。小說質樸清新，粗獷而壯闊，深受丹麥各界好評。

接著，延森又出版悲劇性歷史小說《國王的失敗》三部曲，由《春之死》、《巨大的夏日》和《冬》組成，描寫的是 16 世紀丹麥國王克利斯蒂安二世主張政治改革新，與貴族鬥爭，悲慘而死的波瀾壯闊的一生。

自 1896 年始，延森曾多次出國旅遊，先後到美國、法國、西班牙、新加坡、埃及、巴勒斯坦等地。

1904 年，日俄戰爭爆發時，延森遠渡重洋到美國訪問。歸國後，創作了以美國為背景的一部小說《德奧拉夫人》。它以曲折離奇情節的偵探推理為外殼，意在揭示美國社會問題，充滿幽默諷喻，被譽為「丹麥之《浮士德》」。1905 年，他又出版《車輪》，此亦為當代題材小說。次年，他出版敘事詩集，寫冰島中世紀傳奇故事。

延森在書寫神話方面，亦有貢獻，自 1907 年至 1944 年，耗時三十七年，創作了以神話作為題材的小說，多達一百幾十篇的短篇小說後來結集編成九卷本《神話集》。這一關於神話的浩瀚工程，表現了自然界前進的力量，是喚起人們對人

類童年時代回憶的作品。當然，從延森這些以他豐富、成熟的創作所表現出的複雜意識裡，我們可以清晰地發現尼采的超人哲學和東方宗教教義相雜糅的某些方面，既包含了歐洲神話，又有濃郁的東方色彩。其實這與英國作家約瑟夫·魯德亞德·吉卜林的創作風格很相近，吉卜林是靠展示印度人狡點和東方式的撒謊智慧的《基姆》獲得 1907 年諾貝爾文學獎的，故丹麥人稱延森為「丹麥的吉卜林」。

延森不僅擅長小說，其詩歌和散文也風光無限。其詩集有《詩集》（1906）、《世界的光明》（1926）和《日德蘭之風》（1931），散文、藝術史隨筆有《哥特的復興》（1901）、《新世界》（1907）、《北歐精神》（1911）、《時代的序言》（1915）、《進化與道德》（1925）、《動物的演變》（1927）和《精神發展的歷程》（1928）等。

除了文學，延森在人類學方面也多有建樹。他一生寫過不少關於人類學的著作。他早期誤入歧途，接受人類優劣論觀點，後興趣轉向達爾文進化論，1928 年著的《精神發展的歷程》是其人類學代表作。

1950 年 11 月 25 日，延森病逝於丹麥首府哥本哈根，享年七十七歲。

* 1940 年—1943 年，因第二次世界大戰未頒獎。

Frans Eemil Sillanpää
弗蘭斯・埃米爾・西蘭帕 1888—1964

芬蘭作家。

獲獎理由｜由於他在描繪兩樣互相影響的東西——他母國的本質，以及該國農
民的生活時——所表現的深刻瞭解與細膩藝術。

獲獎作品｜《少女西麗亞》（*Nuorena nukkunut*，又譯《女僕席麗亞》）（小說）。

西蘭帕是迄此屆為止芬蘭唯一獲諾貝爾文學獎的作家，他的富有生命力的作品深受芬蘭乃至整個斯堪地那維亞半島人民的喜愛。

1931年，西蘭帕創作了給他帶來無上榮光的長篇小說《少女西麗亞》（*Nuorena nukkunut*）。小說以1918年芬蘭內戰為背景，講述了古老的農民家庭關於女僕命運的故事。古斯塔繼承了一個歷史悠久的農莊後，厄運如影隨形般不斷降臨，他與女僕西爾瑪相戀，父親竭力反對，並將西爾瑪趕走。父親離世後，西爾瑪重返莊園與古斯塔結婚。接著，西爾瑪的家人不斷蠶食古斯塔的家產。西爾瑪懦弱，古斯塔經營無方，農莊昔日風光不再，夫妻感情也消磨殆盡，只有小女兒西麗亞給夫妻以慰藉。

農莊負債累累，全部家當並長工被羅伊馬拉吞併。古斯塔離開世代生活的農莊，到南方謀生。西爾瑪病故後，他靠做木工與女兒西麗亞相依為命。

歲月如流，西麗亞出落成一個美貌姑娘之時，古斯塔卻不幸去世。鄰居米科借幫助料理後事為機，侵吞了古斯塔的遺產，並以監護人身份，強迫孤女去給人當傭人。西麗亞在第一家險遭東家弟弟的強暴，又受別人懷疑，只能到鄰村另一家做女傭，再次反抗凌辱而出走。在好心人的介紹下，她來到鰥居老教授朗多家當女傭，受到愛護，偶然結識了到此地度假的青年阿爾馬斯。西麗亞愛上了他，但阿爾馬斯因要照顧其母而離去。身心受到了打擊的西麗亞，心力交瘁地來到老教授朗多的妹妹家，在朗多和妹妹熱心關照下，幸運地到基埃里卡家，開始新的生活。

在這家，西麗亞負責擠奶。不久，內戰爆發，她目睹叛軍開槍掃射，屍體堆積成山。當叛亂被鎮壓，西麗亞的精神已崩潰，也罹患上肺病，她匆匆趕到朗多教授家探望之後，住進東家基埃里卡寓所的浴室，懷著對父親、對愛情的眷戀，悵然告別了這個讓她痛苦一生的世界。

這是一個帶有牧歌風味的古老故事，通過西麗亞短暫的人生經歷，展示了芬蘭在傳統與現代文明交替時期廣闊的社會風貌，特別對女性生存狀態和心理困境進行了深切的觀照，並深情地謳歌了主人公西麗亞的人性之美。小說既有深刻的現實主義意義，又有濃郁的詩意。正如西蘭帕自己所說：「《少女西麗亞》所說的一切，雖都無足輕重，但又壯麗凡非。」

通過《少女西麗亞》，我們注意到西蘭帕是位具有對普通人的命運進行熟練

描寫的作家。在他的小說中，顯示出普通人蘊藏著巨大的能量和人性之美。

諾貝爾文學獎授獎詞中，這樣褒獎西蘭帕：

我們當中沒有一人懂芬蘭語，我們只能通過譯本來欣賞您的作品，但對您作為一個作家的精湛技巧沒有絲毫疑問。這種技巧是不同凡響的。即使譯成外國語言也能清晰地顯現出來。淳樸簡潔，真實客觀，沒有絲毫做作，您的語言像清澈的泉流在流淌，反映出您的藝術家的眼光捕捉到的一切。您的選材極為慎重考究，簡直可以說，面對顯而易見的美的事物您多少有點畏縮遲疑。您要在簡單的日常生活中創造出美，成功地做到這點的方法，始終是您的訣竅。人們不是看到您作為一個作家在書桌前寫作，而是看到您作為一位水彩畫家在畫架前揮筆，通過您，人們往往習慣於讓自己的眼睛以一種新的方式去觀賞。

西蘭帕，於 1888 年 9 月 16 日出生在芬蘭南部海曼居萊地區一個農民家庭。父親是忠厚老實的農民，家境雖貧寒，卻想方設法讓孩子讀書。西蘭帕二十歲時，考入赫爾辛基大學生物系，後對文學感興趣，畢業時連學位也沒拿到，只好返回家鄉從事農業。

1913 年結婚後，他在家中開始寫小說。第一個短篇小說是他回鄉務農兩年後寫的。1916 年，他的長篇小說《人生和太陽》（*Elämä ja aurinko*）出版。小說以鄉村為背景，以明朗的格調和抒情敘述，寫了一個大學生暑假回鄉度假時，與一位鄉間姑娘相遇相愛的經歷，帶有濃重的自傳色彩。

1919 年，他出版了另一部長篇小說《神聖的貧困》（*Hurskas kurjuus*，又譯《赤貧》或《謙讓的遺產》、《逆來順受的後嗣》），給西蘭帕帶來了不小聲譽。該小說以 1918 年芬蘭內戰為背景，以現實主義手法描寫主人公托沃拉六十年苦難人生經歷，反映內戰中芬蘭貧苦農民的悲劇性命運和芬蘭歷史的真實景象。這標誌著西蘭帕對芬蘭民族命運的憂患意識和藝術上的日趨成熟。同年，他還有短篇小說集《我親愛的家園》（*Rakas isänmaani*）出版。

1923 年，發表中篇小說《希爾圖和拉格納》（*Hiltu ja Ragnar*），講城市青年拉納爾與鄉下女僕女兒黑里圖的愛情悲劇故事，似是《神聖的貧困》的續篇。隨後，西蘭帕到一個出版社任編輯。20 世紀 20 年代，西蘭帕出版了《天使的保護者》

（*Enkelten suojatit*，1923）、《地平線上》（*Maan tasalta*，1924）、《棚屋山》（1925）和《懺悔》（*Rippi*，1928）等。

　　進入 20 世紀 30 年代，西蘭帕的文學創作進入高潮期，出版了給他帶來極大榮耀的《少女西麗亞》（1931），還陸續發表《一代人的命運》（*Miehen tie*，1932，又譯《一個人的道路》）、《夏夜的人們》（*Ihmiset suviyössä*，1934）兩部長篇小說。

　　西蘭帕一生坎坷多病，育有八個兒女，卻無力撫養，常常陷入窮困潦倒的境地，只能靠酗酒度日，一度住到精神病院。直到暮年，西蘭帕有了較豐厚的稿酬，才過上了體面的日子。

　　1945 年，西蘭帕完成最後一部小說《人類的美麗與邪惡》（*Ihmiselon ihanuus ja kurjuus*）。晚年，西蘭帕於 1953 年和 1956 年各出一部回憶錄，告訴世人，作為一個作家，他一生與家園和人民休戚與共的經歷。

　　1964 年 6 月 3 日，西蘭帕以七十六歲在赫爾辛基病逝。芬蘭人民沉痛悼念這位給自己國家帶來榮耀的最優秀的作家。

Pearl Sydenstricker Buck
賽珍珠 1892—1973

原名珀爾・賽登斯特里克・巴克，美國作家。

獲獎理由｜她對於中國農民生活的豐富、真切和史詩氣概的描寫，以及她自傳性的傑作。

獲獎作品｜《大地》（*The Good Earth*）（小說）。

巴克將她在中國的經歷，演繹成長篇小說《大地》（*The Good Earth*），並憑此摘得本屆諾貝爾文學獎桂冠。她在授獎大廳發表獲獎演說時，這樣介紹中國人：

他們是一個合成的形象：身材瘦小，腦門突出，兩腮無肉。鼻子又扁又尖，雙目黯然無神，戴著眼鏡，一口賣弄學問的腔調，說些除了他們自己與別人毫不相干的規則，而且無限自負，既輕視普通人也輕視其他文人，他們穿著破舊的長衫，走路搖搖擺擺，一副傲慢神態……。

這很像魯迅先生筆下的中國文人。

《大地》是巴克長篇三部曲《大地上的房子》（*The Good Earth Trilogy*）的第一部，其他兩部分別是《兒子們》和《分家》，敘述的是19世紀中國農民依附土地，在土地上掙扎並尋求生存的故事。

《大地》是《大地上的房子》三部曲中最為精彩的一部。小說描寫主人公農民王龍，為獲得土地奮鬥了一生的命運圖景。王龍出身貧寒，吃苦耐勞，娶了地主黃家的丫鬟為妻，過著面朝黃土背朝天的日子。時局變幻，地主黃家家道中落。王龍用從土地裡刨出的錢，不斷購買黃家的土地，遂成富農。不料突遭旱災荒年，王龍家被災民搶劫，難以為繼，一家逃到南方城市，以拉黃包車或討飯勉強糊口。在一場武裝暴動中，趁機發了橫財，回到家鄉，造房買地，雇用長工、用人，還討了兩房姨太太，儼然成為大財主，過起荒淫無恥的生活。但為了守住這份家業，他花錢讓孩子讀書、經商。大兒子揮霍無度，二兒子還算精明，三兒子讀書後參加革命，日後當了官。就在王龍回到老屋後的彌留之際，老大、老二商量，他一咽氣，就將王龍視為生命的土地賣掉，王龍帶著即將失去土地的徹骨遺憾，離開了這個世界。

《大地》表現了中國農民對土地的深深眷戀、依賴及其創造生活的力量，歌頌了他們儉樸、勤勞、善良的美德。

瑞典文學院的評語簡短而剴切中理：

她對於中國農民生活的豐富、真切和史詩氣概的描寫，以及她自傳性的傑作。

歷史小說家詹姆斯·湯瑪斯這樣評價布克：

賽珍珠是自馬可·波羅以來，描寫中國最有影響力的西方作家。

《大英百科全書》（1979 年版）高度讚譽了《大地》，認為：

作者以深切的同情描寫了一個中國農民和他奴隸身份的妻子，如何通過鬥爭，為自己贏得了土地和生存的權利。

1980 年，美國麥克米倫公司出版的《20 世紀美國文學》一書中，對《大地》也給予充分的肯定：

《大地》所表現出來的文字上恰如其分的和諧、細節的真實性、史詩般的結構和帶有普遍意義的主題，達到了完美的境地。

《大地》出版於 1931 年，翌年即獲美國普立茲小說獎，1935 年獲威廉·迪恩·豪威爾勳章。在 1938 年獲諾貝爾文學獎之前，1936 年，《大地》早已被改編成電影，在世界公演，飾演女主角的雷恩娜獲奧斯卡金像獎。

珀爾·賽登斯特里克·巴克，於 1892 年 6 月 26 日生於美國維吉尼亞州希爾斯保羅一個長老會傳教士的家裡。她幼年即隨父母遠渡重洋，到中國江蘇，在鎮江度過童年。其父深諳中國儒學和佛學，母親對文學、音樂也有造詣。在這樣的家庭裡，雖在異國，巴克受到良好的教育。

1910 年，十八歲的巴克回到美國，入維吉尼亞州藍道夫·梅康女子學院讀心理學（一說文學）。四年後，她畢業獲學士學位，留校任心理學教師。那年 11 月，巴克再到中國，在鎮江教會學校潤州中學和崇實女中教英語。1917 年，她與傳教士、經濟學家約翰·辛格·巴克結婚。不久，她與夫婿一起到安徽宿縣工作。丈夫致力於農業改造工作，布克在學校教英語，這段生活經歷，為巴克的文學創作積累了豐富素材。五年後，夫妻二人再到南京。

1922 年到 1931 年這十年裡，巴克先後受聘於南京大學、東南大學和金陵大學擔任英語和英美文學教師。她住進金陵大學一座幽雅的獨院，生下女兒，直到離開中國。其間，巴克曾用兩年時間，回美國康奈爾大學深造，取得文學碩士學位，然後再度回到中國。

1927 年，北伐軍攻克重鎮南京，巴克對此不滿，曾著文予以批評，後又因 1931 年其《大地》出版，在中國受到好評，魯迅先生曾在 1933 年 11 月 15 日寫《與姚克書》，對布克有這樣的批評：

中國的事情，總是中國人做來，才可以見真相，即如布克夫人，上海曾大歡迎，她亦自謂視中國如母國，然而看她的作品，畢竟是一位生長在中國的美國女教士的立場而已，所以她之稱許「寄廬」也不足怪，因為她所覺得的，還不過一點浮面的情形，只有我們做起來，方能留下一個真相。

魯迅批評其反對北伐軍攻佔南京，一針見血，但對《大地》不是中國人所著就不能「留下一個真相」，就不大公允。馬可・波羅不就是「描寫中國最有影響力的西方作家」嘛！斯諾那本關於中國革命的著作《紅星照耀中國》呢？

1933 年，巴克將《水滸傳》（七十回本）譯成英文，將這部中國古典文學名著介紹給全世界，功德無量，卻又遭魯迅批評，認為其書名 All Men are Brothers（《四海之內皆兄弟》），「取皆兄弟之意，便不確，因為山泊中人，是並不將一切人們都作兄弟看的」（《致姚克》1934 年 3 月 24 日）。譯中國書名難，這是世人皆知的，以《水滸傳》為例，有譯成《水邊的故事》，有譯成《一百零五個男人和三個女人的故事》，巴克之書名已夠精妙，何必求全責備。就在這一年，巴克完成了《大地上的房子》三部曲之後兩部《兒子們》和《分家》。同在這一年，巴克想找一位中國作家寫一本向世界介紹中國全貌的書，最後選中林語堂，於是便有《吾國與吾民》於 1935 年在美國出版。這本由巴克作序的書，在美國一炮而紅，傲慢的美國人被中國歷史文化的魅力深深吸引，對「東亞病夫」不得不刮目相看。

1934 年，巴克與第一任丈夫離婚，後嫁給一個出版商，並在他創辦的《亞細亞》雜誌當編輯。她積極參加美國人權運動。

1935 年，在中國先後居住了三十年的巴克定居美國，完成兩部傳記：一曰《搏鬥的天使》（*Fighting Angel*），一曰《流亡》（*The Exile*）。前者是關於其父的傳記，後者寫的是其母的傳記，都是描寫美國傳教士在中國的生活歷程。

　　第二次世界大戰爆發後，巴克於 1941 年創辦「東西方協會」。她還曾在抗日戰爭期間，在紐約大都會藝術劇院主持過演出中國抗戰街頭劇《放下你的鞭子》的儀式。1964 年，巴克建立「巴克基金會」，將私有財產七百多萬美元用於公益事業。

　　巴克後半生在美國度過，她晚年的創作也始終在寫中國，寫她在南京金陵大學小院的生活。1941 年，她出版了長篇小說《龍種》（*Dragon Seed*），該作以日寇慘絕人寰的南京大屠殺為背景，描寫 1937 年至 1941 年南京人民的生活與鬥爭，表達她對中國抗日積極支持、聲援的立場。在這之後，巴克還發表了《群芳庭》（*Pavilion of Women*）和《同胞》，都是敘述中國人民勇敢勤勞的故事的。

　　回顧巴克的創作生涯，碩果累累，粗略統計僅長篇小說和短篇小說集就有五十部之眾，晚年的作品有《龍種》（1941）、《帝國的女人》（*Imperial Woman*，1956）、《北京來信》（*Letter from Peking*，1957）、《歸心以及其他故事》（*Hearts Come Home and Other Stories*，1969）等。

　　1973 年，八十一歲的巴克在佛蒙特州丹比逝世，葬在賓夕法尼亞州普凱西的綠山農場，墓碑上鐫刻「賽珍珠」三個漢字。這是珀爾‧巴克生前的遺願。

　　Pearl Buck（珀爾‧巴克），取其父姓及名而合成中文名「賽珍珠」，其間有濃厚的中國情結。正如她在 1938 年諾貝爾文學獎頒獎儀式上的談話：

　　我屬於美國，但恰恰是中國小說而不是美國小說決定了我在寫作上的成就。我最早的小說知識，關於怎樣敘述故事和怎樣寫故事，都是在中國學到的。今天不承認這點，在我來說就是忘恩負義……，我認為中國小說對西方小說和西方小說家俱有啟發意義。

Roger Martin du Gard
羅傑·馬丁·杜·加爾 1881—1958

法國小說家。

獲獎理由｜由於他的長篇小說《蒂伯一家》中表現出來的藝術魅力和真實性，這是對人類生活
面貌的基本反映。

獲獎作品｜《蒂伯一家》（長篇小說）。

長篇小說《蒂伯一家》是加爾的代表作。加爾憑此獲得第三十四屆諾貝爾文學獎。從 1920 年開始至 1940 年收官，該八卷本鴻篇巨制，熬去作家整整二十年的漫長時光。它們依次是：（一）《灰色筆記本》（1922）；（二）《教養院》（1922）；（三）《美好的季節》（1923）；（四）《診斷》（1928）；（五）《奈爾利那》（又譯《小妹妹》）（1928）；（六）《父親之死》（1929）；（七）《1914 年的夏天》（1936）；（八）《尾聲》（1940）。該長篇敘述了一個富有的前議員、天主教徒兩個兒子安東尼和雅克，以及一個新教徒羅姆生的女兒達尼埃爾等相關的人，在第一次世界大戰前後的經歷及命運的故事。這是一部現實主義力作，它強烈地反對不義戰爭，揭露大戰背後推手的戰爭罪惡，譴責第二國際的背叛政策。小說以蒂伯一家為中心，塑造了一群性格鮮活的文學形象，展示大戰前後法國社會各階層的動向及心態，並通過這些群像的悲劇命運，揭示法國乃至歐洲各國的社會悲劇圖景，藉以表達作者對戰爭與和平的深刻思考。

　　《灰色筆記本》寫安東尼和雅克兄弟倆及達尼埃爾的家庭狀況。安東尼不忍父親的專制，毅然出走，專心於醫學。達尼埃爾的父親放蕩，母親善良。達尼埃爾與雅克偷看盧梭和左拉的書，並以鴻雁傳書，談情說愛，被校方勒令退學，於是二人逃到馬賽。

　　《教養院》中，雅克被找回家，送到教養院，哥哥安東尼不忍弟弟受罪，不顧父親禁令，將其接回家，並前去會見達尼埃爾。

　　《美好的季節》中，雅克考上巴黎高等師範學校，與學校生活格格不入，又愛上了一個女孩貞妮，要娶其為妻。父親堅決反對，雅克再次離校出走。哥哥安東尼愛上鄰居拉雪兒姑娘。但拉雪兒已有兩個追求者，最終去了非洲。達尼埃爾此時開始為心術不正的商人繪畫和創辦期刊，作為一位女性過上自由富足的生活。

　　《診斷》中，哥哥安東尼終於成為醫生，醫術高明，又具仁心，常免費為窮人治病。其父蒂伯身患絕症，他不忍將真相告之。某部長代理人梅爾患花柳病來安東尼處治療，告訴他世界大戰已不遙遠。安東尼愛上了一女子吉絲，後才知吉絲早在三年前已與弟弟雅克相愛。此刻，吉絲收到雅克來信，擬去倫敦找他。

　　《奈爾利那》（又譯《小妹妹》）中，安東尼偶爾從瑞士的一本雜誌上，讀到了一篇小說，他覺得是消失多年的弟弟雅克寫的。他到瑞士，果然見到雅克。雅克過去幾年流浪歐洲，經歷不少苦難，最後在洛桑與一批國際職業革命者走到

一起，一邊采寫新聞，一邊寫作小說。兄弟倆一起回到巴黎。

《父親之死》中，老蒂伯身患絕症，內心恐懼。人之將死，其心亦善，他反省自己對家庭孩子的專制跋扈，請求家人原諒。安東尼在搶救病危的老父時，接觸到他很多信劄，特別是整理遺囑時，發現在專制的背後，父親還有一顆讓人動容的慈悲靈魂。

《1914年的夏天》與《尾聲》中，雅克在父親的葬禮之後，重返瑞士。在友人的幫助下，他竊取了奧地利特使的機密檔。國際革命者的領導人並不想利用這一檔來制止這場戰爭，而是不經別人的同意，悍然獨自銷毀檔，來製造流血革命。雅克與貞妮相逢，一見鍾情。雅克常帶她參加各種社會活動，在集會上發表演說，號召工人罷工，政府也想借此煽動狂熱民族情緒。雅克幻想破滅，準備帶貞妮回瑞士，貞妮因陪伴母親，暫留下，成為永訣。

戰爭爆發，雅克駕機散發傳單，飛機不幸墜落，雅克與機共亡。哥哥安東尼也應徵入伍，中毒氣被送到南方治療。他自知生命已走到盡頭時，突然接到拉雪兒的項鍊，她已殞命非洲。達尼埃爾也被炸斷大腿，悲觀不已。倖免於難的貞妮與吉絲相依為命，共同撫養雅克的兒子讓‧保羅。

後來，安東尼想讓保羅認祖歸宗，他準備將自己所經歷的一切和對未來的希望，寫入一批信件，交給保羅，好讓蒂伯家族香火相傳。當他寫完最後的「讓‧保羅」時，與世長辭……。

有人說，《蒂伯一家》可與羅曼‧羅蘭的《約翰‧克利斯朵夫》、普魯斯特的《追憶逝水年華》、湯瑪斯‧曼的《布登勃洛克家族》相比肩。它們彼此除了同是自傳體和家族小說，其藝術個性、美學趣味、哲學思想並沒有可比性。《蒂伯一家》的貢獻，在於它把第一次世界大戰法國社會的圖景，做了形象、深刻的反映。

誠如瑞典文學院的評語：「由於他的長篇小說《蒂伯一家》中表現出來的藝術魅力和真實性，這是對人類生活面貌的基本反映。」

在法國美麗的塞納河畔，1881年3月23日，有個嬰兒降生在一個殷實的家庭中，取名為羅傑‧馬丁‧杜‧加爾。其父有頭有臉，是巴黎塞納區法庭的訴訟代理人。杜‧加爾讀高中時，受到法文教師梅勒利奧的器重，有意識地引導他親近文學、美學。他喜歡上左拉和托爾斯泰的作品，或許因為過於偏科，加爾的學習

成績平平。1898年，他考入巴黎大學文學系，兩年後並未通過學位考試，而後轉入巴黎國立文獻學院求學，對古文字學和檔案學做了認真的鑽研，同時對歷史和時政也有興趣，養成了客觀嚴謹的治學態度，這深刻影響了他後來的文學創作。

1905年，加爾大學畢業後，任職於巴黎國家古文學文庫，得益於工作的方便，他既在這裡閱讀了大量的古典文學典籍，又廣交各界名流，成為羅曼‧羅蘭和安德烈‧紀德等小說家的朋友。

1906年，加爾結婚了，有了一次遊歷北非的蜜月之旅。後來他還研究過精神病學，對日後的文學創作大有補益。1908年，他出版了長篇小說處女作《成功》。該小說敘述了兩位年輕作家不同的創作經歷：一位憑藉天資聰穎，太過強調靈感，終未成氣候；另一位靠刻苦學習，努力探索而一舉成名。此作表達了加爾的求實精神。

1913年，加爾又出版了長篇小說《讓‧巴洛瓦》，已將目光投向社會生活。「德雷福斯案件」原本是法國另一位作家法朗士的人生轉捩點，也成了加爾關心並寫入小說的重要事件，借此反映兩個世紀前法國年輕人出現的思想混亂狀態。小說寫主人公巴洛瓦曾為理想而奮鬥，但因敵不過生活現實中的矛盾而困惑，而痛苦，最後皈依宗教的故事。小說在思想境界方面並沒有超越他的前輩法朗士，但在藝術上有其創造，如將主人公的相關敘述、對話、書信和社會資料，經過巧妙的剪輯編排，融合成一個藝術整體，獨特而別致。

第一次世界大戰爆發後，加爾應徵入伍，擔任海上運輸給養工作。1919年，加爾復員，回到巴黎，與安德烈‧紀德和演員兼戲劇評論家雅克‧柯波等人，聚集在老康姆勃劇院，創作了喜劇《大肚子》（1924）、《如此大膽》（1928），以及《沉默的人》（1931）、《非洲的秘聞》（1931）、《鄉村郵遞員》（1933）等作品。作品良莠不齊，但生活氣息濃郁。

1941年，加爾開始寫長篇小說《德‧莫特上校的日子》，因晚年多病，終未完成。

1958年8月22日，加爾病逝。阿爾貝‧卡繆十分推薦加爾的作品，稱他為自己創作道路上的良師。

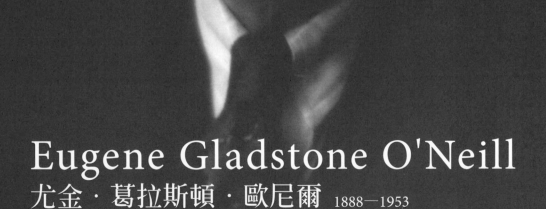

Eugene Gladstone O'Neill

尤金・葛拉斯頓・歐尼爾 1888—1953

美國劇作家。

獲獎理由｜由於他劇作中所表現的力量、熱忱與深摯的感情──它們完全符合悲劇的原始概念。

獲獎作品｜《天邊外》（戲劇）。

美國是產出豐富的小說王國，戲劇卻一向落後，到了 20 世紀才有了生氣。在這個世紀的美國戲劇家中，尤金・歐尼爾是最成功的一位。他對美國近代戲劇的風格有巨大貢獻。

　　1920 年，歐尼爾創作的三幕話劇《天邊外》在百老匯上演，一舉獲得普立茲獎，後來又榮獲第三十三屆諾貝爾文學獎。

　　《天邊外》是一部現代悲劇。哥哥安朱、弟弟羅伯特同時愛上鄰家姑娘露絲，卻埋藏於心，不敢表白。羅伯特好幻想，嚮往大海，想去航海旅行。出海前，他大膽向露絲表白愛慕之情，竟然被欣然接受。欣喜萬分的羅伯特決定放棄出海遠行，留下來與露絲相廝守。

　　單純的安朱遭到打擊，決定替羅伯特登船遠航。世事難料，留在家裡、好幻想的羅伯特，不善經營農場，日子過得艱難困苦，而露絲也發現結婚後兩人並不相愛。羅伯特一直鬱悶不樂而患肺病，不久貧病交加而死。而原本單純的安朱，轉而成為投機商人，對生活感到厭倦。露絲也在歲月的磨蝕下，變成枯槁邋遢、麻木冷漠的婦人，此時才意識到自己真愛的是安朱。他們三人卻因人生錯位被生活無情地塑造。該劇反映了作者對人的消極態度。它分為三幕，每幕一場在室外，一場在室內，看到天邊和不見天邊交替出現，寓意理想與現實距離遙遠渺茫。該劇繼承了古代悲劇的「原始概念」，保持著悲劇情節，贏得世界的讚譽。

　　瑞典文學院的評語是：

　　由於他劇作中所表現的力量、熱忱與深摯的情感——它們完全符合悲劇的原始概念。

　　尤金・歐尼爾，於 1888 年 10 月 16 日誕生在紐約百老匯大街一家旅舍裡。父親是一位演員，一生都在演大仲馬的名著《基度山伯爵》的主角，因而聞名於世。在這樣一個演員世家裡，歐尼爾自然從小就受到藝術的薰陶，但動盪、雜亂無章的演員生活，也讓歐尼爾難以受到良好的文化教育。但偏偏就是這位梨園世家子弟，因獲諾貝爾文學獎而名載史冊。

　　歐尼爾於 1906 年考入新澤西州的普林斯頓大學，僅讀了一年，就離開了該校，因為在他看來，只有社會教育即「生活經歷」，才是他真正得到教育的學校。

果然，他窮其一生以社會生活為課堂，在紐約當過信託公司職員，到洪都拉斯淘過金，登上挪威貨輪當過水手，進父親劇團打雜賣過票，1912 年擔任過康乃狄克州《倫敦新電訊報》的記者。生活的磨礪，不僅讓他對美國社會有了深刻的瞭解，為後來的藝術創作積累了豐富的素材，更為他在戲劇領域取得輝煌成就奠定了堅實基礎。

1912 年，歐尼爾不幸患了肺病，在療養院治病，在安靜卻百無聊賴的環境中，開始認真研究戲劇，走上了最早的戲劇創作之路。兩年後，他進入哈佛大學喬爾・皮爾斯・貝克教授所主辦的戲劇訓練班深造。就在這一年，已成為麻塞諸塞州普羅溫斯劇團編劇的歐尼爾之話劇《東航卡迪夫》公演，引起社會關注。

《東航卡迪夫》是部獨幕劇，講的是一個水手在航海中受傷，孤獨無助等待死亡降臨的悲劇故事，暗喻人的命運無法掌握。雖略顯淺薄，但其悲劇氣氛濃郁，已見奧尼爾的藝術個性。接著，1917 年後，他用兩年多時間，先後創作了三個獨幕劇，分別是《遠航歸來》、《鯨魚油》和《加勒比海的月亮》，皆是以海員生活為題材的戲劇，著意表現海上生活艱辛孤單甚至無望的生存情景。

1920 年，除創作了影響巨大的《天邊外》，他還寫了《瓊斯皇帝》多幕劇。該劇敘述了從監獄逃出的囚犯鐘斯，來到太平洋上的一個小島，以欺騙手段贏得島上土人的信任後，自封「瓊斯皇帝」，作威作福，但把戲被識破，逃跑路上被土人殺死的故事，有懲惡揚善的思想。

兩年後，三十四歲的奧尼爾又推出了多幕劇《毛猿》，回到他所熟悉的航海生活。郵船燒鍋爐的楊基，整天在條件惡劣的爐間勞作，被人瞧不起，甚至被船主女兒道葛拉斯視為「毛猿」。悲憤中，楊基企圖用爆炸報復老闆未果，便到動物園去和大猩猩交朋友，不幸被願親近人類的猩猩擁抱而死。這是對冷漠社會的批判。這一年，奧尼爾因創作的《安娜・克里斯蒂》，獲普立茲獎。

1924 年，歐尼爾創作了《上帝的女兒都有翅膀》，通過美國社會黑人和白人的通婚悲劇，表現雙方民族心理存在著巨大的心理隔閡，而根源是美國社會根深蒂固的種族歧視，批判鋒芒直指這一難以調和的社會痼疾。

後來，歐尼爾創作了《大神布朗》（1924）、《榆樹下的欲望》（1924）、《薩拉路笑了》（1927）、《奇異的插曲》（1928）和《悲悼》（1931）等劇作。其中《奇異的插曲》讓他第三次獲普立茲獎。這期間，歐尼爾還擔任過紐約戈登劇院編劇，

曾任肯尼士·麥克戈雅等幾家劇團的經理，並於 1934 年任《美國觀眾》主編。不幸的是，歐尼爾被震顫性麻痺症纏身，只能臥床治療，告別了他鍾愛的戲劇。那年，他才四十八歲。

正當所有人都惋惜一顆巨星將無奈隕落劇壇之時，十二年之後，1946 年，歐尼爾竟又重現江湖，發表了《送冰者來了》劇本。該劇是一齣多幕劇，敘述一群紐約無政府主義者（知識份子），在社會生活的擠壓之下墮落消沉的悲劇。主人公哈里·霍普的破敗別墅裡，常聚集一群充滿幻想的同夥，他們窮極無聊地苟活，除了送冰者希科，偶爾給他們帶來一些快樂外，別墅裡毫無生氣與希望，不得不作鳥獸散，只留下孤獨的霍普受著絕望的煎熬。該劇反映出第二次世界大戰後美國社會充斥著一種無處不在的空虛圖景，被認為是歐尼爾一生的藝術結晶。《送冰者來了》讓他第四次摘取普立茲獎。

歐尼爾於 1953 年 11 月 27 日在波士頓逝世。

歐尼爾畢生致力於戲劇創作，使美國的戲劇與文學有機地結合在一起，並注入美學元素，形成有文學價值的戲劇藝術，使之與小說、繪畫、音樂相媲美，這讓奧尼爾成為 20 世紀美國民族戲劇的奠基人。正如美國評論界所說：

在歐尼爾之前，美國只有劇場；在歐尼爾之後，美國才有戲劇。

＊ 1935 年諾貝爾文學獎沒有頒發。

Luigi Pirandello
路伊吉·皮蘭德婁 1867—1936

義大利小說家、戲劇家。

獲獎理由 | 他果敢而靈巧地復興了戲劇藝術和舞臺藝術。

獲獎作品 |《六個尋找作者的劇中人》（一說《尋找自我》）（戲劇）。

皮蘭德婁是位多產的作家,窮其一生,共創作長篇小說七部,短篇小說三百多篇(結集為《一年裡的故事》),七本詩集。他五十歲後所創作的四十多個劇本,帶給他更多的榮譽,並以《六個尋找作者的劇中人》榮膺諾貝爾文學獎。

　　《六個尋找作者的劇中人》出版於 1921 年,翌年在羅馬和倫敦上演,即讓沉默的舞臺巨浪滔天,轟動歐洲。

　　該劇上演的是「戲中戲」,劇情是,某劇場的舞臺上,經理、導演排練皮蘭德婁的戲劇《各盡其職》的當兒,突然闖進六個不速之客,他們自稱是被該劇作者拋棄的劇中角色,現在要找作者把關於他們的戲排出來。六個人不管別人演什麼,而是拖住導演,各講各的故事。其實這六個人原本是一家人:爸、媽、兒子、女兒、小男孩、小女孩。媽因與爸的秘書偷情,被趕出家門,與姘夫生了三個私生子:女兒、小男孩、小女孩。十年後,姘夫病故,被迫回到原來的城市,因遭人陷害,女兒淪為娼妓,而來的嫖客正是前夫。接下去,小女孩兒不幸落水夭亡,小男孩為妹妹夭折痛不欲生,飲彈身死,這原本是在演戲,但當大家發現小男孩用的是真槍,所有劇中人都大駭失色,母親見此,尖聲大笑,瘋狂地跑下舞臺……。

　　這是一齣充滿怪誕的戲劇,「戲」中人同「戲中戲」,有機地混合在一起,演繹的是一個支離破碎的家庭,充滿敵意,個個相互隔膜,情感無法溝通的人間悲劇。

　　「其特殊的生活內涵」極為豐富,劇中的爸爸道出了原委:

　　我們大家都有一個內心世界,每個人都有一個自己特殊的內心世界!先生,假如我說話時,摻進了我心裡對事物的意義和價值的看法,而聽話的人,照例又會用他心裡所想的意義和價值來加以理解,我們怎麼能夠互相理解呢?是的,每個人在別人面前,總是裝得一本正經,人們失去了歸宿,也就失去了名字,我究竟是誰?誰又知道呢?

　　皮蘭德婁這樣詮釋自己的藝術觀:

　　我認為生活是一種滑稽可笑令人悲哀的片段;由於我們在「自我」之中,

因此沒有可能瞭解到這是為什麼，這就需要我們在現實產生的現象面前去欺騙自己……，我的藝術則是充滿著對所有這些自我欺騙的人們的同情，然而，這種同情不應該跟隨在命運對人的嘲弄後面，成為對人類另一種欺騙。

皮蘭德婁這種藝術理論，對當時乃至後來產生過一定的影響，抑或說他的荒誕派喜劇，開當時歐洲的戲劇之先河。所以本屆諾貝爾文學獎的繡球，毫無爭議地拋給皮蘭德羅，理由是：

他果敢而靈巧地復興了戲劇藝術和舞臺藝術。

即便是現在，其戲劇藝術仍有美學意義。

皮蘭德婁，於 1867 年 6 月 28 日誕生在西西里島凱琴鐵城（現稱阿格里真托市）。其父是當地富有的硫黃商人。皮蘭德婁很早就被其父指定為家業繼承者，並按父親之意進技術學校學習。然而，他偏偏對生意毫無興趣，熱衷於文學。中學畢業，他即到西西里島首府巴勒莫市的巴勒莫大學就讀語言文學專業。二十歲時，他又轉到羅馬大學深造。因與教授相處不睦，他遂出國到德國波恩大學讀語言系。1891 年，他大學畢業，並以畢業論文《論凱琴鐵的方法》獲博士學位，次年歸國，定居羅馬，進入新聞界，撰寫理論文章，同時兼高等師範學校文學教師。這期間，他出版了詩集《瑪勒戈康杜》。

皮蘭德婁二十七歲時，在父親的授意下與硫黃富商的女兒波杜萊納成婚。是否獲得真正愛情不清楚，但得到岳父一批可觀的財富，是有案可稽的。有了錢，他心無旁鶩，專心搞文學。1901 年，他出版了第一部長篇小說《被拋棄的女人》，讓他在文壇嶄露頭角。

1903 年，皮蘭德婁生活上受到重創，父親與妻子投資的硫黃礦發生坍塌事故，父親和妻子破產，他的生活一落千丈，妻子受刺激，精神失常。他到羅馬大學教書謀生，妻子被送到醫院治療。日子雖尚可應付，但讓他對人類的命運產生懷疑，開始思考給這亂世尋求一條哲學的規律來。果然，從其 1904 年寫的《已故的帕斯加爾》，便可看到其思想和風格上發生了變化。作品寫一個荒誕的不可知的外部

世界和一個充滿種種焦慮的現代人的內心世界二者間發生的衝突，企圖證明在現實的社會裡，到處都充滿荒唐、古怪和迷亂。皮蘭德婁從樸素的現實主義，走向了變幻莫測的怪誕之中。其長篇《老人與青年》（1913）、《一個電影攝影師的日子》（1925）都屬這類作品。

多虧皮蘭德婁在 1921 年寫出了《六個尋找作者的劇中人》和翌年創作的《亨利四世》這樣為世界所公認的傳世之作，不然，他的偏執怪誕會毀了他和他的作品。

皮蘭德婁一生亦有污點，他曾在 1924 年加入義大利法西斯黨，這一選擇以被迫為由，是不足信的。當然，他沒有為法西斯做幫手的勾當。他那時的作品，揭露義大利墨索里尼法西斯政府的黑暗儘管蜻蜓點水，仍遭到法西斯評論家攻訐，這證明他還算沒有失節。

1926 年至 1934 年，皮蘭德婁組建並率羅馬藝術劇團赴歐美各地巡迴演出，給處在經濟危機的歐洲，送去了具有新風尚的荒誕劇，讓慌恐的歐洲大眾得到藝術享受。

回到義大利也就是獲得諾貝爾文學獎兩年後，於 1936 年 12 月 10 日，路伊吉．皮蘭德婁在羅馬病逝。

Ivan Alekseyevich Bunin

伊凡 · 亞歷克賽耶維奇 · 蒲寧 1870—1953

俄國作家。

獲獎理由｜由於他嚴謹的藝術才能，使俄羅斯古典傳統在散文中得到繼承。

獲獎作品｜《米佳的愛情》（小說）。

1933 年，蒲寧以法國作家的身份獲得第三十一屆諾貝爾文學獎，卻是整個俄羅斯文學的榮耀。從他獲諾獎到他去世，蘇聯政府都一直保持沉默。縱觀蒲寧一生的文學創作，其內容多描寫俄羅斯社會生活圖景，其藝術手法也繼承了以列夫‧托爾斯泰為代表的現實主義傳統。正如後來蘇聯詩人特瓦爾多夫斯基在《蒲寧文集》第九卷代序中說：

　　蒲寧在時間上是最後一位俄羅斯文學經典作家，如果不想有意降低對創作技巧的要求，有意培植淡而無味、語言貧乏、沒有個性的散文和詩歌，我們就沒有權利將它的經驗置諸腦後。在一個藝術家以嚴持戒律的苦修態度來精雕細刻方面，在俄羅斯文學創作的洗練方面，蒲寧的文筆一反那種為形式而形式的人所玩弄的小花樣，顯得鮮明、質樸，從時間上來說確實是最為接近我們的典範。

　　《米佳的愛情》寫於 1924 年，講的是大學生米佳失戀的悲劇故事。米佳是個鄉下莊園主家的少爺，在外地與少女卡嘉熱戀。「每次約會結束，卡嘉都跑到米佳的宿舍裡，兩人進入長時間的狂熱親吻，最後才分開」，「每當米佳解開卡嘉的上衣，少女的酥胸便秀美而聖潔地展現在米佳的面前」，「令人心顫的溫柔將米佳帶入即將昏厥的極樂之中」。他們沒有跨越最後的界限，而米佳的情欲則越來越強，使他陷入其中，不能自拔。他便躲到自家風景怡人的莊園裡，但他的情欲則更加強烈。苦悶中，經莊園管家的慫恿，米佳按捺不住肉欲衝動，誘惑並佔有了莊園女工阿蓮卡的肉體。但他仍然擺脫不掉與卡嘉情感的糾纏，已經失去了愛情忠貞的他，甚至懷疑卡嘉在肉體上也背叛了自己。當終於盼來卡嘉遲遲發來的提出分手的信後，陷入絕望和痛楚的米佳，拔出手槍，飲彈自殺。小說完成了一幅俄羅斯貴族精神的風情畫卷。

　　小說再現了俄羅斯舊時代的社會風貌，寫出複雜的人性。特別是作者用細膩的筆觸，對人物心理的描寫及營造的沒落貴族傷感和焦灼的生存氛圍，讓我們看到俄羅斯文學的深厚底蘊和蒲寧極富個性的藝術氣質。

　　第三十一屆諾貝爾文學獎將桂冠戴在蒲寧頭上，正是：

　　由於他嚴謹的藝術才能，使俄羅斯古典傳統在散文中得到繼承。

　　蒲寧，於 1870 年 10 月 22 日出生在俄國中部沃羅涅什鎮。祖上曾顯赫過，到父親時已家門敗落。故蒲寧中學畢業，便自謀生路，幹過小職員、報社雜役，賣過書。據說上過大學，只念一年便退學，這並不影響他對文學的熱愛和讀書的專注。他閱讀了大量俄國普希金、萊蒙托夫的經典作品。他曾在上過大學的哥哥指導下，進行寫詩的訓練。1887 年，他寫過〈獻在曼德遜墓前〉等小詩，發表在《母國》雜誌上，歌頌故鄉的田園生活。二十一歲時，他出版第一部詩集《在露天下》，十年後，因詩集《落葉》獲俄國科學院頒發的普希金獎金。他的詩作，主要受普希金浪漫主義詩風影響，流露出對往昔貴族地位的留戀惋惜的情感。

　　比較起來，蒲寧更鍾情於小說，1897 年短篇小說集《在天涯》出版，引起文學界關注。一年後，其寫貴族走向沒落的《安東諾夫卡的蘋果》，1901 年反映俄國農村生活的《新路》，1903 年描寫死守莊園的苟且偷生的貴族的《末》，先後發表。

　　1901 年，蒲寧的中篇小說《鄉村》發表，作者的視野由貴族日漸走向沒落的莊園，拓展到俄羅斯廣闊的社會生活，表現出他對農民和俄羅斯民族命運的憂患意識。從 1911 年至第一次世界大戰爆發，蒲寧陸續發表了中短篇小說《蘇霍多爾》、《歡樂的庭院》、《蟋蟀》、《夜話》、《絮哈爾・沃羅比約夫》、《乾旱的溪穀》和《莠草》等。

　　1905 年，蒲寧有一次周遊世界之旅，足跡踏遍歐洲、非洲和亞洲許多地方。他遊歷各地自然美景，飽覽異國風土人情，在愉悅中寫下不少遊記，如《海神》、《太陽廟》等。1909 年，蒲寧被推選為俄國科學院院士。

　　1914 年，第一次世界大戰爆發，蒲寧再次出國遊歷，其間發表了《弟兄們》（1914）、《三藩市來的紳士》（1915）、《輕盈的氣息》（1916）等小說。雖表達了他對世界大戰的憎恨，但作品中依然有對貴族命運的悲憫色彩。這種情感逐漸演化成對十月革命的抵制，對新生蘇維埃政權的敵視。

　　1920 年 10 月 26 日，蒲寧沒有像托爾斯泰、高爾基那樣迎接無產階級政權，而是以決然告別母國的方式，踏上駛往法國的最後一艘郵輪。五十歲的蒲寧向養育他的母國，投去難忘的一瞥，懷著逃亡的僥倖、離別的惆悵複雜情感，開始了漫長的流亡生涯。

　　蒲寧到了法國，定居巴黎，成為逃亡到法國的白俄知識份子的領袖。在法國，

他靠創作和懷鄉排遣憂鬱，寫了很多小說，有《完了》（1923）、《米佳的愛情》（1924）、《阿薩涅夫的生活》（1927）、《莉卡》（1933）、《幽暗的鄉間小徑》（1938）等兩百多篇中短篇小說。

寫於1926年的《不幸的日子》，1927年至1933年的自傳體長篇小說《阿爾謝尼耶夫的一生》，是他苦悶悲觀情緒下的作品，其間充溢著俄國理想貴族社會消亡的憂鬱情感，是一個自由主義作家靈魂的哀鳴。但蒲寧流亡期間，對俄羅斯的鄉愁，一直在溫暖著他，也一直在折磨他。他寫過作家論《托爾斯泰》（1939）和《啊，屠格涅夫》（未完成，殘稿於1955年出版）。1939年和1941年，作為流亡者，他先後兩次致信托爾斯泰和捷列曉夫，表達願意回到母國的渴望，因德國進攻蘇聯而未果。德國佔領法國期間，蒲寧放棄手中的筆，曾參與營救蘇軍俘虜和抗擊德寇的地下鬥爭。

1950年，蒲寧出版了最後的著作《回憶與描寫》，文中對高爾基進行了批評。蒲寧是個複雜的自由主義作家。

1953年11月8日，蒲寧平靜地在巴黎逝世，法國文化界厚葬了他。

John Galsworthy

約翰·高爾斯華綏 1867—1933

英國小說家、劇作家。

獲獎理由｜為其描述的卓越藝術——這種藝術在《福爾賽世家》中達到高峰。

獲獎作品｜《福爾賽世家》（小說）。

高爾斯華綏是 20 世紀英國傑出的現實主義小說家和戲劇家，無論以其藝術技巧筆致總是那麼綺麗、活潑，而且富於幽默辯論，或是以他細緻而深刻的反映重要社會現象的優秀作品來說，都永遠保有生命力。這很合乎邏輯。他創作的《福爾賽世家》（1906—1921），是其登峰造極的作品。

　　《福爾賽世家》由《有產業的人》（1906）、《騎虎》（1920）和《出租》（1921）三部曲組成，寫的是以福爾賽一家為主體，發生在 1886 年至 20 世紀 20 年代的故事。《有產業的人》是高爾斯華綏最成功的小說。小說充分地呈現了龐大而分支眾多的福爾賽家族之全貌，惟妙惟肖地塑造了「維多利亞女皇」時代貴族的眾生相，描寫了他們特有的心理狀態、黨同伐異的風氣、因循守舊的生活、浸透著銅臭的靈魂。作為這個家族精神代表的索米斯，娶了貧窮卻美麗的妻子伊林，以為他讓她過上闊綽的生活，住進為她蓋的豪華別墅，給她買了珍貴的寶石別針，就可以佔有愛情。伊林厭惡與美和藝術格格不入、只有貪欲的丈夫，愛上了建築師波辛尼。丈夫洞察這一切後，開始迫害沒錢的波辛尼。波辛尼不明不白死於車禍後，伊林的心卻永遠回不到心裡只有「財富意識」和對財富有「佔有欲」的索米斯那裡。小說通過索米斯這一形象，揭露了擁有財富者自私自利、唯利是圖的本性。

　　繼《有產業的人》後，第二部是《騎虎》，寫索米斯與伊林離婚後，得到財產繼承人地位，娶法國女子安耐特為妻，生了女兒芙蕾。而伊林獨居十二年後與前夫堂弟小喬里恩成婚，生兒子喬恩。第三部《出租》寫芙蕾與喬恩的愛情糾葛。芙蕾如其父，「佔有欲」強烈，執意要得到喬恩。喬恩按母親的意願，遠走加拿大。芙蕾只好與一貴族青年馬吉爾結婚。後來福爾賽洛賓山的房子掛起「出租」牌子，象徵這世家已經落花流水般敗落。

　　《福爾賽世家》三部曲中，還包括一些插曲，與三部曲有機地聯結成一體。插曲之一《殘夏》（1918），講的是老福爾賽對離開索米斯的伊林純潔的愛情故事。伊林的美麗、善良，在他一生的最後日子裡，給他帶來莫大的欣慰。

　　《福爾賽世家》以散漫的敘述，講了一個龐大的福爾賽家族四代人的命運，呈現了那個時代流動性的英國社會生活的宏大圖景。約瑟夫‧康拉德致信高爾斯華綏說：

　　我認為你的創作源泉、構思和結構都把偉大的民族藝術在歷史道路上向前推進了一大步。

　　高爾斯華綏，於 1867 年 8 月 14 日出生在英格蘭南部的薩利郡。父親是當地著名的律師，還兼著數家公司的董事。高爾斯華綏先在哈羅中學讀書，後考入牛津大學法律系。1890 年，他獲得律師許可證。但他並沒入行當律師，而是去周遊世界。他的旅遊生活的收穫之一，就是在一艘郵船上與英國作家約瑟夫‧康拉德不期而遇，成為莫逆之交。從此，大他十歲的康拉德很慷慨地指導尚未開竅的高爾斯華綏走上文學之路，直到後來青出於藍而勝於藍。

　　1895 年，高爾斯華綏開始以筆名約翰‧辛約翰發表作品，同時與艾達邂逅相愛。他在其鼓勵下創作了長篇小說《島國的法利賽人》（1904），剛剛引起文壇關注的他，與艾達走進婚姻殿堂。

　　《島國的法利賽人》尖銳地批評了上層貴族社會的不公平及虛偽和無理的傲慢。小說主人公謝爾敦，在一次旅遊中結識一位與貴族決裂的比利時人費朗。費朗讓謝爾敦看清英國社會從前習以為常的醜惡生活現象。他回英國後，更感到社會的虛偽和道德敗壞，終於與貴族未婚妻安東尼亞斷絕關係，逃離了原來的生活。

　　在《島國的法利賽人》發表之前，他研究屠格涅夫、福樓拜、莫泊桑，學習他們「觀察人生的方法及結構故事的手段」，以筆名發表長篇小說兩部、短篇小說兩篇，都未引起人們的注意，而第一次以本名發表的《島國的法利賽人》卻收穫了好評。

　　到第一次世界大戰前，高爾斯華綏已成名於英國文壇，除《福爾賽世家》三部曲之外，還創作了《莊園》（1907）、《友愛》（1909）、《有教養的人》（1911）、《安靜的旅邸》（1912）和《深色的花》（1913）等小說。《安靜的旅邸》寫一個叫塞剌勒的小差役，每天夜間他的差使是提燈照街，方便行人。但在燈籠照耀下，街道的骯髒便顯現出來，一些公民抗議，塞剌勒以擾亂「善良公民」罪名而被法庭問責。他在法庭為自己辯護說：「可敬的法官，你當然是公正的人，你們不法取締的燈光照到殘破醜惡上面，因為在燈光之下，還有美麗的東西呀……，先生們！容我請你們注意，這個燈光不偏不倚地指示出每件東西，好像永遠使那美麗的東西被雲霧遮蔽而顯得黯淡，這正因為人類深深地懷疑著和諧以及正義的

本能！」他一針見血地揭示了社會和法律的虛偽與不公。

高爾斯華綏除小說之外，在戲劇方面也極有天賦，碩果累累。甚至，他在戲劇方面的名聲超過小說的。他的有關戲劇的專著也不可小覷，如《關於戲劇的幾點意見》一文，認為劇作家應根據社會需要，按照自己的意圖，真實地描寫生活，反映社會問題。根據這一原則，他創作了《銀匣》（1906）和《法網》（1910）兩部名劇，皆將批判的鋒芒指向英國法律的正義無法伸張的種種不公。此外，他還有《正義》（1910）、《鴿子》（1912）等劇作。

1909 年，高爾斯華綏創作的《鬥爭》，是他戲劇的代表作，描寫倫敦一家鋁板公司工人罷工運動的故事。作者對工廠主的剝削表示憤怒，對勞工的貧困處境予以同情。作家的人道主義立場，得到英國著名評論家馬塔拉姆的好評，指出：「它不是工業歷史的記錄，而是歷史的預言。」

第一次世界大戰爆發後，四十七歲的高爾斯華綏應政府之命，前去檢查身體，準備服兵役，因年紀大且高度近視，被派到一所法美合作的醫院，為傷兵進行按摩。他的妻子艾達也被安排在這所醫院，做護理工作。

第一次世界大戰結束後，高爾斯華綏在哈姆斯特園林小木屋中，再次專注於文學創作。後又在訪美時，在裡維拉、梯羅爾等旅館中寫作，他對朋友說：「別渴求有女人的生活，這毫無意思，重要的是你的寫作。」其作品有《騎虎》（1920）、《出租》（1921）、《忠誠》（1922）和《逃跑》（1926）等。

1924 年至 1928 年，高爾斯華綏又創作了第二個長篇小說三部曲《現代喜劇》，由《白猿》（1924）、《銀匙》（1926）和《天鵝之歌》（1928）組成。內容與《福爾賽世家》相關，寫這個世家年青一代亦即英國貴族最後一代芙蕾、瑪律吉、詩人沙特等人靈魂空虛，生活彌漫著不安和彼此不信任的氣息，政治舞臺也充滿無聊忙亂的腐朽風氣。馬吉爾當了議員，自認為正直之人，臆想解決社會失業等困境，結果只是空想而已，與其所謂抱負形成絕妙的諷刺。而小說最精彩的部分，是將主人公馬吉爾及其他相關人的個人感情，寫得非常深刻，且富於抒情意趣。比如芙蕾對伊林的兒子複雜痛苦而強烈的感情，構成了整個悲劇故事最精彩的片段之一。

《福爾賽世家》和《現代喜劇》兩個三部曲長篇巨著，都是以英國 20 世紀 20 年代廣闊的社會生活為背景的，以編年史方法真實地反映了英國社會的全貌，但

高爾斯華綏並未完全否定英國的社會制度，他把希望寄託在福爾賽世家後代身上，削弱了其作品的批判力量，這在第三個三部曲《尾聲》中一目了然。作品表現了貴族社會雖已日薄西山，但終會出現「健康」因素，來改良這個社會。《尾聲》包括《女侍》（1931）、《開花的荒野》（1932）和《河那邊》（1933）三部小說。比較起來，三個三部曲，第一個三部曲《福爾賽世家》中的《有產業的人》最為精彩。

高爾斯華綏一生共寫長篇小說二十部，劇本二十六個，短篇小說、散文、書信、詩歌共十二卷，這些作品都是現實主義力作。他強調作品要反映社會生活，「小說並不是說教，它只是提供生活的圖畫和實例」。

高爾斯華綏雖曾拒絕接受爵士榮譽，卻欣然領取了瑪麗特勳章，事情複雜，不必拿這些事判斷他的政治立場。

高爾斯華綏榮獲諾貝爾文學獎後不到半年，於 1933 年 1 月 31 日，逝世在他喜愛的哈姆斯特的園林小木屋中，享年六十五歲。

Erik Axel Karlfeldt
埃利克・阿克塞爾・卡爾費爾特 1864—1931

瑞典詩人。

獲獎理由 | 他在詩作的藝術價值上，從沒有人懷疑過。

獲獎作品 |《荒原和愛情之歌》（詩集）。

　　根據諾貝爾獎的宗旨，是不給逝者頒獎的。卡爾費爾特是特例。鑒於卡爾費爾特在詩歌創作上的成就，瑞典文學院曾幾次要頒給其諾貝爾文學獎，但卡爾費爾特為人謙遜，並已在瑞典文學院任職多年（諾貝爾文學獎評委、終身秘書），為避嫌起見，不接受諾貝爾文學獎。瑞典文學院只能在其到退休年齡並辭去職務時，再擬頒獎給他。豈料這位偉大詩人，於 1931 年 4 月 8 日在斯德哥爾摩仙逝。瑞典文學院還是集體決定破例將本屆諾貝爾文學獎授給已逝世的卡爾費爾特。

　　《荒原和愛情之歌》是卡爾費爾特於 1895 年出版的第一部收錄小詩四十六首的詩集。詩人聲稱這部詩集是獻給「我的祖先們」的禮物。詩歌是對祖先古老生活和田園風光的讚美，充滿對宗教幻想和中世紀神秘時代的嚮往，在強烈的思鄉和懷舊之中，不乏寄託著年輕詩人特有的對現代社會生活的困惑和失望。

　　其中〈春風小景〉一詩：

小河在平原濕土潺潺流過，
樺樹的樹皮缺口裡流出了液汁。
高山上蒼鷹發出了求偶的鼻叫，
在寒冷的長夜中淒涼而可怕。
哦，快樂的南風吹過荒野，
它馬上會帶來一個節日的夜晚。
為這一帶的五旬節增添光彩，
到處彌漫著柏油燃燒的濃煙。
乞丐吊兒郎當邊走邊舞著棍棒。
修鞋姑娘收攤子挪到了太陽底下，
放開喉嚨大聲招攬，
聲音就像樂師給琴弦擦松香，
緊緊抓住用橡樹皮包底的小提琴。

大路上遠遠傳來手推車的轆轆聲，
——趕車人的兒子從磨坊回家。
剛到門口孩子便張大了嘴巴，

屋裡婦女們聚集在窗前。

　　五旬節，是北歐的傳統節日，僅次於耶誕節。這首詩以極富鄉野趣味的景色，為五旬節營造了環境。接著，「歡樂的南風」承載了節日的氣息，各色鄉人紛紛登場，渲染了節日快樂的氣氛。而最後一節，如同電影的蒙太奇，巧妙剪裁畫面，如同中國畫的留白和捨棄，留下豐富的藝術想像。

　　卡爾費爾特，於 1864 年 7 月 20 日降生在瑞典東部福爾卡納一個律師家庭裡。父母都是知識份子（一說他家祖祖輩輩都是農民）。他從小就受到良好的家庭教育，童年和少年在風光秀麗的鄉村度過，受到大自然濡染和民間歷史傳說的陶冶。

　　卡爾費爾特在家鄉讀完小學，然後到韋斯特羅斯市讀中學，勤奮好學。他中學畢業後考入烏普薩拉大學文學系，因家庭經濟困難數度輟學。他的父親因負債累累，偽造本票和匯票，被捕入獄兩年，莊園被拍賣，家道中落。但卡爾費爾特始終沒有放棄學業，斷斷續續求學，終獲文學學士學位。1898 年，他又獲瑞典文學和英國文學兩科碩士學位，1904 年被選為瑞典文學院院士，三年後成為該院所屬諾貝爾文學獎評委會委員。1912 年，他被任命為這個委員會的終身秘書，1917年被母校授予哲學博士學位。翌年（一說 1920 年），他被提名為諾貝爾文學獎獲得者，因其堅拒被撤銷。

　　自 1895 年出版第一部詩集《荒原和愛情之歌》，引起瑞典文壇的廣泛關注之後，他又先後出版了《弗裡多林之歌》（1898）和《弗裡多林的樂園和達拉克林繪畫韻文》（1901）兩部詩集，讓他馳名詩壇，各種榮譽也接踵而至。

　　1906 年，詩人又出版了抒情詩集《花神和果樹女神》，詩風的成熟和詩意的深化，讓歐洲詩界注意到卡爾費爾特的詩。他的詩與 19 世紀末歐洲的藝術潮流一脈相承，其恬淡、冷靜、超脫的人生觀，其懷舊、清高、自我追求的思想境界，又極富個性而與眾不同。

　　1918 年，詩人又推出《花神和女戰神》詩集，其歡快明麗和對生活美的崇拜，以及包蘊的宗教信仰，使其詩達到了藝術的高峰。1927 年，最後一部詩集《秋天的號角》的出版，為他的詩畫上了完美的句號。

　　是的，詩人一生太過刻意追求詩的藝術形式上的完美，其詩明顯具有比較濃

郁的宗教幻想、神秘、復古的感情色彩，與當時複雜的社會生活疏離，而缺乏時代意義，這是歷史和他個人的局限造成的，但「他在詩作的藝術價值上，從沒人懷疑過」（瑞典文學院的頒獎詞），他的詩因美而有永恆的魅力。這是一個悖論。

Sinclair Lewis
辛克萊 · 路易斯 1885—1951

美國作家。

獲獎理由 | 由於他充沛有力、切身和動人的敘述藝術，以及他以機智幽默去開創新風格的才華。

獲獎作品 | 《巴比特》（小說）。

　　有人說，當瑞典國王將諾貝爾文學獎的獎章同證書交到路易斯手上，華燈璀璨的大廳響起熱烈掌聲的時候，獲獎者激動得流下了熱淚。獲此殊榮，作家激動，人之常情。而更讓人感興趣的，是他在此刻發表的獲獎感言：「美國人已是一個成熟的民族，能夠冷靜老練地思考對其所生存的大地進行任何剖析批判，無論這些剖析批判是多麼帶有嘲弄性。」而意味深長的是，路易斯的作品，恰恰具有揭露和批判性，他是以獨特的諷刺才能和他創造的一系列異常鮮明和有特色的美國人形象而獲諾貝爾文學獎的。

　　《巴比特》於 1922 年出版，路易斯在這篇小說裡，塑造了一個美國興旺發達時期的市儈巴比特的典型，以探討那時自鳴得意的美國人心理特徵，具有文化觀照和藝術欣賞的雙重價值。

　　巴比特是個一帆風順且訓練有素的房地產經紀人，有文化素養和規範化的家庭生活道德，是共和黨可尊敬的黨員，真尼茲城上等人俱樂部會員。雖極端愚蠢、揚揚自得，卻偏偏時不時感到苦悶和不滿。他要嘗試過「真正的生活」，放蕩不羈，甚至要造反，投入自由主義者陣營，發表異端思想，染上革命情結。

　　自由主義者名聲讓他失去社會上顯要人物的支持，他的生意也陷入僵局，為了扭轉這一被動處境，他「浪子」回頭，重回傳統勢力懷抱，恢復保守派政治立場。他重做市儈之徒，進入「正派公民聯盟」，幫友人競選市長，自己再度成為「促進俱樂部」成員，生意也興旺起來。他可以暗裡慫恿兒子與女友私奔，在公眾場合卻依然以道貌岸然的偽君子形象示人。《巴比特》成功塑造了 20 世紀 20 年代美國的市儈形象，但這些人物都是制度下的畸生兒、犧牲品，將這一視角對準美國社會，《巴比特》又何嘗不是戳穿美國「精神文明」的力作呢。瑞典文學院更看中路易斯的文學才華，將第二十八屆諾貝爾文學獎的繡球投給了他：

　　由於他充沛有力、切身和動人的敘述藝術，以及他以機智幽默去開創新風格的才華。

　　路易斯，於 1885 年 2 月 7 日降生在美國明尼蘇達州蘇克薩特鎮。其父是一位鄉村醫生，母親的父親也是醫生。他是父母第三個孩子。在他六歲時母親去世，繼母是個嚴厲的女人，路易斯從未把她當成母親。

路易斯身體瘦弱，性格孤僻，常受鄰居的孩子嘲笑愚弄。後到該鎮高中學習，十七歲時，他離開庸俗、偏狹的蘇克薩特鎮，到俄亥俄州奧柏林學院讀預科。翌年，他入耶魯大學文學院求學。他在低年級時，便顯示了文學才能，在《耶魯大學雜誌》發表了一首詩歌。到高年級時，他已成為這份校刊的編輯，同時還兼紐約《大西洋記事》雜誌的助理編輯。尚未畢業，他就離開學校，參加小說家厄普頓·辛克萊辦的帶有社會主義性質的「赫利孔山村落」的勞動公社，在這裡當看門人。1907年秋，他又重返母校耶魯大學，讀完最後一個學年，畢業時獲文學學士學位。

　　從1908年至1916年，路易斯先後在愛荷華州《滑鐵盧報》、三藩市聯合出版社、華盛頓《沃爾特評論》、紐約《歷險》等傳媒和出版社擔任過助理編輯和編輯。這期間他出版了第一部小說《我們的雷恩先生》（1914），沒有引起什麼反響。從此，路易斯開始自己的寫作生涯，寫了不少有著浪漫氣息的通俗小說。

　　1914年，路易斯娶了第一位妻子，離異後已經四十三歲。他又和一位很有名氣的專欄作家、女記者蘿茜·湯普森拉著手走進婚姻殿堂，不幸五年後再次離婚，從此孑然一身。

　　1920年，路易斯付出了很多心血，出版了長篇小說《大街》，令他沒想到的是，該書甫一問世，竟然成為人們爭相搶購的暢銷書，也使他獲得很高的聲譽。

　　《大街》以美國「古弗草原」小鎮為背景，反映上流社會一成不變、呆板腐朽的生活，鎮民自命不凡和因循守舊。女主人公米爾福德聰明伶俐，才能平平，大學畢業後嫁給一個樸實而缺乏想像力的醫生肯尼考特，定居在充滿沉悶、閉塞、狹隘氣氛的古弗草原小鎮。米爾福德希望組建一個藝術團體，豐富小鎮文化生活，而居民拒絕她的倡議。不久，因丈夫只關心病人，米爾福德愛上鎮裡的小裁縫埃里克。她便成了鎮民攻擊的對象，令她憤然離開丈夫，帶著女兒到華盛頓過獨立自由的生活。後來丈夫來找她，雖然沒有了愛情，但丈夫無辜，她又回到丈夫身邊。她回到死氣沉沉，鎮民卻躊躇滿志的古弗草原小鎮，繼續忍受鎮上那條「大街」帶給她的壓抑。從此，她把希望寄託在女兒身上，希望女兒長大之後，「說不定會看到全世界工人聯合起來，人類的飛船正在駛向火星」。

　　《大街》並不是一部無可挑剔的小說，但顯示了路易斯對社會的尖銳的批判眼光。小說不僅用巨大的觀察力和藝術手段透視了美國小鎮的社會風貌，而且在展示地方風情方面，堪稱文學教科書般經典。

　　1925 年，路易斯又出版了《艾羅‧史密斯》。兩年後，其《艾爾默‧甘特立》問世。

　　《艾羅‧史密斯》這部長篇小說，寫的是無孔不入的生意人如何侵入科學的領域，使它屈從於金錢的利益，以及為征服它，科學家在科學實驗中表現出來的勇氣和毅力。路易斯這篇小說得到《微生物的獵人》作者、著名學者克拉夫的熱情幫助。

　　《艾爾默‧甘特立》則寫了一個酒徒兼色鬼飛黃騰達的故事，抨擊了美國社會中那些掠奪成性的市儈。

　　路易斯是出於對美國熱烈的信仰，而對其種種社會弊端進行揭露和批判的，小說中表現出愛國主義和民主主義的成分。1926 年，他被授予普立茲小說獎，他拒絕了。1936 年，他又獲得母校耶魯大學文學博士學位。兩年後，他成為美國藝術文學院院士。在獲得這些榮譽的同時，路易斯除《巴比特》外，再無優秀作品問世，引起評論界非議。晚年他旅居歐洲，怕與此有關。

　　20 世紀 30 年代以後，一貫勤奮的路易斯一連寫了十幾部作品，長篇有《不會在這裡發生》（1935）、《教堂裡歡樂的一天》（1940）、《卡斯‧蒂姆白蘭》（1945），此外自編《短篇小說選》（1935）、散文集《世界如此廣闊》（1951）等。他還曾對電影感興趣，改編了電影《傑伊霍華哥》（1934）、《這裡不會發生》（1936）。

　　1951 年 1 月 10 日，獨身在義大利的路易斯，因心臟病突發，在羅馬逝世，享年六十六歲。路易斯走了，但他開創的小鎮風情、以市儈典型嘲弄「美式生活」的經典小說，一直影響著美國文學。

Paul Thomas Mann

保羅・湯瑪斯・曼 1875—1955

德國作家。

獲獎理由｜由於他那在當代文學中具有日益鞏固的經典地位的偉大小說《布登勃洛克家族》。

獲獎作品｜《布登勃洛克家族》（小說）。

　　小說《布登勃洛克家族》（1901），其副標題為「一個家庭的沒落」。小說寫一個有錢有勢的望族祖孫四代由盛而衰的故事。故事發生在 1835 年至 1876 年的商業城市盧貝克。祖父老約翰・布登勃洛克開設了一家大糧食批發商店，在社會上威望頗高。他是德國經濟上升階段一位穩健的自由主義者。兒子小約翰繼承父業後，便有了一個競爭對手——暴發戶哈根斯特羅姆。競爭慘烈，生意清淡，又加上女兒婚事上失算，他感到經營糧食批發商店非常困難，卻沒有辦法應對，只好守著家傳箴言「白日精心於事物，然勿作無愧於良心之事，俾夜間能坦然就寢」，苦苦支撐。第三代湯瑪斯接手糧食批發商店後，與競爭對手哈氏的鬥爭已非常激烈。因戰爭和投機失利，湯瑪斯屢遭打擊，家道開始敗落，連祖父建的房子也落到哈氏手裡。湯瑪斯死後，兒子漢諾多病，膽小怕事，更無法在弱肉強食的社會生存。小說以漢諾死亡結束。

　　這部小說展示了一幅 19 世紀末德國社會生活的廣闊圖景，反映了德國社會在進入帝國主義時期的矛盾。

　　小說中的人物既有共性又有個性，真實地揭示出物欲橫流社會裡各色人等自私腐朽的面目和靈魂。小說對人生抱有消極悲觀的情緒，明顯受叔本華的悲觀主義哲學的影響。在藝術風格上，湯瑪斯・曼受到俄國現實主義風格特別是列夫・托爾斯泰的影響。

　　湯瑪斯・曼，於 1875 年 6 月 6 日出生在德國北部靠近波羅的海的盧卑克城。其家族很多人都參加過市政管理工作，屬於上層階級。父親是有名的大糧食批發商，還是國會議員。母親是具有德國和巴西混合血統的貴族後裔。具有嚴格道德觀的父親與極富藝術氣質的母親之間鮮明的對照，成為後來湯瑪斯・曼文學表現的主題。

　　湯瑪斯・曼還有個大他四歲的同胞哥哥亨利希・曼，也是當時德國最傑出的作家之一，以長篇小說《臣僕》聞名於世，不僅是偉大的社會活動家，還是不屈不撓的反法西斯戰士。可謂一門二傑。

　　湯瑪斯・曼童年時代在家鄉度過，中學畢業後，便到德國文化中心慕尼克求學。他十六歲那年，父親病故，家道開始中落。1892 年，全家遷到慕尼克。湯瑪斯・曼半工半讀，在慕尼克讀完大學。求學期間，他對文學、音樂、歷史和哲學非常

喜愛，並對上古、中世紀以及文藝復興時期的歷史和藝術有精湛的研究。同時，他也開始嘗試文學創作。

1894 年，他的短篇小說處女作發表在慕尼克一家雜誌上，名為「墮落的女人」，是寫妓女生活的，受到社會好評。四年以後，該作被他選入自己的短篇小說集《曼的朋友小個子菲利》一書中。

自從當了職業作家後，他結識了不少在慕尼克的文人，與哥哥亨利希‧曼等共同參與《二十世紀》和《辛卜利其斯木斯》雜誌的編輯工作。他還認真研讀他最崇拜的叔本華、尼采等人的哲學，後又醉心於海涅、馮達諾和史篤姆等德國小說家的作品，對俄國的列夫‧托爾斯泰、杜斯妥耶夫斯基也極為推崇。這些世界文壇巨匠的著作，滋養湯瑪斯‧曼登上宏偉的文學殿堂。

1896 年，在繼承了父親的遺產後，兄弟倆結伴遊歷義大利。他們除了整日徜徉於古羅馬留下的古老街巷和教堂，讓自己的藝術觀念昇華，還各自醞釀自己的小說創作。湯瑪斯‧曼的編年史小說《布登勃洛克家族》就是在這裡開始落筆的。1901 年，該小說一在德國出版，立刻風靡了德意志和歐洲。

1902 年，湯瑪斯‧曼的短篇《特利斯坦》發表。小說以一個療養院為背景。一位富商的妻子來療養院療養肺病，被一個乖僻頹廢的藝術史家愛上了。一次，他趁別人都外出郊遊，讓商人妻子為他彈奏瓦格納的樂曲《特利斯坦》。她因過於亢奮，後病情加劇，不久死去，看似是由藝術史家的挑動所致，但真正的死因是其夫的平凡庸俗已種下戕害她的種子。小說揭示了這些庸俗的人是侵害人們美好精神的劊子手。

《特里斯坦》是湯瑪斯‧曼很有代表性的短篇，它以形式嚴謹、心理分析深刻著稱。又如其《托尼奧‧克律格》（1903）、《傷心的人》（1903）、《高貴的王室》（1909）、《威尼斯之死》（1911）、《瑪麗歐和魔術師》（1930）、《綠蒂在魏瑪》（1939）等中短篇小說，描繪了歷史更迭時德國的社會面貌，呈現了德國人內心世界的圖景。

1905 年，在文壇已享有聲譽的年輕作家湯瑪斯‧曼，與慕尼克大學一位教授的千金凱茜‧普林肖姆相愛結婚，攜手共度二十多年幸福安康的日子，育有六個兒女。

第一次世界大戰的爆發，改變了湯瑪斯‧曼不過問政治，專門創作的平靜生

活。他第一次選邊站隊，便錯站在自己國家一邊，認為這是一場德國人保衛國家榮譽的愛國主義戰爭。他的日爾曼主義立場，遭到自己的哥哥和羅曼・羅蘭的批評，彼此發生了激烈的筆戰。但湯瑪斯・曼是個坦蕩的人，當他認識到自己錯了的時候，在 1918 年發表〈一個不參與政治的人的反省〉一文，痛心地悔悟自己的錯誤立場。幾年後，魏瑪共和國建立時，他成了著名的民主人士。瑞典文學院將諾貝爾文學獎頒給他，也含有對其立場肯定之意。當德國法西斯主義在德蔓延之際，他多次著文和發表演說，告誡同胞要提高警惕。果然，1933 年，希特勒上臺，德國成為法西斯主義的策源地。湯瑪斯・曼從此客居瑞士。

1924 年，湯瑪斯・曼出版了深有寓意的第二部長篇小說《魔山》。小說寫的是第一次世界大戰前夕，挪威形形色色上層人物頹廢的精神狀態，以及社會病態。

1933 年至 1943 年，湯瑪斯・曼斷斷續續用了十年的時間，完成了以《聖經・舊約》中的約瑟夫相關傳說為題材的四卷本長篇小說《約瑟夫和他的兄弟們》。第一、第二兩部寫於 1933 年至 1934 年，分別是《雅各布的故事》和《年輕的約瑟夫》。它們講的是猶太人受苦受難的故事，讚揚猶太人的善良和高貴品格，以歷史影射現實，駁斥希特勒種族主義滅絕猶太人的謬論。第三部《約瑟夫在埃及》，出版於他在瑞士僑居期間的 1936 年。第四部《贍養者約瑟夫》完成於 1943 年的美國。這部長篇巨著史詩性地表現了猶太人反抗法西斯鬥爭的宏偉圖景，湯瑪斯・曼自己評價說：「正因為這部小說是不合時宜的，所以它是合時宜的。」這句極富哲理的話，詮釋了其創作意圖和作品的現實意義。

1936 年，由於湯瑪斯・曼堅決反對納粹主義的立場，他的書在德國被焚燒，公民權被剝奪，家產被沒收，他被波恩大學授予的名譽博士學位也被褫奪。

1938 年，他應邀去美國遊學，曾在普林斯頓大學、加利福尼亞大學講學。第二次世界大戰中，他利用有線廣播向他的同胞發表總題「德國聽眾們」的演講，多達五十餘次，號召同胞起來推翻希特勒罪惡政權，建立民主德國。他於 1944 年獲得美國國籍。

1939 年，他在美完成長篇歷史小說《綠蒂在威瑪》，寫詩人歌德年輕時與情人綠蒂的故事。小說採用意識流手法，以歌德大量的內心獨白，再現了詩人卓越的思想與矛盾的性格。該作與以前湯瑪斯・曼寫的《歌德和托爾斯泰》（1923）、《歌德——資產階級時代的代表》（1932）、《叔本華》（1938）等，是他對曾

經崇拜的叔本華、尼采、瓦格納錯誤思想的清算。而 1946 年寫的政論文《反對布爾什維克主義是我們時代的大蠢事》，則表現了他的思想傾向性。

1947 年，湯瑪斯‧曼寫了重要的長篇《浮士德博士》，副標題為「由一個友人講述的德國作曲家阿德里安‧萊弗金的一生」，寫的是萊弗金複雜的人生故事。1951 年，他寫的長篇小說《被挑選者》，主題宣揚赦罪，故事取材中世紀，目的是主張對第二次世界大戰戰敗的德國採取寬大政策。其最後一部長篇《騙子菲利克斯‧克魯爾的自白》第一部，尖銳諷刺了上流社會爾虞我詐、自私自利的醜惡現象。可惜，湯瑪斯病故，未完成原計劃的若干部。

1949 年，紀念歌德誕生兩百周年時，湯瑪斯‧曼在西德的法蘭克福和東德的威瑪分別發表演說。1955 年，席勒逝世一百五十周年時，他又到這兩處發表演說，這兩次演說引起很大的震動和強烈的反響。

1952 年，湯瑪斯‧曼選擇到瑞士蘇黎世定居。在剛剛接受西德政府授予的德國最高勳章不久，1955 年 8 月 12 日，具有堅定民主信念的 20 世紀一流作家湯瑪斯‧曼病逝於蘇黎世。

Sigrid Undset
西格麗德 · 溫塞特 1882—1949

挪威女作家。

獲獎理由｜主要是由於她對中世紀北國生活之有力描繪。

獲獎作品｜《克麗絲汀的一生》（又譯《新娘 · 女主人 · 十字架》三部曲）（小說）。

歐洲經濟危機時的 1920 年至 1922 年，離婚後的溫塞特創作進入高峰期，同時，她把注意力從現代生活轉向中世紀挪威婦女的地位和命運。潛心三年，她寫出了給她帶來榮耀的《克麗絲汀的一生》。這部長篇三部曲，包括《新娘的花環》（1920）、《漢莎堡的女主人》（1921）和《十字架》（1922）。

　　該作繼承了挪威文學嚴肅莊重、理性大氣的優秀傳統，思想厚重，故事起伏跌宕，人物性格複雜，風土人情絢麗多彩，有令人震撼的真實感。

　　小說以中世紀為背景，通過對幾個莊園和莊園中人物的日常生活的描寫，再現了挪威的自然風貌、歷史事件、風俗人情，展現了王宮節日、政治陰謀、瘟疫蔓延、鬥毆比賽、流行藝術等豐富的社會生活圖景。特別是小說中女主人公克裡斯汀，長久地追求愛情，張揚自然人性及其悲劇性的結局，映現了挪威整個社會的生存狀態。小說還觀照了挪威民族的靈魂世界，具有文化性、史詩性。而最後，碰得頭破血流的克裡斯汀皈依宗教，在朝聖的道路上，尋求靈魂的自我救贖，這樣的結局有些突兀。

　　第二十六屆諾貝爾文學獎頒給溫塞特的理由是：

　　主要是由於她對中世紀北國生活之有力描繪。

　　茨維塔耶娃這樣評價《克麗絲汀的一生》：

　　與《克麗絲汀的一生》相比，《安娜·卡列尼娜》（列夫·尼古拉耶維奇·托爾斯泰著）只是一個片段而已。

　　此語雖顯得偏頗，卻可見其對溫塞特的厚愛。而中國出版的《歐洲文學史》（人民文學出版社）根本未將這位繼瑞典的塞爾瑪·拉格洛夫，義大利的格拉齊亞·黛萊達之後第三個獲諾貝爾文學獎的女作家西格麗德·溫塞特納入法眼。

　　溫塞特，於 1882 年 5 月 20 日降生在丹麥開倫特堡。其父是挪威考古研究開拓者之一英格華爾德·馬丁·溫塞特，其母是丹麥貴族後裔。這個充滿歷史文化氣息的家庭環境，使溫塞特從小就對歷史特別對挪威中世紀歷史產生興趣。或許

出於研究歷史的原因，這個家族以嚴格聞名於世，這也形成溫塞特性格的冷靜、孤僻和倔強。她童年的大部分時光，在挪威首都奧斯陸的祖父家中度過。我們從她後來 1934 年寫的自傳體小說《逝去的歲月》（又譯《七年》）裡，可知她童年生活的快樂和孤寂。

溫塞特十一歲時，父親病故，家道中落，但不影響繼續求學和過著舒適的生活。大學畢業後，十七歲的她到一家法律事務所做律師助手，一直幹了十年。職場生活單調乏味，她便以讀歷史和文學著作來充實自己，並開始醞釀小說創作。1907 年，她寫了長篇小說《瑪塔·歐利夫人》。

這是一部以日記體反映挪威知識女性生活的作品，把她這許多年所經歷的生活和對社會的體察都寫進去了。小說以現實主義手法描述了當時挪威的社會生活、時代風尚，寫出了婦女在社會生活中受到的不公平境遇，以及她們為謀求精神獨立、在家庭生活中的合理地位時所引起的種種衝突和矛盾。她的關於婦女題材的探索，與同時代的義大利女作家格拉齊亞·黛萊達有異曲同工之妙，成掎角之勢，形成了一種文學合力。《瑪塔·歐利夫人》出版之後，儘管該作沒有在社會和文壇引起關注，但這並沒有影響溫塞特寫婦女問題的熱情。

1909 年，離職後的溫塞特到羅馬去旅遊，徜徉於古羅馬遺跡之時，與同胞畫家安德斯·卡斯圖斯·斯瓦斯塔邂逅，他們一見鍾情。但斯瓦斯塔那時不僅已是有婦之夫，而且育有三個兒女，其中一個有智能障礙。愛情有時會讓人失去理智，三年後，溫塞特還是走進教堂，與已離婚的畫家結婚。這樁婚姻維持了十四年，又勞燕分飛。從此，溫塞特一直過著獨身生活。

在 1911 年結婚那年，溫塞特出版了第二部長篇小說《珍妮》，寫一位年輕的女藝術家珍妮，到羅馬研究古代建築繪畫，同時愛上一家父子的複雜遭際。如果說《瑪塔·歐利夫人》描寫的是知識女性為改變其社會地位而鬥爭，那麼《珍妮》所探求的是歐洲男人和女人間性愛的人性問題。離婚後，溫塞特帶著三個孩子，來到挪威東南部的利勒哈默爾小城，用了兩年時間，建造了當地豪華的新居「比耶克貝爾」及一個大花園。她每天可以帶著孩子在花園裡玩耍，在這裡眺望小城和鄉村美麗的風景。

到 20 世紀 20 年代，溫塞特的創作逐漸成熟，創作了《克麗絲汀的一生》。完成這部力作後，原來挪威人信奉的路德教派基督教，尊為國教，但她卻信奉羅

馬天主教。溫塞特這一反叛行為，被人解釋為是她對日益腐敗保守的社會風氣不滿所致。有些牽強，難道羅馬天主教就真的使她能看到社會風氣好轉了嗎？當然，有一點是值得注意的，溫塞特的宗教信仰改變，的確直接影響到她以後的創作。1925 年至 1927 年，她創作了四卷本長篇小說《赫斯迪弗汀船長》，接著又出版了《在荒野》（1929）、《燃燒的荊棘》（1930），大都是寫宗教問題的，從中可見她對宗教獨特的認知。

到了 20 世紀 30 年代，溫塞特又重返現代題材，創作了長篇小說《伊達‧伊莉莎白》（1932）、《忠誠的妻子》（1937）等作品。1939 年，她還出版了一部歷史小說《多蒂婭太太》。這些作品從心理學和倫理學層面更深入地刻畫人物。她還翻譯了一些世界名著給自己的同胞。也是這個時期，溫塞特以筆為武器，抨擊德國納粹主義並參加了反法西斯的抵抗運動。1940 年，德國入侵挪威，她被迫流亡到瑞典，後又由蘇聯、日本到美國，在那裡僑居五年。在美國，她創作了《重返未來》（1942）、《挪威的幸福生活》（1942）和《席格特和他勇敢的夥伴》（1943）等小說。

縱觀溫塞特的創作生涯，她以婦女題材創作的小說，特別是對於挪威中世紀時代生活圖景的展示，對於普通人日常生活繪聲繪色的描寫，對於婦女複雜心理的刻畫，極有深度，極富藝術魅力。但其作品中呈現的維護正統觀念的思想意識及強烈的宗教色彩，又為人所詬病。

1945 年，挪威光復，溫塞特返回故鄉。

1949 年，溫塞特在利勒哈默爾「比耶克貝爾」與世長辭，享年六十七歲。

Henri-Louis Bergson

亨利 - 路易‧柏格森 1901—1986

法國哲學家。

獲獎理由｜豐富而生氣勃勃的思想，及表達的卓越技巧。

獲獎作品｜《創造進化論》（L'Évolution créatrice，又譯《創造的演變》）（哲學著作）。

科拉科夫斯基這樣評價柏格森：

幾乎沒有一個當代哲學家，敢誇耀他們完全沒有受到柏格森的影響（不管是直接的還是間接的）。儘管很少有人提到和引證柏格森，但柏格森的存在，卻是不能從我們的文明中消失。

第一次世界大戰前，法國興起過一場思想變革運動（有人稱為「精神革命」），在哲學、文學、思想和政治等意識形態領域內，進行了深入的探索和討論，亨利‧柏格森引起人們的重視。他以心理唯靈論學說反對、批判當時流行的實證主義學說和社會主義學說，影響了法國哲學界。

柏格森反對過度的理智主義和唯科學主義，認為直接掌握意識現象和生命現象是人類的直覺，他揭示出當時哲學的錯誤在於認為智慧是全部認知的最重要的和唯一的工具。他的觀點是，只有直覺才能在運動現實中直接掌握生命現象和意識現象，直覺排除了分析，本能地、直接地把握精神並抵達到精神意識深處。

關於小說創作，柏格森認為，作家在小說中所刻畫的人物性格，是不能與在一剎那與這個人物打成一片時所得到的感受相比的。小說描述這一人物的特點，其目的是同其他人做比較，而比較出來的東西是共有的，並非專屬的東西，因而我們便無法感覺到內在的東西。描寫只能讓人停留在相對事物之中，而得不到絕對的東西，要想得到絕對的東西，只能依靠直覺，直覺能使我們進入到物件的內部、發現本質。

文學藝術在柏格森的哲學思想中，佔有相當重要的地位。他的哲學認為文學藝術是持續創造力的最為豐富的證據之一。

柏格森的哲學思想，在 20 世紀前半葉曾產生過深刻的影響，為認識世界提供了多一種角度。

柏格森在 1927 年以哲學論著《創造進化論》（*L'Évolution créatrice*，1907）獲得第二十四屆諾貝爾文學獎，其頒獎詞是：

豐富而生氣勃勃的思想，及表達的卓越技巧。

　　此處言該作創造出了驚人宏偉的詩篇，讀者可以毫不費力地從中獲得巨大美感。它不用世界通常的概念法或抽象法，而是以嚴謹簡潔的風格並施以精彩的比喻、華麗的辭藻、優美的文體，將枯燥的哲學變得如詩般的富有美感力量。

　　《創造進化論》通過論證「生命衝動」的理論和直覺主義方法，對方法論哲學體系予以批判，既反對唯心主義，也反對實在主義與實證主義。他力圖以「實在」、「生命衝動」顛覆亞里斯多德、笛卡兒、康德等建立的哲學理念。其提出的生命哲學的影響，遠遠超出了哲學範疇。

　　柏格森，於 1859 年 10 月 18 日出生於巴黎一個有猶太人血統的英國家庭。他幼年在倫敦度過，九歲重返巴黎。早在孔多塞中學讀書時，他就對自然科學和古典文學產生濃厚興趣。1878 年，他考入巴黎高等師範學校，其在數學與文學上的才華超過同窗。三年後畢業，他曾任中學教師。1888 年，他發表《時間與自由意志》（*Essai sur les données immédiates de la conscience*）論文，次年獲文學博士學位。1900 年，他被委任為法蘭西學院哲學教授。這一期間，他發表了《物質與記憶》（*Matière et mémoire*，1896）、《形上學與進化哲學》（1903）、《創造進化論》（1907）、《生命與記憶》（1911）等哲學著作。

　　柏格森從五十二歲開始，赴英、美講學，並於 1913 年任英國精神研究學會主席，五十六歲進入法國法蘭西科學院從事國際事務和政治活動研究。其著作有《精神的力量》（*L'Énergie spirituelle*，1919）。晚年，他創作了《道德與宗教的兩個起源》（*Les Deux sources de la morale et de la religion*，1932）、《思想與運動》（*La Pensée et le Mouvant*，1934）等。

　　柏格森早年受英國哲學家斯賓賽的影響，形成了自己的系統理論。他反對過度的理性主義。

　　柏格森認為，文學藝術是持續創造力的最為豐富的證據之一。正如畫家畫畫，一幅肖像是由模特兒、畫家性格及各色顏料來詮釋的。要想動筆前預見這幅畫會畫成什麼樣子，是荒唐的。我們生活的每一個瞬間都是一種創造，畫家就是創造這一瞬間的。生命同意識一樣，每時每刻都在創造某種東西。

　　又如，柏格森研究喜劇，讓人墜入雲中霧中，卻有他自己的邏輯。

我們在一般性和象徵性之間運動，就像在一個有籬笆的園子裡，我們的力量和其他的力量進行有效的較量，在行動所選擇的土地上，被行動聯結，被行動吸引。我們生活在事物和我們之間的分界線中，生活在事物和表面上，但是這兩者相隔甚遠，通過分離，使得靈魂更加遠離生命，我不說這種分離是有意識的，經過推理的，有系統的。由思考所致的分離是天生的，是結構意義的天生分離和有意識的天生分離，而這種分離通過看到的、聽到的或想到的方式表現出來。如果這種分離是完整的，如果由於任何一種知覺使靈魂不再依附於行動，那麼這個靈魂是一個在世界上還未被看到的藝術的靈魂，這個藝術靈魂在所有方面都是出類拔萃的……。

　　上面這段話的基本觀念，是源於他的唯靈論哲學觀，具有唯心主義味道。他反復提到脫離生命的「靈魂」，讓我們領略了他的神秘主義。

　　第二次世界大戰爆發之後，年邁的柏格森堅決反對德國納粹瘋狂屠殺猶太人的罪行，與他的同行德國哲學家尼采為希特勒迫害猶太人助紂為虐，形成對照。柏格森不與佔領軍合作，表現了他的風骨。

　　1941 年 1 月 4 日，在淒風苦雨中，柏格森在巴黎逝世。

Maria Grazia Cosima Deledda 1871—1936

瑪麗亞・格拉齊亞・科西馬・黛萊達

義大利女作家。

獲獎理由｜為表揚她理想主義所激發的作品，以渾柔的透徹描寫了她所生長的島嶼上的生活，
在洞察人類的一般問題上，表現的深度與憐憫。

獲獎作品｜《惡之路》（*La Via Del Male*）（長篇小說）。

19 世紀 70 年代，義大利羅馬解放，教皇被剝奪世俗權利，義大利的獨立和統一最後完成。然而，義大利民主革命發展並不平衡，君主立憲政權沒有進行廣泛的社會改革，國內大部分地區仍然保留著固有的土地所有制，社會各階層矛盾日趨尖銳。婦女受歧視這一重大社會問題，也沒得到解決。黛萊達通過自己的奮鬥，在二十一歲時，以細膩筆觸描寫薩丁島農民和牧人的生活，表現新生文明與薩丁島古老文明的衝突，以及後者解體消亡的小說《惡之路》（ *La Via Del Male* ），受到瑞典文學院的青睞：

　　　　為表揚她理想主義所激發的作品，以渾柔的透徹描寫了她所生長的島嶼上的生活，在洞察人類的一般問題上，表現的深度與憐憫。

　　她繼瑞典的拉格洛夫之後，成為歐洲第二位獲得諾貝爾文學獎的女性作家。

　　《惡之路》寫於 1896 年，故事是這樣的。小夥子彼特羅來到小島，給富家當長工。這家的美麗小姐瑪麗亞愛上了彼特羅。她在瘋狂地品嚐到愛情的甜蜜後，突然意識到彼此身份懸殊，不可能長相廝守，然而這畢竟是兩情相悅的愛情，她陷入了痛苦的深淵。正在這時，母親給她找到門當戶對的男人，瑪麗亞便嫁給財主弗蘭切斯科。

　　這對深陷愛情旋渦的彼特羅來說，不啻是一聲驚雷。失去理智的他，殺死了情人瑪麗亞的丈夫，走上了一條罪惡之路。

　　彼特羅最終發了財，娶了成為寡婦的瑪麗亞，但兩人早已沒有往昔熱戀偷情的歡愉，婚姻並不美滿。面對妻子，彼特羅深感內疚、自責。瑪麗亞最後得知殺害弗蘭切斯科的是彼特羅，也背負了沉重的罪惡感。兩個曾經相愛的人，從此以懺悔而求得自我救贖……。

　　小說將愛情悲劇置於彌漫著歷史、宗教、民俗的田園風光的大背景裡，唱出一曲哀婉的牧歌，充斥著憂鬱和傷感。

　　黛萊達，於 1871 年 9 月 27 日誕生在義大利薩丁島努奧羅城。其家族在此地很有聲望，父親是努奧羅城的市長。在那個婦女受到普遍歧視的歐洲，市長女兒也得不到受良好教育的權利。天資聰慧、性格好強的黛萊達，不為其所圍。家中

豐富的藏書成了她求知和認識世界的大教室，在這裡，她孜孜不倦。

努奧羅城位於義大利薩丁島的中部，島上風景秀美，海天遼闊，是她親近大自然的樂園。而島上古老的傳說，在夏夜星空下，由親人和鄉鄰給她講述。秋天的海灘上，老漁夫的勞作和談話，常常使她流連忘返。大雪紛飛的冬天，壁爐邊，用人哼唱的民謠，伴著她度過漫漫長夜。

這樣的自然和人文環境，早早打開了黛萊達的文學之門，背著大人，她把聽到的故事與經歷的現實生活，放在她熟悉的薩丁島背景裡，編織成一篇篇小說，然後背著家人偷偷投給島上的雜誌。終於，在她十五歲多一點時，她的小說《穿著藍色衣服》（Nell'azzurro）出版了。這一新聞很快在薩丁島上傳播開去，為島民所津津樂道。一個小姑娘寫的樸實動人、戲劇性強且具薩丁島風格的小說，被印成書赫然擺在書店的櫃檯架上出售，怎能不讓薩丁島轟動。

創作的閘門被打開，黛萊達幾乎每年都有新書問世，如《東方的星辰》（1891）、《薩丁島的精華》（1892）、短篇集《薩丁島的故事》（Racconti sardi，1894）、《誠實的靈魂》（Anime oneste，1895）、《惡之路》（1896）、《在蔚藍色的天上》（1898）和《山中老人》（1900）等。

在上述作品中，黛萊達多以撒丁島為背景，以寫實主義的藝術手法寫那裡的風土人情、貧窮生活和保守落後的思想。作品在濃郁的薩丁島鄉土氣息下，通過善與惡的故事，寫出社會的罪與惡，表現下層人物的悲慘命運。《山中老人》是這一時期有代表性的小說，故事把讀者帶到人類原始時代。在那時人的意識中，原本就存在正直良心與貪欲誘惑不可調和的矛盾，人們貪欲的私心，是造成社會悲劇的惡魔。小說提出一個重大的問題：人怎樣克服自私的天性？

1899 年（一說是 1897 年），二十四歲的黛萊達與一位在財政部供職的小職員莫德桑尼結識相愛，結婚地點是卡利亞里。後來，她隨丈夫的調動到羅馬生活。他們的婚姻穩定而和諧，作為名作家的黛萊達，又是賢妻良母。她雖然離開了薩丁島，但一直心系故鄉，那裡賦予她豐富的生活，給她太多的創作靈感，她的靈魂棲息在故鄉。

婚後的黛萊達，在創作上如同她的生命，從青春進入成人，褪去了純潔、天真的風格，進入了一個旺盛的時期。其作品以數量驚人而聞名於文壇，作品的思想更見深刻，藝術上也日臻成熟。這段時間，她創作了頗有影響的長篇《埃里亞

斯・波爾圖盧》（*Elias Portolu*，1903），講述的是一個神秘的創造者，愛上兄弟的新婚妻子而受到道德譴責的故事。其《灰燼》（*Cenere*，1904）寫了一位女子，受到男子玩弄而憤恨自殺的悲劇。其《常春藤》（*L'edera*，1908），則描寫僕人為主人自我犧牲，讚頌人與人相互信賴和幫助的美德。其《風中蘆葦》（*Canne al vento*，1913）是其中最為精彩的一部。小說以撒丁島一位莊園主一家三代的命運為主線，通過人物之間的各種經歷和衝突以及與外界的矛盾，藝術再現了世紀之交薩丁島的世俗社會生活和人們的精神圖景。但小說過分渲染宿命論，如小說中埃菲克斯對主人所說：「我們都是風中蘆葦，我的女主人！我們只是蘆葦，命運是風。」故其現實主義受到削弱。

1920 年，四十五歲的黛萊達與丈夫在羅馬安居樂業，其小說藝術更為成熟，但理性主義也更為突出。其間，她寫了長篇《母親》（*La madre*，1920），描寫一位母親夢中兒子經受不了情慾誘惑不去做牧師，她一覺醒來，所發生的一切在現實中重演。其《孤獨者的秘密》（1921）、《飛向埃及》（1925）和《阿納萊娜・比爾希尼》（1927）等小說，多以撒丁島為廣闊背景，心理描寫、內心世界的挖掘頗見功力。

1927 年，黛萊達獲諾貝爾文學獎不久，被診斷為乳腺癌晚期。她與病魔抗爭了九年，1936 年，在接受了最後一次宗教祝福後，她被安葬在羅馬。由於薩丁島民眾的強烈要求，第二次世界大戰後，黛萊達的遺骨隆重地下葬於她故鄉的一座教堂裡，被鮮花簇擁。

George Bernard Shaw

喬治 · 蕭伯納 1856—1950

英國戲劇家。

獲獎理由｜由於他那些充滿理想主義及人情味的作品——它們那種激動性諷
刺，常蘊含著一種高度的詩意美。

獲獎作品｜《聖女貞德》（*Saint Joan*）（戲劇）。

自從莎士比亞及其同期作家相繼逝去後，英國的戲劇由盛而衰，沉寂了近兩個世紀。直到 20 世紀出現了以蕭伯納為首的幾位偉大的戲劇家，英國的戲劇才得到復興。

　　蕭伯納幾乎在文壇活躍了一個世紀，貢獻了五十一個劇本、五部小說和一百多篇文藝評論。他成為第三個獲得諾貝爾文學獎的英國人。

　　談到蕭伯納獲諾貝爾文學獎，有一情況不得不提，很多文學史和專著，特別是中國人撰寫的英國文學史和外國名著讀書籍，如《外國文學史》（人民文學出版社）、《歐洲文學史》（人民文學出版社）、《外國文學名著題解》（中國青年出版社）等，在介紹蕭伯納時，都沒有提及他寫於 1923 年並以此獲諾貝爾文學獎的《聖女貞德》（*Saint Joan*），甚至《諾貝爾文學獎獲獎作家傳》（江西人民出版社）一書裡，也不提一字。

　　這部被譽為「收穫空前絕後的成功」（《諾貝爾文學獎經典導讀》）之《聖女貞德》，是一部什麼樣的作品呢？這是一部描寫法國青年愛國者貞德，在英法百年戰爭中領導法國農民反抗英軍被俘犧牲的悲劇。

　　當英法戰爭已經進入第九十二載的 1429 年，法軍潰敗，半壁疆土已被英軍侵佔，軍隊萎靡，政府無能，百姓飽受戰爭塗炭，艱難困苦。倘英軍繼續挺進，法蘭西必得滅亡。就在國家命懸一線之際，一位十七歲的女孩貞德挺身而出，聲稱自己受到上蒼的啟示，來拯救國家，趕走英人。在人民擁戴之下，貞德掌握了兵權，率振奮起來的法國軍隊與英軍廝殺，很快收復重振奧爾良，保住了法蘭西疆土。他們多次打敗英軍，促成查理七世繼承王權加冕。聖女貞德率部與英軍交戰之際，遭到與英國勾結的法國教會一個主教戈尚的出賣而被俘，英人以重金買到貞德。經英國當局的宗教裁判，貞德被定為異端女巫罪，處以火刑。1431 年 5 月 30 日，在她的家鄉盧昂，她當眾以烈火焚身，留下驚天地泣鬼神的喊：「你們這些人不配和我生活在一個世界裡！」這一冤案，幾百年後才得以平反昭雪，貞德被天主教封為聖女。

　　蕭伯納不僅賦予聖女貞德民族英雄的光環，還在她身上融匯了當時法國的諸多社會問題，將貞德塑造成為一位宗教改革和婦女解放的先驅者。

　　《聖女貞德》的成功，是蕭伯納在劇中，顛覆了以往文學作品對貞德著重於浪漫情感的描寫，強調貞德精神中的社會、宗教、婦女解放的諸多內容。劇中貞

德身上超自然與神秘的色彩，也為該劇增添了動人的魅力。

　　《聖女貞德》的結尾，當是點睛之筆，多年後，法院重新審理她的案件，要為貞德雪冤，封聖，朝拜。但這一結果，並非法律的力量，國王查理一語道破玄機：出於政治需要。

　　更精彩的是夢幻式的收場，所有人最後都在國王查理的夢中重現，對貞德犯罪的人不斷懺悔。當貞德調侃地問「如果一切重來，你們是否還選擇燒死我」，所有人都做出肯定的回答。貞德聽罷，仰天悲歎「上帝啊，你的國度要到何時才能降臨」，將人們留在無限感慨和反思中⋯⋯。

　　正是這部《聖女貞德》，讓瑞典文學院把第二十三屆諾貝爾文學獎的花環戴在蕭伯納頭上，並高度評價：

　　由於他那些充滿理想主義及人情味的作品——它們那種激動性諷刺，常蘊含著一種高度的詩意美。

　　蕭伯納，於 1856 年 7 月 26 日誕生在愛爾蘭都柏林。童年的他，生活是不幸的。父親原是個小公務員，後來經商失敗，無力養家糊口。母親是位有才華的音樂家，在 1872 年，去倫敦靠唱歌和教音樂養活家人。蕭伯納十五歲中學畢業後，因經濟困難無力上大學讀書，便去給一家房地產公司打雜。到二十歲時，他到倫敦去與母親一起生活，無學可上，他經常到大英博物館潛心讀書，有機會還去參加各種文學活動，有時到社會團體參與辯論，與文學結下不解之緣。

　　1879 年，蕭伯納的第一部長篇小說《未成熟》寫成，可惜未得到出版商認可，不能出版。後經威廉・阿契爾的舉薦，他入新聞界，為報刊寫文藝評論。過了兩年，他去聽美國經濟學家亨利・喬治關於土地問題的演說，深受啟發，開始大量閱讀經濟書籍和研究經濟問題。其間他研讀了馬克思的《資本論》。雖然如他所說，「馬克思使我對於歷史和文化的事件，張開了眼睛，給我一種完全新鮮的宇宙觀」，使他有了「一個目的和使命」，但是蕭伯納並沒有繼續研究馬克思主義學說，未能成為馬克思主義者。這與歷史、思想局限有關。

　　1884 年，英國有一股改良主義思潮，蕭伯納參加了知識份子發動的改良運動的大本營「費邊社」，並成為該社的思想領袖之一。其政治主張是用漸變的方式

從資本主義向社會主義和平過渡，反對暴力革命。蕭伯納比「費邊主義」一般成員要激進一些，但他沒有突破費邊主義和政治原則，所以列寧評價蕭伯納說，他是「墮入費邊主義者中間的一個好人，他比一切周圍的人左得多」。這自然不是表揚。就在改良主義在英國興起之際，蕭伯納創作了長篇小說《業餘社會主義者》（1884）、《凱雪爾‧拜倫的職業》（1886）、《不合理的姻緣》（1887）和《藝術家的愛情》（1888）等。這幾部小說，題材廣泛，內容豐富，涉及社會、宗教、婚姻和藝術諸問題，較深刻地揭露鞭笞了正在走向成熟的資本主義社會的種種醜惡現象。

19世紀80年代，英國的戲劇舞臺上，大多是模仿法國的內容庸俗、題材狹窄的戲劇。蕭伯納受易卜生的影響，反對「為藝術而藝術」，主張戲劇應積極反映社會和人生，並開始以戲劇作品，馳騁在英國戲劇舞臺。

說起蕭伯納闖入戲劇界，不得不提1888年，馬克思的女兒愛琳娜邀他參加易卜生《玩偶之家》的業餘演出。他置身戲中，感受到易卜生戲劇的力量。不久，他又聽了曾給予他幫助的劇評家威廉‧阿契爾朗誦易卜生劇本《培爾‧金特》。他聽得入了迷，「一剎那，這位偉大詩人的魔力打開了我的眼睛」。從此，他潛心研究易卜生和他的劇作，其成果是寫出了後來成為近代歐洲戲劇史上重要論著的《易卜生主義的精華》（1891）一書。蕭伯納在19世紀最後十年，先後寫了三個戲劇集。第一個是《不愉快的戲劇》，包括《鰥夫的房產》（1892）、《蕩子》（1893）和《華倫夫人的職業》（1894）。其中《鰥夫的房產》是他的第一部劇作，寫的是靠出租貧民窟房屋而發財的房產主，其女被培養成高等人，而不知父親收入的來源，當她的未婚夫知其財富來源後，揚言要與之解除婚約。誰知他後來知道自己家的財產也是同一來源時，不僅改變要解婚約的主意，而且同意與岳父一起經營房地產。該劇剝開了有錢人的虛偽本性。《華倫夫人的職業》寫華倫夫人不願意過姐姐靠勞動維持貧寒生活的日子，就選擇出賣自己和別人色相的皮肉生涯，在各地經營娼妓旅館。女兒用她的骯髒錢，讀完大學，後得知母親身份，憤然獨自到倫敦謀生，過上乾淨的自食其力的生活。劇本直擊當時英國社會之要害，被當局禁演長達三十年。

第二個戲劇集《愉快的戲劇》，包括《武器與人》（1894）、《侃第達》（1895）、《風雲人物》（1895）和《不可預測》（1897）四部。總的看，這四部劇本，已

沒有第一個戲劇集的批判鋒芒，而有妥協的味道。《侃第達》和《不可預測》中的主人公放棄了改造社會和爭取婦女平等的鬥爭。

第一次世界大戰前後，蕭伯納思想矛盾明顯，已向消極方面轉化，故當上了倫敦市參議員。他仍筆耕不輟，創作了《勃拉旁德隊長的轉變》（1900）、《魔鬼的門徒》（1901）、《人與超人》（1903）、《英國佬的另一個島》（1904）、《巴巴拉少校》（Major Barbara，1905）、《傷心之家》（Heartbreak House，1913—1919）等劇本。《勃拉旁德隊長的轉變》寫上尉放棄向欺凌他母親的富豪叔叔復仇的企圖。《魔鬼的門徒》寫一個公開駁斥基督教的魔鬼的門徒，最後變成一個皈依宗教的牧師。《人與超人》要求發展人類「生命力」，將矛頭對準壓抑人類「生命力」的虛偽道德。《英國佬的另一個島》揭露英帝國對愛爾蘭的侵略行徑。《巴巴拉少校》則撕掉英國民主制度的假面具，將其內閣說成由一群壞蛋所組成。

應該說，蕭伯納對英國社會的批判是犀利、辛辣的。但是因其政治上是個改良主義者，他的批判是有很大局限性的。《傷心之家》副標題為「一部因俄國風格寫成的英國主題的狂想曲」，此劇中，他的思想矛盾表現得很充分。

1929 年，世界爆發了嚴重的經濟危機。蕭伯納創作了《蘋果車》（The Apple Cart），預言英國將依附美國的歷史趨勢，不幸言中。

1931 年，蕭伯納訪問了蘇聯。高爾基在莫斯科為其過七十五壽誕時，寫信祝福他：「你活了一個世紀的四分之三，對於人們的保守傾向和庸俗見解，用你尖刻的俏皮話給以致命打擊。」蕭伯納目睹了這個有著嶄新制度的國家，很理性地在宴會上說：「列寧創始的這個嘗試如果成功了，世界將進入一個嶄新的世紀；如果失敗了，我死的時候一定是滿腹悲哀的。」

1933 年，蕭伯納曾應邀到中國訪問，受到宋慶齡、魯迅等文化界的歡迎。蕭伯納告別時，寫了《給中國人民的一封公開信》，說：「一旦中國人民團結起來的時候，還有誰能抵擋她！」

在第二次世界大戰期間，蕭伯納始終站在世界人民一邊。

1950 年 11 月 2 日，蕭伯納逝世。全世界的劇院為了悼念他，一度停演默哀。

022th
1924

Władysław Stanisław Reymont

1867—1925

瓦迪斯瓦夫·斯坦尼斯瓦夫·雷蒙特

波蘭作家。

獲獎理由｜是由於他的偉大的民族史詩式的作品《農夫們》。

獲獎作品｜《農夫們》（長篇小說）。

　　20世紀初，波蘭文學因軒克維奇和雷蒙特兩度摘取諾貝爾文學獎，為世界所關注。波蘭一直被俄、奧、德宰割，直到1917年歐洲大戰結束，波蘭才複成為一個獨立完整的國家。在黑暗的19世紀和20世紀初，波蘭作家創造了一種具有獨特色彩的民族文學，從奧若什科娃、軒克維奇、普魯斯、科諾普尼茨卡、熱羅姆斯基到雷蒙特，作品的主旋律便是爭取民族獨立。

　　從1904年至1909年，雷蒙特用五年時間，創作了長篇四部曲《農夫們》。小說以秋、冬、春、夏四季各為一卷，把在俄國統治下一年間農民的耕耘勞作的苦樂與波蘭四季的自然風光全景式呈現出來。我們可視為繪出了19世紀末和20世紀初波蘭農村和農夫生活的廣闊圖景，或可說是民族的仇恨與反抗，農夫的愛、恨、情、仇，個人命運與社會衝突的「波蘭農村的百科全書」。

　　故事發生在農村，圍繞著土地展開。波利那是一個擁有三十畝地的老鰥夫。在動盪的時局和嚴酷的現實面前，他感到極度不安。兒子安蒂克及其妻中文卡只顧自己，女婿和女兒也整天算計著他的土地。耐不住孤獨的波利那，續弦了，對方是村裡的美女雅格娜。將女兒嫁給波利那的寡婦多米尼柯娃，也覬覦著他那三十畝地。不久，兒子與雅格娜的私情，被波利那發覺，他放火燒了他們幽會的草垛，貶雅格娜為僕人，把家產管理權委任於兒媳中文卡。不久，村民為奪回被別人霸佔的森林，發生了一場械鬥，參戰的波利那被看守森林的人打成重傷。兒子安蒂克殺了致父重傷的人。命案發生後，安蒂克被捕入獄。父子重新和好。波利那臨終前囑咐中文卡，要不惜重金贖回其夫，繼承家業。波利那掙扎著來到自家土地上，抓一把泥土，倒在田裡死了。不久，安蒂克出獄，中文卡執掌了家政大權，將雅格娜轟出家門。

　　其實，這只是小說的一條貫穿首尾的主線，小說還縱橫交錯地勾連了一眾人物，精彩地呈現他們各自的命運，特別是對形形色色的人物細膩生動的刻畫，讓讀者見到那一個個農夫活的靈魂。

　　瑞典文學院認為《農夫們》是部「偉大的民族史詩式的作品」，故將諾獎的繡球投給萊蒙特。

　　當然，也有學者認為，《農夫們》「寫的是一個女英雄（其悲劇的命運，有類於哈代的黛絲），以及一家父與子之間因為她的戀愛而引起的嫉妒」，雅格娜是唯一對土地沒有貪欲的人，稱其為英雄，沒什麼不妥。小說並不是「討論什

麼問題，懸示什麼教訓，他只是用強烈的寫實之筆，把他的故事及背景寫出，使大家自然感到其中的悲劇情調與一種強烈的鄉土的氣息」（鄒郎《世界文學史・下》）。比起一些學者對該作的宏大主題的詮釋，鄒郎的評價更接近《農夫們》的真相。

　　雷蒙特，於 1867 年 5 月 7 日誕生在波蘭中部羅茲城郊外的大科別拉村。父親是村教堂裡的風琴師，家境貧寒。他的母親和幾位舅舅都參加過 1863 年反抗沙俄統治的民族起義。他從小受愛國思想薰陶，產生強烈的民族情感，讀中學時拒不講官方規定的俄語，被校方開除，遂到華沙隨姐姐學裁縫，繼而作過小販，還到鄉間劇團裡演小角色糊口。混得稍好時，他當過小職員，或充當過修道士，但大多時間居無定所，到處流浪。他自己後來回憶這段風餐露宿的生活經歷說：「這種職業，這種貧困，這些可怕的人們，我已經受夠了，我說不出我受過多少苦。」

　　但是，正是這種顛沛流離、艱苦而又豐富多彩的流浪生活經歷，讓他嘗盡人間種種苦楚的同時，對沙俄統治下的波蘭社會有了切身的感受和認識，特別是對圍繞土地問題所出現的激烈鬥爭這一波蘭社會矛盾的主要癥結，感受尤深。這為他後來的文學創作提供了真實、豐富的生活基礎。

　　雷蒙特的寫作生涯大約始於二十歲，以寫詩和短篇小說開端，如《母狗》（1892）、《湯美克・巴朗》（1893）等。1893 年，雷蒙特將上述幾篇小說結集出版了第一本小說集。其內容大多反映城市、農村底層貧民、流浪藝人的苦難生活。藝術上敘述真實、結構嚴謹、語言精練，已有其風格。

　　真正引起社會關注雷蒙特的，是 1895 年，他受一家報紙之邀，隨一群教徒前往琴斯托霍瓦朝聖，回來後發表通訊，題為「光明山朝聖」，反響頗大，遂引起各界注意。這一年，他又出版長篇小說《女喜劇演員》，次年又捧出該小說的續篇《煩惱》。兩部長篇皆以他熟悉的流浪藝人生活為題材，表現有才華的藝人因不被社會重視，生活墮落、精神沉淪的苦痛，這不啻是對社會的控訴。1899 年，雷蒙特又創作了長篇小說《福地》，以敏銳的洞察力撕開城市有錢有勢階層爾虞我詐、弱肉強食、相互傾軋的本性，以及社會黑暗的內幕，表現出鮮明的民主主義思想。

　　1910 年後，雷蒙特又相繼推出了《幻想家》、《在普魯士的學校裡》、《吸

血鬼》等中短篇小說。

　　1913 年至 1918 年，他出版了《一七九四年》三部曲。《一七九四年》以該年華沙起義為題材，展示了波蘭的衰落和被瓜分的經歷，以及波蘭人民以滿腔愛國熱情進行英勇鬥爭的悲壯圖景。

　　1925 年 12 月 5 日，雷蒙特在波蘭首都華沙逝世，享年五十八歲。他正是在告別這個世界的前一年，收穫了諾貝爾文學獎的榮耀。

William Butler Yeats

威廉 · 巴特勒 · 葉慈 1865—1939

愛爾蘭詩人、劇作家。

獲獎理由｜由於他那永遠充滿著靈感的詩，它們透過高度的藝術形式展現了整個民族的精神。

獲獎作品｜〈當你老了〉（一說〈麗達與天鵝〉）（詩歌）。

詩歌〈當你老了〉是葉慈獻給情人昂德·岡昂的：

當你老了，頭髮白了，睡意昏沉，
爐火旁打盹，請取下這部詩歌。
慢慢讀，回想你過去眼神的柔和，
回想它們往日的濃重的陰影。

多少人愛你青春歡暢的時辰，
愛慕你的美麗，假意或真心。
只有一個人愛你那朝聖者的靈魂，
愛你衰老了的臉上痛苦的皺紋。

垂下頭來，在紅光閃耀的爐子旁，
淒然地輕輕訴說那愛情的消逝。
在頭頂的山上，它緩緩踱著步子，
在一群星星中間隱藏著臉龐。

葉慈在這首詩裡表達了對昂德·岡昂真摯的愛戀。

這首詩，只有三節、十二行，卻裝滿濃濃的愛意，手法極為婉轉，毫無談情說愛、山盟海誓的俗套，而是優雅含蓄地訴說自己對愛的忠貞守望。特別是當美人已遲暮、風采逝去的時候，再來真情地傾訴不變的愛慕，尤顯出矢志不渝的深情的可貴。小詩充滿現實主義精神，以樸實無華的語言、豐富的想像、舒緩的旋律來訴說那歌謠般的愛情故事，深深打動讀者。

1889 年，葉慈出版了第一部詩集《奧辛的漫遊及其他詩作》後，住到倫敦，結交了生於愛爾蘭的英國唯美派代表詩人奧斯卡·王爾德等，受到深刻影響。他還和一群年輕詩人建立後來成為英國最重要的世紀末文學社團的「詩人俱樂部」。他與劇作家葛列格里夫人等共同發起愛爾蘭文藝復興運動，一度加入愛爾蘭共和兄弟會，支持愛爾蘭民族運動。在那裡，他結識了該運動的領導人之一女演員昂德·岡昂，將之視為理想的化身，並深深地愛上了她，為她寫了不少情詩。1917 年，

葉慈又與已成為別人妻子的昂德‧岡昂重逢。在向其養女求婚失敗後,他又向英國女詩人喬治‧海德里斯求婚。10月20日,兩位詩人舉行了隆重的婚禮。不久,葉慈在庫爾公園附近,買下了巴列利塔寓所,更名為「圖爾巴莉塔」,就在這裡安度後半生。他的長女安‧葉慈後來繼承了他家傳統,成了著名的畫家。

葉慈一直深愛著昂德‧岡昂,他晚年寫的〈當你老了〉便是證明。葉慈是愛爾蘭20世紀著名詩人和文藝復興運動的領袖之一,艾略特稱他為「我們時代最偉大的詩人」。

葉慈,於1865年6月13日降生在都柏林,祖輩曾當過愛爾蘭教堂的教區長,祖父是一位房地產開發商。到他父親時,以繪畫謀生。葉慈的兄長傑克,後成為一位著名畫家,兩位姐妹也熱衷於藝術,曾參加過著名的「工藝美術運動」。葉慈也曾學過美術,但他對詩歌更感興趣。

葉慈童年是在海邊的斯立格小鎮度過的。他常常駐足海濱,欣賞優美景色,看漁人捕魚,聽他們講民間故事,這些經歷後來都成了他詩歌的背景和內容的源泉。出於父親繪畫工作的原因,他家曾在1874年搬到倫敦,他在那裡入葛多芬小學求學。1880年,因家境拮据,全家又重返都柏林,住到郊外。1881年,葉慈在伊雷斯摩斯‧史密斯學校接受教育。他受父親影響,也曾想做一個畫家,曾到都柏林藝術學校專習美術。但皓斯那連綿起伏的青山、茂密無邊的森林更讓他流連忘返,那裡流傳的精靈的傳說,更讓他著迷,他家的女僕出身漁家,能講各類傳奇故事,聽後讓他浮想聯翩。後來,他將這些傳說故事收錄整理,出版了《凱爾特的薄暮》。葉慈的父親的畫室,是藝術家詩人聚會的藝術沙龍,葉芝在這裡結識了很多都柏林的詩人和作家。那時他已閱讀了大量的莎士比亞等文學巨匠的作品,有機會便與來畫室的詩人作家討論相關的文學問題。

1885年,二十歲的葉慈在《都柏林大學評論》雜誌上,發表了他的第一篇文學作品——散文〈薩姆爾‧費格林爵士的詩〉。兩年後,葉慈全家再度搬到倫敦。

在倫敦期間,葉慈多次赴巴黎,去接觸當時法國的象徵派詩人,這對他的創作產生不小的影響。1889年,葉慈出版處女詩集《奧辛的漫遊及其他詩作》。

接著,他又有詩集《茵納斯弗利島》(1890)、《葦間風》(1899)、《七重林中》(1903)、《綠盔》(1910)、《責任》(1914)等問世。

　　《茵納斯弗利島》是葉慈早年的抒情詩,顯露出詩人早期詩歌的藝術特點。在詩人眼裡,傳說中的茵納斯弗利島,是理想的彼岸。踏上小島,過隱居生活,那令人煩惱而昏暗的社會被隔在島外。詩美化了這種逃避現實退隱到田野的牧歌式的生活,又賦予小島樂土的象徵性,因而具有一種動人的藝術力量。

　　我就要動身走了,去茵納斯弗利島,
　　搭起了一個小房子,築起了泥巴牆。
　　支起了幾行芸豆架,一排蜜蜂巢,
　　獨自住著,聽蔭下蜂群嗡嗡地唱……。

　　午夜是一片閃亮,正午是一縷紫光。
　　傍晚到處飛舞著紅雀的翅膀……。
　　不管我站在車行道或人行道上,
　　都在我心靈的深處聽到這波浪聲響。

　　20 世紀初,葉慈為支持愛爾蘭新芬黨領導的民族自治運動,重回都柏林。他還熱心於愛爾蘭的戲劇改革運動,與葛列格里夫人、約翰・辛格等戲劇家創辦「阿比劇院」,上演愛爾蘭歷史和生活的戲劇。葉慈創作了詩劇《胡拉洪之女凱瑟琳》(1902)、《國王的門及其他》(1904)、《黛爾麗德》(1907)和《金盔》(1908)等劇本。《胡拉洪之女凱瑟琳》喊出愛爾蘭要求獨立的呼聲,其他劇本多取材於愛爾蘭歷史傳說和神話,表現愛爾蘭的民族精神,為「愛爾蘭的文藝復興」做出了傑出貢獻。葉慈的詩歌到了 20 世紀 20 年代,在愛爾蘭民族運動的影響下,已從唯美主義向現實主義轉化,戰鬥性與現實感取代了虛幻與朦朧。他創作於 1916 年的〈一九一六年的復活節〉,很有代表性。該詩是為紀念 1916 年愛爾蘭共和兄弟會起義壯舉而作。這次起義,矛頭直指英國統治,宣佈愛爾蘭共和國成立,因遭到英統治者殘酷鎮壓,領導人或被殺戮,或被監禁,那其中有葉慈的朋友。他的詩為民族鬥爭流血的烈士而歌:

　　我用詩把它寫出來──

麥克多納和康諾利，
皮爾斯和麥克布萊，
現在和將來，無論在哪裡
只要有綠色在大地，
是變了，徹底地變了，
一種可怕的美已經誕生。

在詩人筆下，這些為民族獨立而拋頭顱灑熱血的先烈，不僅表現出自身的高貴品格和價值，同時也為民族贏得了尊嚴，帶來了希望。詩所具有的悲壯之美，深深打動了整個愛爾蘭人民，激發了他們的愛國熱情。

經過艱苦卓絕的鬥爭，換取愛爾蘭自治權之後，這位為參與民族獨立鼓與呼的詩人葉慈，當上了愛爾蘭的參議員，成為貨幣委員會主席。此後，葉慈的詩歌，隨著身份的變化，有些貴族主義的傾向。晚年，他又對東方哲學產生興趣，翻譯了印度古代哲學經典《奧義書》。很明顯，他後期的哲學思想強調善與惡、生與死、美與醜矛盾統一，並追求圓滿和永恆，可見其深受東方哲學的影響。研究他這時的詩作〈駛向拜占庭〉（1928）和〈拜占庭〉（1929），會發現這些詩歌視拜占庭為永恆的象徵，歌頌古代貴族皇室的文明，認定那是個沒有俗世間生死哀樂，一切都高度和諧的極樂世界。

葉慈於 1938 年創作的《新詩集》，次年創作的《最後的詩》（逝世後出版），皆是其詩歌藝術成熟結下的果實。他擺脫了象徵派玄奧神秘、意象繁雜的桎梏，使詩變成表現人生、情感命運的載體，同時，他的詩歌還創造性地在內容上將生活哲理與個人情感融為一體，在藝術上把象徵主義與寫實主義巧妙結合，使詩的形象蘊含多層次意象和完整豐富的思想內涵。

1939 年 1 月 28 日，七十四歲的葉慈，病逝於法國的芒通。九年之後，詩人的遺骨被迎回母國愛爾蘭，葬在故鄉斯立格，那裡是他童年的樂園。

Jacinto Benavente y Martínez

哈辛托・貝納文特・伊・馬丁內斯 1866—1954

西班牙劇作家。

獲獎理由｜由於他以適當的方式，延續了西班牙戲劇之燦爛傳統。

獲獎作品｜《利害牽制》（戲劇）。

從莎士比亞算起，隨著法國的莫里哀、義大利的哥爾多尼、德國的席勒、俄國的奧斯特洛夫斯基等優秀劇作家相繼湧現，戲劇這一藝術門類，在歐洲大行其道。庇里牛斯半島的西班牙，也誕生了不少傑出的戲劇家。19世紀中期，便有羅卡、阿爾貝蒂等，最傑出的當屬馬丁內斯。

　　馬丁內斯於1907年創作的《利害牽制》是一部社會諷刺喜劇，寫列昂德與克里斯平兩個騙子到一個城市行騙，而發生的令人意外和啼笑皆非的故事。兩個騙子假扮成主僕，在一次宴會上，裝扮成顯貴的列昂德，結識了當地富商夫婦，而且受到他們獨生千金的垂愛。富商老婆也想攀上這門親事，但狡猾的富商心懷疑慮。正在此時，兩個騙子在外地行騙的醜行東窗事發，檢察官前來緝捕。克里斯平讓列昂德躲起來，自己到處遊說受過他騙的債主，說一旦列昂德被抓，債主的債務就都化為泡影，不如大家促成這樁婚事，不愁要不到債款。眾債主不去揭穿真相，檢察官也做順水人情，富商同意了這樁婚事。訂婚之後，富商千金和列昂德真的產生感情，列昂德向未婚妻坦白了一切，俘獲芳心，終成秦晉之好。

　　我們可視《利害牽制》展示了一幅19世紀末西班牙市民唯利是圖，不擇手段，追逐財富的群醜圖。借這一劇本，馬丁內斯以喜劇的方式對當時西班牙城市社會世態、弊端揭示得體無完膚，雖未觸及社會矛盾的本質，卻給人帶來很深刻的思考和啟示。對此，諾貝爾獎評委會主席佩爾·哈爾斯特指出：

　　我沒細談他的藝術作品的局限性，而是試圖指出他的藝術技巧在他的國家和他的時代表現出的主要優點。我相信，幾乎沒有一個與他同時代的戲劇家曾經如此多方面地忠實地把握生活，並且如此迅速地表現出來，借助其樸實而又高雅的藝術技巧使之得到持久的流傳。西班牙的文學傳統，包括了強有力的、大膽的、扎實的現實主義，以及豐饒多產的生長力和喜劇精神上無與倫比的魅力，這種喜劇精神是快樂的，建築在現實的基礎上，而不是依賴談話的機智。馬丁內斯表明他屬於這個流派，他以他特有的形式創造出一種包含著許多古典精神的現代喜劇。他表明自己是一種古老而又高貴的文學風格的傑出信徒，也就是說，他是一個重要的人物。

　　屬於這類社會諷刺喜劇的，還有《主婦》（1901）、《星期六的夜晚》（1903）、

《秋天的玫瑰》（1905）、《快樂而自信的城市》（1916）等，值得注意的是，馬丁內斯在創作這些喜劇時，吸吮了莎士比亞、莫里哀、易卜生等前輩戲劇家作品的乳汁。有論者說，馬丁內斯超越了這些前輩。筆者存疑。

　　馬丁內斯，於 1866 年 8 月 12 日降生在馬德里的一個兒科醫師家裡。1885 年，在十九歲時，馬丁內斯奉兒科醫師父親之命，考入馬德里大學攻讀法律系。喜歡演戲的馬丁內斯與之格格不入，還沒有畢業，他便逃之夭夭。

　　莫里哀是馬丁內斯的偶像。他逃離馬德里大學法律系後，刻意模仿 17 世紀的莫里哀生活經歷，先後進馬戲團和各地劇團，由跑龍套到成為正式演員，在各地巡演。他在跑江湖過程中，結識了社會各階層人物，經歷各種生活，聞聽各種新聞。在這廣闊的社會大課堂中，他有了豐富的閱歷，收穫了豐富的知識，為後來的文學創作，積累了大量的素材。

　　1893 年，馬丁內斯終於出版第一本作品《詩集》。次年，他的劇本《別人的窩》問世，並在馬德里首次公演。該劇是一部具有沙龍氣氛的紳士喜劇，以輕鬆活潑且又文雅的對話、令人捧腹的情節，鞭笞紳士暗地裡淫亂私通等，受到觀眾的好評。三年後，他又創作了喜劇《你所瞭解的人》。1898 年，其諷刺上流社會的喜劇《野獸們的盛宴》公演。至此，馬丁內斯繼埃切加賴之後成為西班牙重要而有影響的劇作家。

　　馬丁內斯的另一類戲劇，是以農村為背景，揭示女性複雜社會心理的作品，如 1908 年寫的《太太的女傭人》，1913 年寫的《熱情之花》。《熱情之花》寫的是農民埃斯特萬愛上繼女阿凱西亞的愛情故事。這是亂倫之愛，埃斯特萬甚至不惜殺死繼女的未婚夫，事情敗露之後，在四鄰引起憤怒。埃斯特萬之妻準備將女兒送進修道院。就在離開之前，阿凱西亞才感到自己確實愛著繼父。他們決定一起遠走高飛，被妻子發覺，在她呼求村民幫助時，埃斯特萬開槍射殺了她，亂倫之愛終結。劇本表現了人與社會、情與理的矛盾衝突。1920 年，該劇在美國紐約百老匯戲劇中心演出，廣受歡迎，後來還被改編成電影。

　　1931 年，馬丁內斯因支持西班牙統一和社會改革，遭到右派的攻擊，他的戲劇被禁止在西班牙上演。到 1936 年，西班牙發生內戰，他曾遭到逮捕，後在西班牙右派的統治下，度過了一段消沉的生活。其作品也消彌了往昔的銳氣，如《女

貴族》（1945）已失去對社會改革的熱忱和對黑暗批評的鋒芒。

　　馬丁內斯一生未婚，旅遊成了他晚年的主要愛好。1954 年 7 月 14 日，馬丁內斯在馬德里病逝。

　　馬丁內斯為振興西班牙戲劇，奮鬥了一生，做出了重大的歷史性貢獻。第二十屆諾貝爾文學獎頒給了他，正是表彰其：

　　　　由於他以適當的方式，延續了西班牙戲劇之燦爛傳統。

　　除了戲劇之外，他的文學遺產中，還有長篇小說《為了讓貓保持純潔》和短篇小說集《刺菜薊花》等。

Anatole France
阿納托爾・法朗士 1844—1924

法國作家、評論家、社會活動家。

獲獎理由 | 他輝煌的文學成就，乃在於他高尚的文體、憐憫的人道同情、迷人的魅力，以及一
個真正法國性情所形成的特質。

獲獎作品 | 《舞姬黛依絲》（長篇小說）。

人生有許多巧合。1921 年，七十七歲高齡的法朗士，上半年先加入法國共產黨，下半年又以法國味十足的小說《舞姬黛依絲》榮獲第十九屆諾貝爾文學獎，可謂雙喜臨門。

　　法朗士，於 1844 年 4 月 16 日出生於巴黎。父親是個舊書商，讓法朗士有機會在書的海洋裡徜徉。少年的他，已閱讀了大量的文學作品及哲學著作，從博覽群書中獲得了豐富的知識。在校園裡，別看有一肚子詩書的他成績平平，卻極鄙視那些自命不凡而不學無術的貴族同窗。他願意與出身貧寒而好學的同學相處，經常結伴躑躅於繁華的巴黎街巷。因自己出身平民家庭，他自小便同情下層人的艱辛，對社會充滿懷疑。

　　1862 年，他高中畢業後，便進入新聞界工作，為報刊撰稿，成為《時代報》「文學生活」專欄作家，又當了編輯。

　　二十四歲時，法朗士加入並成為「巴那斯派」的詩歌社團體「當代巴那斯」的骨幹之一。

　　1873 年，他出版處女作《金色詩集》，正式跨進文壇。三年後，他創作了三幕詩劇《科林斯人的婚禮》，便告別「巴那斯派」，專心於小說寫作。

　　1881 年，他出版長篇小說《波那爾之罪》，引起了法國小說界關注。小說寫一個酷愛書籍、知識廣博的藏書家波那爾，同情一個書商的遺孀，竭力幫助她和其女。遺孀成為貴婦後，為答謝波那爾，幫他找到一部珍貴的手稿。接著波那爾又搭救一備受折磨的孤女逃出寄宿學校，而犯「拐騙罪」。好不容易把孤女撫養成人，以自己藏書做嫁妝，替其完婚，又因從這些充作嫁妝的書中取出幾本書，而被控「盜竊罪」。小說就是通過敘述善良、急公好義的波那爾在社會上的不幸遭遇，表達對不公社會的憤慨與批判。

　　接著，法朗士又創作了長篇小說《舞姬黛依絲》（1890）和《鵝掌女王烤肉店》（1893）。前者以古埃及為背景，後者則寫 18 世紀法國的社會生活。小說的共同特點是為愛情、友誼和知識唱讚歌的同時，又流露出懷疑主義的色彩。我們要特別說說《舞姬黛依絲》。這部小說在意識形態上，或許不是法朗士的代表作，但在小說藝術上，絕對不是法朗士最差的作品。

　　《舞姬黛依絲》寫年輕的巴尼福斯教士，是個基督教規的修行者，以耶穌的

博愛普度眾生。他在尼羅河畔的沙漠中苦苦修行十年。一天，他想起從前曾在亞歷山大劇場見過的美麗放蕩的女演員黛依絲，於是找到她，試圖救贖她淫亂的靈魂。在佈道的同時，他深深愛上了黛依絲。後黛依絲病危，他陷入無盡的悔恨，向她懺悔，借上帝之名欺騙了她。而黛依絲在巴尼福斯的幫助下，在一間陋室修行，靈魂得到救贖。小說以世俗生活批判宗教的禁慾主義，體現法朗士的人道主義思想，反對政教合一、爭取自由進步的態度。瑞典文學院的卡爾費爾德對《舞姬黛依絲》的藝術評價，有代表性：

儘管我們的存在是脆弱的，但美依然無處不在，而作家賦予它具體的形式和風格。法朗士的博學和深思，使他的作品具有一種罕見的莊重，而同樣重要的是他為完善自己的風格而付出的辛勤努力。他塑造的語言是最高貴的語言之一。

第十九屆諾貝爾文學獎的頒獎詞是：

他輝煌的文學成就，乃在於他高尚的文體、憐憫的人道同情、迷人的魅力，以及一個真正法國性情所形成的特質。

1893 年，法朗士與妻子德・沙維爾離婚。他們 1870 年走進婚姻殿堂，一直過著安定和諧的生活，但到 1883 年，他認識了風韻迷人的德・卡耶爾夫人，為之傾倒，心迷意亂。他把卡耶爾夫人寫進了小說《紅百合花》裡。懷著愛情寫的純粹愛情小說，讓他擁有很多讀者的同時，也讓一個組建了二十三年的家庭破裂了。他與卡耶爾夫人的愛情之花，直到 1908 年卡耶爾去世，綻放了二十五年，才驀然凋零。

19 世紀 90 年代初，法朗士參與了「屈里弗斯事件」。屈里弗斯是個猶太人，就任於法國國防部，1894 年，因受大人物的誣陷，被以叛國罪判處終身監禁。這一事件引起法國社會各階層人士的強烈抗議。政府與工人、農民、知識份子形成尖銳對立。法朗士堅決支持並加入民主陣營，反對當時的法國政府。他經常參加法國工人的活動。法國作家左拉於 1898 年以「我控訴」為題，發表嚴正聲明，強烈抗議法國政府的醜行。左拉受到法國政府的審訊。原本法朗士因與左拉的文學

觀念相左而不睦，但此刻法朗士放棄前嫌，堅決站在左拉和他的支持者一邊，要求重新審查「屈里弗斯事件」。須知，當時的法國政府對法朗士不薄，前不久剛授其國家榮譽勳章，選其為法蘭西學院院士。法朗士不是不珍惜這些榮譽，但他更看重社會公正和正義，他在法庭之上，為左拉的正義行動辯護，他慷慨雄辯，痛斥政府黑暗，令法庭的聽眾肅然起敬。後來，屈里弗斯無罪釋放，證明左拉、法朗士等順應民意的勝利。對法朗士來說，「屈里弗斯事件」是他人生的重大轉折，正如法朗士自己所說，「是屈里弗斯事件，把我引向了社會主義」。這對他的文學創作也產生了重大影響。

1897 年至 1907 年，在卡耶爾夫人愛情的滋養下，法朗士用將近十年光陰，創作了四卷本長篇小說《當代史話》。其中包括《榆樹之路》（1897）、《奧希埃的模特》（1897）、《紅寶石戒指》（1899）和《貝傑瑞先生在巴黎》（1901）。小說的主人公是外籍教師、拉丁文學者貝日萊先生。作者賦予他當時進步知識份子的特質。通過他，小說揭露了屈里弗斯事件中封建貴族和教會的陰謀活動，借此對當時的政治和社會風尚做了深刻的批判。請聽貝傑瑞自白：

> 我們消滅了老的特權階層，只是為了讓後來的、無恥的、最強暴的特權階層取而代之。18 世紀的革命竟然是一次為了貪圖國家財產的人的革命，人權宣言竟成為私有者的憲章。

這是貝傑瑞對法國資產階級共和國的尖銳批評。法朗士借貝日萊的話，描繪出一幅第三共和國特定歷史階段的廣闊畫面，有烏托邦色彩。

1908 年，法朗士創作了寓言小說《企鵝島》，假借一個企鵝建立的企鵝國，來影射第三共和國社會，對其議會制度、外交政策、科學文化和社會風尚予以批判。企鵝國發生戰爭，企鵝島變成廢墟，後又出現新的企鵝國。可惜企鵝貪婪、自私、愚蠢和兇殘的本性，並沒有變化。小說裡的歷史循環論，社會變革徒勞無益的悲觀主義結論，明顯是消極的。

1912 年出版的《諸神渴了》，寫的是 1793 年雅各賓專政的歷史，法朗士把革命寫成毫無意義的血腥屠殺。

法朗士晚年，思想表現激進。1905 年，他積極讚揚俄國工人武裝起義。第一

462

次世界大戰爆發，他表示憤慨。在此期間，為了擁護法國文化，他寫了《走向光榮之道》一書，以表示支持戰爭的決心，但後來，他發現自己錯了，悔恨地說：「這是我一生之中最愚蠢的行為。」1908 年，他加入國內工人運動，擔任法俄人民友好協會主席。他在晚年出版了回憶錄《小皮埃爾》和《花的歲月》，洋溢著對生活眷戀的感情。

　　1924 年 10 月 12 日，法朗士安詳地病逝在美麗的盧瓦爾河畔聖卡萊薩的自家別墅裡。法國人民極為沉痛地為法朗士舉行了隆重的葬禮。

Knut Hamsun
克努特·漢森 1859—1952

挪威小說家、戲劇家、詩人。
獲獎理由｜為了他劃時代的巨著《土地的成長》。
獲獎作品｜《土地的成長》（又譯《大地的果實》）（長篇小說）。

　　1945 年，挪威因納粹德國戰敗而重獲新生。在人們擁上街頭，歡慶解放的時候，一隊可恥的叛國者，當眾被押解歸案。其中有一步履蹣跚的白髮老人格外引人注目，因為他就是曾在 1920 年獲諾貝爾文學獎，為國家贏得過榮耀，而又在第二次世界大戰期間投向納粹德國懷抱，在母國淪陷後為虎作倀的克努特・漢森。面對這位老人，挪威人民的心中複雜而沉重。

　　漢森，於 1859 年 8 月 4 日生於挪威中部洛姆地區。其家世代為農。他三歲那年，舉家遷居到北極圈以北的哈馬羅伊島的漢森農場，故他改原名彼德森為漢森。其家境貧寒，兄姐眾多，母親多病，父親務農兼裁縫，苦度歲月。八歲時，漢森被送到裁縫叔叔家學徒。因生活艱辛，他沒有受到過任何正規教育。但哈馬羅伊島有廣袤的森林、巍峨的雪山、眾多的沼澤湖泊、廣闊的海域及豐富的魚類，這壯觀美麗的大自然，是漢姆生的樂園，不僅陶冶著少年的靈腑，也對他後來文學創作的自然主義傾向產生重大影響。十三歲以後，漢森在雜貨店打工，做過鞋店學徒，當過碼頭工人、學校教師、修路工、新聞記者等，這些生活經歷、人生冷暖，為他後來的文學創作提供了豐富的素材。

　　二十歲時，漢森出版了中篇小說《弗麗達》，仍默默無聞。為生活所迫，他曾兩度流落到美國，在芝加哥做過電車售票員，也在北達科他州當過農業工人。其間，他大量閱讀美國馬克・吐溫的作品。一直在美國底層生活的漢森，對美國社會的實質有了一定的瞭解，這對他後來的創作有一定的影響。

　　漢森於 1888 年從美國返回挪威，定居斯堪地那維亞，以文學創作為生，次年便寫了《現代美國的精神生活》。他把學到的馬克・吐溫的幽默個性，為自己所用，對美國生活方式進行了嘲諷。

　　1890 年，已三十一歲的漢森與一位離過婚的挪威女人結婚。同年，他的長篇小說《饑餓》先發表在丹麥的《新土地》上，後以單行本出版，使他步入文壇。《饑餓》描寫的是一位年輕作家，在困難中忍饑受凍的生存故事。實際上，是漢森十年多痛苦而絕望生活的真實寫照。小說的主人公窮困而潦倒，常以冷水充饑，但他活得尊嚴甚至高貴。比如一次，他竟為一個乞丐典當了自己的衣服，接濟了他。因他的種種好義行為，他被視為當時社會上的英雄。《饑餓》也成了反映當時挪威生活的有代表的小說。易卜生和列夫・托爾斯泰，曾對《饑餓》脫離社會實際、

憑藉想像虛構的人生和故事提出了批評,但更多的作家對《饑餓》新穎的社會觀點和抒情風格表示讚賞。

漢森繼續在長篇領域攀登,相繼出版了《神秘的人》、《牧羊神》和《維多利亞》等作品,奠定了他在文壇上的地位。《神秘的人》偏重於心理描寫。但從其中可以清楚發現,漢森是以作品含蓄地表達他對易卜生為代表的挪威文學界的反駁。《維多利亞》寫的是愛情故事,重要的是小說把男女主人公寫得性格鮮活,他們的愛情真摯而熱烈。上述三個長篇,所寫的都是社會上無視社會約束的叛逆者,一群所謂的「不合群的英雄」。當然,從中也讓我們明顯地發現,漢森受到「尼采主義」的影響。

1906 年,成名而有錢的漢森與妻子離婚。過了兩年,五十歲時,他迎娶了小他二十三歲的女演員瑪麗·安德森為妻。之後,他又創作了《貝羅尼》、《羅莎》、《最後的喜悅》等小說,但真正為他贏得榮耀的是寫於 1917 年的長篇三部曲《大地的成長》。兩年後,漢森憑此戴上第十八屆諾貝爾文學獎的桂冠。

《大地的成長》表現深受尼采哲學影響的、回歸大自然的哲學觀念。小說主人公以撒獨自來到挪威北部荒原,憑著強壯的身體和堅強的毅力,辛勤耕作。後娶勤勞的兔唇女孩英格爾為妻,然後生下兩個健壯的兒子,接著又生下也是兔唇的女嬰,趁丈夫不在,英格爾將其掐死、埋葬。不久,英格爾罪行敗露,被判八年徒刑。在獄中,英格爾治好了兔唇,學會了縫紉。刑滿釋放後,她回到荒原家裡,不再甘心辛勞作,嚮往城市生活,整日縫衣打扮。以撒卻一直默默勞動。受到丈夫的感召,英格爾感到羞恥,重新成為一個勤勞的農婦。孩子終於都長大了。長子一味貪圖享受,欠下一大筆債務,逃往美國。次子卻如父親,辛苦勞作,不為外部花花世界的誘惑所動,也不為母親偏愛哥哥而生怨氣,他一直紮根土地,過著踏實的勞作生活。作品中反對西方現代文明、竭力追求自給自足農耕生活的觀念,表現得格外清楚。它在向讀者宣告,人類只有回歸大自然,生活在原始的自然生活中,才能保持精神上的純潔和高尚,唯此,也才能反抗橫流的物欲,擺脫剝削者的壓迫。漢森所精心塑造的離群索居、辛勤耕作的以撒,便是他心目中的英雄。小說所持的歷史觀,明顯受「尼采主義」的影響。

《大地的成長》甫一發表,毀譽不一,評說紛紜。有人說,漢森此作,使他成為反抗世紀末流派的新浪漫主義的領軍人物。他挽救了文學創作中泛自然主義

傾向，並形成了新的藝術格調。有人認為《大地的成長》這樣表述農村生活、讚美耕耘，稱得上「古典之作」，是漢森回歸大自然、回歸真實人生的哲學觀念的一次大亮相、大展示。他的非理性主義和印象主義風格，影響了整個歐洲。德國的湯瑪斯‧曼、美國的辛格，都認為漢森是位文學大師。

直到現在，西方評論界認為：

（《大地的成長》）是一部勞動的史詩，作者給這部史詩畫上不朽的線條，這並不是一個將人們從內部矛盾當中分割開來的本質上不同的勞動的問題，而是一個全神貫注進行勞作的問題，這勞作以其最純粹的形式把人們整個塑造出來，撫慰著分割的精神並使之結為一體，並用一種正規的、未被打斷的進程保護著並增加著人們的果實。在作者筆下，拓荒者和第一個農夫的勞動歷盡千辛萬苦，因而也就帶有一種英勇奮鬥的特性，就莊嚴而言，那種英勇奮鬥絲毫不亞於為母國和同胞做出的高貴犧牲。

從讚美勞動的角度解析《大地的成長》，是把靈驗的鑰匙。但把現代文明與農業文明完全對立起來，則是小說致命的問題。

在「他劃時代的巨著《大地的成長》」獲得諾貝爾文學獎後，漢森又創作了《最後一章》、三部曲《流浪漢》、《奧古斯塔》、《人生永存》等小說。

第二次世界大戰爆發後，深受尼采哲學影響，主張超級英雄統治的漢森，積極支持希特勒納粹。當母國挪威淪陷於法西斯鐵蹄之下，他竟然與之狼狽為奸。第二次世界大戰結束後，便有了本文開頭一幕，他以賣國賊罪行被捕，並受到審判。考慮漢森已是八十六歲老翁，他得到釋放，免遭監牢之苦，被軟禁在一個養老院裡，聊度殘生。他曾在寂寞中寫下《在樹蔭的小徑上》一書，為自己投降納粹辯解。被釘上歷史恥辱柱的失節者，得不到後人的同情。

1952 年 2 月 19 日，獲得過極高的榮譽又跌進叛國深淵的漢森病逝。

歷史是公正的。漢森死後，儘管他那段不光彩的歷史遭到批判，但並不妨礙人們繼續閱讀和研究一位諾貝爾文學獎得主的文學遺產。

017th
1919

Carl Spitteler
卡爾 · 施皮特勒 1845—1924

瑞士詩人、小說家和劇作家。
獲獎理由｜對其史詩般的作品《奧林匹斯山的春天》的特殊讚賞。
獲獎作品｜《奧林匹斯山的春天》（長篇敘事詩）。

施皮特勒從 1900 年至 1905 年，利用五年的時間，創作了兩卷本敘事詩《奧林匹斯山的春天》，以氣勢宏大、情緒激昂的筆觸，將古代希臘神話故事中的正義和邪惡，神性、人性與獸性的衝突，都化作紙上煙雲，形象生動地表現出來，並賦予古代希臘神話博大的人性和人道主義精神。長敘事詩為施皮特勒贏得歐洲優秀詩人的榮耀，獲得第十七屆諾貝爾文學獎。人們將他視為歌德以來最偉大的詩人。

卡爾・施皮特勒，於 1845 年 4 月 24 日誕生於瑞士巴塞爾附近利斯塔爾小城的一個官員家庭。小城歷史悠久，曾是巴塞爾主教的駐地，多中世紀教堂和各種名勝古跡。這給施皮特勒留下了深刻印象，他後來一生以《聖經》為主要題材創作，或可源於此。

有的書上說，施皮特勒四歲時，因其父工作調動，全家遷往伯恩，又有資料證明，施皮特勒在利斯塔爾自家幽靜的莊園裡，寧靜而快樂地度過了他的幼年和少年生活，後才去巴塞爾上中學，在那裡成了後來的作家魏德曼的同窗。1865 年，二十歲的施皮特勒考入巴塞爾大學學法律，後又轉學至蘇黎世大學等院校學神學。畢業後，他拒絕當神父而到中學任教。

1871 年，施皮特勒先後到俄國聖彼德堡、荷蘭赫爾辛基，做過幾年家庭教師，後應同窗魏德曼之邀，去他當校長的伯恩市女子中學任歷史教師。因追求魏德曼繼女被拒，他拂袖離校，全力從事文學創作。

1881 年，施皮特勒創作的長篇敘事詩〈普羅米修斯和埃庇米修斯〉發表。這篇敘事詩以詩的形式，講述了古希臘神話中的普羅米修斯和埃庇米修斯兄弟倆的故事。一天，上帝的使者來找兄弟倆，說誰若願服從上帝的意志，即可得到統治人類的王位。哥哥普羅米修斯嚴正拒絕，而弟弟埃庇米修斯欣然接受，當上了人類之王。普羅米修斯被流放異鄉。當上人類之王後，埃庇米修斯整天沉湎於酒色，忠邪不辨，昏聵無能，拒絕上帝女兒潘朵拉的規勸，與惡魔貝赫莫特勾結，還把上帝的三個孩子押在貝赫莫特那裡作為人質，結果中了貝赫莫特的奸計，上帝的三個孩子身處險境。在上帝使者的央求之下，身處逆境卻仍然保持崇高靈魂的普羅米修斯前去與貝赫莫特交戰，打敗惡魔，解救出上帝的三個孩子。在哥哥的正義精神的感召下，弟弟埃庇米修斯幡然醒悟，兄弟二人重修舊好。

這部敘事詩，雖源於《聖經》，卻賦予了哲學寓意，明顯受到尼采和叔本華哲學思想的影響。讓施皮特勒沒有想到的是，〈普羅米修斯和埃庇米修斯〉發表之後，並沒有在文壇上造成影響。這時，施皮特勒已經成婚並已生子，經濟上的拮据，讓他無法做職業作家。這之後五年，他不得不重執教鞭，在一所中學裡教希臘文。1885 年至 1892 年，他先後在《巴塞爾新聞報》和《新蘇黎世報》當編輯。這段時間，他出版過詩集《特殊的世界》（1883）和《蝴蝶》（1889），發表過中篇小說《少尉康拉德》（1891）及一些歌劇、文藝評論等。

　　1892 年，家境一直不景氣的施皮特勒，意外地從岳父那裡得到一筆不菲的遺產。他斷然辭去編輯工作，偕全家移居到瑞士中部古老的文化名城盧塞恩。每天走在典雅的文藝復興時的街巷，聽著人們用德語交談，凝望著矗立在希爾斯廣場上歌德的故居，他感到文學的召喚。

　　從 1900 年至 1905 年，在彌漫著文化氣息的古城，他創作了給他帶來極大聲響，讓瑞士也極為榮耀的長篇敘事詩《奧林匹斯山的春天》。該敘事詩寫的是古代希臘神話故事。世界之王阿南克下命令，罷免收穫之神克羅諾斯的王位，讓自己的女兒赫拉繼承，並承諾能成為赫拉丈夫者獲王位。山上諸神為討好赫拉，各顯神通。意外的是，多才而英勇的阿波羅不敵善搞陰謀詭計的宙斯而出局。宙斯娶了赫拉而奪得奧林匹斯山之王位。不料宙斯惡習不改，受風流成性的愛神兼美神阿芙蘿黛蒂的勾引，開始放蕩不羈，與赫拉反目成仇，奧林匹斯山一場新的更慘烈的鬥爭，已拉開序幕⋯⋯。

　　根據施皮特勒自己的解釋，《奧林匹斯山的春天》表達的是，在邪惡與愚笨統治的世界上，人必須與命運和獸性的力量進行搏鬥。這是作者對小說的闡釋，毋寧說是創作主旨。作為讀者，我們發現史詩表現了神話與現實的撞擊。該作在高度讚揚具有超自然能力的諸神的同時，更在意表現人類社會的種種弊端及人性的弱點。

　　瑞典文學院諾貝爾文學獎評委會主席哈拉德・雅恩，這樣評價施皮特勒的史詩的藝術風格：

　　他的風格富有變化，充滿各種語氣和色彩，從莊嚴、哀婉過渡到極其嚴謹的明喻和寫意刻畫，再轉為對大自然的生動描繪。誠然，他對大自然的描繪與希臘

的自然風光完全不同，那是他的故鄉阿爾卑斯山的風景。他所使用的六步抑揚格，
在格律和音韻的運用上充分顯示出他駕馭語言的能力；他的語言恢巨集有力，活
潑生動，而且有明顯的瑞士色彩。

　　羅曼・羅蘭等外國作家，也給予很高評價。

　　施皮特勒在 19 世紀末和 20 世紀初，出版了描寫七個宇宙神話的《敘事詩》
（1896）、文藝評論集《文學上的比喻》（1892）、散文隨筆集《可笑的真理》
（1898）、詩集《草地上的鐘聲》（1906）、小說《伊瑪果》（1906）、喜劇《兩
個反對女人的小男人》（1907）等。

　　《伊瑪果》是一部心理分析小說，探討的是他夢幻創作才情與中產階級間的
道德衝突問題。但小說因總是試圖通過更新古希臘羅馬的文化，來克服他生活年
代藝術缺失和蒼白無力的人道主義說教，故而有明顯的脫離現實，而沉湎於唯心
主義形而上學的冥想的缺陷。但其心理精神分析，對後來的佛洛伊德學說產生過
影響。

　　1914 年底，第一次世界大戰爆發，施皮特勒在蘇黎世發表著名演說《我們瑞
士人的立場》，這是他應新瑞士協會的邀請，發表的強烈反戰立場，對發起戰爭
者進行嚴厲批判，主張瑞士中立的演說。事後，《我們瑞士人的立場》印成傳單，
在全境散發，其影響極大。

　　施皮特勒晚年，主要工作有：一是將〈普羅米修斯和埃庇米修斯〉重寫，
後改名「受難者普羅米修斯」；二是忙著寫回憶錄《我早年的經歷》，對自己童
年時代做了有激情和有魅力的回顧。這位被譽為「沒有國土的國王」的詩人，於
1924 年 12 月 29 日病逝於古老的盧塞恩城的宅第。

＊ 1918 年諾貝爾文學獎沒有頒發。

Karl Adolph Gjellerup
卡爾·阿道夫·蓋勒魯普 1857—1919

丹麥作家。
獲獎理由｜是由於他那為高尚理想，所激發的豐富而多彩的詩歌。
獲獎作品｜《磨坊血案》（長篇小說）。

　　雖然瑞典文學院對蓋勒魯普的詩歌評價甚高，但真正使他獲諾貝爾文學獎的作品是長篇小說《磨坊血案》。同時，他的戲劇創作也頗有影響。

　　《磨坊血案》寫於 1896 年，是蓋勒魯普用德語創作的一部重要的長篇小說，描寫的是糾纏在情欲和理智間的悲劇故事。

　　在西蘭島上，一個普通的磨坊主克拉森，背著妻子，與女僕莉澤一直有一種曖昧關係。妻子預感到這會給這個家帶來不幸，憂鬱致死。克拉森一方面受到莉澤的誘惑，另一方面陷入對妻兒的深深負罪感中。按世俗規定，克拉森應娶護林人的妹妹，有教養的漢娜為妻，最後他還是選擇了莉澤。他去辦二人訂婚手續時，卻發現莉澤正與另一個男人在磨坊的磨盤上調情，他怒火中燒，開動磨輪，將偷情的男女活活碾死。克拉森後來幡然醒悟，備受良心譴責。在磨坊毀於暴風雨時，他也結束了自己的一生。

　　《磨坊血案》就像一個象徵，在一個庸瑣的、迴圈的現實世界，與另一個神秘的世界間，或許存在著某種聯繫。小說以充滿神秘的浪漫主義手法深刻地表現人物的犯罪到自我精神救贖的思想過程，受到文壇好評。從中還可看到作者受俄國小說家杜斯妥耶夫斯基小說的影響痕跡。但這並不影響他和另一同胞蓬托皮丹同獲第十六屆諾貝爾文學獎。

　　蓋勒魯普，於 1857 年 6 月 2 日出生在丹麥西蘭島上的洛霍爾特。因父親是牧師，他從小受到基督教神學的影響。可憐他三歲喪父，便寄居在母親的堂兄菲比傑家。十七歲，他進入哥本哈根大學神學院深造。原本想子承父業，但在神學院接觸了各種新思想、新思潮，特別是大量閱讀達爾文和英國斯賓塞、德國歌德的作品後，他逐漸對宗教的教義和觀念產生了懷疑，遂對文學產生濃厚興趣，開始詩歌、小說創作。

　　1878 年，蓋勒魯普大學畢業，獲神學碩士學位。就在這一年，年僅二十一歲的蓋勒魯普以筆名「愛波戈納斯」署名的第一部長篇小說《一個理想主義者》出版，讓編輯、讀者驚歎不已。

　　《一個理想主義者》描寫了一個年輕博士大膽批判神學宗教，主張人的精神應皈依宇宙，人的靈魂應屬於理念，使當時年輕人的思想掀起波瀾的故事。其思想顯然受德國浪漫主義和黑格爾哲學思想影響，他的同胞丹麥作家德拉克曼和文

藝理論家布蘭德斯對他的影響更直接。特別是布蘭德斯關於丹麥現實主義的理論和他對歐洲 19 世紀文學發展的具有權威性的〈19 世紀文學主流〉一文，指引這位文壇新秀蓋勒魯普走進了廣闊的文學天地。作為擁護者和追隨者，他曾稱他的導師布蘭德斯為「我們聖靈的勇士」，並把他創作於 1881 年，表達自己激進自由主義立場、堪稱珍品的詩集《紅山楂》獻給他所崇敬的這位導師。

接著，蓋勒魯普又創作出版了第二部長篇小說《青年丹麥》（1879）及《安提柯》（1880）等小說。1881 年，他發表著名論文《遺傳與道德》，擁護和支持達爾文主義，獲得大學金質獎章，同時受到丹麥教會的指責。為之憤慨的蓋勒魯普，創作了第三部長篇小說《日爾曼人的門徒》，予以回擊。這部小說宣告蓋勒魯普正式與基督教決裂，比起《一個理想主義者》、《青年丹麥》僅反映青年基督徒的自由主義立場與正統教義的矛盾，要決絕徹底得多。《日爾曼人的門徒》通過青年牧師尼斯·約特從信奉到徹底背離宗教，反映青年一代丹麥人告別宗教，崇尚自由主義立場的精神風貌。這部小說明顯帶有作者的影子，比如小說中的約特，與虔誠教徒、莊園主的女兒克莉絲汀娜訂婚，但他背叛宗教信仰後，決心解除這椿婚約，而只與自己志同道合的德國女子結婚，這和蓋勒魯普的婚姻極為相似。

1883 年，二十六歲的蓋勒魯普在經歷一段反對宗教的寫作之後，得到一筆不太豐厚的遺產，便有了一次漫長旅遊。他先後到德國、瑞士、義大利、希臘和俄國，對其文學藝術採訪考察。這次遊歷，使他對義大利、希臘的美學思想，對叔本華的哲學，對俄國的小說風格，都有了深入瞭解，導致蓋勒魯普拋棄勃蘭兌斯的文學理論體系，轉向古典主義和新浪漫主義。寫於 1885 年的《漫遊的歲月》，表現了他文學觀念的明顯變化。他揚棄了丹麥的自然主義文學觀念，推崇德國歌德和席勒的人文主義，並且在他的創作實踐中實實在在地體現出他文學觀念的轉變。1884 年，他創作了一部詩體劇本《布倫希爾德》。該劇取材古代流傳的西古德與布倫希爾德間的愛情傳說。他們偶然邂逅，一見鍾情，立下誓言。後經人揭穿，雙方皆已有家室。布倫希爾德設計殺死西古德，自己又自盡於西古德身旁。這一宣揚愛情至上，卻與道德相悖的悲劇，遭到非議。他又發表有關法國大革命的五幕歷史劇《聖如斯特》和詩體劇《泰米里斯》。

1889 年，他出版長篇小說《明娜》，作品取材於現實生活，講述的是一個純

情動人的愛情故事。主人公是德國一位叫明娜的家庭女教師，小說通過她與兩位男子的愛情糾葛，謳歌頑強、勇敢的日爾曼精神。明娜這一形象緣自蓋勒魯普的夫人。

　　他娶了德國夫人後，一直僑居在德國的德累斯頓，長達三十年。就在這裡，耶勒魯普完成了名作《明娜》、《磨坊血案》、《我的愛情之書》、《從春到秋》及五幕歷史劇《哈格巴特與西格娜》、悲劇《海爾曼・萬德爾》、五幕劇《亞納王》、短篇小說集《十克朗》等。也是在這裡，他與德國許多作家、詩人和劇作家頻繁交往，並受到他們文學、人文精神的影響，完成了他的「日爾曼化」過程。為此，他激烈動盪的思想，受到格外注意。

　　1919 年 10 月 13 日，已具有更多日爾曼氣質的丹麥作家蓋勒魯普，安詳地在德累斯頓市郊的卡羅茲查終老，享年六十二歲。

＊此次諾貝爾文學獎，授予兩位同一年都出生於牧師家庭的丹麥作家。

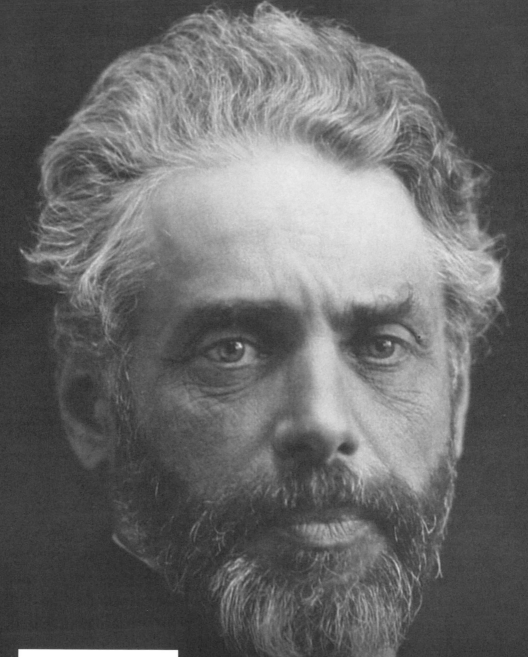

016th / 1917   II

Henrik Pontoppidan
亨利克·蓬托皮丹 1857—1943

丹麥小說家。

獲獎理由｜他對當代丹麥社會的真實的描述。

獲獎作品｜小說三部曲《樂土》（又譯《天國》或《希望的土地》）。

　　蓬托皮丹富有現實主義精神的小說，可視為丹麥民族的秘史（巴爾札克說過，「小說被認為是一個民族的秘史」）。其作品以氣勢恢巨集的史詩長卷，記錄了丹麥人民半個多世紀廣闊的生活圖景。他從 1881 年發表文學作品伊始，一生共出版了四十多部作品，其中，主要是長篇小說《樂土》（1891—1895）、《幸運的彼爾》（1898—1904）、《死人的王國》（1912—1916）和《男人的天堂》（1927）。影響最大的是三部曲《樂土》。

　　長篇小說三部曲《樂土》，寫於 1891 年至 1895 年，是一部以丹麥 19 世紀末農村生活為背景，以丹麥青年埃曼紐爾等人物命運變遷為主線，展示丹麥那段歷史時期社會生活圖景和人生百態的有深度和廣度的現實主義巨著。

　　小說的主人公名叫埃曼紐爾，是一個青年牧師。他厭倦哥本哈根的都市生活，來到西蘭島鄉村，任牧師教職，與一位農民的女兒漢希娜相愛結婚。他希望通過自己的努力，改變鄉村面貌。村民在他的帶領下，趕走了橫行鄉里的教區主教，由他取而代之。他拒絕領取主教不菲的俸祿，想通過自己的雙手自食其力。但他只好空想，不懂耕耘，常與妻子發生衝突。他的孤獨和不切合實際的空想，讓村民漸漸冷落了他，而他所熱愛的鄉土也遠不如想像中完美，於是，他拋妻棄子，重返哥本哈根，他對宗教的狂熱，受到周圍人的敵視。這時，他與一漂亮女子邂逅，陷入愛情與宗教的激烈衝突中。他甚至妄稱自己是上帝派到人間的天使，是人類的基督。人們不得不將他送入瘋人院，他在孤獨和妄想中默默死去。

　　《幸運的彼爾》是一部八卷本的長篇小說，寫出了社會環境對人的命運的巨大影響，同時表達了作者對現實社會的譴責。鑑於小說主人公彼爾與蓬托皮丹有著驚人相似的經歷，可視為自傳性小說。出身牧師家庭的彼爾，隻身來到哥本哈根讀工程學，後與一位富商的乾女兒結婚，畢業後在水利工程中大顯身手，成績卓著，人稱他為「幸福的彼爾」。幸運和成就，使彼爾飄飄然，原來的雄心壯志漸漸淹沒在養尊處優、妄自尊大之中，再加上父母相繼離世，他心灰意懶地回到老家故土，又與牧師女兒再組家庭。但鄉土的田園生活最終也未能療治他靈魂的創傷，結果是他與這位妻子離婚後，到西海岸當一築路工人度過殘年。小說彌漫著濃重的悲觀主義色彩。

　　《死人的王國》表達作者對 1901 年丹麥自由派取得勝利後，其政治經濟毫無進展的局面的不滿和深深的憂慮。小說的主人公，是一個對一切都厭倦和失望的

莊園主托本。他為了祭奠愛情的不幸，寧願過著與世隔絕的生活。他死後，他的情人阿比爾高這麼說：「他從一個可怕的世界中解脫出來，凡是還存在希望的地方，都是欺騙。」

蓬托皮丹，於 1857 年 7 月 24 日降生在丹麥白德蘭半島一個宗教氣氛濃郁的宗教家庭。父親是一位牧師。蓬托皮丹天性放任，酷愛自由，對家庭中令人窒息的宗教氣息有天然的抗拒。高中畢業之後，他不顧家庭勸阻，隻身到哥本哈根，入理工學院就學，想以工程師職業為國家富強效力。但 1879 年的一次阿爾卑斯山之旅，讓他改變了學理工報國的夙願。在那雪山、森林、湖泊的懷抱裡，他心曠神怡，感受到文學的召喚。他興奮地以阿爾卑斯山民間傳說為題材，一氣呵成地創作了一個詩體歌劇，帶回哥本哈根。不久，他又離開首都，到西蘭島北部村莊當了一名小學教師，並與那裡一個莊園主的女兒結婚，教學之餘，從事創作。

1881 年，二十四歲的蓬托皮丹出版了他的小說集《殘翅難展》。他以無情的寫實主義的、明晰冷靜的風格，描寫丹麥鄉土生活的作品，使他在丹麥文壇初露鋒芒。接著，他出版了《農村景象》（1883）和《農舍》（1887）等作品。19 世紀 90 年代，蓬托皮丹還寫過不少關於心理、美學和道德問題的小說，如《雲》（1890）、《納泰沃特》（1894）、《加姆勒·亞當》（1895）和《霍伊桑》（1896）等。這些作品表達了蓬托皮丹對腐敗政權的義憤和嘲笑。

19 世紀末，蓬托皮丹長期隱居鄉間。1927 年，他又創作了重要的長篇《男人的天堂》，表達了已到晚年的作家對戰爭給人類精神造成戕害的擔憂。從 1930 年至 1940 年，晚年的他完成了四卷本回憶錄《走向自我》。

第二次世界大戰爆發後，德國納粹入侵丹麥，蓬托皮丹表示強烈抗議。1943 年 8 月 21 日，蓬托皮丹在憤慨中與世長辭。

015_{th}
1916

Carl Gustaf Verner von Heidenstam 1859—1940

卡爾・古斯塔夫・維爾納・馮・海登斯坦

瑞典詩人、小說家。

獲獎理由｜褒獎他作為文學新時代的首要代表人物的重要性。

獲獎作品｜《朝聖和漫遊的年代》（*Vallfart och vandringsår*）（詩集）、《查理國王的人馬》
（小說）。

海登斯坦（又譯海頓斯坦姆），是第一位對彌漫於瑞典文壇的寫實主義發動攻擊的詩人。他深受埃及及東方文化的影響，主張以唯美主義為主導，強調純粹的民族主義情緒。19 世紀末，瑞典王國出現了一個新的既反對現實主義對社會生活的真實觀照，又反對自然主義對生活的純客觀敘述的潮流。這種鄙視現實社會，崇尚復古精神的意識觀念和審美藝術情趣，被人稱為「唯美主義派」或「新浪漫主義派」。海登斯坦就是這一流派的領軍詩人。

　　海登斯坦於 1895 年出版《詩集》後，又有《人民集》（*Ett folk*，1902）和《雅新詩》（*Nya Dikter*，1915）問世。前者，是表達詩人熱愛母國、思念故土的作品集，詩中洋溢著愛國主義激情。後者，描寫中世紀歷史風貌，謳歌大自然，抒發詩人的民族主義思想。兩部詩集的藝術風格各有不同，但其逃離社會生活、傾心自然的心境，以及高雅、華美、樸實、寧靜的詩風，是一脈相承的。請看《朝聖和漫遊的年代》（*Vallfart och vandringsår*）中的一首詩〈巫婆的忠告〉：

你求我：「請教會我怎樣布網，好讓我把幸福牢牢逮住。」
坐下吧，孩子，這輕而易舉！
靜靜等著，雙手交叉擱在膝上。
幸福之蝶每天飛舞在我們身旁，乘著金色的翅膀把我們追尋。
可是有誰啊，能教會一個人，穩捉住飛蝶而不折斷它的翅膀。

下面是他的《新詩集》中的〈天堂般的時刻〉：

夏天明亮的夜晚，人們都酣睡了。
田野裡蔥蘢繁茂的青枝綠葉，輕輕發出喜悅的呢喃。
漿果的紫色的莖稈，讓蒼茫的暮色給它抹上金色。
在紛紛擾擾的人世間，朦朧隱現出了一座天堂。
你啊，綠油油的芳草地，且讓石礫在河邊的沙灘上閃亮。
你啊，天堂般的時刻，你的露珠涓涓滴滴，
都滴在我們的心上。

　　從他的詩中，我們讀出唯美的味道，他的詩深沉而懷舊、歡快而明朗。它以自然的田野、暮色、草地、沙灘風光，呈現了他營造的神話世界，抒發了他的民族主義情緒。

　　在《新詩集》（1915）出版的二十七年前，沒受過高等教育的海登斯坦，以詩人的眼睛打量著世界萬物，出版了詩集《朝聖和漫遊的年代》（1888）。詩人以反純自然主義的姿態，採用誇張、虛幻、想像的抒情藝術手法，將他漫遊地中海和阿拉伯地區的自然風光、民風世俗、傳說歷史與東方哲學融為一體，構築成一個令人神往的瑰麗的神話世界，其華麗風格與優雅情調讓人想起荷馬史詩和阿拉伯的《天方夜譚》。

　　《朝聖和漫遊的年代》開啟當時瑞典的新詩風，使二十九歲的他，成為「新浪漫主義派」才華橫溢、銳意進取的代表詩人。《朝聖和漫遊的年代》詩集出版次年，對唯心主義有著巨大熱忱的海登斯坦，出版了《文藝復興》（Renässans）一書，系統地闡述了他的藝術觀。他反對純自然主義，對傳統的美學觀也充滿鄙夷，主張以「新浪漫主義」唯美色彩創造生活的美感，並強調從歷史源流和民族主義中發現奮鬥精神。這一專著，成為「新浪漫主義」宣言和瑞典詩歌的發展綱要。法洛定、卡爾弗爾特、達里卡里亞、拉綺洛夫等詩人的崛起，發展各自的藝術個性，在瑞典文學界形成了一個生動的局面。

　　1892 年，海登斯坦創作了詩體小說《漢斯・阿里諾斯》（Hans Alienus），描寫瑞典民間傳說中的傳奇人物漢斯・阿里諾斯的一生活動。小說中有不少內容是作者個人的回憶的拓展。該作以歌德的《浮士德》為藍本，以詩的形式寫成。他的文藝個性在小說中得到了實踐。作為小說家的海登斯坦，其小說成就體現在他創作的五部歷史小說中。它們是《查理國王的人馬》（Karolinerna，1897，又譯《查理十二世的人馬》）、《比爾吉塔聖潔的朝聖》（Heliga Birgittas pilgrimsfärd，1901）、《福爾根世家》（Folkunga Trädet，1905—1907，又譯《福爾根家的樹》）和《瑞典人和他們的首領》（Svenskarna och deras hövdingar，1910）。這些歷史小說，寫的是瑞典古代傳說中的人物，經作家的英雄化，表現出強烈的民族主義傾向。《查理國王的人馬》寫 18 世紀初瑞典國王查裡十二世，統率兵馬與俄國、丹麥、挪威等國進行北方戰爭的故事，謳歌了瑞典軍民英勇征戰、不畏強敵的英雄主義精神，讚美他們對國家、民族無限忠誠的民族氣節。《福爾根世家》取材於福爾

根家族的歷史，從其 11 世紀寫起，直到後代當上瑞典國王為止。這是一部充滿正義與邪惡鬥爭、雲譎波詭宮闈殘殺的歷史，作品寓意深刻，借古諷今。

　　海登斯坦，於 1859 年 7 月 6 日降生在瑞典南部奧西瑪的一座豪門的莊園裡。父親是當時瑞典航海燈塔方面的著名工程師（一說貴族軍官）。家境富足，又是獨生子的海登斯坦，從小體弱多病，但受到嚴格的貴族教育，喜讀書，尤熱衷看歷史小說和描寫大自然的書籍。這樣的文化積澱，為他後來的文學創作打下良好的基礎。十七歲時，他因患肺病，不得不中斷學業，被送到國外療養。

　　在長達十二年的療養遊歷期間，海登斯坦大開眼界，對世界、對藝術、對人生逐漸有了透徹的認識。他到過法國、義大利、瑞士、希臘，又踏上敘利亞、埃及和巴勒斯坦等地觀光考察。其間，他曾在羅馬學習兩年繪畫藝術，後興趣又發生轉移。

　　三年後，海登斯坦回到瑞典，不久便與艾米莉・尤格拉結婚。因在選擇和反對藝術問題上，父子產生矛盾，導致決裂。他便偕新婚妻子再度出遊。在瑞士，海登斯坦有幸結識了瑞典著名戲劇大師斯特林堡，並成為摯友。他堅定地選擇了文學創作的道路，於是便有了 1888 年的《朝聖和漫遊的年代》，一舉成名。1912 年，功成名就的海登斯坦，當選為瑞典文學院院士，四年後，繼拉格洛夫成為瑞典第二位獲諾貝爾文學獎的作家。1940 年 5 月 20 日，思想逐漸傾向於法西斯主義，已淡出文壇的海登斯坦，死在奧斯特哥特蘭一座古典風格的別墅裡。那是他 1920 年為自己建造的可以俯視湖光山色的山莊。

　　追憶海登斯坦，選一首他《朝聖和漫遊的年代》中的詩，為他的一生作結：

　　有人創造，有人煞費苦心卻不得其門，有人忽而頓悟世間真諦……，有時現實無味，於是在尋找神往的彼岸，有時不知所措，於是在浪費情緒的錯覺。精神總是寄託在他處，幻想中踏上征途，才發現這一路上原來有許多人，古往今來，來自四面八方，但面向同一方向。

Romain Rolland

羅曼·羅蘭 1866—1944

法國作家、評論家。

獲獎理由｜文學作品中的高尚理想主義和他在描寫各種不同類型人物時所具有的同情和對真理
的熱愛。

獲獎作品｜《約翰·克里斯朵夫》（小說）。

羅曼‧羅蘭是 20 世紀初法國著名作家。他和稍早的埃米爾‧左拉、阿爾封斯‧都德、居伊‧德‧莫泊桑、阿納托爾‧法朗士等，創造了 20 世紀初法國文學的輝煌。在他身上，小說、詩歌、傳記、評論、音樂、科學等完美地融為一體，其作品中的人道主義、理想主義和生命烈焰撲面而來，他被稱為「法國的托爾斯泰」。

　　瑞典文學院在宣佈羅曼‧羅蘭獲諾貝爾文學獎時，立刻遭到法國政府的反對，結果該獎一直推遲到 1916 年 11 月 15 日，瑞典文學院和外交部正式向法國政府發出電報，羅曼‧羅蘭才正式登上諾獎頒獎壇。這位「唯一的超乎混戰之上的人」，宣佈將全部獎金捐獻給國際紅十字會和法國難民組織，並說：

　　如果這個榮譽有助於傳播使法國在全世界受到熱愛的各種思想，我將感到高興。

　　羅曼‧羅蘭以長篇小說《約翰‧克里斯朵夫》獲諾貝爾文學獎。

　　1890 年 3 月，二十四歲的羅曼‧羅蘭，在羅馬郊外的霞尼古勒丘陵上遊覽，一道「靈光」閃過，給他帶來創作「靈感」（見其《回憶錄》），他說：「我正在做著夢。夕陽的紅光籠罩著羅馬城，四鄉像大海一般，浮托著它。天上的眼睛吸引著我們靈魂。我覺得激蕩起來，超出時間的界線。忽然間，我的眼睛睜大了。遠遠地我望見了家鄉……，我意識到我的自由的、赤裸裸的存在，那是一道『靈光』。」

　　為了創作《約翰‧克里斯朵夫》，羅曼‧羅蘭醞釀準備了十年，伏案寫作十年。他獨自一人租住一套簡陋的公寓裡，以微薄的教書及寫音樂評論的收入，維持他清苦而寂寞的寫作生活。他謝絕很多社交活動，深居簡出，潛心創作。他大約一年完成一卷，整整熬了十個年頭，寫出了堪稱里程碑式的巨著《約翰‧克里斯朵夫》，讓世界文壇為之轟動。

　　寫於 20 世紀初的《約翰‧克里斯朵夫》，反映了羅曼‧羅蘭前半生即 19 世紀末的時代氣氛、社會現實及帝國主義之間的矛盾。他寫這部巨著的十年間，德法兩國關係十分緊張，隨時有戰爭爆發的可能。在這樣的背景下寫出的《約翰‧克里斯朵夫》，不可能不把戰爭的魔影帶入其中。而更重要的是，戰鬥的人道主義一直是該書的主旋律。用羅曼‧羅蘭的話表述，便是：「永遠要表現人類的團結，不論它是用多少數不清的形式出現。這應當是藝術的首要目標，也是科學的首要

目標。這是約翰・克里斯朵夫的目標。」（1893 年 10 月日記）

1921 年，羅曼・羅蘭將十卷本《約翰・克里斯朵夫》合成四卷本出版，稱為定本。羅曼・羅蘭在序中介紹：第一卷，包括克里斯朵夫少年時代在故鄉小天地的生活，描寫他的感官和感情的覺醒；第二卷，寫克里斯朵夫天真、專橫、過激，橫衝直撞地揮舞著唐吉訶德式的長矛，征討當時社會的與藝術的謊言，攻擊驃夫、小官吏；第三卷，和上一卷的熱情與憎恨成為對比，是一片溫和恬靜的氣氛，詠歎友誼與純潔的愛情的悲歌；第四卷，寫的是生命中途的大難關，是「懷疑」與破壞性極強的「情欲」的狂飆，是內心的疾風暴雨，差不多一切都要被摧毀了，但結果仍趨於清明高遠之境，透出另一世界的黎明的曙光。

在《約翰・克里斯朵夫》一書的扉頁上，作者題贈：

獻給各國的受苦、奮鬥而必戰勝的自由靈魂。

這應該是羅曼・羅蘭所濃縮的該小說的題旨和靈魂。「受苦」，既是社會壓迫之苦，更是人生普遍的苦難；「奮鬥」、「戰勝」，是指自由與博愛的人道主義的勝利。在一定的歷史條件下，一定的社會環境中，人道主義具有一定的積極作用，而且可能有一定的進步性。《約翰・克里斯朵夫》的現實主義價值不容懷疑。該小說反對當時的統治勢力，不滿現狀，要求變革，嚮往光明與進步的政治立場，以及描述小說中英雄人物爭取實現自己人道主義理想的過程中，發揮了恩格斯所說的不由作者自主的現實主義，反映了當時政治鬥爭的一系列現象，使讀者對統治者產生反感和仇視，這畢竟是具有深刻進步意義的。

這三部英雄傳記，也是羅曼・羅蘭的重要作品：《貝多芬傳》（1903）、《米開朗基羅傳》（1906）和《托爾斯泰傳》（1911）。這些音樂家、雕塑家和作家，都對羅曼・羅蘭產生過深刻影響。在他的筆下，這些藝術大師都是敢於正視黑暗現實、鞭撻腐朽社會的英雄，其為追求「真正的藝術」而受苦受難，最後取得的重大成就，就是人道主義精神力量的勝利。比如，他的思想一直受到俄國大文豪列夫・托爾斯泰的影響。早在 1887 年 4 月 17 日，作為師範學校學生的他，就曾寫信給托爾斯泰，表達了他對這位大作家的敬仰。他在苦苦等待中收到托爾斯泰的回信，見其中稱他為「我的兄弟」，受到極大的鼓舞。後來他連續寫了六封信，

深深感恩大師的人道主義精神和「勿抗惡」的思想，說這已成為自己的信條和信仰。在《托爾斯泰傳》中，他極力宣揚鼓吹托氏的博愛精神。

1913 年，羅曼‧羅蘭完成《約翰‧克里斯朵夫》史詩之後，發表中篇小說《哥拉‧布勒尼翁》，描寫法國文藝復興末期一個工木匠的故事。那裡要求「讓每個人在太陽下都有個位置，讓每個人都有一塊土地」，表現了羅曼‧羅蘭的人道主義思想。1914 年第一次世界大戰爆發，羅曼‧羅蘭站在反對一切戰爭的和平主義立場，發表《超出混戰》（1915）和《先驅者》（1919）兩部論文集。

1917 年，十月革命取得勝利，羅曼‧羅蘭曾向蘇維埃共和國致敬。1919 年，他又寫了《精神獨立宣言》，三年後與巴比塞展開論戰，他擔心「革命產生仇恨，加深仇恨」，反對一切暴力，堅持獨立精神的個人主義和人道主義立場。這一段時間，他經歷了一次精神危機，在接受托爾斯泰的「勿抗惡」思想的同時，又接受印度甘地的非暴力和不抵抗主義思想。法西斯的猖獗、新帝國主義戰爭一步步逼近，擊碎了他非暴力和不抵抗的和平主義幻想。其 1931 年的著名文章〈向過去告別〉，就是批判自己，走向反抗法西斯、保護和平的轉捩之作。四年後，他訪問蘇聯，與高爾基會面。他創作了長篇小說《母與子》（又譯《欣悅的靈魂》）。小說共四卷。前三卷反映 20 世紀初至第一次世界大戰期間主人公安乃德強烈的反戰思想。第四卷寫安乃德轉變只有反戰思想而不見行動的弱點。作品著重描寫安乃德兒子瑪克思想進步的過程，認識到勞動階級是「世界命運的主人」，「缺乏有組織的勞動階級的力量，什麼都不能實現」，終於積極投入反法西斯主義的鬥爭烈焰中。

第二次世界大戰爆發後，法國淪陷於德寇之手，羅曼‧羅蘭隱居茲萊，埋頭寫他的回憶錄《內心旅程》（1942），兩年後又為友人作傳記《查理‧貝璣》。

羅曼‧羅蘭，於 1866 年 1 月 29 日生於法國東南部勃艮第境內的一座古城。父親是一位律師（一說公證人）。少年時期的羅曼‧羅蘭，在家鄉度過憂鬱的童年。故居不大的小院一面是樓房，兩面是高牆，一面矮牆外是一條運河。羅蘭常俯身矮牆上，長久地注視那條污濁的河和慢慢行駛的泊船。一有空，他會鑽到破爛的閣樓上，如饑似渴地閱讀莎士比亞的作品，似懂非懂地窺探那裡的人間奧秘和世上奇聞（見《約翰‧克里斯朵夫》譯本序）。他的母親酷愛音樂，他從她那

裡學到彈鋼琴的技巧和修養，這對他的一生產生重要影響。後來，家境漸漸貧寒，於是舉家搬到巴黎。父親在一家小銀行謀得雇員職位，以微薄的工資供孩子上學。從小就患哮喘、身體羸弱的羅曼・羅蘭，成為寄託全家未來的全部希望。他深知這一使命。後人曾在整理他的遺稿時，發現一張字條：「我答應媽媽，我一定要盡我的力量，做好投考高中的準備。」下面是他鄭重的簽名「羅曼・羅蘭」。

1884 年和 1885 年，他考巴黎高等師範學校，都名落孫山。第三次，二十歲的他終於順利考入高等師範學校。在就讀師範學校時，他在日記中寫道：「不創作，毋寧死！」1885 年高師畢業後，他由校長推薦到義大利羅馬，成為法國設在那裡的考古學校研究生。從此，他步入羅馬的上流社會，以自己的音樂天賦，與德國詩人歌德的後裔瑪爾維達・馮・梅森堡的夫人結成深厚友誼，得到她很多幫助，他稱之為「我的第二母親」。回到巴黎後，他與法蘭西學院教授勃萊亞的愛女克洛蒂爾特結婚。1898 年，他先後寫了四個劇本：《群狼》、《理智的勝利》、《丹東》和《七月十四日》。因皆以 1789 年法國大革命為題材，羅曼・羅蘭稱之為「革命戲劇」。

1936 年，羅曼・羅蘭七十華誕，法國勞動人民在人民戰線和法國共產黨的組織下，為他舉行了盛大的慶祝活動，並向他發了賀電。1938 年，他回到故鄉，購置了一棟小樓，住了下來。德國入侵法國，蟄居故鄉的羅曼・羅蘭悲傷不已。納粹黨沒有放過他，下令焚燒了他的書籍，並嚴密監視這位臥床不起的老人。

1944 年，巴黎解放之日，老人抱病到巴黎參加紀念活動。

這年 12 月 30 日，羅曼・羅蘭在故鄉去世。

「《約翰・克里斯朵夫》中的高尚理想主義和他在描寫各種不同類型人物時所具有的同情和對真理的熱愛」，不僅為羅曼・羅蘭贏得了第十四屆諾貝爾文學獎，更是他為自己矗立的文學豐碑。

＊因第一次世界大戰爆發，1914 年諾貝爾文學獎沒有頒發。

Rabindranath Tagore

羅賓德拉納特‧泰戈爾 1861－1941

印度詩人、哲學家。

獲獎理由｜由於他那含義深遠、清新而美麗的詩歌；他運用高超的技巧，用英語表達出的詩意
盎然的思想，已成為西方文學的組成部分。

獲獎作品｜《吉檀迦利》（詩集）。

　　泰戈爾恢復了古印度文學的榮耀，並使之達到一個新的高度，而且對世界近代文學的發展，做出了重要的貢獻。中國的郭沫若、徐志摩、冰心等作家，都曾受其影響。他以詩集《吉檀迦利》贏得了第十三屆諾貝爾文學獎，理由是：

　　由於他那含義深遠、清新而美麗的詩歌；他運用高超的技巧，用英語表達出的詩意盎然的思想，已成為西方文學的組成部分。

　　老實說，瑞典文學院的頒獎詞帶有明顯的昔日西方文化的霸權主義的傲慢。觀「用英語表達」，「成為西方文學的組成部分」等表述，便一目了然。

　　1861年5月7日，泰戈爾出生於印度孟加拉邦加爾各答一個望族家庭。他的長輩有許多名人。其父是一位哲學家、宗教改革者。他從小就在「文學與藝術的空氣彌漫」的家庭中受到薰陶。他家的接待室，每天晚上都亮著燈，客人來往不絕，吟詩歌舞。早年喪母之後，他寂寞而不快樂。他先後在本地學校求學，後被送到英國學法律。因對學校刻板乏味的生活憎惡，無論到哪個學校讀書，都不到一年就退學。他回到印度，其父為他請專家授課，然而泰戈爾更喜歡大自然。他在管理父親的農莊時，與農友建立了深厚的感情。十四歲，他發表愛國詩〈獻給印度教徒廟會〉，十六歲時發表短篇小說〈女乞丐〉，次年寫長詩〈詩人的故事〉。二十二歲時，他有了快樂的家庭，後來孩子一個個出世，他為孩子們寫了《新月集》。該詩集寫出了孩子的美麗、天真爛漫的世界，也寫出了母性的神秘、慈愛與美。三十五歲前後，泰戈爾的愛妻過世，接著女兒、兒子也相繼夭折，父親去世，憂傷籠罩了他，於是，他寫出了世界上最柔和甜美的情歌，使他的靈魂尖銳而有力。不久，他又去寫頌神之歌，不再寫情詩。

　　就是這籠罩彌漫的痛苦，加深而成為愛、欲，而成為人間的苦樂；就是它永遠通過詩人的心靈，融化流湧而成詩歌。（《吉檀迦利》詩句）

　　其筆端流溢著詩人靈魂中的余痛，尖銳而有力。
　　19世紀末，泰戈爾出版了詩集《晚歌》（1882）、《晨歌》（1883）、《畫與歌》

（1884）、《剛與柔》（1886）、《心靈和渴望》（1890）等。泰戈爾最具影響的詩集，是《吉檀迦利》，這一詩集把他引上諾貝爾文學獎的殿堂。

「吉檀迦利」在印度語中是「獻歌」之意。《吉檀迦利》詩集，出版於1910年。不久，他旅居英國時，將這部詩集和《渡船》、《奉獻集》譯成了英語，在英出版。

《吉檀迦利》是泰戈爾奉獻給自己信奉的神靈的詩篇。在詩人的靈魂中，神是至高無上的，是主宰宇宙萬物的，具有超自然的力量。神又是無所不在、無所不包的精神本體。在泰戈爾的靈魂中、筆下，神不是傳統宗教觀念中的神，而是富有自然社會、人生等泛神論色彩的，他借此表達追求民主、追求理想而破滅的苦悶彷徨的精神狀態。

《吉檀迦利》詩集由一百零三首詩組成，摘錄如下：

當你命令我歌唱的時候，我的心似乎要因著驕傲而炸裂，我仰望著你的臉，眼淚湧上我的眼眶。

我生命中一切的凝澀與矛盾，融化成一片甜柔的諧音——

我的讚頌像一隻歡樂的鳥，振翼飛越海洋。

詩人沒有直視生活，或以象徵形象，或直抒胸臆，表達出微妙豐富的情感。

破廟裡的神啊，七弦琴的斷弦不再彈唱讚美你的詩歌。晚鐘也不再宣告禮拜你的時間，你周圍的空氣是寂靜的。

流蕩的春風來到你荒涼的居所。它帶來了香花的消息——就是那素來供養你的香花，現在卻無人來呈現了。

對你來說，許多佳節都在靜默中來到，破廟的神啊，許多禮拜之夜，也在無火無燈中度過了。

精巧的藝術家，造了許多新的神像，當他們的末日來到了，便被拋入遺忘的聖河裡。

只有破廟裡的神遺留在無人禮拜的、不死的冷漠之中……。

詩裡呈現著寂寞、蒼涼、凋敗的意象，彌漫著詩人內心孤高、迷茫的意緒。

這種濃郁神秘的印度宗教氣息，以及對宇宙、蒼穹的表述，贏得了世界的歡呼。《吉檀迦利》把詩的秀美與散文的雄渾巧妙地融合為一體，文字古典簡約，構築了思想情感獨具匠心且有古典主義意趣的詩歌經典。

泰戈爾同時又是印度近代的小說家。他的長篇小說《少夫人市場》（1881）、《賢哲王》（1885），是關於國家歷史的長卷。《沉船》（1906）是他的長篇小說代表作之一，它通過一個大學生曲折的戀愛和婚姻故事，表現年輕人在封建婚姻制度下，爭取愛情和婚姻自由的悲劇，深刻地批判包辦婚姻的社會習俗。《沉船》採用的批判現實主義方法，讓其躋身世界文學名著行列。而《戈拉》（1910）是泰戈爾最優秀的長篇小說。小說以泰戈爾少年、青年時代的印度社會生活為背景，把生活場景聚集於印度教徒安南達摩依和梵教徒帕勒席兩個家庭，演繹了兩對年輕人的戀愛糾葛的故事。他們衝破宗教偏見，「獲得了自由」。借此，泰戈爾表達了關於印度要實現民族解放、必須解決宗教偏見這樣具有深遠意義的思考。

泰戈爾還是印度短篇小說的開山鼻祖。他創作了很多短篇小說，如〈河邊的臺階〉、〈還債〉（1891）、〈是活著，還是死了？〉（1892）、〈摩訶摩耶〉（1892）、〈棄絕〉（1893）和〈素芭〉（1893）等。寫於 1894 年的〈太陽與烏雲〉，把批判的鋒芒指向英國殖民主義者，揭露其壓迫剝削印度人民的罪惡。〈加冕〉則批判在印度不斷滋長的崇洋媚英的洋奴思想，並提倡民族自尊。

泰戈爾又是創作劇本的高手，先後創作了《大自然的報復》、《國王與王后》、《犧牲》等。

縱觀泰戈爾的文學創作，其作品表現了其「自由的、不受拘束的思想」，反抗暴君和英國殖民主義者，批判封建習俗，頌揚賢明君王，謳歌愛情，讚美大自然和生活，並對封建制度下人民的苦痛，表現出深切的同情。泰戈爾是以高超的文學技巧、清新樸素又寓以哲學的藝術風格，表現上述宏大和深刻的思想主題的。

1919 年，英國殖民主義者悍然在旁遮普的阿姆黑察，屠殺手無寸鐵的印度人民，得知消息的泰戈爾，立即寫信給英國總督，憤怒譴責血腥屠殺罪行的同時，嚴正聲明放棄四年前英王授予他的男爵之位。

次年，法朗士、巴比賽、羅素、愛倫堡等世界著名學者作家，在巴黎發起名為「光明團」的運動，呼籲世界永遠和平，反對戰爭。泰戈爾積極參加。同時，他又鼓吹印度獨立，曾向英政府請願允許印度自治。

泰戈爾的詩對中國的詩歌產生過較大的影響，滋養過世界上不少詩人。中國曾有以他的《新月集》命名的有影響的新月文學社團。他們被稱為新月派，一度成為中國蔚為壯觀的詩壇風景。

　　1924 年，泰戈爾應邀到中國訪問，在北京等地發表演說，宣傳融合了西方哲學與佛教教義，有調和東西方哲學之觀，鼓吹生命與活動的哲學，受到歡迎，也遭到抵制，甚至有抗議活動。泰戈爾曾猛烈譴責日本帝國主義，聲援中國的抗日戰爭。他寫於 1937 年的〈敬禮佛陀的人〉一詩，辛辣地諷刺了日本軍到寺廟中去祈求侵華戰爭勝利的醜行。

　　泰戈爾在世界人民反抗法西斯鬥爭最艱苦的時候，懷著世界人民必勝的信念，於 1941 年 8 月 7 日，在加爾各答仙逝。

Gerhart Johann Robert Hauptmann 1862—1946

格哈特・約翰內斯・羅伯特・霍普特曼

德國劇作家、詩人。

獲獎理由｜在戲劇藝術領域中富有成果的、多彩而傑出的創作。

獲獎作品｜《織工》（*Die Weber*）（戲劇）、〈群鼠〉（*Die Ratten*）（詩歌）。

19 世紀後期和 20 世紀初期，霍亨索倫王朝的普魯士德國的資本主義得到迅速發展，當時的德國文學模仿德國古典文學，同時左拉和易卜生在這個王國正產生影響。有些作家以他們的創作方法，開闢德國文學的新路徑，形成了德國自然主義文學運動。其代表作家便有霍普特曼。他是用美的風格，寫詩一般的戲劇的作家。

　　霍普特曼以自然主義文學開始，逐漸走向批判現實主義。他以反映織工和工廠主鬥爭的《織工》（*Die Weber*）（戲劇），最早地把目光投向工人與工廠主的鬥爭現實，刻畫工人的早期革命。到了晚年，他又轉向象徵主義和新浪漫主義。

　　霍普特曼，於 1862 年 11 月 15 日出生在德國西利西亞一個叫薩爾茨布隆的地方。其父是一家旅店業主。有的書上說，霍普特曼的祖父當過紡織工人。霍普特曼十五歲時因家境困難，不得不從中學輟學，到一家農場打工，以謀生計。後來，熱愛藝術的他，曾參加藝術考試，名落孫山。1880 年，一位畫家很欣賞他的藝術天賦，介紹他到布雷斯勞藝術學校學雕塑。不久，他又到耶拿大學藝術系去旁聽。這期間，他因「不良行為舉止和不夠勤勉」而一度被布雷斯勞藝術學校勒令退學。早在他讀中學時，來自小鎮的他，就與舉止優雅的貴族同學格格不入。

　　1883 年，霍普特曼與哥哥到義大利。他在羅馬建立了雕塑工作室。次年，他重返德國，決定放棄雕塑藝術而投身文學。他在柏林大學讀科學和文化發展史，加入德國自然主義派作家群，逐漸成了這一流派的代表人物之一。他在哥哥的婚禮上，上演了他創作的戲劇《愛情的春天》，為哥哥的婚姻祝福。正是在這個婚禮上，他贏得了嫂嫂的妹妹瑪麗·蒂訥曼的芳心，兩人私訂終身。一年後，他與這位富商的女兒結婚，定居柏林郊區的埃克納。

　　生活和心境安定下來的霍普特曼，在自然主義派的刊物《社會》上發表他最早的小說《狂歡節》和《鐵道守路人蒂爾》（*Bahnwärter Thiel*），沒什麼影響。

　　1889 年，他的第一部劇作《日出之前》（*Vor Sonnenaufgang*），在柏林「自由劇場」亮相，甫一公演，轟動柏林，大獲成功。《日出之前》描寫空想家青年洛特 - 加龍省，心懷改良社會之願，到礦區瞭解生活，與礦主之女海倫娜邂逅。但當他得知其家幾代皆是酒徒後，放棄了這段愛情，造成海倫娜自殺。該劇將悲劇的原因歸咎於家庭道德和精神的墮落，有明顯的自然主義和血統論的痕跡，作

者對這悲劇除了哀歎，便是苦痛。《日出之前》的嚴重缺陷顯而易見。但是，這齣戲與當時德國舞臺上演的幾乎清一色的沉悶的外國戲和歷史劇相比，反映的德國現實生活別開生面，引起觀眾的強烈反響，震撼了壓抑沉悶的社會空氣。聽聽第二幕洛特 - 加龍省與海倫娜說的一段話：

比如這樣的事就是荒謬絕倫的，汗流滿面的勞動者在挨餓，而懶漢倒可以生活得很富足。在和平時期，殺人要受懲罰，而在戰爭的時候，殺人卻受到讚揚。劊子手遭人輕蔑，而那些士兵早上掛著佩刀和寶劍這種殺人工具，卻趾高氣揚地走來走去。

此語大膽地揭露和批判社會貧富不公，以及對普魯士王朝的窮兵黷武的譴責。

德國社會的矛盾重重，民族民主運動日益高漲，霍普特曼放棄了自然主義創作立場，開始以深邃的目光剖析社會現實，表現各個階層人物的精神狀態。1890年寫的劇本《和平節》，翌年創作的劇本《寂寞的人們》，便是他走上現實主義新路的產物。這兩部劇作，表現的是一群知識份子，在黑暗、保守、落後政府的壓制下，對政治革固鼎新感到無望的內心苦痛與沉淪。

從 1892 年創作《織工》開始，霍普特曼迎來了創作的黃金時代，相繼寫出《獺皮》（*Der Biberpelz*，1893）、《翰奈爾升天》（*Hanneles Himmelfahrt*，1894）、《弗洛里安・蓋爾》（*Florian Geyer*，1896）、《沉鐘》（*Die versunkene Glocke*，1896）、《車夫亨舍爾》（1898）、《羅澤・伯恩德》（*Rose Bernd*，1903）等劇本。《獺皮》通過警察局長魏爾漢，揭露容克權貴自負狂妄、愚昧無能的醜態；《翰奈爾升天》寫救濟院裡小女孩漢娜洛不堪繼父虐待，自殺時的幻覺；《沉鐘》是童話劇，屬於象徵主義，表現生活與藝術的矛盾；《車夫亨舍爾》、《羅澤・伯恩德》表現第一次世界大戰中狹隘的民族情緒。在他的劇作中，最出色的還是他早期的《織工》。

《織工》應該說是 19 世紀 40 年代以後，描寫工人反對剝削，與工廠主鬥爭的重要作品。該劇以 1844 年西里西亞織布工人起義為背景，表現工廠主德來西格企圖用壓低工資的手段，加強對工人的剝削。織工無法生存，自動組織起來，高唱革命民歌向德來西格示威。工廠主搬動員警逮捕織工時，織工奮力反抗，並搗

毀工廠主的住宅，然後湧向附近村落，同政府調來的軍隊搏鬥抗爭。最後以不願參加鬥爭的老織工希爾塞被流彈擊斃和織工打退軍隊而告終。全劇並無工人領袖，只有織工群體和組織起來的織工。歷史上的 1844 年工人起義失敗了，而《織工》卻以波瀾壯闊的鬥爭勝利結束，表現作者對織工鬥爭前途必勝的信念。尤其是劇本對「安分守己」的老織工希爾塞的刻畫和處理，意味深長。該劇對工廠主德來西格這個人物塑造得也頗為成功，不僅表現出他的殘酷無情、狡猾多變的性格，還寫出工廠主剝削成性的階級本質。有論者頌揚說：「《織工》是一首在舞臺上表演的無產階級頌歌。」另有論者則說，《織工》作者「筆下的工人缺乏積極的理想，他過分地突出他們的自發鬥爭中的消極破壞方面的復仇情緒」。

兩種議論，無論是高度頌揚還是求全責備，問題出在超越了歷史局限。說能從他的作品裡看出一個時代、一個國家的真實生活，說他所創造的藝術世界中充滿了有呼吸的靈魂，已是很高的褒獎。貶低或拔高，都是對他的褻瀆。

《織工》在受到觀眾歡迎的同時，被俾斯麥下令禁演。德皇威廉二世取消了原定要頒給霍普特曼的「席勒獎金」。

他的詩作水準也相當高，〈群鼠〉便廣受好評：「我滿懷敬畏地向你致意／你這輝煌的殿堂／哺育我的君主的，偉大搖籃／圓柱支撐著巍巍的宮殿／劍鞘裡沉睡著……。」

到了 1904 年，霍普特曼拋棄了妻兒，與年輕的小提琴家馬沙爾克結婚，在遭到道德譴責的同時，各種榮耀卻翩然而至：牛津大學授予他博士學位，奧地利三次授給他格拉巴策獎金等，最榮光的是獲得諾貝爾文學獎。1932 年，應卡內基國際和平基金會之邀，他到美國參加歌德逝世一百周年紀念活動，併發表演說。在此期間，美國文學藝術院聘其為榮譽院士。

在德國受到譴責與在國外得到太多的榮耀，使霍普特曼在政治與文學上趨於保守。第一次世界大戰爆發後，他拒絕批評德國軍國主義侵略行徑。在受到羅曼·羅蘭批評時，他與之發生論戰。雖然希特勒上臺，納粹主義瘋狂活動，使他對希特勒的本質有所認識，但他沒有任何反抗行動。第二次世界大戰由納粹德國挑起，霍普特曼仍然躲在一隅，痛苦地沉默，任憑罪惡的戰火蔓延。納粹倒臺之後，霍普特曼曾被遣送到蘇聯。1946 年 6 月 6 日，這位後半生並不光彩的老人，因病在西里西亞去世。

Maurice Maeterlinck

莫里斯 · 梅特林克 1862─1949

比利時小說家、詩人、散文家和劇作家。

獲獎理由｜由於他在文學上多方面的表現，尤其是戲劇作品，不但想像豐富，充滿詩意的奇想，
有時雖以神話的面貌出現，還是處處充滿了深刻的啟示。

獲獎作品｜《花的智慧》（散文集）、《青鳥》（*L'Oiseau bleu*）（兒童劇）等。

梅特林克是 19 世紀後半葉比利時最偉大的象徵派作家。與他同時，比利時還有維爾哈倫、洛定巴、默克爾等皆是象徵派鉅子。

　　梅特林克步入文壇，有些幸運。1886 年，他從法律專科學校畢業後，又到法國巴黎深造。在那裡，他結識了一批象徵主義文學家，其中有個叫維利埃‧德‧利爾–阿達姆的作家，把他介紹到象徵主義文學圈內。其實，梅特林克早期的作品具有現實主義特色，比如他到巴黎時創作的短篇小說〈屠殺嬰兒〉是揭露西班牙佔領比利時罪行的作品，雖有悲觀主義色彩，但愛國主義的精神在小說中激蕩。讓梅特林克出名的，卻是他在巴黎的一位朋友。他在打字機上，打出那時本名為《瑪萊娜公主》（*La princesse Maleine*）的劇本，把象徵主義帶到其中。其中一冊，放在了麥拉爾梅的書房裡，一天，一位文藝批評家無意發現了這個劇本，讀了之後，寫了一篇充分肯定《瑪萊娜公主》的評論，稱其為「比利時的莎士比亞」，引起文壇重視，梅特林克便自此聞名。接著，他陸續寫出了《闖入者》（*L'Intruse*）、《群盲》（*Les Aveugles*）、《丁泰琪之死》、《七公主》、《普萊雅斯和梅洲特桑》、《青鳥》（*L'Oiseau bleu*）、《莫那‧凡那》等劇作。梅特林克在 1902 年，將這些劇本結集出版時，在序中說：「在這些劇本裡，信仰是在那些不可見而致命的各種勢力上。沒有人知道他們的意向，但戲劇的精神以為，他們是惡意的，注意著我們的一切行動，而為微笑、人生、和平、快樂的仇人。命運是一個無辜而不自覺的敵人，而加入了他們之內，參與毀壞一切，但一點也不能變更愛與死在人生中所做的殘酷固執的遊戲，這都是呈現在聰明的人的憂愁的眼光之前的，他預見了將來。」

　　梅特林克便是他自己所說的那個聰明人。在作品中，他預見了將來，並以敏銳生動之筆，把憂愁之眼所見到的景觀都寫出來。上面所列舉的劇本，其主題及其情調幾乎是相同的。《群盲》寫的是六盲男、六盲女，黑夜中在一位老牧師的帶領下，來到森林裡。他們聽到蕭瑟之風吹過樹梢，大海波濤拍擊岸邊的岩石，落葉上有一隻狗在走動。這狗把一個盲人帶到老牧師身邊，他一摸老人的臉，發現已無生氣，他死了。《群盲》的寓意十分明白：我們就是已陷入絕望中的盲人。我們聽到大海波濤的澎湃之聲，而為我們引路的嚮導宗教，其實已死了，我們都迷失在深夜茫茫的黑森林中……，作品不僅表現了災難的徵兆，還有更多的憂鬱。

　　《七公主》比《群盲》要更隱晦。七個公主同睡在門戶鎖閉的雲石大廳裡。

遠遊的王子歸來，從窗外看到從小就深愛的最漂亮的公主，他從地道經過死人之墓來到大廳。六個公主都醒了，只有他最愛的漂亮公主因過於困乏而死。作品講的是靈魂有七個元素，而其中的真我，卻是不可知的。於是梅特林克把關於死亡無情而又神秘的力量的玄妙思考，裝進了《七公主》。

《普萊雅斯和梅洲特桑》講少女梅普萊雅斯在林中與國王相遇，並成為其妻，後愛上國王弟弟，最後被國王刺死的悲劇，表現命運之神驅趕著人類，如一群羊，經過愛的草地而到達死亡之境。這是梅特林克僑居巴黎時創作的大型悲劇。該劇有明顯的受法國象徵主義思潮影響的痕跡。1902 年，法國象徵主義音樂大師德西彪，欣然為該劇作曲，歌劇《普萊雅斯和梅洲特桑》風行歐洲，成為象徵主義戲劇和歌劇的最有成就的傑作。

幸好，梅特林克寫了《青鳥》，擺脫了縈繞在他的其他劇作中關於命運和死亡的象徵思考，寫兩個家境貧寒的孩子，在夢中尋找青鳥而不得。等他們醒來，鄰居的孩子生病，提出要把他們養的斑鳩借來玩。他們把斑鳩給了他。這鳥真的變成了他們夢中尋找的那只青鳥。但當他們把它放出來玩時，那鳥又飛走了，不見蹤影。該劇象徵幸福就在身邊，不過只有把幸福賜給他人，才能得到幸福，而幸福是暫時的，所以青鳥飛走了。

梅特林克在大舞臺上，通過五彩繽紛的夢幻般的世界，把追求幸福、真諦的故事帶給全世界觀眾。《青鳥》的成功，使梅特林克成為 20 世紀初歐洲最傑出的象徵主義劇作家。

《莫那‧凡那》沒有什麼象徵主義，而是宣傳「自我犧牲」精神。這是一部歷史劇，講的是古義大利披沙與佛洛林斯兩地的戰爭故事。劇中一改歐洲傳統的英雄主義，認為真正的英雄就是犧牲自我和各種成見，以救護城池的人民。全城的人民比任何英雄壯舉、英雄氣概都更可貴。這種群眾英雄觀，在英國受到排斥，該劇不能在英倫上演。

梅特林克還是一位傑出的散文家，出版了《謙卑之寶庫》、《知識與命運》、《蜂之生活》、《死》、《花的智慧》等散文集。《花的智慧》探討花的生存智慧、時間、道德、災難、死亡等哲學主題，有 18 世紀哲學家論著的味道。梅特林克是博學的，他把哲學上的探討和對自然世界的關心結合起來，從自然界的變化來研究人類社會的發展。特別是他對動植物的觀察研究深刻、細膩、獨到，並通過這

些花草和小生靈的生活、生命的表現，來寫人類的生活、生命、命運，讓人歎為觀止。梅特林克獲得諾貝爾文學獎，散文是重要砝碼。

　　梅特林克，於 1862 年 8 月 29 日誕生在比利時根特城的一個公證人家庭裡。他曾就讀於聖巴布耶穌學院，畢業時取得學士學位，後又學法律，成為律師。一直被文學吸引的梅特林克，與律師行當格格不入。他到巴黎搞話劇，認識了象徵派作家麥拉爾梅，進入文學圈，改變其命運。第一次世界大戰時，梅特林克的文學創作進入低潮。1932 年，因其文學成就，他被比利時國王封為伯爵，盡享殊榮。第二次世界大戰爆發後，他流亡到美國，隱居佛羅里達州。1947 年，他離開美國，到巴黎定居。兩年後，八十七歲的梅特林克剛剛出版回憶錄《藍色的氣泡》不到一年，於 1949 年 5 月 6 日病逝於法國尼斯。

Paul Heyse

保羅·海澤 1830—1914

德國作家。

獲獎原因｜表揚他作為抒情詩人、劇作家、長篇小說家和舉世聞名的短篇小說家,在長期的創
作生活中,所達到的滲透著理想的、非凡的藝術才能。

代表作品｜《倔強的姑娘》、《特萊庇姑娘》等小說。

海澤的父親是著名語言學家卡爾·威廉·海澤。海澤，於 1830 年 3 月 15 日出生在德國柏林。其母為猶太銀行家千金，酷愛文學，精通英語、法語，熱情活潑。在這樣一個崇尚文化的貴族家庭，海澤從小就受到濃郁文化氛圍的薰陶和良好的教育，其親人的和睦與對他的關愛，讓海澤健康快樂地成長。

　　1847 年，十七歲的海澤受父親影響，考入柏林大學，子承父業，選修古典語言學和哲學，但他更鍾情於文學。他在入大學的第二年，經柏林著名詩人伊曼紐爾·蓋貝爾的引薦，加入了柏林著名的以藝術史家庫格勒為首的文學社團「斯普里河上的隧道」，從此走上了文學之路。對文學的熱愛，讓海澤於 1849 年轉入波恩大學，專攻羅馬語言文學和藝術史，兼修義大利語、法語、西班牙語。1852 年，海澤重回柏林大學，獲文學博士學位，同時獲得普魯士政府資助去義大利留學、旅遊的機會。古城羅馬、水鄉威尼斯、藝術之城佛羅倫斯等地的文化深深地打動了海澤，在那裡一年多的遊學，讓他有機會對羅馬的古典文學及義大利文藝復興時期的文學有了深入的考察。這些寶貴的經歷和對義大利文學的熟稔，為他後來的文學創作積累了大量的素材，也為其美學思想和文學風格的形成，奠定了基礎。

　　在義大利遊學時，海澤發表了中篇小說《倔強的姑娘》。小說寫窮家的姑娘蘿拉，性格倔強。她一直對父親虐待母親及母親的逆來順受耿耿於懷。十歲時，父親去世，母親病重，蘿拉以羸弱的肩頭，撐起生活重擔，精心照料母親。父親的暴力，使蘿拉對男人時刻保持警惕，甚至壓抑內心情感，孤獨而早熟，讓人看不到她的天真和淳樸，她被稱作村中帶刺玫瑰般的「女強人」。不同於村裡男青年不敢碰蘿拉，漁夫安東尼奧一直深深愛著蘿拉，並借蘿拉乘他的小船之機，以擁抱向她表白了愛情。一開始，蘿拉咬了他一口，狠狠推開他。但在安東尼奧為此十分傷心時，蘿拉卻撲到他的懷中，哭著說：「你打我吧……，可就是別趕我走！因為我愛你……。」壓抑的靈魂和綻放的人性畢現於讀者面前。《倔強的姑娘》使海澤在文壇嶄露頭角。此作給他帶來聲譽的同時，還讓他收穫了愛情。回國後，又是經由蓋貝爾介紹，海澤結識了藝術史家庫格勒的愛女瑪格麗特，兩人相愛並訂婚。那時，海澤沒有固定工作、經濟拮据，但因有蓋貝爾幫助，生活無憂無慮。

　　1853 年，巴伐利亞大公國的馬克西米利安二世大公召請年輕的學者海澤，希望他到首府慕尼克。海澤應召而往，在那裡，與早就欣賞他的蓋貝爾一起成為作家集團「慕尼克詩社」的領軍人物。「慕尼克詩社」崇尚古典主義，宣導維護傳

統藝術標準和價值，藉以反對政治上的激進主義、哲學上的唯物主義、文學上的現實主義。這使「慕尼克詩社」成為保守的、復舊的貴族文藝的大本營。

海澤自從發表小說處女作《倔強的姑娘》後，創作一發而不可收。窮四十年光陰，他發表了《特萊庇姑娘》（1858）、《安德里亞・德爾芬》（1862）、《尼瑞娜》（1875）、《麥爾林》（1892）等一百八十多篇中短篇小說，其中《特萊庇姑娘》由〈台伯河畔〉、〈死湖情瀾〉等七篇小說組成，發表了《世界的孩子們》（1872）、《在天堂》（1875）、《眾峰之上》（1895）、《反潮流》（1904）、《維納斯誕生記》（1909年）等九部長篇小說。《世界的孩子們》是一部力道十足的小說。它把海塞的時代都裝進了小說裡，並有意味深長的寓意：揭示當時世界的「知識荒」。他還創作了二十多部戲劇，如《科爾貝格》（1865）、《哈德里安》（1865）等。

海澤等身的著作，大都是愛情題材的。作家所表現的都是特定時代背景下，那些人物的生存狀態和心靈狀態，更多地演繹年輕人的心理狀態和他們的命運。海塞是一個理想主義者，他的作品常常回避生活陰暗的東西，而熱衷於表現人物頭腦中的美好願望和生活中的真善美。受歌德影響，小說流淌著對往事的追懷和回顧，受到知識界的推崇。一些學者認為，海澤的作品是對 1848 年資產階級革命失敗後動盪的、分裂的普魯士帝國的一種美化和粉飾，因此他的作品並無進步意義。此論似過於意識形態化，海澤作品分明形象地呈現了那個時代豐富廣闊的社會圖景和各色人物的精神面貌，值得說的是，小說中總是閃爍著人性中美麗、善良的光彩，具有特殊魅力。此外，其作品精巧的構思、詩化的意境、精緻的語言，給讀者帶來美的藝術享受，這是不爭的事實。求全責備，不是科學態度。

海澤受歌德的影響巨大。他一生熟讀歌德的作品，其對歌德的美學解讀堪稱權威。後人稱他為「歌德的總督」。可時光倒流，剛入道文學不久的年輕海澤，曾將歌德的文學作品摘錄了一部分，結成集子交給出版商，以試其鑒賞能力。不久，摘錄稿被退回，出版商教訓海澤說：「有誰會讀這些東西呢？東拉西扯，太囉唆了。」海澤冷靜地告訴出版商，這些東西是從歌德的《情投意合》中摘錄下來的，出版商愕然、愧然。

自從應巴伐利亞國王的邀請前往慕尼克後，海澤一直定居在那裡，直到 1914年與世長辭。海澤的思想和文學作品，或許不是世界最有優秀的，但他是 19 世紀後早期德國最有成就的作家之一。

Selma Ottilia
Lovisa Lagerlöf 1858—1940

塞爾瑪・奧蒂莉亞・洛維薩・拉格洛夫

瑞典女作家。

獲獎理由 | 高尚的理想主義，生動的想像能力，平易而優美的深入靈魂的風格。

獲獎作品 | 《尼爾斯騎鵝旅行記》、《耶路撒冷》、《戈斯泰・貝林的故事》等。

19 世紀後期，歐洲有許多女性作家，像白萊麥、愛倫凱，還有伊爾甘夫人等，皆史上有名。拉格洛夫是她那個時代，瑞典眾作家中最為出色的女作家。

拉格洛夫，於 1858 年 11 月 20 日出生在瑞典韋姆蘭省馬巴卡‧羅奧一座漂亮的莊園裡。父親是世襲貴族，在瑞典軍隊中以中尉銜服役。拉格洛夫的童年，由家庭教師陪伴，受到良好的教育。其父酷愛文學，母親也飽讀詩書且通曉民間傳說和神話，在濃郁文化的薰陶下，文學在她的心裡紮下了根。

1881 年，拉格洛夫離開了美麗溫馨的莊園，隻身來到首府斯德哥爾摩，先到休貝里中學學習，次年考入羅威爾女子師範學院。畢業後，她到南部倫茨克蘭女中任教十年。這期間，1891 年，她的第一部小說《戈斯泰‧貝林的故事》問世，即刻受到文學界關注，也深受讀者青睞，成為暢銷書。小說中的故事，來源於她的軍官父親早年在莊園裡講給她聽的，關於一個年輕牧師種種遭遇的故事。在她嘗試寫詩和戲劇都不成功的苦悶中，她以這個故事為題材，寫了一部中篇小說，參加了《伊頓》雜誌的徵文活動，沒想到一舉奪獎。次年，她將此中篇小說擴展成長篇小說《戈斯泰‧貝林的故事》，又獲得成功，隨著《聖經》一道，幾乎進入每個瑞典的家庭，在國外被譯成十二種文字。

《戈斯泰‧貝林的故事》的主人公叫戈斯泰‧貝林，是一個年輕牧師，因觸犯教規而被革職，流浪中被埃克布田莊女主人、少校夫人瑪格麗特收留，成為她家第十二個食客。小說接下來，就以貴族和食客奢侈放蕩及自尊善良的生活為主線，巧妙地將民間廣為流傳的關於食客的種種冒險故事次第穿插其中，故事套著故事，人物連著人物，既勾連又獨立。特別是小說以充滿感情、挽歌式的筆調，盡顯逝去的貴族和食客的不同命運和靈魂。小說已具大家風範。

1894 年，拉格洛夫又創作出版了短篇小說《有形的鎖環》，將農夫、漁民、兒童和多種動植物，編織成一條人類的奇特的鎖鏈。這讓她聲名更隆。自此，她辭去教職工作，成為職業作家。創作餘暇，她走出瑞典，先後到義大利、希臘和巴勒斯坦等有燦爛古文化的國度旅行。之後，她寫了關於宗教的小說《假基督的故事》和以神話故事為題材的故事集《古代斯堪地那維亞神話集》。1901 年至 1902 年，她又推出了以旅居巴勒斯坦的瑞典人的生活為題材的長篇小說《耶路撒冷》。該小說的宏大史詩性品格，表現出拉格洛夫的文學創作已趨於成熟。

果然，四年後的拉格洛夫，創作了令童話之王安徒生都為之讚歎的童話小說《尼爾斯騎鵝旅行記》。童話小說講的是一個叫尼爾斯的小淘氣，被變成一個拇指大的小精靈，同一隻叫馬丁的金色家鵝，跟著一群大雁，遊歷瑞典全國的故事。尼爾斯在旅行中見到了形形色色的事物，經歷了各種奇妙的風險：遇到野鵝的搗亂，識破了狐狸斯密爾的詭計不上當，差點被國王銅像踩扁，幸獲木偶及時搭救，打敗灰田鼠兵團救出小松鼠……，尼爾斯和馬丁一路上經歷種種風險，又欣賞到家園美麗的山河風光，結識了很多朋友，從他（它）們身上學到許多的品格。尼爾斯變成了勇敢、善良的孩子。家鵝馬丁也得到鍛煉，變成強者：「讓它們見識見識，一個家鵝照樣幹出一番轟轟烈烈的事業！」

　　該小說寫的是尼爾斯和馬丁的奇異遊記，但作家借這個故事精心地將瑞典的壯麗山川、歷史傳說、民族神話及現實生活風貌，編織成一幅對瑞典自然地理和社會文化全景鳥瞰的圖景，賦予該小說厚重的文化精神和美學旨趣。這是一部集知識性、趣味性、文學性、美學品味為一體的經典童話。

　　說到《尼爾斯騎鵝旅行記》的誕生，還有一個背景不得不說。1902 年，瑞典國家教師聯盟，為培養兒童全面發展，曾想委託一位作家，為孩子們編寫一本以故事形式形象生動地介紹地理學、歷史學、生物學和民俗學等知識的讀物。這一任務，便落在因寫《耶路撒冷》而出名，又曾長年當過教師的拉格洛夫肩上。這讓她很興奮又忐忑。為了寫好這本書，她走遍瑞典的山山水水，考察地貌，收集調查研究各地的風土人情，還特別觀察研究飛禽走獸的活動習性。她潛心寫作四年，當這部童話出版上市，即刻得到廣大讀者尤其是教師和孩子的歡迎。很快，這部書風靡瑞典，接著便在全歐流傳，被譽為「20 世紀的安徒生童話」，還得到瑞典文學院的賞識。第九屆諾貝爾文學獎的桂冠戴在本國人拉格洛夫的頭上，為此，瑞典文學界一片歡呼。

　　獲諾貝爾文學獎之後，拉格洛夫重新購回被父親賣掉的馬卡巴莊園，辭去工作，回到充滿童年美好記憶的故居，過起田園牧歌式的生活。在這裡，她創作了多部小說，有反映命運跌宕的《利爾耶克魯納之家》，有寫農村經濟敗落、精神頹靡的《葡萄牙國王》及譴責戰爭的《被逐》。而她創作的《羅文舍爾德三部曲》則是呈現韋姆蘭鄉村社會生活的長卷。其對往日田園的追念、關於英雄創業時代的幻想，彌漫其間。她最後一部小說是對貧苦人寄予同情悲憫的《耶誕節的

故事》。生命最後，她出版了回憶錄《馬卡巴》。1914 年，她被選為瑞典文學院十八個成員之一，也是唯一的女性。

第二次世界大戰期間，拉格洛夫用生命和悲憫書寫了一段人格傳奇。正當德國納粹對猶太民族施以反人類的大屠殺時，她通過瑞典皇室與希特勒法西斯政府交涉，最終從集中營這種殺人魔窟裡救出命懸一線的猶太女作家內莉‧薩克斯女士和她的親人。被救的薩克斯女士，在 1966 年獲得第五十九屆諾貝爾文學獎。

拉格洛夫於 1940 年 3 月 16 日，病逝於她熱愛的馬卡巴莊園。她一生未婚，卻並不影響她受全世界孩子的愛戴。

Rudolf Christoph Eucken
魯道夫・克里斯托夫・奧伊肯 1846—1926

又譯倭鏗,德國哲學家。

獲獎理由∣他對真理的熱切追求、他對思想的貫通能力、他廣闊的觀察,以及他在無數作品中,辯解並闡釋一種理想主義的人生哲學時,所流露的熱誠與力量。

獲獎作品∣《現代基本概念的歷史和批判》、《生活的意義與價值》(哲學)。

　　本文開篇，從 1920 年說起。時任中國北洋政府財政總長的梁啟超到德國訪問時，曾以「公車上書」發動戊戌變法的政治家和推動新文化運動的中國文學家而享譽國內外的特殊身份，至耶拿登門拜訪了世界著名的哲學家歐肯。二人談笑甚歡，梁啟超當面表示他拜讀過主人的不少作品，準備歸國把奧伊肯的重要著作特別是他的代表作《生活的意義與價值》，翻譯介紹給中國讀者。而奧伊肯曾在 1914 年任日本東京大學客座教授時，接觸過不少東方學者。他對東方懷嚮往之志，擬從日本轉道赴中國訪問，因第一次世界大戰爆發而未實現夙願。

　　諾貝爾文學獎，繼蒙森之後，第二次授給非文學人士、德國的哲學家奧伊肯。對獲此殊榮，奧伊肯顯得底氣十足，信心滿滿。他曾對報界說，他研究過諾貝爾文學獎規則，認為自己具備了獲諾貝爾文學獎的一切條件。瑞典文學院沒有讓他失望。對於這項榮譽，我們若讀奧伊肯晚年寫的自傳體《生平的回憶》，會發現他很在意諾貝爾文學獎，並為獲此大獎表示了由衷的喜悅和欣慰。他很感激瑞典文學院選中了他，也感謝瑞典文學院聘他為國外院士。

　　瑞典文學院把第八屆諾貝爾文學獎頒給了六十二歲的奧伊肯，其頒獎詞是：

　　他對真理的熱切追求、他對思想的貫通能力、他廣闊的觀察，以及他在無數作品中，辯解並闡釋一種理想主義的人生哲學時，所流露的熱誠與力量。

　　六年後，第一次世界大戰爆發前後，奧伊肯已對馬克思主義和社會主義抱有懷疑和敵意，尤其讓人失望的是，他對德國政府推行的反動的「大日爾曼主義」持默認態度，而他在自己的言論中，又對其羼雜宗教成分，使之具有更大的欺騙性。

　　奧伊肯，於 1846 年 1 月 5 日降生在德國弗里西亞群島的首府歐里西城。歐肯五歲時，在當地任郵政局長的父親病故，與領國家撫恤金的寡母相依為命。微薄的撫恤金只能勉強糊口，營養不良讓奧伊肯屢患重疾。貧窮多病反而讓他養成酷愛讀書、勤於思考的習慣。母親是牧師之女，在母親的支持下，奧伊肯學習優秀，幾次跳級，高中時有幸成為神學家、哲學家羅伊特的弟子。在導師的引導下，他開始走進哲學的博大世界。1863 年，奧伊肯考入建於 1737 年，已成為歐洲唯心主義哲學中心之一的哥廷根大學哲學系。這所學校位於萊納河畔，校園彌漫著濃厚

的宗教色彩和哲學思辨氣息，奧伊肯師從著名思想家 R‧H‧洛采。這位導師是亞里斯多德的解釋者、著名哲學家。洛采提倡人類應該有一個統一的精神境界和文化生活的觀念，對奧伊肯深有影響。這個觀念對當時弱肉強食、烽火四起的紛亂世界，是有其進步意義的。在洛采的教導下，奧伊肯獲得該校上古史和古典語言學的博士學位。接著，他又入柏林大學深造，康德和黑格爾哲學學派繼承人、思想家和哲學家 F‧A‧特倫德倫堡成為他的導師，他專攻倫理學和哲學史。這位導師的理論觀點，對歐肯後來的哲學思想體系的形成，影響重大。這期間，奧伊肯發表了《論亞里斯多德的語彙》一文，獲柏林大學哲學博士學位，成為研究古希臘哲學家亞里斯多德思想體系的著名學者。

奧伊肯的哲學成就有三方面：宗教倫理學、亞里斯多德學說、古典哲學。其哲學體系認為自然主義和理智主義都不能充分解釋大千世界。自然主義總是隱含假定的精神世界，而對它的原則予以否定；理智主義則從來沒有使經驗和邏輯相符合。他還指出那時社會出現的唯物質論令人憂慮。他研究亞里斯多德，目的在於探索精神王國的目的性，認為目的論起源於蘇格拉底，完善於亞里斯多德，結論是精神世界的終極目的是推動物質世界向好、向善發展。有些學者批評他的哲學宣揚充滿基督精神的「唯靈主義」，因為奧伊肯一直認為人的精神至上，根源來自宗教。

《生活的意義與價值》集中反映了奧伊肯對人類精神世界的探求。該作對當時歐美世界物質生活越來越繁榮，而精神世界越來越匱乏墮落的不爭事實，表達了自己的憂慮和思考。總體看，奧伊肯一廂情願地從「精神生活哲學」來統一、整合哲學自由主義與理智主義、唯物與唯心的對立，其本質源於他的哲學世界觀。這種世界觀，在當時，對於弱肉強食、戰爭烽火四起的世界是有一定進步意義的。聯繫奧伊肯 19 世紀末的人生經歷，我們得知他曾堅決聲援受沙俄壓迫蹂躪的芬蘭人民，以一介書生向沙皇政府的非人道主義提出強烈抗議，博得芬蘭人民的尊敬。

奧伊肯一生都勤奮好學、孜孜不倦，到三十六歲時，才與心儀的具有高雅文化氣質的葉林納‧巴索夫相愛結婚。夫婦二人情投意合，妻子對奧伊肯的學術研究傾力幫助，使其聲譽卓著，名垂青史。

1926 年 9 月 15 日，已在歐洲產生重大影響的哲學家奧伊肯在耶拿寓所逝世，享年八十歲。

Joseph Rudyard Kipling

約瑟夫·魯德亞德·吉卜林 1865—1936

英國詩人、小說家。

獲獎理由｜這位世界名作家的作品以觀察入微、想像獨特、氣概雄渾、敘述卓越見長。

代表作品｜《基姆》（*KIM*）（長篇小說）、《消失的光芒》（*The Light that Failed*）（長篇小說）

及《叢林之書》（*The Jungle Book*）（故事集）等。

1865 年 12 月 30 日，吉卜林生於印度孟買。六歲時，吉卜林被在那裡當教授的父親依照英國人的習慣，將他送回英國，接受嚴格的教育。十二歲的吉卜林入專門為英國培訓海外軍事人員的學校聯合服務學院學習。在這裡，他開始讀丁尼生和斯溫朋的詩歌，十六歲出版詩集《學生抒情詩》。

　　1882 年，吉卜林重返印度，在拉合爾的《民政與軍事報》擔任編輯工作，兩年後，其第一部短篇小說〈百愁門〉在其工作的報紙上發表，詩集《歌曲類纂》同時問世，自此一發而不可收地開始了漫長的文學生涯。

　　1887 年，吉卜林到阿哈巴德《先鋒報》工作，先後出版的小說集有七部之多，如《山中的平凡故事》、《三個士兵》、《在喜馬拉雅杉樹下》等，引起印度文壇的關注。這些作品，皆以印度自然風光、奇異習俗為背景，以濃郁的浪漫主義色彩將旅居印度的英國各類僑民的生活、精神狀態予以呈現。儘管這些作品難免流露殖民主義的成分，但吉卜林更多是根據自己的觀察，藝術地表現了英國殖民者壓迫、奴役印度人民的醜惡真相，以及印度人民對殖民統治的憎恨。

　　1889 年，以《民政與軍事報》記者的身份，吉卜林開始了回英國的經由中國、日本、美國「征服世界」的漫長之旅。途中寫了大量劄記，結集為《從大海到大海》出版。該書是一部特寫集，表現的是為了英國的榮譽而遠離家國的英國士兵的故事。其筆下流露出對英國士兵的同情，還有對大英帝國的嘲諷：「守護在你們臨終的床頭。」回到英國，他發現已在印度享有大名的他，在本土英國鮮為人知，在文壇上備受冷遇。但金子總會發光，1890 年，慧眼識珠的《民族觀察家》主編亨雷，認真閱讀了吉卜林寄來的一麻袋文稿，從這些寫皇家士兵的小曲中，發現了充滿活力的音符，他鼎力促成吉卜林《營房謠》詩集出版，讓英國文壇頓時熱鬧，吉卜林大出風頭。

　　《營房謠》是歌頌維多利亞女王時期英國士兵勇敢戰鬥的尚武精神的詩作。作品以亦悲亦喜的抒寫方式，表現戰士的勞苦與艱辛，以及他們的英雄氣概、勇敢精神，故被廣大士兵喜愛，在軍旅中廣為吟唱。為此，吉卜林贏得了「英國軍隊的行吟詩人」稱號。

　　1891 年，吉卜林遠渡重洋，到南非遊歷。在那塊陌生的土地上，結識了金剛石大亨西爾並成為朋友，在他豪華的寓所住了兩年。他出版了長篇小說《消失的光芒》（*The Light that Failed*）及短篇小說集《生命的阻力》。《消失的光芒》故

事情節非常動人，有些段落異常精彩，但總體看，風格生硬，結構鬆散。1892 年，吉卜林又重遊美國。在這個經濟飛速發展的國度，他與美國作家查爾斯‧貝勒斯蒂爾合作了長篇小說《蘿拉長》。此外，吉卜林還收穫了愛情，他與查爾斯的妹妹卡洛琳走進婚姻的殿堂。四年後，因與妻弟彼第發生衝突，回到英國薩塞克斯定居。

在英倫，吉卜林出版《叢林之書》（ *The Jungle Book* ）及《叢林之書續集》（ *The Second Jungle Book* ），寫的是印度原始森林中動物的故事。作家以驚人的想像力，為讀者展示了一個類似人類的神奇的動物王國。在旖旎風光的動物家園中，動物之間相互依存，按動物世界的法則在秩序中生存繁衍，作品歌頌友誼，崇尚克服困難的毅力及與惡勢力鬥爭的精神。作者勾勒的童話般斑斕的世界，栩栩如生又具有豐富世界的動物命運，深深打動了讀者。

19 世紀 90 年代後期，吉卜林又把注意力轉向政治，關注機械化了的西方社會裡的人們，特別是青年人的精神狀態。其中篇小說《勇敢的船長們》（ *Captains Courageous* ），寫一個美國富翁的兒子，在船上失足落水，為漁夫所救，後與漁夫一起捕魚勞作，得到鍛煉，成為勇敢和有信念的人的故事。其自傳體中篇小說《斯托基公司》，對強調紀律和秩序，提出質疑。小說有說教意味。

1900 年，吉卜林又一次去南非旅遊。在那裡，創作了給他帶來更大榮譽的長篇小說《基姆》（ *KIM* ）。《基姆》以他熟悉的印度為背景，講述了一個愛爾蘭駐印士兵基姆，伴著一個西藏喇嘛在印度廣袤的土地漫遊，尋找一條能洗滌一切罪孽的聖河，以及又充當駐印英軍間諜的故事。吉卜林塑造基姆這一文學形象，除了探求複雜豐富的人性，還意在表現印度人的狡黠和東方式的處世智慧。正如艾略特所說，讀《基姆》，真正聞到了「印度氣息」。一些學者，說《基姆》「通過基姆的形象，試圖表現自己對東方人的理想」，不著邊際，而說「這種人一方面保持著東方古老的宗教信仰和民族習慣，另一方面又能順從西方人的意志。實際上作者企圖調和民族矛盾，流露出濃厚的殖民主義的思想意識」，則未免太過牽強。《基姆》是一位有責任感的作家表達他理想主義的一本書。小說對東西方理念的理解或失之膚淺，但吉卜林對其觀察與想像的天賦，讓《基姆》成為經典，應該不存爭議。

1907 年，過著其樂無窮鄉間生活的吉卜林，獲得第七屆諾貝爾文學獎，瑞典

文學院對其評價很高：

　　這位世界名作家的作品以觀察入微、想像獨特、氣概雄渾、敘述卓越見長。

　　次年，他又接受英國劍橋大學的榮譽學位。

　　第一次世界大戰爆發時，四十九歲的吉卜林站在大英帝國立場，發表了不少詩歌和特寫，鼓動青年參軍為大英帝國獻身。孰料次年，其年僅十八歲的兒子在比利時的羅斯戰場上中彈身亡，吉卜林悲痛不已。這種哀傷的情緒一直籠罩著他，並影響了其文學創作。他的詩文開始表達他對世界性災難的哀痛，而且作品中遊蕩著超自然的神秘幽靈。那個「有無與倫比的現實觀察力，能把實際生活中最瑣碎的細節都描寫得正確驚人，此外，驚人的想像力使他不但能臨摹自然，而且能描繪出內心的意象，他對景物的描寫給人一種內心的感受，就像肉眼忽然看到幽靈一樣」的吉卜林老邁了，隕落了……。

　　1936 年 1 月 18 日，吉卜林在倫敦逝世。英國政府和各界名流為他舉行了隆重的國葬，西敏寺裡挽歌回蕩……。

Giosuè Carducci

焦蘇埃・卡爾杜奇 1835—1907

義大利詩人、文藝批評家。

獲獎理由｜不僅是由於他精深的學識和批判性研究，更重要的是為了頌揚他詩歌傑作中所具有的特色、創作氣勢，清新的風格和抒情的魅力。

代表作品｜〈撒旦頌〉（長詩）、《青春詩》（詩集）等。

卡爾杜奇是 19 世紀中葉至後半葉義大利蕭索文壇出現的重要的詩人。他如高塔一般，聳入天空，給義大利文學帶來了生氣。卡爾杜奇的詩，揚棄了浪漫主義，而引進了新的寫實主義。「他有兩個性質，古典的與浪漫的：所謂浪漫的，乃是他反抗傳統的精神；所謂古典的，乃是他對於古代形式的崇拜。他把新血灌入義大利將涸的血管中。他的情調與題材是極廣泛而複雜的。」（鄒郎《世界文學史》）

　　卡爾杜奇以他的前輩，曾風靡全歐的浪漫主義詩人蒙地和福士考洛為師，高舉新古典主義旗幟，以嶄新的民族詩歌，反映他生活年代民主民族革命的偉大潮流。他的詩富有鬥爭精神、語言典雅、氣質高貴，使其被譽為 19 世紀義大利詩歌的頂峰。

　　卡爾杜奇，於 1835 年 7 月 27 日出生在義大利中部托斯卡納的鄉村裡。父親是當地名醫，積極參加爭取義大利自由的政治活動。1849 年，十四歲的卡爾杜奇隨全家遷居佛羅倫斯。七年後，他以優異成績畢業於比薩高等師範學院，到中學任教，同時組織了一個以反浪漫主義為宗旨的文學社團，開始了詩歌創作生涯。1860 年，受教育部聘用，他入博洛尼亞大學主持文學講座，之後在該大學執教四十多年。

　　1870 年，義大利統一，以君主立憲制代替封建割據。卡爾杜奇以詩作〈新詩選〉等頌揚國家統一，謳歌為民族復興而英勇鬥爭的戰士，並對當時腐朽的聯合政權統治下的貧困黑暗景象，發出強烈不滿的箭鏃。次年 3 月，法國爆發巴黎公社革命，工人武裝起義，推翻聯合政府，實現了人類歷史上第一次無產階級專政。1872 年，卡爾杜奇參加第一國際的義大利支部，對巴黎公社革命表示同情和聲援。這在義大利詩界，絕無僅有。

　　早在 1867 年，卡爾杜奇出版了詩集《輕鬆的詩與嚴肅的詩》等，讚頌義大利的民族復興事業。〈悼念馬志尼〉一詩，將馬志尼頌為「照耀整個義大利的太陽」；〈致加里波第〉一詩，盛讚加里波第為「前無古人的崇高英雄」。馬志尼與加里波第都是義大利民族復興運動中的領袖。而〈西西里和革命〉一詩，幾近一首戰鬥進行曲：

　　奮起戰鬥吧，

各個被奴役的民族，

我們將在戰鬥中

攜手前進！

　　卡爾杜奇一生創作了太多的詩歌，有〈致上帝〉、〈致母親〉、〈生命〉等，詩集有《聲韻集》、《青春詩》、《輕鬆的詩與嚴肅的詩》等。他的大部分抒情詩，多是以流利而平易的韻文書寫的，幾乎每首詩都朗朗上口，為讀者所喜愛。尤其是寫日常生活的詩，如〈夏天的夢〉、〈牛〉等是對大自然風光的描繪，或對人生道路的回憶，皆以人們熟悉的韻文書寫，風靡義大利。

　　寫於 1865 年的長詩〈撒旦頌〉是卡爾杜奇的代表作。正是這一長詩，入了瑞典文學院法眼，讓他獲得第六屆諾貝爾文學獎。其頒獎詞為：

　　不僅是由於他精深的學識和批判性研究，更重要的是為了頌揚他詩歌傑作中所具有的特色、創作氣勢，清新的風格和抒情的魅力。

　　卡爾杜奇詩中的撒旦，不再是《聖經》中永駐的罪惡之王，而成了象徵為人類進步、歷史發展的力量，是反對封建君主和教會專制統治的英雄，是自由思想的使者。

　　〈撒旦頌〉的確因激烈而曾引起爭議，《聖經》中罪惡的化身轉向成為聖者，被一些人視為對宗教的褻瀆。但是，實際上卡爾杜奇只是將撒旦塑造成一個文學形象，一個反抗排斥和蔑視人權、扼殺自由和人性的教會勢力的英雄。他說：「我不是反對宗教，而是反對利用宗教做幌子，來愚弄別人，控制別人，要脅別人。」是的，他的充滿理性主義精神和對民族詩歌傳統創造性發展的詩歌，寫出了人民鬥爭的風雲，呈現了本民族的悲歡，具有豪壯的氣魄和動人的力量，使他「站在世紀的山頂上」（卡爾杜奇語）。

　　作為一位一生不拘一格而又戰鬥不息的鬥士，卡爾杜奇一直為義大利的自由而戰鬥。一是反對教會，一是反對浪漫主義，他認為二者是使義大利羸弱的原因。因其叛逆精神，他曾被當局視為「危險分子」，教育部受命一度不敢錄用他。後來，由於義大利國內革命形勢出現低潮，卡爾杜奇自身地位也發生變化，他漸漸由激

進的民主立場，向自由派轉化。到了 19 世紀 80 年代，他已蛻變成君主立憲政體的擁護者。1890 年，他被委任為參議員。他的晚年詩作有〈詩的韻律〉、〈再次讚美〉等，很明顯，他已成為王國的官方詩人。

卡爾杜奇晚年不幸中風，半身癱瘓。離開工作了四十多年的博洛尼亞大學講壇和政壇後，1906 年 12 月，病榻上的老人榮獲了第六屆諾貝爾文學獎。驚聞此訊，老人心中五味雜陳。卡爾杜奇出於言不由衷也罷，出於本意也好，但他自己最終否定了〈撒旦頌〉，稱其為「庸俗的歌謠」。此舉的是非長短，只能由人評說了。

瑞典文學院秉承諾貝爾文學獎宗旨，認定〈撒旦頌〉中那種敢於直面人生和與社會問題鬥爭的精神，還是選中他而不是別人。

兩個月後，1907 年 2 月 16 日，這位老人在博洛尼亞與世長辭。

Henryk Sienkiewicz

亨利 · 軒克維奇 1846—1916

波蘭小說家。

獲獎理由｜作為一個歷史小說家的顯著功績和對史詩般的敘事藝術取得的傑出貢獻。

代表作品｜《你往何處去》、《第三個女人》、《十字軍騎士》等（小說）。

軒克維奇是繼他的同胞克拉士席夫斯基之後最傑出的波蘭小說家。他於寫實主義在波蘭氾濫之際，以優秀的歷史與傳奇作品在世界文壇博得大名。

　　軒克維奇生活的年代，是波蘭民族多災多難的時期，國家一直受著沙俄、奧匈帝國和普魯士帝國的侵略。波蘭人民經受著這些入侵者的欺侮和凌辱，波蘭的詩人、作家不甘做亡國奴，他們以文學為武器，來表達波蘭民族獨立自由的強烈願望和熾烈的愛國主義情懷。軒克維奇就是其中一位代表作家，他以高昂的愛國主義激情和鮮明民族色彩的小說，向侵略者宣戰，贏得了崇高的榮譽。

　　1846 年 5 月 5 日，軒克維奇出生於一個天主教舊貴族家庭。青年時，他在華沙從事新聞記者工作及文學創作活動，曾用「李特沃斯」筆名發表文章。1863 年，波蘭發生動亂，還在讀中學時，他便將目光注視現實政治及社會問題。1866 年，軒克維奇考入華沙大學，先後學過法律、醫學、文學、歷史和語言學。1871 年，俄國沙皇悍然下令，將華沙大學更名為華沙帝國大學。軒克維奇為抗議沙俄這一侮辱性命令，斷然拒絕畢業考試，放棄即將得到的學位，憤怒離校。其愛國之心昭然。

　　在灰色年代，他創作的短篇小說《炭畫》，引起了讀者的注意。該小說以精巧的藝術手法，呈現了古代村落的黑暗及村民的悲慘生活圖景，深深地映入讀者的眼簾，為其悲憫情緒所打動。他的小說《一個校長的日記》，寫的是在俄國侵略壓迫之下波蘭的苦難。有趣的是，俄國檢查官卻以為小說在揭露德國，故而未予查禁。《得勝者巴特克》以 1870 年波蘭人幫普魯士攻打法國歷史為背景，寫一位波蘭農民英勇地為普魯士打法國，並成為得勝者，而得到的報酬卻是被德國人驅逐出家鄉的故事。《燈塔守夜人》寫一個逃到國外的波蘭人，孤獨地在西印度看守孤獨的燈塔。他因讀著密茨凱維奇的詩，沉浸於對故國的深情思念中，忘記了點燈，而被解雇。軒克維奇根據親身經歷寫的《在馬里波沙》，與上面的故事異曲同工，講的是一個奇異的波蘭老人客居美國加利福尼亞，幾乎天天誦 16 世紀的波蘭《聖經》。他總是用波蘭《聖經》的話，與旅美的同胞交談，傾訴思念家國的情感。這些小說，深藏著亡國的悲哀和對故國的思念，其國家主義色彩濃郁。他的這些小說為發展波蘭的現實主義文學做出了貢獻。

　　1876 年，軒克維奇以《波蘭報》特派記者身份經法國到美國旅行訪問。但當

他曾經嚮往的國度，在繁榮背後充盈著社會不公，例如失業、種族歧視、世風墮落、妓女氾濫等腐敗現象，特別是不少波蘭移民生存窘迫，這一切讓他甚為失望。他將所目睹的真實美國的觀感，寫成文章，以「旅美書簡」為總題目陸續發在波蘭報界，後結集兩卷本出版。

19世紀80年代，沙皇俄國在波蘭推行反動的俄羅斯化政策，公然宣佈禁止波蘭人使用自己的民族語言。面對沙俄這一滅絕種族的暴行，軒克維奇毅然站出來，以小說宣傳波蘭歷史上反抗外族侵略的光榮業績，激發國人的愛國信念。這就是給他帶來榮耀的由《火與劍》、《洪流》和《渥洛杜耶夫斯基先生》組成的長卷三部曲。它們依次寫了波蘭抗擊烏克蘭邊境哥薩克人侵略的故事，波蘭從瑞典手中奪回自己水源的故事，波蘭抵抗土耳其侵略者的故事。三部曲以宏偉的氣勢、曲折的情節、豐富的想像、流暢的筆觸，全景式地展現了17世紀波蘭人民抗擊外族侵略的壯烈歷史畫卷，可與密茨凱維奇之史詩《泰達士先生》相映成趣。

而軒克維奇被公認的巔峰之作，讓其揚名世界的，是他的著名歷史小說《你往何處去》。這部小說在1896年問世，不足兩年就在世界引起空前的轟動，僅在英美兩國就發行了兩百萬冊。這在那個年代，算是天文數字了。

《你往何處去》講述的是，羅馬帝國尼祿皇帝在位時，指揮官維尼瓊斯將軍與成為羅馬人質的麗吉亞公主，在羅馬邂逅並一見鍾情的故事。皇帝尼祿為籠絡愛將，將公主賞給了維尼瓊斯。孰料，作為基督教徒的麗吉亞公主，不能接受維尼瓊斯以征服和屠戮一統天下的觀念，兩人又難以心靈溝通，公主只能選擇逃離。

將軍為了追回心愛的公主，途中經過基督教徒秘密集會的地方，聆聽了關於該教的教義後，與公主不期而遇，兩人認識到彼此都深深眷戀著對方。將軍返回皇宮後，瘋狂的尼祿皇帝為建造尼祿新城，而焚燒羅馬古城。將軍沖進火場，救出公主，並率民眾突圍火場。當難民紛紛湧入皇宮，原來一直妒忌將軍與公主純潔愛情的皇后，慫恿皇帝將焚燒羅馬城之罪，轉嫁給無辜的基督教徒。皇帝開始逮捕基督教徒，施以餵獅、釘十字架、焚燒之酷刑。教徒高唱教歌，無所畏懼。將軍目睹皇帝慘無人道之舉，勇敢站出來，揭穿真相，搭救教徒。民眾看清了暴君尼祿的醜惡面目，尼祿在民眾聲討中自殺。

在許多描寫沒落的羅馬帝國與新興的基督教勢力間的衝突的小說中，《你往何處去》是最成功的一部，將之稱為世界歷史文學長廊中一顆璀璨明珠或歷史小

說領域的巔峰傑作，有些過譽。但是，作家以史家的視角、文學的手段為我們再現了那段歷史真相，並刻畫出栩栩如生的皇帝尼祿、將軍維尼瓊斯等歷史人物，呈現出人性的複雜，我們從人物身上看到那個特定年代異教主義的道德敗壞和妄自尊大，也看到基督教徒精神世界的謙恭自信和仁愛平等。其背景之宏偉，其色彩之豐富活潑，的確在同類作品中，無出其右者。《你往何處去》榮獲第五屆諾貝爾文學獎，瑞典文學院的評語是：「作為一個歷史小說家的顯著功績和對史詩般的敘事藝術取得的傑出貢獻。」

正是《你往何處去》發出的是對人類理想的呼喚，肯定了人性必將戰勝獸性，仁愛定能制服暴政等人類進步理想，它才被譯成三十多種文字，被世界廣泛閱讀。

軒克維奇在暮年，又創作了《十字軍騎士》，寫的是 15 世紀初波蘭戰勝德國的故事，與《你往何處去》及「三部曲」一樣，把古代歷史真相鮮活地重現於讀者面前。晚年，他常常把他的政治觀念寫進短篇小說裡，最能打動人的是《年老的撞鐘者》。

軒克維奇筆墨耕耘一生，最後的一部小說《軍團》尚在書寫中，七十歲的老人卻於 1916 年 11 月 15 日在瑞士佛維病逝，桌上還鋪著未盡的書稿。他是在第一次世界大戰爆發後，流亡到瑞士的。在那裡，他發起組織「波蘭犧牲者救濟委員會」，救助在大戰中受害的波蘭士兵和百姓，為自己的民族盡綿薄之力。在皚皚雪山下，他與也在瑞士避難，小他二十歲的法國作家，第十四屆諾貝爾文學獎得主羅曼‧羅蘭相遇，並結下深厚友誼。

軒克維奇的靈柩回遷華沙安葬，是其去世八年之後。華沙的聖約翰大教堂是他的安眠之所，這裡有他永遠的鄉愁。

Frédéric Mistral

腓特烈 · 密斯特拉 1830—1914

法國詩人。

獲獎理由 ｜ 表彰他詩作新穎的獨創性和真正的靈感，忠實反映自然景色和鄉土感情，還由於他
作為普羅旺斯語言學家的重大成就。

獲獎作品 ｜《黃金島》（詩集）。

法國南方羅納河口的馬雅納，緊臨地中海，水草豐美、土地肥沃，古代被稱作「普羅旺斯」。中世紀時期，這塊土地孕育過一批用當地語言進行創作的詩人，而形成了一種普羅旺斯文化。到 19 世紀，這一古老文化已瀕臨消亡，於是在 19 世紀中葉，普羅旺斯地區的一些學者作家，發動了一場復興普羅旺斯文化的運動。其主要組織推動者，就是第四屆諾貝爾文學獎得主之一，在普羅旺斯出生的詩人腓特烈·密斯特拉

　　二十一歲的密斯特拉，在埃克斯大學法學院獲得學士學位後，放棄了成為律師的機會，走上詩歌創作和研究普羅旺斯文化的研究之路。

　　點燃對家鄉普羅旺斯文化研究熱情的，是密斯特拉在羅耶爾學校讀書時的老師丁·盧瑪尼爾（1818—1891）。盧瑪尼爾是一位一生致力於普羅旺斯奧克語研究的專家。在這位導師引導之下，密斯特拉自覺地扛起拯救家鄉文化的重擔。後來，密斯特拉與老師盧瑪尼爾建立了「菲列布里熱」協會，作為研究、宣傳普羅旺斯文化的民間組織。他還與老師盧瑪尼爾聯手合編極具學術價值的《普羅旺斯年鑒》，在各地建立不少普羅旺斯文化中心，並且費時二十年，廣泛搜集資料，編纂了一部兩卷本的《菲列布里熱詞庫》，使普羅旺斯文化在全世界重現輝煌。為此，法蘭西學院曾四次向他頒獎，並授予十字勳章。

　　家境殷實的密斯特拉，從小便顯露寫詩的天賦。他是把詩作為普羅旺斯文化運動的一個重要部分創造性進行的。其不少詩歌成為這一時期法國文學中的不朽名著，而廣為流傳。他最早的詩作〈船帆〉已顯現詩人的才華。1859 年出版的長詩《米瑞伊》，使他一舉成名。該詩詠歎的是一對年輕戀人的愛情悲劇。農場主的女兒米瑞伊愛上了箕匠之子維森特，因遭到農場主的反對，米瑞伊死在教堂，維森特在悲痛中遠走他鄉。《米瑞伊》甫一發表，讓法蘭西詩壇歡呼雀躍。詩人拉馬丁高呼：「一個偉大的詩人誕生了！」馬拉美寫信給密斯特拉贊曰：「您是銀河中閃亮的鑽石啊！」其長詩被譯成多種文字，被世界閱讀。法國著名作曲家古諾將《米瑞伊》改編成歌劇搬上舞臺，也是好評如潮，在歐洲公演。

　　其《羅納河之歌》也是表現愛情生活的長詩，卻比《米瑞伊》更深刻豐厚。故事發生在 1830 年，一艘遊艇在羅納河中順流而下，年輕英俊的荷蘭王子先登上遊艇，接著登場的是漂亮的船長女兒安格拉，如同一切浪漫故事，他們之間有了一段短促的「羅曼史」。

　　遊船在風景如畫的羅納河行駛，高傲而熱忱的船長盡情享受兩岸美景，而安格拉懷著古老的幻想，想像著在一個美妙的夜晚與河神邂逅。荷蘭王子為安格拉的自然天性而傾倒。船在緩緩前行，乘客都陶醉於美景之中。天有不測風雲，一陣暴風雨掀翻了遊艇，剛剛碰出愛情火花的年輕人，雙雙被濁浪吞沒，葬身河底。《羅納河之歌》既不是社會悲劇，也不是英雄悲劇，而是詩人對自己一生奮鬥、失敗的一曲懺悔、一首挽歌，有一種英雄壯志未酬的悲歡。作品被改編舞劇之後，賦予了鮮明的生活色彩，廣受歡迎。

　　瑞典文學院給予米斯特拉爾的詩這樣的評語：

　　作品的藝術魅力主要在於對故事情節的連接貫穿手法和我們眼前呈現的整個普羅旺斯的風光、記憶、古老風俗以及居民的日常生活。米斯特拉爾說他只是為牧人和莊稼漢歌唱，他用荷馬式的單純手法做到這一點，但又絕非奴顏婢膝地模仿。有充分的證據顯示，他創造了自己獨特的描寫技巧！

　　他當之無愧地接受了諾貝爾文學獎的第三年，出版了《回憶錄》，那是他一生奮鬥經歷和對人類命運體驗的總結，今天讀來，仍具啟示意義。

　　這位一生都以堅定的毅力和巨大的熱忱為重振民族古老文化而奮鬥的詩人，於 1914 年 3 月 25 日在自己的故鄉病逝，魂歸故里。

José Echegaray y Eizaguirre

何塞・埃切加賴 1832—1916

西班牙戲劇家、詩人。

獲獎理由｜由於他獨特和原始風格的豐富又傑出，復興了西班牙戲劇的偉大傳統。

代表作品｜《偉大的牽線人》（*El gran Galeoto*）（戲劇）。

　　何塞·埃切加賴的一生，具有傳奇色彩。他是自然科學和社會科學的出色學者，是著名的數學家、經濟學家、政治家，還當過數學教授、自然科學院和語言科學院雙院士。他先後擔任國會議員、內務大臣、公共工程大臣、經濟大臣、財政大臣和國家銀行總裁職務，最後毅然拋棄一切，投身文學藝術領域。如同在其他領域取得顯赫成就一樣，他在文壇也做出了卓越貢獻，成績輝煌。他為母國西班牙奉獻了百餘部戲劇，成為西班牙戲劇藝術唯一的真正代表。

　　1874 年，埃切加賴辭去一切權大任重之要職，舉國上下一片驚訝揣測之際，他的戲劇《支票簿》突然在馬德里阿波羅大劇院隆重上演，讓人們格外驚喜。亮出另闢蹊徑、充滿浪漫色彩的喜劇，在貌似逗樂的戲劇衝突中，埃切加賴以精雕細刻的藝術技巧，遊刃有餘地針砭時弊、抨擊邪惡，將西班牙經濟界的黑暗內幕揭露得入木三分，讓西班牙人自豪地擁有了自己的易卜生。

　　華麗的轉身，體現了埃切加賴的文學價值。這之後，他每年都為西班牙奉獻三四部劇本。從四十二歲闖劇壇，三十年內，他竟然完成了《瘋子與聖人》、《偉大的加萊奧特》、《瘋狂的上帝》、《唐璜的兒子》、《偉大的牽線人》（*El gran Galeoto*）等百餘部劇作。在數量上，他在整個歐洲獨領風騷。在藝術上，他讓人聯想起莎士比亞、易卜生和斯特林堡的藝術風格。他常常把自然主義的戲劇衝突，放到浪漫主義藝術氛圍中，展現的卻是現實主義主題。他借鑒莎士比亞、易卜生、席勒、雨果、大仲馬的痕跡是顯而易見的。但，借鑒與模仿常常混雜在一起。在借鑒中創造，才是藝術正道。其實，他剛剛雄心勃勃、意氣風發地登上文壇不久，是走過彎路的。比如 1875 年，埃切加賴繼《支票簿》後，又創作了《在劍柄上》。該劇以西班牙本土傳說唐璜和他兒子費南多為了年輕女子蘿拉發生的衝突為題材，呈現資本社會上升時期年青一代為爭取自由和愛情的精神世界。父子的激烈衝突，演變成持劍械鬥，卻因蘿拉的母親比奧蘭出現，矛盾化解，故事以皆大歡喜結束。這是歐洲戲劇流行的主題和藝術套路，完全沒有自己。到了 19 世紀 80 年代，比他長四歲的易卜生首創的「社會問題劇」橫空出世，給埃切加賴以啟示。特別是易卜生 1877 年創作的《社會棟樑》以及兩年後問世的《傀儡之家》，都是討論社會人生，揭示重大社會主題的現實主義戲劇，深刻地影響了埃切加賴。由此，他才有可能在 1881 年創作出代表作《偉大的牽線人》等作品。

　　《偉大的牽線人》講述的是銀行家胡立安及妻子撫養恩人遺孤埃內托斯而發

生的恩恩怨怨。銀行家夫婦對埃內托斯無私的愛，引起銀行家兄弟謝維洛一家人的妒忌。他們中傷銀行家年輕的妻子與埃內托斯有姦情，以挑撥離間。最後，兩個被流言蜚語折磨得痛不欲生的人，投到對方懷抱。全劇在埃內托斯的憤懣呼號中落下帷幕。

「偉大的牽線人」是誰？該劇告訴觀眾，是流言蜚語！單是劇名，就頗具諷刺意味，充滿悖論，讓人清醒認識到誹謗的力量的同時，深刻地譴責這種社會痼疾。在藝術上，埃切加賴刻畫人物心理極具功力，並善以情節跌宕和強烈的衝突，營造緊張的氛圍，抓住觀眾的心理。其臺詞華麗、結構和諧，整部劇充滿詩性之美。更重要的是，這一切藝術手段都在為塑造鮮活的人物、揭示複雜的人性服務。一個偉大的作家正是通過這些人物的命運表達他對世界的看法，顯然，埃切加賴是悲觀的，他在《偉大的牽線人》中發自肺腑的叩問和最強烈的反擊，深深地打動了觀眾，也讓瑞典文學院做出公正的鑒賞，將第四屆諾貝爾文學獎的繡球投給他：「由於他獨特和原始風格的豐富又傑出，復興了西班牙戲劇的偉大傳統。」

1916 年 9 月 4 日，八十四歲的埃切加賴在馬德里寓所因病不治而逝世。次年，他生前寫的《自傳》出版。

1904 年，第四屆諾貝爾文學獎第一次破例頒給兩個人：法國詩人腓特烈‧密斯特拉和西班牙劇作家何塞‧埃切加賴。

瑞典文學院認為，這兩位作家不僅在文學創作方面有所成就，而且都年事已高，一位七十四歲，一位七十一歲，不必再去花費時間爭論他們之間的價值高低，所以將獎金各分一半分給他們，並對這一特殊情況，學院聲明他們任何一位都有資格獨佔此獎。

003th
———
1903

Bjørnstjerne Martinius Bjørnson

比約恩斯徹納・馬丁努斯・比昂松 1832—1910

挪威詩人、劇作家。
獲獎理由 | 他以詩人鮮活的靈感和難得的赤子之心，把作品寫得雍容、華麗而又繽紛。
獲獎作品 | 《挑戰的手套》（*En hanske*）（戲劇）。

國歌，往往是一個國家的精神圖譜，作家往往以能寫自己國家的國歌而無比榮耀、名垂青史。如今，北歐斯堪地那維亞半島的挪威，仍在高唱讚美幅員遼闊、歷史悠久的母國的頌歌。「是啊，我們永遠熱愛這塊土地……」，這首詩於 19 世紀末就被定為挪威國歌的歌詞，其作者便是第三屆諾貝爾文學獎得主，挪威著名作家比約恩斯徹納・馬丁努斯・比昂松。

　　站在瑞典諾貝爾文學獎頒獎臺上時，被暱稱為「老熊」的比昂松，身材高大魁偉，氣宇軒昂，頭髮白而上指，長著大眼睛、長眉毛，一臉莊重、無懼和自信，給人們留下深刻的印象。

　　比昂松和易卜生、約納斯・李等對世界文學產生重要影響的作家、戲劇家，開創了挪威文學史上的黃金時代。他們隨著時代而變遷，先由浪漫主義轉向寫實派，以後又轉到象徵派。比昂松不像易卜生專心從事戲劇文學，對戲劇之外的小說、詩歌、政論等也感興趣，作品雖多，卻遠不如易卜生經典。其《新婚的一對》（De Nygifte）較為有名，寫一個女子從女兒到新婚婦人的性格轉變。他的小說，大都是寫挪威本土社會生活的。青少年時代的比昂松，一直生活在山清水秀、風景絢麗多彩的鄉下，家鄉的水土滋養了他熱愛母國、懷念民族歷史的情感，與辛苦勞作、具有美好品格的農民長期在一起生活，他的精神受到薰陶濡染，對其文化人格及文學創作產生不可磨滅的影響。他最出色的小說《莎爾巴金》與《奧尼》，都是取材於他少年時代的經歷。小說以傳奇的情調表現雪峰之下，帶有原生態色彩的農民生活和戀愛的故事。

　　在中學時，比昂松就表現出文學的天賦。富有強烈民族感情的他，懷著愛國熱情，到挪威悠久的歷史長河中，去探尋令民族驕傲自豪的偉業和優秀的文化傳統。讀歷史，他瞭解到國家長期受丹麥、瑞典壓迫的恥辱，民族文化受外來文化圍剿而窒息，激發他雪恥的愛國激情。少年比昂松曾奮勇投入民族獨立運動，後來以文學創作和政治家姿態登上挪威的文壇和政壇。二十八歲時，他進入首都克利斯蒂安尼亞（現改名為奧斯陸）的基督大學深造，在那裡與偉大的戲劇家易卜生和約納斯・李相識。

　　在 19 世紀後半期，挪威文學史上，比昂松、易卜生、約納斯・李、基蘭德，被稱為「四傑」。正是他的不懈創作，為挪威貢獻了那麼多經典的文學作品，讓恩格斯在 1890 年說出極為推崇的話：「挪威在最近二十年中所出現的文學繁榮，

在這一時期，除了俄國之外，沒有一個國家能與之媲美。」而比昂松與易卜生後來還成了兒女親家，這在挪威文學史上是值得稱道的美談。

1853 年，比昂松離開基督教大學，極為果斷地拒絕傳教士父親希望他子承父業的願望，開始了作為一位職業作家、社會活動家和政治改革家的生涯，走上了屬於挪威的一條為民族、為母國、為人民，喚醒民族意識、捍衛國家獨立的戰鬥道路。挪威是在比昂松獲得諾貝爾文學獎的第三年即 1905 年得到獨立的。這與作為文壇領袖，更是一位頗有號召力的政治活動家比昂松的呼號，是不無關係的，抑或說他是極為有功的，他曾被稱為「無冠之王」。比較而言，在文學創作方面，比昂松的戲劇取得的成就最大，他不僅振興了挪威的民族戲劇，還影響了整個歐洲的現實主義戲劇的發展。為此，他贏得了歐洲現實主義戲劇奠基人之一的巨大聲譽。

1874 年，比昂松在羅馬創作了他的兩部重要劇本——《破產者》和《報紙主編》。

《破產者》在挪威資本主義商業社會的大背景下，通過商人鐵爾德利慾薰心地騙取金錢、追逐財富，揭示資本主義貪婪狡詐的本性，鞭笞了物慾橫流的社會現實。該劇又寫鐵爾德在投機取巧中破產之後，與家人同舟共濟，重整農業，最終走向成功，這讓曾經的投機商人鐵爾德贏得社會尊重。該劇將鐵爾德善惡轉變中複雜豐富的人性，表現得淋漓盡致。

《挑戰的手套》（En hanske）這部戲劇，以深切的同情展示了商業社會中被侮辱、被損害、被壓迫婦女的可悲命運。女主人公斯瓦瓦，在發現未婚夫移情別戀、品性不端時，將手套憤怒地投向他，斥責其玩世不恭的欺騙行為，同時勇敢地向他的惡行挑戰。在該劇結尾時，作者又表達了對斯瓦瓦未婚夫抱有希望與等待的善意。

這就是比昂松的戲劇風格。他總是在尖銳的戲劇衝突之後，筆鋒一轉，便是妥協和解甚至光明。比昂松自己說：

我的意識裡，很少有別的成分像善惡觀念般顯得那麼重要。可以說，意識的主要作用就是在可分善惡，沒有人能不分善惡而過得很自在；常令我不解的是，為什麼有人主張創作可無視道德良心和善惡觀念。如果真的這樣，豈不是要我們

的心靈像照相機那樣機械，看到景物就拍照，不分善惡美醜嗎？

19世紀，是資本的幽靈發狂地在歐洲施威的年代。比昂松卻用自己的筆，任性地抒寫著自己崇高的人類理想。比昂松是一位以人道主義為出發點，有良心良知和正義感的作家。

1910年4月26日，比昂松在法國巴黎與世長辭，那年，他七十八歲。在這之前不久，比昂松還積極參與世界和平運動。

Theodor Mommsen

特奧多爾・蒙森 　　1817—1903

德國歷史學家、學者。

獲獎理由 | 現存的最偉大的歷史寫作藝術大師，特別是他寫了里程碑式的著作《羅馬史》。

獲獎作品 |《羅馬史》（歷史）。

第二屆諾貝爾文學獎，拋棄世界眾多傑出的文學作家，授給了德國歷史學家特奧多爾·蒙森，再次震驚全球文學界。但是，根據諾貝爾的遺囑，這一獎項的獲得者不一定限於純文學，只要他的著作具有一定的文學價值，同樣屬於獲獎範圍。瑞典文學院評委再三斟酌，決定將這一屆諾獎花環授給特奧多爾·蒙森。他們的理由足以讓人信服：

　　在蒙森身上，我們看到了各種才華的聚合，他知識淵博，頭腦清醒，能客觀地分析史料，也會做出激情的判斷……，也許，他首先是一位藝術家，而他的《羅馬史》是一部偉大的藝術作品。作為文明的燦爛花朵，文學在諾貝爾的遺願中佔有最重要的位置，而蒙森在這方面無疑是具有代表性的。

　　蒙森獲獎實至名歸，當之無愧。

　　蒙森，於 1817 年 11 月 30 日降生在德國最北部的石勒蘇益格 - 荷爾斯泰因州戈登鎮，當時屬於丹麥。父親是基督教鄉村牧師，母親是一位教師。蒙森在這樣有良好教育風氣的家庭長大，從小勤奮讀書，並對羅馬史著迷。二十一歲時，他考入丹麥的基爾大學法律系，1842 年畢業，獲法學博士學位。因才華橫溢，他受到丹麥國王的賞識，次年被授予獎學金，條件是到義大利研究古羅馬史。他的第一篇關於古羅馬的論文是《古羅馬社團的起源》，顯示了他的歷史學才華。文章以清晰的風格和透徹的論述，讓他在學術界嶄露頭角。

　　在義大利深造期間，為考察古羅馬法律的歷史發展過程和其真實面目，蒙森的足跡踏遍那裡的古跡遺址。意外的收穫是，他發現了那裡大量鐫刻在石碑上或澆鑄在銅鐵上的古代拉丁文的銘文，為他研究羅馬史提供了彌足珍貴的原始資料。1847 年，蒙森返回家鄉，受邀到萊比錫大學任法學教授。

　　1848 年，德國興起資產階級運動，試圖衝擊專制主義，但很快被俾斯麥以血腥平息，從此軟弱的資產階級再無重整旗鼓的勇氣。為了改變國家的現狀，蒙森也捲入了這場短暫的政治運動。他曾是資產階級新成立的政府的新聞報導員，並發表指斥俾斯麥專制的演說。在俾斯麥的授意下，他被萊比錫大學解聘。但他仍關心政局，憤而抨擊竊取政權，號稱「鐵血宰相」的俾斯麥推行的窮兵黷武的反

動政策。他指出「俾斯麥得逞之時，就是大眾倒楣之時」，並和進步知識份子一道，採取不與政府合作的立場。

　　1852 年，飽受壓制的蒙森應瑞士蘇黎世大學的誠邀，離開母國，到該校任法律教授，後又在布雷斯勞大學任教，在那裡僑居六年。這期間，蒙森在羅馬、那不勒斯的博物館及義大利各地古跡遺址，繼續收集原始資料，研究並著作了《羅馬史》一至三卷。與此同時，他還收穫了愛情，與出版商女兒馬麗雷默小姐結婚，過起和諧幸福的生活，後擁有十六個兒女。1858 年，蒙森結束僑居生活，回到德國任柏林大學古代史教授，並應柏林皇家學院之邀主編《文典》期刊。到了 1874 年，他再度被萊比錫大學聘為教授，後任德意志帝國國會議員。他不改初衷，在議會上常發表抨擊俾斯麥「鐵血政治」的演說，曾被指為「誹謗罪」，受到司法機關傳訊。蒙森憤然退出議會。這期間，他完成了《羅馬史》四至五卷。

　　《羅馬史》以宏大氣魄、精湛學識描述了古羅馬的全部歷史發展過程，為埋葬了兩千年的文明古國帶來了新的生命。該著作以獨特的眼光，用準確、生動的筆觸，再現了羅馬帝國千年內政、財政、外交、法律、宗教、文學及風俗民情等文明風貌。敘事精確生動，人物栩栩如生。《羅馬史》這部記錄史實的巨著，其內涵極為豐富。比如，寫古羅馬最傑出的政治家、軍事家愷撒的一生，通過對其統治下的古羅馬民主政體、科學治國、文化藝術等一系列史實的考證和敘述，肯定愷撒是古羅馬興盛發達的真正的歷史英雄。這樣寫又有以古人之劍，刺時政之弊，強烈揭露俾斯麥暴政的作用，並以此特別昭示：一個國家如果沒有強有力的統治者，就只不過是被治理者靠共同的道德觀念而聚集的一盤散沙。當然，《羅馬史》更成功之處，還在於它揭示了這樣一個真理：一個文明大國的崛起，不能只靠某位領袖的功勞，它一定是由羅馬子民的血肉築起來的。

　　《羅馬史》毫不吝嗇地將高度讚頌給予了極權主義的凱撒，這源於蒙森的主觀激情。這是蒙森的局限，也是歷史的局限。

　　蒙森在榮獲諾貝爾文學獎的第二年，平靜地病逝在柏林自己的寓所裡，離他八十六歲的壽誕只差二十八天。他除了《羅馬史》，留給世界的著作主要有《羅馬編年史》、《羅馬鑄幣史》等。他晚年著有《羅馬共和法》、《羅馬帝國行政法》、《羅馬刑法》等。

　　蒙森具有驚人的學識和精力，是為 19 世紀德國史學界和哲學界立下豐功偉績

的第一流的古典主義學者，一生都在為科學民主奮鬥，這使他被當時的人們奉為當代神話式的人物，而廣受尊敬。據說，一次德國國會開會，蒙森照例當著俾斯麥的面，發言痛斥其反動政策之後，這位「鐵血宰相」拿著一本《羅馬史》，客氣甚至有些討好地對蒙森說：「尊著《羅馬史》我拜讀再三，你看，連書皮都磨破了。」可見其受尊崇之高。

　　蒙森的逝世帶有偶然性。他在自己八十六歲生日前夕，在柏林夏洛騰堡寓所的圖書室，爬上高高的梯子，找一本參考書，突然中風，從梯子上摔下來，讓這個世界失去一位傑出的歷史學家。

Sully Prudhomme
蘇利・普魯東 1839—1907

法國詩人。

獲獎理由｜表彰他的詩作，它們是高尚的理想、完美的藝術和罕見的心靈與智慧結晶的實證。

獲獎作品｜《孤獨與深思》（包括《考驗》、《義大利速寫》、《孤獨》、《戰爭印象》和《深思》五個詩集）。

當瑞典文學院，把第一屆諾貝爾文學獎殊榮頒給法國詩人蘇利·普魯東時，世界輿論為之譁然。因為他雖在法國有一定的才名，但對世界來講，他是陌生的，遠不如他同時代的同胞埃米爾·左拉、莫泊桑及俄國的列夫·托爾斯泰等作家聲名顯赫。世界因此困惑，理所當然。

　　蘇利·普魯東獲諾獎時，已六十二歲，中風後長年臥床。他每天在床上讀書、寫作，寧靜而與世無爭地度過黃昏歲月。諾獎花落誰家，他如同看雲起雲落，並不太介意。但幸運突然降臨，他依然非常激動。

　　蘇利·普魯東，於 1839 年 3 月 16 日出生於法國一個富裕的家庭。父親是工程師。他從小聰明過人，後考入巴黎大學學自然科學，畢業後當了民用工程師。1860 年，對法律產生興趣的蘇利·普魯東，離開工廠，潛心研究法典著作，成為一名法學家，出任律師。四年後，蘇利·普魯東在法國流行詩風的浸潤下，興趣轉向文學，此後將一生奉獻給繆斯，用詩體寫下關於倫理與哲學的討論。

　　1865 年，蘇利·普魯東出版處女詩集，得到批評家沙爾 - 奧古斯丁·聖伯夫（Charles Augustin Sainte-Beuve）的肯定，一舉成名。在第一屆諾獎評獎時，他的處女詩集中的〈碎瓶〉一詩，為其追逐此獎奠定基礎。

　　當時的評委和讀者一致認為，蘇利·普魯東最好的作品，就是抒情小詩。〈碎瓶〉寫瓶子出現一道淺淺的不易被人發現的裂紋，看起來完整無損，實際上，這一裂紋正日復一日地蠶食著瓶體，此瓶隨時會粉身碎骨。詩人以碎瓶比作人間，比作因失愛人而致的悲傷之情。此詩將人類細膩多愁的心緒準確表達出來，抒發了詩人內心深處無法癒合的悲傷和痛苦。這股濃郁的哀傷、憂鬱及精神渴求，正是對世界正義和人類理想的強烈呼喚。蘇利·普魯東才華橫溢，其詩大都表現法國青年人的思想情緒，描寫生活，描寫女性，描寫青春，描寫人類的理想、未來和對愛情的美好追求，對人類的疾苦有柔和的同情。詩中描寫的對故鄉、國家、人民的懷念，表達出詩人對社會現實的憂慮和傷感等。以其詩〈眼睛〉為例：

　　藍色的或黑色的，
　　一切都令人喜愛，
　　一切都那麼美，
　　無數的眼睛眺著晨曦。

它們眠宿在墳墓深處，
而太陽還在冉冉升起。

無數的眼睛喜悅地注視，
那比白天更為溫柔的夜晚。
群星永遠閃著光亮，
而眼睛充滿黑暗。

噢！它們推動了方向，
不，不，這不可能！
它們轉向了某個地方，
朝人們稱為不可見的方向！

我們離開了，而傾斜的星座
依舊懸掛在茫茫的夜空，
眼睛漸漸地下垂閉上，
但要說它們死亡，那不真實。

藍色的或黑色的，
一切都令人喜愛，
一切都那麼美，
開啟了無邊無際的曙光。
在墳墓的另一邊，
閉上的眼睛又重新看見。

　　此詩受到當時法國詩風的影響，追求「真實的美」。我們還發現蘇利・普魯東詩歌的另一面，隱晦、苦澀，脫離生活，一味強調藝術上的精雕細刻。使他一舉成名的，是《節日與詩》這部被評論界譽為「當代詩歌中的傑作」的詩集。他的詩集《孤獨》和《枉然的柔情》，充滿感傷、雅致的獨特風格，表現含蓄，吟

詠大自然及生靈。其中,〈天鵝〉一詩云:

在深沉、寧靜如鏡的湖面下,悄寂無聲,
天鵝用寬大的足蹼追逐著波浪,滑行,
它的兩側絨毛
仿佛陽光下崩塌的四月春雪。

牢固的白色桅杆在微風下顫動,
那巨大的翅膀帶著它向前,有如緩行的船隻,
在蘆葦上聳起它美麗的頸項,
時而潛水,時而漂浮在水面上……。

它那黑色的喙深藏在鮮豔的胸脯之中,
它沿著松樹飛翔,棲息在黑暗和寧靜之中,
它蜿蜒飛行,留下了稠密的水草,
在它後面呈現出天空的一顆彗星……。

詩歌展示天鵝翱翔和在水上踏浪而行的姿態,構成一幅美麗的畫面,如音樂
家聖‧桑名曲〈天鵝〉,給人留下天籟般的樂章,使他的詩在精練的語言、和諧
的節奏中,呈現詩歌的美感和樂感。

蘇利‧普魯東把詩看成人類通向幸福、友愛的途徑,在詩中表達關於正義、
幸福、道德這類永恆的主題。他的詩歌〈正義〉、〈幸福〉,就是力求探索人類
意識與現代社會矛盾的富有哲理的詩作。其作品經得起歲月的考驗。蘇利‧普魯
東還是一位散文家和理論家,代表作有《論美術》、《詩句藝術斷想》等。

1881 年,他被選為法蘭西國家研究院院士。他在榮獲第一屆諾貝爾文學獎時,
致信瑞典文學院:「這項獎金是作家們所力爭的最高榮譽,但應歸於我的國家——
我的作品之所以贏得這項榮譽,都來自她。」

這一年,他在病榻上,將所有作品輯成《蘇利‧普魯東詩文集》出版。

獲諾獎六年之後,1907 年 9 月 6 日,蘇利‧普魯東因久病不治,逝世於巴黎。

跋｜關於諾貝爾文學獎

　　文學一直在變革中前行，不斷穿越歷史隧道，至今文學空間的複雜性已經超出了文學史的論域，呈現出一種更為複雜多元的景觀。但是審視自我和社會，拷問人性，一直是文學的視域和生命。

　　文學是人學，是靈魂的歷史，在塵埃與雲朵中溫暖眾生。其審美價值和意義的解讀，與任何獎項毫無關係。中國的曹雪芹無緣什麼獎項，俄國的托爾斯泰也未摘得諾獎桂冠，但絲毫影響不了他們的作品成為世界文學的經典。

　　縱觀全世界的文學獎項，諾貝爾文學獎在全世界有著相當特殊的地位，它的獎金最為豐厚，儀式最為隆重，影響最為廣泛，地位也最為崇高。歷史證明，全世界公認的最優秀的作家，除了個別有遺珠之憾，幾乎都獲得了諾貝爾文學獎，因此諾貝爾文學獎被視為世界最具權威性、最重要的文學獎項。

　　獲獎者和他的作品，因此被載入世界和自己國家的文學史冊，同時還往往被當作一個民族、一個國家的榮耀。但獲諾貝爾文學獎的作品僅僅是全人類優秀文學遺產的一部分。

　　諾貝爾文學獎的創始者，是19世紀瑞典最著名的科學家之一，被人們稱為「炸藥大王」的阿佛烈・伯恩哈德・諾貝爾（Alfred Bernhard Nobel，1833年10月21日—1896年12月10日）。

　　他在逝世前立下遺囑，將因發明和製造炸藥所得總數約三千三百萬瑞典克朗，除少量贈予親友外，其餘全部留作基金。每年利用此款的利息作為獎金，獎勵全世界在科學、和平、文學事業上做出傑出貢獻的人。

　　該獎分物理、化學、生物（或醫學）、文學、和平五項，後增設經濟學獎。從1901年開始迄今，諾貝爾文學獎已舉辦超過一百一十屆，獲獎者超過一百一十四位。

　　諾貝爾文學獎由瑞典文學院所屬諾貝爾文學獎評委會負責評定。

　　說到諾貝爾文學獎的評獎標準，不得不說說諾貝爾，他在讀了一位奧地利優

541

秀女作家貝爾塔・馮・蘇特納（Bertha von Suttner）的號召人民放下武器，呼籲和平的小說《放下武器》後，立刻寫信給他的這位朋友說：「你大聲疾呼放下武器！然而，這話您說錯了，因為您自己已拿起了武器，因為您那富於魅力的風格和崇高的思想境界所帶來的影響，勝過並將永遠勝過步槍、機關槍、大炮以及其他一切殺人武器……，但願您的傑作問世以後，上帝能允許人類消滅戰爭。」

　　從諾貝爾上面的話中，我們不難讀出，諾貝爾已認識到文學之於人類，具有淨化靈魂、崇尚理想的教育意義。為了尊重諾貝爾本人對「文學即人學」的睿智見解，諾貝爾文學獎評委會將其表現人性的廣度和深度的唯一獲獎標準，寫進基本章程中，同時將獲獎範圍圈定為「具有文學價值的作品」，包括歷史和哲學著作。相關人士後來這樣解釋：「這項獎金授予文學界最傑出的作家，他的著作宣傳人類最崇高的理想，　明世人認識人的偉大究竟表現在什麼地方。」有時，諾獎的選擇，會讓固守文學舊夢，希望「追憶逝水年華的人失望，但不得不說瑞典文學院還是勇敢的，堅持基準的」，同時「敢於挑戰博彩時代，更敢於直面流行文化的強大外殼」（王曄語）。比如 2017 年，瑞典文學院推出了一位將傳統和流行的關係處理得恰到好處的優秀小說家，日裔英國作家石黑一雄，便是證明。

　　作為獨立於政府和社會的組織，瑞典文學院及其所屬的諾貝爾文學獎評委會，一直避免干預政治。事實證明，對諾獎的種種猜忌，本身便是一種政治焦慮而已。但諾獎評獎因沒有絕對客觀的標準，院士的個人政治傾向及美學趣味又有所不同，評獎只有靠民主投票程式最後決定，因此其公正性、嚴肅性就不免打折扣，諾獎受到某些質疑很正常。同時，即便諾獎不干預政治，政治也會干預諾獎。

　　我們不妨舉 1958 年諾貝爾文學獎的例子。那年，蘇聯的詩人帕斯捷爾納克寫的小說《齊瓦哥醫生》以「對現代抒情詩歌以及俄羅斯小說偉大傳統做出的傑出貢獻」，獲得第五十一屆諾貝爾文學獎。鑒於此小說講述的是一位知識份子在十月革命前後三十多年間的歷史變革中遭受的坎坷命運，將批判的鋒芒指向尚未崩塌的蘇聯政權，再加上這屆諾獎另一位最具實力、蘇共中央委員蕭洛霍夫的《靜靜的頓河》名落孫山，當時蘇官方斷言瑞典文學院的選擇是出於意識形態的考慮，是為了對抗蘇聯的政治姿態，反應極為激烈，竟然禁止帕斯捷爾納克到瑞典領獎，並取消其參加列寧文學獎的評選資格。而瑞典政府也有人批評諾貝爾文學獎評獎危及蘇瑞兩國外交關係。具有諷刺意味的是，七年以後，蕭洛霍夫也以「那部關

於頓河流域農村之史詩作品中所流露的活力與藝術熱忱——他借由這兩者在那部小說裡描寫了俄羅斯民族生活之某一歷史層面」的《靜靜的頓河》，興高采烈地從瑞典國王手中接過諾獎證書，蘇聯官方也皆大歡喜。因為政治訴求不同，圍繞諾貝爾文學獎的評選，有過幾次劍拔弩張，但是當我們清楚了歷史真相，不能不對當時的過分政治解讀莞爾一笑。

諾貝爾文學獎的評獎流程也有特點。每年 9 月，瑞典文學院向世界發出邀請，徵求提名次年諾貝爾文學獎候選人。從次年 2 月 1 日起，諾貝爾文學獎評委會將有效提名交瑞典文學院審核。4 月，評委會將初選名單壓縮至十五至二十人，再交瑞典文學院審核。到 5 月底，評委會提出五個人的候選名單。6 月，全體院士閱讀其作品，然後，每位院士提交推薦報告。9 月，對最後的候選者進行近況調查。10 月 15 日前，瑞典文學院公佈最終的頒獎決定和贊詞。一般情況下，對頒獎結果引起的爭議，瑞典文學院及評委會不予回應和置評。

每年 12 月 10 日，諾貝爾逝世紀念日，瑞典國王會在斯德哥爾摩音樂廳舉行授獎典禮，並由獲獎者發表獲獎演說。

出於歷史的原因，我們對諾貝爾文學獎的由來、性質、特點，特別是對獲獎作家的生平、經歷和命運，以及其作品的內容、思想、文學價值等缺乏足夠的瞭解，故編撰此書，力求「從多元文化的介入中產生出的歷史眼光」，向讀者揭示獲諾貝爾文學獎作家的創作成就和創作特點，以及其作品在世界文學中的特殊意義。另外，本書還力爭揭示作家獲諾貝爾文學獎背後那些曲折複雜的人生故事和戲劇，來幫助讀者理解諾貝爾文學獎的深層意義。

但是，評價文學作品，原本是一相當主觀的活動。評價標準也取決於評者的意識形態、美學趣味、審美能力、自身經驗等諸多方面。筆者雖為一職業編輯，與文學打了一輩子交道，但囿於腹中詩書不多、世途閱歷不深，特別是在眼角眉梢爬上恁多暮氣之年，「隔千里兮共明月」，與海內外文學大師發些相知對晤的幽情與慨歎，已力不從心。前前後後斷斷續續經十多個春秋畫諾貝爾文學獎得主群像，不過是「驚鴻一瞥」，攬片羽於吉光，拾童蒙之香草而已，所論也未必切中肯綮，望讀者批評。

戊戌年秋於抱獨齋

諾貝爾文學獎百年風華
不朽的作品與他們的故事

作　　　者	汪兆騫
發　行　人	林敬彬
主　　　編	楊安瑜
編　　　輯	吳培禎
內 頁 編 排	李偉涵
封 面 設 計	陳語萱
編 輯 協 力	陳于雯、林裕強

出　　　版　大旗出版
發　　　行　大都會文化事業有限公司
　　　　　　11051 台北市信義區基隆路一段 432 號 4 樓之 9
　　　　　　讀者服務專線：(02)27235216
　　　　　　讀者服務傳真：(02)27235220
　　　　　　電子郵件信箱：metro@ms21.hinet.net
　　　　　　網　　　　址：www.metrobook.com.tw

郵 政 劃 撥　14050529 大都會文化事業有限公司
出 版 日 期　2020 年 07 月初版一刷
定　　　價　540 元
Ｉ Ｓ Ｂ Ｎ　978-986-99045-3-7
書　　　號　B200702

Banner Publishing, a division of Metropolitan Culture Enterprise Co., Ltd.
4F-9, Double Hero Bldg., 432, Keelung Rd., Sec. 1,
Taipei 11051, Taiwan
Tel:+886-2-2723-5216　Fax:+886-2-2723-5220
Web-site:www.metrobook.com.tw
E-mail:metro@ms21.hinet.net

國家圖書館出版品預行編目（CIP）資料

諾貝爾文學獎百年風華：不朽的作品與他們的故
事／汪兆騫作. -- 初版. -- 臺北市：大旗出版：大
都會文化發行, 2020.07 ; 544 面 ;17×23 公分

ISBN 978-986-99045-3-7(平裝)

1. 作家 2. 世界傳記

781.054　　　　　　　　　　　　109007376